ma petite bibliothèque **Doctissimo**

Le Guide des méthodes douces antistress

Dr Serge Rafal

MARABOUT

Dans la même collection :
Le guide médical de la famille
Votre grossesse
Votre bébé de 0 à 3 ans

Du même auteur aux Éditions Marabout
L'Alimentation antioxydante, 2000.
Le Guide Marabout des médecines douces, 2001.
Guide des vitamines et des oligoéléments, 2001.
La Ménopause au naturel, 2002.
Alimentation antioxydante mode d'emploi, 2003.
Coaching mode d'emploi, 2004 (avec André-Paul Emmenecker).

Ouvrage réalisé avec la collaboration de Valérie Mettais.

Les mots figurant dans le glossaire sont indiqués par un astérisque.

Sommaire

Introduction

« Il faut apprivoiser le stress, jouer avec,
ne pas croire que c'est un ennemi.
De toute façon, on ne peut pas lui échapper. »

Marie-José Pérec,
triple championne olympique d'athlétisme.

La France figure parmi les pays où l'usage des substances illicites est le plus sévèrement réprimé, mais, en parallèle, elle est celui où les « drogues légales » du cerveau, prescrites par des médecins, délivrées par les pharmaciens et remboursées par la Sécurité sociale, sont le plus largement consommées : nous détenons le titre de champions du monde des utilisateurs de médicaments psychotropes* – et nous caracolons également dans le peloton de tête des consommateurs d'alcool –, ce qui est incroyable pour un pays libre, en paix depuis des dizaines d'années, dont la population bénéficie de bonnes conditions matérielles et où il fait « bon vivre », dit-on. Et si l'on se fie aux statistiques, la moitié voire les trois quarts des consultations sont consacrées peu ou prou à des troubles nerveux, en rapport avec un stress omniprésent, de plus en plus souvent incriminé et stigmatisé.

Jamais dans son histoire la médecine n'a été aussi performante, mais jamais les problèmes nerveux n'ont été aussi fréquents et jamais nous n'avons absorbé autant de substances susceptibles d'influer sur l'humeur, de calmer les nerfs et de faciliter le sommeil. D'ailleurs, leur consommation a doublé ces dix dernières années ; plus du quart des Français recourt aux tranquillisants, aux somnifères et autres antidépresseurs, et, parmi eux, la moitié le fait d'une façon très régulière, ce qui conduit au chiffre sidérant de plusieurs millions de consommateurs occasionnels ou habituels. Notons en outre que les jeunes Français de 15 ans sont actuellement les plus gros consommateurs européens de cannabis.

Si le mal de dos a pu, un temps, être qualifié de mal du siècle, aujourd'hui le stress et l'ensemble des troubles nerveux qu'il provoque ou qu'il aggrave constituent sans nul doute le fléau de ce début de IIIe millénaire. En quelques dizaines d'années, comment en sommes-nous arrivés là ? Évoquons les différents épisodes de la psychiatrie moderne et interrogeons-nous sur l'approche des troubles nerveux et leur prise en charge.

PETITE HISTOIRE DES TRAITEMENTS

Souvenons-nous de l'ère quasi glaciaire d'avant les médicaments, où les symptômes étaient noyés dans l'alcool, jugulés par l'enfermement et verrouillés par l'isolement, voire par la camisole de force. À cette terrible époque a fort heureusement succédé la période véritablement révolutionnaire des années 1950, qui fut marquée par l'avènement des médicaments psychotropes*, ces substances chimiques nouvelles, actives contre les troubles de l'humeur, les états mélancoliques et les problèmes anxieux. La neuropsychiatrie était alors dans sa phase triomphante, car la médecine et la chimie, associées aux méthodes de psychothérapie ou de psychanalyse, au sommet de leur vogue, semblaient capables de traiter avec élégance, pertinence et efficacité la plupart des états anxieux et dépressifs, aidant ainsi de nombreux patients en proie à des difficultés existentielles ou atteints de troubles psychiatriques plus ou moins graves.

Après trente ans d'idylle est survenue, dans les années 1980, une période de désamour pour ces médicaments extraordinaires mais impuissants à régler, d'une manière radicale, les problèmes nerveux, à moyen et surtout à long terme. Peu à peu, dans une fraction du public, un désenchantement s'est fait jour pour ces molécules chimiques efficaces mais responsables de nombreux effets secondaires, effectifs, présumés ou potentiels, tels que la somnolence, l'accoutumance et les problèmes de mémoire. En même temps, des réticences sont apparues à l'égard de méthodes de thérapie en général longues, douloureuses et coûteuses, et aux résultats parfois incertains.

Si une phase provisoire, marquée par le doute, s'est installée parmi les neuropsychiatres et les patients, très vite étayée par les progrès des neurosciences, est apparue une période innovante et porteuse d'espoir ; elle a incité, confirmé et parfois exagéré le bienfondé de mesures diététiques et d'hygiène de vie ; elle a dégagé des approches thérapeutiques différentes, parmi lesquelles les médecines douces, bien tolérées et plébiscitées par le public. Aujourd'hui, constatons l'engouement provoqué par l'alimentation-santé et les oméga-3, le renouveau de diverses démarches de thérapie ou de guidage mental, par exemple la programmation neurolinguistique (PNL) ou le coaching, qui ont pour vocation de recentrer la personne dans son existence, avec ses valeurs, ses croyances et ses objectifs.

C'est cette évolution que nous avons vécue, suivie et accompagnée ; c'est cette expérience que nous souhaitons vous faire partager, surtout si vous faites partie du quart de la population touché par les troubles anxiodépressifs et si vous n'éprouvez pas l'envie irrépressible d'être traité par les seuls médicaments.

LE STRESS EST-IL VRAIMENT NOTRE PIRE ENNEMI ?

Le plus souvent, le stress est à l'origine de nombreux troubles nerveux ; il en est le principal facteur d'entretien ou l'élément aggravant.

Désignant à la fois la cause et les conséquences, le terme « stress » est aujourd'hui trop utilisé, avancé à tout propos pour expliquer les problèmes personnels, familiaux, médicaux, professionnels ou sociaux ! Le stress n'est pas une maladie mais un mécanisme d'alerte, d'adaptation et de sauvegarde face à une situation nouvelle ou hostile ; indispensable à la survie et à la vie d'un individu, dès qu'il devient chronique il est usant, donc dangereux, pour l'organisme.

Pourtant, il est vain de vouloir supprimer le stress ; nombreuses sont les solutions économiques, politiques, physiques ou encore spirituelles qui ont été proposées, mais aucune, bien sûr, n'a donné de résultat. Car le stress doit être maintenu dans des proportions acceptables pour ne pas épuiser les réactions de défense de notre organisme ; il doit simplement être contrôlé afin d'éviter l'apparition de troubles nerveux ou de favoriser l'émergence de maladies dites de civilisation telles que les pathologies cardiovasculaires et le cancer.

Dans le cadre de la prévention de nombreuses maladies invalidantes ou graves, il est impératif de dépister le stress, d'apprendre à le connaître, de comprendre ses mécanismes, de savoir comment il se déclenche, se manifeste et s'organise, de repérer ses principales causes, puis de l'évaluer afin de lui opposer les méthodes les plus efficaces – et pas seulement d'en masquer quelques effets.

Bien que les solutions thérapeutiques soient aujourd'hui de plus en plus riches, le stress négatif, loin d'avoir rendu les armes, continue d'empoisonner la vie de nombreuses personnes tout en posant toutes sortes de problèmes aux médecins chargés de le traiter. Pour en venir à bout, plusieurs objectifs peuvent être proposés : supprimer la cause du stress, ce qui est loin d'être toujours réalisable ; éviter qu'il nous atteigne, ce qui nécessite un travail sur soi et dépend également de l'environnement de proximité ; en diminuer les conséquences par des moyens chimiques – les médicaments –, des traitements doux – les plantes, l'homéopathie, les minéraux et les oligoéléments... –, physiques ou psychologiques ; porter un autre regard sur les événements qui nous minent, par exemple grâce au coaching, qui constitue sans doute la grande nouveauté en matière de prise en charge du stress ; replacer les conseils de diététique et d'hygiène de vie au cœur de la prescription.

Il en est du stress comme de l'alimentation : chacun doit pouvoir choisir ses menus selon son appétit, ses envies, ses goûts et ses aversions, puis doit être capable de les digérer facilement, pour son plus grand bien. C'est alors à nous, médecins, de proposer aux personnes stressées une démarche ouverte, adaptée aux besoins de chacun, spécifique, conviviale et sans danger.

UNE TELLE DIVERSITÉ PEUT ÊTRE DÉROUTANTE

Si nous demandions à plusieurs praticiens recevant tous les jours des personnes victimes de stress ou de troubles nerveux ce qui leur paraît primordial dans la prise en charge thérapeutique, leurs réponses seraient fort diverses.

La réponse du neuropsychiatre : l'arrivée des médicaments psychotropes*, à partir des années 1950, a constitué un progrès considérable et, d'une manière radicale, a transformé la pratique professionnelle ; mais si lesdits médicaments sont irremplaçables, ils n'exemptent pas d'un travail de thérapie, toujours nécessaire.

La réponse du médecin généraliste : les médicaments sont indispensables pour faire face à toutes les situations rencontrées dans une pratique de ville – un accès d'angoisse ou d'agitation, une déprime, une attaque de panique, une détresse... –, et ils doivent être d'une efficacité immédiate.

La réponse de l'analyste : dans le domaine des troubles nerveux, le travail de parole prime ; si les médicaments psychotropes* présentent de l'intérêt pour certaines personnes, en revanche ils gênent un travail de thérapie pour d'autres.

La réponse du psychologue : il faut savoir se passer des médicaments, des cache-misère chimiques, qui non seulement entretiennent un équilibre pervers mais interfèrent avec un travail d'écoute, source de changement.

La réponse du coach ou du spécialiste des thérapies brèves : avant d'inciter à un changement toujours difficile, il faut chercher dans l'inadéquation entre une personnalité et un mode de vie la véritable raison des troubles nerveux.

La réponse du praticien des médecines douces : les médicaments sont prescrits d'une manière trop large ; dans de nombreuses circonstances, ils pourraient être remplacés par des plantes ou de l'homéopathie, ou par d'autres méthodes non médicamenteuses.

Si chacun de ces avis est digne de respect et d'intérêt, s'il recèle sa part de vérité dans un contexte donné, cette extrême diversité n'en reste pas moins extrêmement troublante pour un patient qui, selon le praticien qu'il consulte, se voit proposer un traitement ou une approche entièrement différents. Ainsi se trouve-t-il écartelé entre plusieurs choix thérapeutiques, et cette situation perturbante ébranle souvent sa confiance.

Les prises en charge sont nombreuses, c'est vrai, qu'elles soient ou non médicamenteuses – nous les développerons dans le chapitre 4, sans en écarter aucune ; puis, dans les chapitres 8 à 11, consacrés aux principaux troubles nerveux, nous vous proposerons un grand choix de méthodes thérapeutiques puisées dans les médecines douces.

RÉPONDRE À VOTRE CURIOSITÉ

D'une manière aussi exhaustive que possible, nous avons tenté de répondre à toutes vos interrogations à propos du stress et des principaux troubles nerveux qu'il déclenche, entretient ou aggrave, ainsi que des différents types de prises en charge. En général fort nombreuses, vos questions traduisent à la fois une grande curiosité à l'égard des solutions thérapeutiques disponibles, un embarras face aux multiples propositions de la médecine classique, ainsi qu'une réticence à l'égard d'une prescription trop généreuse de médicaments psychotropes*. Nous allons vous aider à y voir plus clair.

Qu'est-ce que le stress ? Est-ce un phénomène utile ou néfaste ? Comment ses mécanismes se mettent-ils en place ? Comment fonctionne le cerveau ? Comment organise-t-il ou subit-il le stress ? Quels sont ses effets négatifs ? Est-il vraiment à l'origine des troubles nerveux ? Et qu'en est-il des autres maladies ? Que faire pour s'en protéger ? Le cas échéant, comment éviter de basculer dans une déprime ou dans la dépression ? Comment bien expliquer ses troubles à son médecin ? Comment se passe une consultation ? Que faire pour rester calme et serein ? La relaxation est-elle utile ? Et la psychanalyse ? Et les méthodes cognitives et comportementales ? Et le coaching ? Comment choisir sa thérapie ? D'où vient l'angoisse ? Naît-on anxieux ou le devient-on ? Comment traite-t-on les attaques de panique ? Faut-il impérativement recourir aux neuroleptiques ou aux antidépresseurs ? Quels sont les inconvénients et les risques de ces médicaments ? Comment les choisir et les utiliser au mieux ? Existe-t-il des alternatives ? Qu'est-ce que la spasmophilie ? Pour dormir, faut-il toujours prendre des hypnotiques ? Comment profiter des mesures bionutritionnelles ? Certains nutriments* ou certains aliments protègent-ils des troubles nerveux ou aident-ils à les traiter ? Et la supplémentation, qu'est-ce que c'est ? Et les compléments alimentaires ? Sont-ils vraiment utiles ? Comment les choisir ? Et les plantes ? Et l'acupuncture ? Et l'homéopathie ? Et les vitamines ? Et les minéraux et les oligoéléments ? Et les *shiatsus* ?...

UNE AUTOMÉDICATION INTELLIGENTE

Rédigé à des fins de conseil, notre ouvrage ne prétend en aucune manière se substituer à une consultation médicale. Il est destiné à vous sensibiliser, à vous faire réfléchir et à vous informer, mais également à vous proposer des protocoles thérapeutiques naturels et fiables pour éviter le stress ou en réduire les effets néfastes. Vous apprendrez ainsi à mieux gérer vos émotions et vos rapports avec les autres, à contrôler votre anxiété, à améliorer votre sommeil et à vous protéger de certaines maladies.

En cas de doute ou d'inquiétude, en cas de symptômes persistants ou d'aggravation, n'hésitez pas à consulter votre médecin traitant. Avant d'introduire une modification importante dans votre mode de vie ou dans votre alimentation, parlez-lui de ce qui ne va pas, car, mieux que quiconque, il connaît vos antécédents médicaux. D'une manière générale, méfiez-vous des conseils de proches pleins de bonne volonté mais dont le savoir n'est pas toujours ouvert à la bonne page.

Une automédication intelligente commence toujours par un diagnostic précis, établi par un professionnel de la santé.

1

Les mécanismes du stress

« La pression, ça peut tétaniser. Moi, elle m'amène à donner le meilleur de moi-même, physiquement et intellectuellement. »
Brice Guyart, champion de fleuret aux jeux Olympiques, à Athènes, en 2004.

Devenu le symbole de notre époque, principale cause des troubles nerveux, le stress est aujourd'hui invoqué dès qu'une personne est sujette à l'angoisse ou subit trop de pression dans sa vie. Pourtant, le stress constitue aussi, face à une agression, une réaction de défense parfaitement normale : il nous place dans un état d'alerte propice à percevoir au mieux le danger et à trouver tout de suite la réponse la plus adaptée – faciliter la fuite, préparer la riposte ou choisir le compromis.

Ayant perdu son acception première, le mot tend de nos jours à désigner tout à la fois les conséquences néfastes, tant sur un plan physique que nerveux, d'une situation redoutée ou d'une échéance prochaine, l'inadaptation aux contraintes, ainsi que les difficultés pour maîtriser sa vie et affronter ses problèmes personnels, familiaux, sociaux... Sans doute avez-vous entendu à maintes reprises un sportif, un proche ou un ami s'angoisser avant une compétition, un événement ou un examen, et se plaindre après un échec, en prononçant la formule magique mais éculée, sorte de justificatif assez facile : « Normal ! Il y avait trop de pression, il y avait trop de stress ! » Et tout le monde ne réagit pas comme Justine Hénin, championne de tennis, double vainqueur de Roland Garros en 2003 et en 2005, qui déclarait : « Les jours de finale, l'adrénaline*, le stress, qu'est-ce que j'aime ça ! »

Alors, ce fameux stress dont tout le monde parle est-il un phénomène normal, salutaire et indispensable à la vie ? Ou est-il au contraire quelque chose de nuisible au bien-être et à la santé ? Pour savoir de quoi il s'agit, il est essentiel de le définir avec la plus grande précision, de comprendre comment il se déclenche, s'organise et s'installe, et de connaître ses effets sur l'organisme. Voilà la condition pour prévenir, contrôler, traiter, voire éliminer les désordres nerveux que le stress risque de générer ou d'aggraver. C'est comme pour le vin rouge : un peu de stress chaque jour est bénéfique, mais son excès est toujours néfaste.

Qu'est-ce que c'est ?

Entré dans le langage courant et en médecine depuis le milieu du xxe siècle, le mot « stress » est employé par tout un chacun sans une précision suffisante : car on mêle allègrement la cause et l'effet, c'est-à-dire le facteur déclenchant – la source de stress, la situation, l'épreuve… – et les signes cliniques et métaboliques observés – la pression, la contrainte, le surmenage, la réponse de l'organisme…

Le stress est universel et, d'une manière plus ou moins intense, présent à tous les âges et dans toutes les circonstances de la vie ; il ne doit pas pour autant être considéré comme l'unique cause d'une maladie mais seulement comme un facteur de risque chez une personne prédisposée. Il n'est ni un concept ni un phénomène nouveau ; il a toujours existé au cours de l'histoire humaine.

Si la définition du stress a peu à peu évolué, s'affinant grâce aux avancées de la biologie et de la psychologie, l'interprétation de ce phénomène est aujourd'hui loin de faire l'unanimité auprès des chercheurs : tandis que certains le considèrent avant tout comme la réaction physiologique d'un organisme menacé, d'autres insistent sur les réponses émotionnelles – bien que le stress diffère d'une émotion – ou comportementales, d'autres encore restent centrés sur ses seules sources. Chacun de ces points de vue possède sa logique et sa raison d'être, mais ne constitue qu'une part de la vérité.

S'ADAPTER AU MONDE

La définition la plus communément admise et pour nous la plus acceptable est la suivante : le stress est un mode primaire d'adaptation à l'environnement, la réaction individuelle à une situation nouvelle ou particulière ; grâce au stress, toute personne soumise à une agression ou à une sollicitation quelconque – un événement imprévu, un choc psychologique, un accident, une infection, une maladie... –, qu'elle perçoit comme une menace pour son équilibre ou pour la satisfaction de ses besoins, peut sauvegarder et mobiliser l'ensemble de ses capacités afin de répondre et de faire face. Si la situation perdure et s'intensifie, un épuisement puis diverses maladies apparaissent ou s'aggravent, comme l'ont montré les expérimentations menées par Hans Selye (voir p. 19).

Cette définition du stress exclut les personnes qui aiment ou qui gèrent bien les poussées d'adrénaline*, ainsi que celles qui s'accommodent parfaitement d'un environnement changeant. Dans ces cas-là, on parle de « bon stress », de stress positif, stimulant et créatif, à condition qu'il ne devienne ni envahissant ni paralysant. Ainsi, certains champions ne brillent que dans les épreuves importantes et certains étudiants n'apprennent que dans l'urgence : ils y trouvent une augmentation de leurs motivations et de leurs facultés de dépassement de soi.

À l'opposé, une absence totale de stress, par exemple lors d'un isolement total, sans aucune stimulation sensorielle, est vite lourde de conséquences : des paniques, des hallucinations, des difficultés de perception et de raisonnement ou une dépression apparaissent. C'est ce que peuvent vivre, dans certains régimes totalitaires, des opposants politiques emprisonnés et placés au secret.

Une certaine dose de stimulation est donc indispensable à l'organisme, car elle lui fournit le surcroît d'énergie physique et psychologique nécessaire à sa défense, à sa lutte et à sa survie. Survenant d'une façon brève et peu intense, il est bénéfique ; chronique, il est la porte ouverte à la maladie. Lutter contre le stress, c'est avoir une réponse adaptée, c'est-à-dire posséder les capacités d'affronter une agression.

CHACUN RÉAGIT À SA FAÇON

Il est inexact de définir le stress en tenant compte uniquement de l'agresseur, c'est-à-dire du facteur déclenchant. En effet, tandis que certains individus réagissent d'une manière plus ou moins forte, d'autres restent assez insensibles ; tout dépend de l'intensité émotive de l'expérience – un harcèlement faible mais quotidien peut être plus mal vécu qu'un événement fort mais unique – ainsi que des capacités d'adaptation de chacun, qui varient selon le rôle et l'importance de l'histoire personnelle, du caractère, des croyances, des valeurs, des ressources

Une attitude positive

À la question d'un journaliste portant sur la mort de son mari Michel Berger et de sa fille Pauline, France Gall répondit : « Je me dis que j'ai eu le bonheur extrême de côtoyer pendant près de vingt ans deux êtres d'exception. » Le stress dépend donc avant tout de la façon dont il est accepté ou vécu par la personne qui le subit.

ou du contexte. Au-delà des mécanismes biologiques mis en œuvre, le stress est donc une réaction avant tout individuelle.

Les exemples ne manquent pas dans la vie de tous les jours :

- un événement stressant qui survient à une période précise de notre existence peut l'être beaucoup moins à une autre ;
- pour une même situation, le stress peut se manifester sous une forme salutaire chez une personne donnée et parfaitement inadaptée chez une autre, avec un fort retentissement physique et psychique par exemple ;
- un examen peut être considéré par un étudiant comme une étape valorisante mais constituer un véritable cauchemar pour un autre ;
- prendre la parole en public est vécu comme un réel traumatisme par certains et comme un plaisir de s'offrir par d'autres, plus chanceux ;
- être accompagné par quelqu'un pour rentrer chez soi le soir diminue le stress, alors que le danger reste le même ;
- laisser la lumière allumée dans le couloir permet à un enfant de s'endormir calmement, alors qu'elle gêne plutôt un adulte ;
- tandis que les relations personnelles ou intimes sont agréables à certains, elles créent souvent beaucoup de stress ou d'anxiété chez d'autres.

Le facteur déclenchant ne possède donc aucune spécificité : voilà qui permet d'appliquer la définition du stress à toutes les situations rencontrées dans le quotidien, à condition que chacune d'entre elles entraîne chez la personne concernée une perte de contrôle et une posture d'échec.

HISTOIRE D'UNE DÉCOUVERTE

Même si le stress constitue un phénomène d'actualité et, pour certains, symbolise notre temps, il est décrit depuis le XIXe siècle : c'est le physiologiste français Claude Bernard qui, le premier, a évoqué l'autorégulation indispensable à la santé, en insistant sur la capacité et la nécessité, pour notre organisme, de maintenir son milieu interne stable, quelles que soient les conditions extérieures ou les agressions de l'environnement.

Au début du XXe siècle, le neurophysiologiste américain Walter Cannon propose le terme « homéostasie » pour désigner l'ensemble des réactions qui assurent la stabilité de l'organisme ; il est le premier à démontrer que les réponses comportementales et les manifestations somatiques face à un danger sont liées à la libération d'une hormone, l'adrénaline*, par les glandes surrénales (voir le chapitre 2) ; cela prépare l'être humain à la défense – à la résistance ou à la fuite – et cela lui permet de maintenir un équilibre, donc de rester en bonne santé.

DES RECHERCHES DÉCISIVES

Médecin canadien et père fondateur de la notion de stress, Hans Selye définit et tente d'expliquer le phénomène. Menant en 1936, à l'université de Montréal, des recherches sur l'existence d'une nouvelle hormone ovarienne, il constate que des extraits d'ovaire de vache, quand ils sont injectés à des rats, provoquent toujours les mêmes réactions au niveau des glandes surrénales, des reins, des articulations, du système vasculaire et lymphatique, suivies d'hémorragies, d'ulcères, d'une atrophie du thymus, d'une perte de poids et de fièvre.

Poursuivant ses travaux, Hans Selye s'aperçoit que la purification des extraits réduit les lésions et les manifestations cliniques. Il en conclut que c'est l'introduction d'un élément étranger à l'organisme qui provoque les symptômes, toujours les mêmes et apparaissant, d'une manière systématique, dans le même ordre. Il découvre bientôt que des circonstances diverses – le froid, la chaleur, l'infection, un choc opératoire, la fatigue, un traumatisme, une hémorragie, le soleil, les rayons X... –, ainsi que toutes les substances toxiques, quelle que soit leur origine, provoquent une réponse identique et non une réponse spécifique – par exemple le froid fait frissonner, la chaleur transpirer... Selye comprend alors qu'il s'agit là d'une réaction physiologique non spécifique, qui permet à l'organisme de s'adapter aux conditions nouvelles créées par le stress : en 1948, il dénomme cette réaction « syndrome* général d'adaptation », expression qui sera remplacée en 1950 par le mot « stress ».

De la compréhension du syndrome général d'adaptation résultent deux notions importantes :

- la réponse de l'organisme est beaucoup plus intéressante que le facteur de stress proprement dit ;
- différents facteurs de stress ont des effets cumulatifs ; il faut donc par exemple éviter les émotions à une personne malade et laisser se reposer une personne très choquée.

De la détresse au stress

Entré dans la langue française en 1950, le terme « stress » est d'origine anglaise ; il signifie tout d'abord « épreuve », « affliction », avant de désigner une pression, une contrainte, un surmenage, une agression. Le mot anglais *stress* est lui-même issu de *distress*, « affliction » ; au XIIIe siècle, il est repris à l'ancien français *destrece*, « détresse », ou *estrece*, « oppression », provenant du latin *stringere*, « serrer ».
Source : *Dictionnaire historique de la langue française*, sous la direction d'Alain Rey, Éditions Le Robert, 1992.

En trois étapes

Le stress est caractérisé par un ensemble de réactions stéréotypées, facilement reproductibles en laboratoire, mais qui n'en sont pas moins très complexes. Selon l'intensité de l'agression, la réponse de l'organisme reste locale ou devient générale.

Quand vous vous piquez le doigt en voulant recoudre un bouton, le message « douleur » remonte les voies nerveuses jusqu'à votre cerveau ; un ordre réflexe est alors donné de retirer immédiatement votre main. Vous avez juste eu peur une fraction de seconde.

Quand l'agression est plus intense, par exemple si vous vous écorchez un doigt ou un genou, votre cerveau réagit d'une façon beaucoup plus violente afin d'aider l'organisme à faire face ; des symptômes généraux et variés apparaissent, qui sont plus ou moins importants et spectaculaires.

Si l'atteinte est vraiment très grave – un écrasement, des fractures multiples, une brûlure étendue, une aiguille rouillée, une seringue contaminée... –, une mobilisation générale est décrétée par votre cerveau ; l'épuisement de l'organisme et parfois la mort peuvent survenir après quelques jours ou quelques semaines d'une lutte vaine.

Destinées à maintenir la stabilité de l'organisme, trois phases successives composent le syndrome* général d'adaptation : l'alarme, la résistance et l'épuisement. Ce modèle biologique doit être compris dans sa dimension humaine, avec ses composantes affectives, cognitives, sensorielles, motrices, viscérales ou endocriniennes, qui sont en interaction étroite les unes avec les autres ; il ne tient pas compte des réactions spécifiques dues à chaque facteur.

L'ALARME

La première phase est appelée la réaction d'alarme. Elle correspond à l'ensemble des phénomènes généraux et non spécifiques qui sont provoqués par l'exposition soudaine de notre organisme à une agression, un stimulus ou un stress. Elle est elle-même divisée en deux phases : l'une dite de choc, l'autre de contrechoc.

Le **choc** traduit la surprise et la souffrance intense d'un organisme brutalement agressé. En voici les principaux symptômes, qui sont souvent observés car l'agression agit sur de multiples fonctions et de nombreux organes. Même s'ils peuvent sembler désordonnés, inconfortables et inadaptés, ces signes sont utiles à l'organisme :

- au niveau cardiovasculaire : la fréquence cardiaque s'accélère ; des palpitations apparaissent, parfois un emballement du cœur ; les vaisseaux sanguins se dilatent, ce qui se traduit par des bouffées congestives et un afflux de sang à la tête, qui devient chaude ou bouillante ;
- au niveau respiratoire : la fréquence respiratoire augmente ; une oppression apparaît parfois, avec un souffle coupé, court et haletant ; les soupirs sont nombreux ; les bronches se dilatent ;
- au niveau des muqueuses : la bouche devient sèche, la salive se fait plus rare ;
- au niveau musculaire : les muscles sont noués ou tendus ; une boule ou un nœud à la gorge gênent la déglutition ; des tremblements plus ou moins importants apparaissent ; des crampes se font sentir ;
- au niveau cutané : les vaisseaux se resserrent ; la sudation augmente ; le phénomène de l'horripilation, ou de la chair de poule, apparaît (quand les poils se hérissent) ;

- au niveau digestif : une diarrhée aiguë, des nausées ou des vomissements apparaissent ;
- au niveau oculaire : la pupille se dilate, comme chez le félin qui s'apprête à attaquer ;
- au niveau sanguin : le temps de coagulation diminue ; la glycémie augmente, ce qui prédispose à la lutte.

Cette première phase dure de quelques minutes à vingt-quatre heures. Elle permet soit de faire face, soit de prendre la fuite – cette dernière éventualité est juste mentionnée dans la description faite par Hans Selye du syndrome* général d'adaptation.

Dans la société actuelle, quand votre supérieur hiérarchique vous fait une remontrance, quand votre collègue vous critique ou quand un agent de police vous colle une contravention, il est rare de pouvoir riposter en faisant le coup de poing ou en prenant les jambes à son cou ! Alors, à défaut de pouvoir s'évader physiquement, certains fuient psychologiquement en se balançant sur leur chaise, en se rongeant les ongles, en se grattant la tête, ou en détruisant symboliquement un objet, que ce soit un crayon, un stylo ou un trombone ; d'autres « démissionnent » en s'enfermant peu à peu dans une maladie psychosomatique, qui équivaut parfois à cette fuite impossible.

Si la phase de choc n'a pas été mortelle, ce qui arrive hélas quelquefois, elle est suivie de la phase de **contrechoc** : l'organisme se ressaisit et mobilise ses moyens de défense afin de rétablir un équilibre interne sérieusement perturbé. L'intensité de la réaction d'alarme varie selon l'agresseur, le type d'agression et le profil de la victime. Si cette première phase se poursuit, l'organisme entre en résistance.

LA RÉSISTANCE

La deuxième phase, appelée phase de résistance, commence quarante-huit heures environ après l'agression. Elle constitue l'ensemble des réactions non spécifiques qui sont provoquées par l'exposition prolongée de notre organisme à des stimuli nocifs, auxquels il s'est plus ou moins adapté pendant la réaction d'alarme. En réalité, la phase de résistance accentue les phénomènes amorcés durant la phase de contrechoc, mais les signes d'alarme proprement dits disparaissent et les tissus reprennent leur poids normal ; des troubles physiques – de la fatigue, des problèmes cardiovasculaires, digestifs ou musculaires – ou psychiques – de l'irritabilité, de la déprime ou déjà une dépression – peuvent apparaître.

Si la résistance s'accroît face à l'agression, l'organisme se montre en revanche plus sensible à d'autres facteurs : il a résisté à un toxique, mais il supporte maintenant moins bien le froid ; il a réchappé à une maladie infectieuse grave, mais il risque de se révéler ultérieurement plus fragile sur le plan nerveux. L'équilibre peut se rétablir, mais au prix d'un surcroît d'énergie, de travail et de fatigue. Si cette phase de résistance s'installe d'une façon chronique, son danger majeur réside dans la constitution de lésions à bas bruit, qui font le lit de diverses maladies, parfois graves.

Si la phase de résistance ne dure pas, elle représente une bonne chose pour l'organisme, qui résiste sans s'épuiser ; dans le cas contraire, il y a surmenage, un terme qui, dans la langue courante, désigne un état d'hyperactivité dépourvue de temps suffisants de récupération ; la personne ne s'en rend pas toujours compte et éprouve plutôt le sentiment de vivre pleinement et intensément ; mais son attitude la précipite vers la déprime, la dépression, voire le *burn-out**, ou *karoshi**.

L'ÉPUISEMENT

La troisième et dernière phase est appelée phase d'épuisement ou de décompensation ; elle peut survenir plusieurs semaines ou plusieurs mois après l'agression si la deuxième phase de résistance est devenue chronique ou si l'agression a été forte. Elle constitue l'ensemble des réactions non spécifiques qui se produisent dès que notre organisme se montre incapable de s'adapter aux stimuli qui l'agressent.

La phase d'épuisement répète les phases précédentes mais peut conduire à une somatisation maximale, à une dépression grave et parfois à la mort ; elle correspond au stade terminal de la plupart des maladies graves. Fort heureusement, si l'agent perturbateur disparaît, cette dernière phase est à tout moment réversible. Quand, hélas, une personne décède, son autopsie révèle des lésions d'épuisement des glandes surrénales, des ganglions lymphatiques et du thymus, ainsi que des ulcères digestifs dits de stress (voir p. 31).

L'épuisement est la suite logique du stress, surtout s'il est associé à un manque de contrôle et à une dévalorisation de soi ou de la fonction qu'on exerce : dans le cadre de certaines dérives politiques ou sectaires, et lors de certaines conditions extrêmes de guerre, des personnes conditionnées à l'inéluctabilité d'une situation meurent terrorisées, sans grande résistance et témoignant d'un épuisement de leurs glandes surrénales. La terrible confirmation d'un stress provoqué est donnée par l'exemple des prisonniers des camps de concentration nazis qui moururent quelques jours après leur libération.

Tout dépend de notre perception

C'est la perception que nous avons d'une situation ainsi que notre capacité à apporter une réponse satisfaisante qui déterminent la quantité, l'intensité et les conséquences du stress.

- Confrontés à un événement soudain et inattendu, ou à un défi difficile à relever, nous nous sentons capables de faire face : le stress est vécu d'une manière positive, nous savons prévoir l'évolution des choses, nous contrôlons parfaitement la situation.
- Nous nous sentons en danger du fait de la brutalité ou de la nouveauté de l'événement, ou bien si le stress se prolonge : divers symptômes apparaissent, évoluent ou s'aggravent.
- Nous sommes totalement débordés et nous n'avons aucune solution efficace à opposer. Des troubles physiques – cardiovasculaires, gastrointestinaux, cutanés... –, psychiques et comportementaux – dépression, anxiété, fatigue, troubles de la libido... – peuvent s'installer, puis laisser la place à des maladies plus graves – pathologies cardiovasculaires, cancers, affections psychosomatiques...

DES CONTRAINTES TROP FORTES

À l'origine, le syndrome* général d'adaptation a été décrit chez des personnes brûlées, ensevelies ou polytraumatisées (ayant subi plusieurs fractures). Peut-on l'appliquer à des personnes victimes de frustrations importantes, d'insatisfactions, de tracas et de tous les petits ou grands problèmes de la vie quotidienne ? Rien n'est vraiment prouvé. En revanche, ce qui est sûr, c'est que le stress provient

Quelle serait votre réaction si…

À partir d'une situation très courante prise dans la vie de tous les jours, il est intéressant de déterminer quelle est votre attitude face au stress.

Exemple : votre voisin fait du bruit – il met la musique trop fort, il joue du piano, il reçoit des amis tard le soir…

Première possibilité : ça vous énerve, vous tapez contre le mur, vous appelez votre voisin au téléphone pour lui signaler votre présence et la gêne occasionnée. À tout moment, votre attitude et vos remarques peuvent faire dégénérer la situation : vous avez agi uniquement sur le facteur de stress.

Deuxième possibilité : le bruit étant intermittent, vous décidez de l'ignorer. Plutôt que de focaliser votre attention sur le dérangement subi, vous faites autre chose. Vous vous dites que ça ne va pas durer, que votre voisin aura bientôt fini, que finalement ça vous gêne peu, que ça met un peu d'animation dans l'immeuble… : vous avez modulé votre réaction personnelle au stress.

Troisième possibilité : ce voisin indélicat faisant du bruit d'une manière très régulière, vous choisissez les méthodes qui, d'une manière générale, diminuent le stress, par exemple la relaxation. Vous tâchez de rester calme, vous organisez votre vie autrement ou bien vous déménagez avant de tomber en dépression : la situation a fini par mettre en péril votre résistance au stress. Tandis que certaines personnes sont sensibles au moindre bruit, d'autres le sont beaucoup moins, et d'autres encore restent parfaitement indifférentes à un véritable tintamarre. Bien ou mieux gérer le stress dépend donc des capacités d'adaptation de chacun ; la prise en charge de chaque individu demande donc à être personnalisée.

souvent de contraintes trop fortes qui pèsent sur un individu, et/ou du décalage existant entre ses propres capacités et les attentes de son environnement social ou professionnel.

Le syndrome* général d'adaptation fonctionne donc d'une façon à la fois simple et sophistiquée, en trois phases successives. En se connaissant bien et en adoptant un certain nombre de mesures de prévention, il est possible de naviguer entre les phases d'alarme et de résistance, sans basculer dans la phase d'épuisement, ce qui est véritablement bénéfique pour la santé.

UNE CASCADE DE RÉACTIONS

Voici un exemple de l'enchaînement des réactions du syndrome* général d'adaptation, qui peuvent conduire à la maladie grave.

1. Un staphylocoque (une bactérie responsable d'infections) peut, sur la peau, créer une inflammation aiguë, par exemple une rougeur, une chaleur, une enflure ou une douleur, qui traduit la réaction de défense spécifique de l'organisme.

2. Marquée par de la fièvre, la phase de résistance aboutit à un abcès ou à un furoncle, dont le but est de limiter l'étendue de l'agression. L'évolution dépend de la précocité du traitement mais aussi du « terrain », qui est responsable de signes non spécifiques de l'infection à staphylocoques.

3. Si l'infection est grave et si la personne est fragile, la phase d'épuisement risque de survenir et de provoquer une complication locale, par exemple une fistule, ou une complication générale, par exemple une septicémie ; en l'absence d'un traitement énergique et ciblé, cette dernière peut être mortelle.

Si l'on remplaçait le staphylocoque par une tout autre bactérie ou par une brûlure, on observerait le même processus, accompagné de signes spécifiques et d'autres qui le sont beaucoup moins. Si la gravité d'un épisode dépend de la virulence du facteur de stress, il est également lié à la durée de son action et au potentiel défensif de la personne.

DE L'IMPORTANCE DES ÉMOTIONS

Bien qu'elles ne soient pas toujours mentionnées dans la description du syndrome* général d'adaptation, les émotions sont omniprésentes et sont souvent beaucoup plus visibles que les symptômes cliniques.

Parce qu'il est de bon ton, selon notre modèle culturel, de cacher ou de rentrer ses émotions, elles constituent un élément subjectif et peu fiable du stress, alors qu'elles en sont partie prenante. Ainsi, lors d'une situation stressante, une personne peut se mettre à pleurer, crier, bafouiller, éclater de rire, exploser de colère, se replier sur elle-même ou uriner.

Les réactions physiques, émotionnelles et comportementales varient beaucoup d'un individu à l'autre. Des expériences tendant à isoler le facteur émotionnel montrent des réactions au stress très atténuées. Un tel résultat engage à la réflexion, car il remet en cause la définition du stress proposée par Hans Selye, qui évoquait le caractère non spécifique de la réaction, et ouvre de nouvelles perspectives thérapeutiques. Car contrôler le facteur émotionnel ou psychologique du stress en réduit considérablement les effets (voir le chapitre 4).

Les complications médicales du stress

Parce qu'il est responsable d'un déséquilibre de l'organisme, le stress entraîne un affaiblissement psychique, physique, métabolique, neuroendocrinien ou immunitaire. La multitude de symptômes, de troubles fonctionnels* (sans cause organique décelable) et de maladies qu'il est susceptible d'engendrer ou d'aggraver s'explique par l'incapacité de l'individu à désamorcer l'excès de tensions : dès lors, ces dernières se concentrent dans les organes.

Certains auteurs ont montré que les grands stressés éprouvent des difficultés à exprimer verbalement leurs émotions, voire à les ressentir et à les reconnaître ; cela a pour conséquence d'« imprimer » ces émotions dans leur corps sous la forme d'un symptôme ou d'une maladie. Ainsi, un stress émotionnel intense – par exemple le décès d'un être cher – peut rapidement provoquer une insuffisance ventriculaire gauche sévère due à une trop grande stimulation du système sympathique : ce qu'on appelle le « cœur brisé ».

À la longue, le stress chronique diminue les capacités d'adaptation d'une personne, avec des effets gênants, ennuyeux, graves voire dramatiques ; il peut être responsable de la maladie, parfois de la mort par épuisement de l'organisme. Certains otages ont payé de leur vie les conditions stressantes de leur détention.

Les ulcères digestifs, dits de stress

Depuis longtemps déjà, l'expérimentation sur les animaux a montré que le stress provoqué par certaines situations médicales pouvait rapidement être à l'origine de complications graves ; placées dans un espace clos où elles reçoivent des éclairs lumineux toutes les quinze secondes, des souris en bonne santé développent un ulcère de l'estomac en moins de 48 h.

Hospitalisés pour un accident de la route ou ayant subi une intervention chirurgicale importante, des patients peuvent mourir d'un ulcère gastrique ; ce phénomène est à présent si bien connu que les malades placés en réanimation bénéficient systématiquement d'un traitement antiulcéreux préventif, ce qui évite les hémorragies digestives, toujours graves et parfois fatales.

Fort heureusement, tout le monde ne développe pas un ulcère en cas de stress ; certaines personnes sont plus prédisposées que d'autres.

IL FAVORISE LES PROBLÈMES CARDIOVASCULAIRES

Aujourd'hui, il est quasiment démontré que le stress favorise les maladies cardiovasculaires. Dans les années 1970, une étude fut réalisée au Mount Sinaï Hospital sur des cadres supérieurs ; elle a défini deux types de personnalité susceptibles de développer, l'un des pathologies cardiovasculaires, l'autre plutôt des cancers :

- le premier groupe, dit du type A, ou type hyperactif, a pour dénominateur commun les qualités suivantes : l'ambition, l'exigence, l'impatience et la prise de responsabilités. Il est tout particulièrement exposé aux problèmes de cœur ;
- au contraire, le second groupe, dit du type C, est placide, nonchalant et ne témoigne d'aucune agressivité envers les autres. Il fait plus souvent des cancers et des maladies auto-immunes (atteignant des personnes qui synthétisent des anticorps dirigés contre leurs propres protéines).

Si les travaux scientifiques ultérieurs n'ont pas entièrement confirmé cette étude, cet exemple frappant continue d'être régulièrement cité.

Une émotion intense, un chagrin ou un deuil sont-ils capables de déclencher un cancer ? ou favorisent-ils uniquement le développement d'une tumeur existante ? Passionné, passionnant et riche de controverses, le débat reste ouvert.

IL PERTURBE L'ACTIVITÉ DU CERVEAU

Réalisée par une équipe israélo-américaine, une étude scientifique vient de confirmer que de courtes périodes de stress perturbaient le comportement d'une personne, ainsi que ses fonctions de mémorisation, et cela pendant plusieurs semaines.

Un stress persistant altère l'activité et la structure du cerveau en fabriquant trop de radicaux libres : les principaux effets sont une mauvaise transmission des messages entre les neurones, une production amoindrie de nouvelles cellules cérébrales, un rétrécissement de l'hippocampe, l'atrophie et la mort des neurones responsables de la mémoire (voir les chapitres 2 et 6).

Il est donc essentiel de repérer les signes annonciateurs d'un stress excessif afin de le contrôler ou de l'aider à s'évacuer ; cela passe par une organisation de vie différente (voir le chapitre 7).

IL AFFAIBLIT LES DÉFENSES IMMUNITAIRES

Le stress sollicite les mécanismes immunitaires et affaiblit peu à peu nos défenses, ce qui est préjudiciable à la santé ; il gêne la cicatrisation et diminue l'immunité post-vaccinale. Ainsi fragilisé, l'organisme est plus réceptif à toutes les maladies, de la grippe au... cancer ; un rhume s'attrape plus facilement en période de fatigue ou de stress, ce qui est fâcheux ; mais le stress est également responsable d'un nombre accru de pathologies graves, ce qui est plus dramatique.

Gérer et traiter le stress se révèle souvent plus efficace chez des patients victimes d'infections récurrentes que la prescription d'immunostimulants. Selon une étude américaine menée dans l'Ohio pendant six ans, les personnes proches de malades chroniques, et qui s'en occupent, sont elles-mêmes plus vulnérables aux problèmes de santé. Par ailleurs, une étude danoise, qui a été réalisée sur près de cinquante mille parents suivis entre 1980 et 1997, a révélé un lien indiscutable entre le stress consécutif à la mort d'un enfant et le risque de développer une sclérose en plaques : ce risque est supérieur de 56 % chez les parents endeuillés, et encore plus élevé si le décès a été brutal.

FAUT-IL ÊTRE STRESSÉ POUR DEVENIR PERFORMANT ?

Dans certaines limites, il existe une relation entre la quantité de stress ressenti et la qualité d'une performance ; cette dernière est meilleure quand le stress est modéré, mais se détériore quand il est trop élevé ou au contraire inexistant.

Lorsqu'une personne doit faire face à une situation exceptionnelle par son intensité, sa complexité ou sa nouveauté, elle réagit par un surcroît d'attention, de curiosité et d'anxiété, ce qui aboutit en général à une performance optimale. Mais si l'anxiété se prolonge, le niveau de la performance baisse, et un comportement régressif risque alors de s'installer. Une expérience très instructive a été menée sur des marins participant à une course autour du monde (Volvo Ocean Race, édition 2001-2002) : la navigation au milieu des icebergs crée chez les hommes un tel stress qu'ils en perdent leur lucidité et leur créativité ; si la course doit repartir en zone de glaces, deux ou trois semaines d'escale entre chaque étape sont insuffisantes pour recharger leurs glandes surrénales – leur taux de cortisol reste bas (voir le chapitre 2).

Un stress brusque, intense et bref, ou à l'inverse prolongé ou répété, épuise les facultés d'adaptation de l'organisme. Sans oublier toutefois que les réactions restent très individuelles, chaque personne réagissant à sa façon, avec son vécu, ses nerfs et son calme intérieur : à l'évidence, Zinédine Zidane est moins stressé dans les grandes circonstances qu'Amélie Mauresmo ou Christine Arron.

Des causes très variées

Les causes de stress sont multiples et diversifiées, plaisantes ou désagréables, réelles ou imaginaires, nouvelles ou familières, brèves ou prolongées, importantes ou minimes... Leurs points communs sont un contrôle incertain de l'environnement par la victime, ainsi que la crainte, la croyance ou la certitude de ne pas parvenir à affronter la situation.

Le stress naît de deux manières : l'une est endogène, c'est-à-dire qui prend naissance à l'intérieur de l'organisme ; l'autre est exogène, c'est-à-dire qui provient de l'extérieur.

LE STRESS ENDOGÈNE

Les principales causes du stress endogène sont :

- une alimentation mal choisie : du jeûne à l'obésité, en passant par la malbouffe ;
- une hygiène de vie mal respectée : une consommation d'alcool et/ou de tabac, une absence d'activité physique, des temps de repos insuffisants...;
- un trouble métabolique : l'obésité, une hypercholestérolémie, un diabète, une hypertension artérielle ou la goutte sont responsables d'un « stress oxydatif* », une notion désormais établie en médecine (voir le chapitre 6) ;
- une diminution de l'immunité : des infections traînantes et/ou récidivantes, une prise de médicaments immunosuppresseurs... ;

- un problème neuroendocrinien, dû à une maladie ou à la ménopause;
- des problèmes nerveux, dus à un excès d'émotions.

LE STRESS EXOGÈNE

Le stress exogène obéit à des contingences extérieures, qui sont donc moins faciles à réduire ou à contrôler :

- le stress purement physique, qui épuise l'organisme : il est dû à de grandes quantités de travail, à des efforts trop importants, à des plages de repos insuffisantes, au manque de sommeil, à la maladie, à la prise de médicaments « lourds », à des blessures avec séquelles, à la pollution, à la canicule… ;
- le stress de performance : l'atteinte de l'objectif dépend d'une planification et d'une stratégie précises ;
- le stress de menace : il y a un risque réel pour l'intégrité physique (avec violence, coups et blessures) ou psychologique de la personne (avec agression verbale, harcèlement moral…) ;
- le stress psychique : il est dû à un travail imposé, à des horaires difficiles ou décalés, à des problèmes relationnels avec les collègues, la hiérarchie ou les clients, à des soucis divers… ;
- le stress d'ennui : la routine, dans la vie personnelle ou professionnelle, crée une démotivation voire une déprime ;
- le stress psychologique : il est fait de changements permanents, avec des réorganisations et des remises en cause incessantes – l'investissement est maximal pour un minimum de reconnaissance et de valorisation de soi –, des objectifs difficiles à atteindre, une monotonie… ;

- le stress de frustration : il est lié à une situation d'injustice, à la maladie, à la trahison d'un ami ou d'un proche... ;
- le stress psychosocial : il est délicat à résoudre ; il est dû à un habitat en zone difficile, à un isolement – même et surtout en milieu urbain –, à une cellule familiale éclatée, à une durée trop longue des transports quotidiens, à des files d'attente interminables, à un déménagement, à un sentiment d'insécurité, au bruit... ;
- le stress de la perte : qu'il soit lié à un problème matériel, au travail, au vieillissement ou à un deuil ;
- le stress d'identification : par exemple pour le témoin d'un accident ;
- le stress physiologique ou d'anticipation : il est normal s'il n'est pas excessif et paralysant ; il apparaît avant une compétition ou un examen ;
- le stress enfin peut naître d'une situation en principe agréable : un mariage, un travail de création ou une réussite extraordinaire. Nombreux sont les cas de champions – par exemple Yannick Noah ou David Douillet – qui vivent l'atteinte de leur objectif ultime comme un moment finalement triste, stressant et déprimant, car il marque la fin de leur longue quête du Graal et démasque la hantise voire la réalité du vide du lendemain.

DES MESURES DE PRÉVENTION

Nous pouvons être agressés du matin au soir, car les causes multiples de stress s'associent régulièrement. Une prise en charge efficace commence, quand cela est possible, par la suppression de la ou des causes. Le stress est rarement une fatalité ; les solutions sont d'ordre individuel, collectif ou environnemental.

La prévention doit se construire au calme, quand tout va bien : c'est ce que font tous ceux qui se surveillent tant sur le plan physique – par une alimentation équilibrée, de l'exercice et une bonne hygiène de vie – que sur le plan moral – par le coaching, la relaxation, la sophrologie… ; ils parviennent ainsi à améliorer le contrôle de leurs réactions somatiques, psychologiques, émotionnelles et comportementales.

Au travail

Vous êtes de mauvaise humeur, vous êtes en conflit avec la moitié de vos collègues, vous avez du mal à vous intéresser à votre travail, vous ne parvenez plus à vous motiver pour ce qu'on vous demande de faire, vous avez perdu le goût des choses. Ne cherchez pas : vous êtes stressé. Avant tout psychique ou psychosocial, le stress en milieu professionnel est de plus en plus fréquent ; en règle générale, il constitue la réponse à un contexte hostile ou agressif, ou bien vécu comme tel.

Tandis que des technologies de plus en plus sophistiquées tendent à remplacer les tâches ingrates ou épuisantes sur le plan physique, tandis que les 35 h ont permis d'augmenter le temps libre, le travail, qui constitue pourtant un élément important dans l'épanouissement de chacun, est en passe de décourager voire de détruire un grand nombre de personnes. Quand le stress est trop important, quand il est répété et quand il échappe à tout contrôle, il comporte alors des risques indiscutables pour la santé mentale et l'intégrité physique.

TOUJOURS PLUS ET TOUJOURS MIEUX

Les facteurs de stress en milieu professionnel sont nombreux :

- la charge globale de travail, insupportable pour le plus grand nombre ;
- le travail à réaliser dans l'urgence ; tout doit être fait immédiatement, sans aucune hiérarchie, au doigt et à l'œil ;

- le travail en « zapping » : il est marqué d'interruptions incessantes, liées au va-et-vient de la vie en collectivité, qui empêche le déroulement fluide d'une action ;
- l'inadéquation entre les capacités d'une personne et les exigences de la tâche, ou l'inverse, quand un salarié est mis au placard ;

Portrait de l'homme stressé

D'après une enquête Louis Harris réalisée en 2001, le stress touche deux hommes sur cinq.
Voici le profil type de l'homme stressé :

- il est âgé de 39 à 45 ans ;
- il appartient à une catégorie socioprofessionnelle supérieure : il occupe un poste à responsabilités ;
- il est père de famille.

Les problèmes liés au travail viennent en tête (74 %), suivis par les difficultés financières (62 %), les problèmes de santé (63 %) et les difficultés relationnelles avec ses enfants (45 %).
De plus, les hommes perçoivent l'attitude des femmes comme exigeante, ce qui les soumet à davantage d'angoisse, en particulier sur le plan sexuel ; l'acte sexuel devient source de compétition et n'est plus le « refuge affectif » qu'il devrait être.

- le toujours plus et toujours mieux, lié à la dictature de l'excellence et de la performance ;
- l'incertitude due à des contrats précaires, à la peur du chômage, au changement fréquent de fonctions ;
- le manque de reconnaissance ou de récompense – qu'elle se matérialise par une augmentation, de l'avancement ou de l'estime ; cela se traduit par des frustrations, une perte de respect de soi et des autres ;
- les conflits entre personnes, qui sont inévitables dans un groupe ;
- les ordres et les contre-ordres qui, désormais, arrivent le plus souvent par courriels : si ce mode de communication est un gain de temps appréciable, il témoigne toutefois d'une déshumanisation des rapports ;

- la production en flux tendu, qui impose beaucoup trop de contraintes et risque d'entraîner une aliénation ;
- des marques d'agressivité, allant de l'incivilité, de l'humiliation, du harcèlement à la violence ; malheureusement, c'est le lot quotidien dans un grand nombre d'entreprises.

DIRIGEANTS, CADRES ET OUVRIERS

Les risques de démotivation ou de maladie liés au travail sont très grands, car les nombreux facteurs de stress tendent à se cumuler.

Des épidémiologistes toulousains ont étudié la demande psychologique des salariés – quelle est la quantité de travail pouvant être acceptée, quelles sont les contraintes pouvant lui être associées... –, la latitude dans la prise de décisions ainsi que le soutien social. Ils se sont aperçus qu'une charge de travail importante, associée à une marge de décision faible, constituait une situation à hauts risques pour la santé ; d'ailleurs, cela est le cas pour plus d'un quart des cadres et des dirigeants d'entreprise.

À noter : le stress est plus élevé dans les petites structures que dans les entreprises de plus de deux mille employés. La frustration, qu'elle résulte d'un problème de rémunération, de plan de carrière ou d'un manque de sens du travail, est reconnue par une personne sur deux ; et tandis que le travail est ressenti comme psychologiquement pénible par la moitié des personnes, une réelle pénibilité n'existe que pour

Un salarié sur trois

Selon un rapport publié en 2002 par l'Agence européenne de santé et de sécurité du travail, près d'un salarié sur trois serait victime d'un stress important ; un sur dix souffrirait de dépression, d'anxiété ou de surmenage.

3 % d'entre elles. Chez les ouvriers à la chaîne, le rythme trop rapide des machines provoque un épuisement physique et nerveux.

Quand une activité professionnelle est manifestement responsable du stress, il est parfois possible de réorganiser les tâches, de donner du sens à des actions, d'autonomiser les personnes, de développer le sentiment de l'efficacité personnelle ou encore de faire participer aux décisions. C'est ce qu'ont bien compris certains patrons – mais qui ne sont pas légion.

LE SYNDROME D'ÉPUISEMENT PROFESSIONNEL

Apparu dans les années 1960, le concept d'épuisement professionnel est observé dans des métiers à fortes sollicitations mentales, émotionnelles et affectives : il touche pratiquement un tiers du personnel soignant, prenant dans le milieu hospitalier l'allure d'une véritable épidémie. Il se situe aux confins de la psychopathologie, du social et du professionnel ; grave, il peut conduire au suicide.

Le *burn-out** des Anglo-Saxons, cet « incendie intérieur », ou le *karoshi** des Japonais, cette « mort par excès de travail », appartiennent bien au stress professionnel ainsi qu'il a été défini, car tous deux intègrent les notions d'efforts, de contraintes lourdes, de difficultés d'organisation, d'agression et d'invasion.

→ En bref

- La réaction de stress, avec les trois phases d'alarme, de résistance et d'épuisement décrites dans le syndrome* général d'adaptation, est une réponse de l'organisme à une menace, à une agression physique ou psychique.
- Le stress ne devient pathologique que s'il est trop intense ou chronique.
- Le stress disparaît dès qu'une personne peut répondre à une situation donnée, c'est-à-dire en imposant son propre rythme, ses priorités et ses choix. Cela impose de « reprendre le pouvoir sur sa vie », ce qui n'est pas toujours facile dans une société qui tend aujourd'hui à rendre les individus passifs et à médicaliser leur souffrance à l'extrême.
- Si le stress n'est pas une maladie comme le sont la dépression et l'anxiété généralisée, en revanche il est capable d'en déclencher une ou de l'aggraver.
- À l'opposé de l'anxiété, où les symptômes d'inquiétude ou de tension sont toujours là, le stress n'existe qu'en présence de l'agent responsable.
- Tandis que le déprimé a démissionné, le stressé est, lui, dans la lutte.

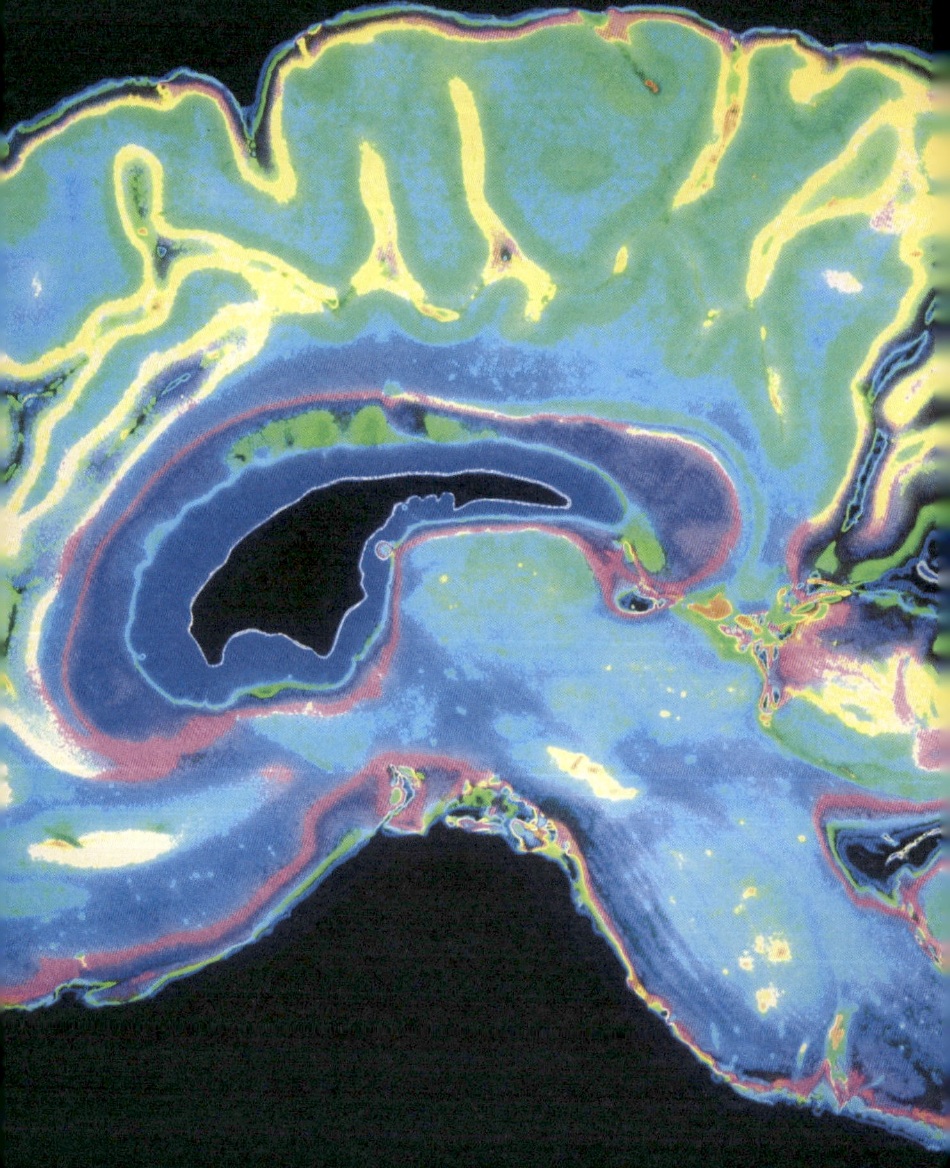

2

Le cerveau : ressentir, réagir, s'adapter

« Si la matière grise était plus rose,
le monde aurait moins les idées noires. »
Pierre Dac.

Depuis une trentaine d'années, les progrès conjugués des neurosciences et de l'imagerie médicale ont permis de pénétrer l'intimité du cerveau et de lever peu à peu tous ses secrets. Quelle est son activité ? Où sont situées ses zones fonctionnelles ? Comment sont sécrétés les neurotransmetteurs* ? Quelle est leur composition chimique ? Quel est leur devenir ? Et quel est celui des diverses substances ingérées ou injectées, par exemple les médicaments ? Pourquoi les nutriments* jouent-ils un rôle essentiel dans la bonne marche du cerveau ? Autant de questions auxquelles il est aujourd'hui possible d'apporter des réponses précises. Nous savons désormais beaucoup de choses sur le cerveau, en particulier la façon dont il s'organise, mémorise, agit ou disjoncte, et celle dont il réagit au stress : nous sommes alors mieux armés pour l'aider et le traiter.

Outil ultraperformant, supérieur à la dernière génération d'ordinateurs, le cerveau est très gourmand, puisqu'il a besoin de grandes quantités de carburant et d'oxygène ; ainsi, il use dix fois plus d'énergie que n'importe quel autre organe.

L'efficacité de notre cerveau dépend donc profondément et fortement de ce que nous mangeons et inhalons : voilà une notion toute nouvelle et riche de possibilités thérapeutiques. À une époque pas si reculée, c'est-à-dire il y a une trentaine d'années, les scientifiques pensaient que l'alimentation n'avait aucune influence directe sur le cerveau et sur le système nerveux central, car tous deux, croyait-on, étaient protégés par une barrière filtrante, destinée à préserver l'équilibre de leur milieu intérieur. Les connaissances ont évolué : les performances de notre matière grise sont directement liées à la qualité des nutriments* qui lui sont fournis.

Le système nerveux et le cerveau

Pendant des siècles, le cerveau est resté un organe peu et mal connu, bien coincé dans la boîte crânienne ; il était avant tout étudié lors des autopsies et des dissections. Les images utilisées pour décrire cet « organe à penser » ont toujours été influencées par les savoirs philosophiques, médicaux et sociaux de chaque époque : avant d'être comparé au superordinateur du IIIe millénaire, le cerveau est, au XVIe siècle, comme l'orgue des églises, qui dirige et ponctue les offices ; au XVIIe, il est un système hydraulique, avec ses pompes, ses canaux et ses pistons ; au XVIIIe, le voici outil du bâtiment, fait de poulies et de roues dentées ; plus près de nous, c'est une installation électrique des plus sophistiquées, puis un immense standard téléphonique, avec son poste central, ses relais, ses câbles et ses fils.

Merveille d'intelligence fine et de haute technologie, notre cerveau est capable d'intégrer à chaque instant la multitude d'informations qui lui parviennent de la périphérie du corps et du monde extérieur, puis d'adapter en une fraction de seconde nos humeurs et de modifier notre comportement. Il sait prévoir, imaginer, rêver, se souvenir, analyser et s'émouvoir ; il est aussi doué pour créer un tableau, une symphonie, un poème ou une belle histoire d'amour que pour piquer une grosse colère, perpétrer un meurtre, retenir une sonate de Beethoven, faire la guerre voire planifier un génocide.

Plus un mammifère est placé haut sur l'échelle de l'évolution, plus son néocortex, c'est-à-dire la matière grise située à la surface des hémisphères cérébraux, est développé, plus il est apte à comprendre, agir et surtout anticiper. L'homme est doté d'un cortex deux fois plus épais et mille fois plus étendu et performant que celui d'une souris.

COORDONNER ET RÉGULER

Notre organisme est régi par le système nerveux et le cerveau : tout est placé sous leur contrôle, du système musculaire aux cinq sens. Ils décident du sommeil, de la faim, du rythme cardiaque et de la température du corps, mais aussi de notre humeur et de notre bien-être.

Le système nerveux central, périphérique et végétatif constitue un ensemble d'une richesse inégalable, dont nous ne connaissons sans doute aujourd'hui qu'une infime partie. Il coordonne et régule l'ensemble de l'organisme en véhiculant des milliers d'informations grâce à des milliards de neurones : ces cellules nerveuses sont présentes partout et sont connectées les unes avec les autres ; elles sont concentrées dans un kilo et demi de matière, avant tout de matière grise.

LE SYSTÈME NERVEUX CENTRAL

Il comprend le cerveau, le cervelet, le tronc cérébral et la moelle épinière.

- **Le cerveau :** organe le plus important de l'encéphale, il est constitué de deux hémisphères aux vocations différentes et complémentaires. Tandis que l'hémisphère droit est à vocation créatrice, l'hémisphère gauche est beaucoup plus pragmatique. Chacun est composé de quatre lobes aux fonctions spécifiques :

Le néocortex d'un pigeon

Dans le film *Birdy* d'Alan Parker, un personnage s'étonne de la stupidité des pigeons : vivant sous le métro aérien, donc habitués au bruit des voitures, ils continuent pourtant d'amorcer un décollage à chaque passage de rame.
Très peu développé, leur néocortex ne leur permet pas d'analyser la situation ; plusieurs dizaines de fois par jour, ils estiment simplement qu'un danger existe, et ils doivent, inlassablement, s'envoler pendant quelques secondes avant de revenir se poser.

le lobe frontal sert à bouger, mais pas seulement ; le lobe pariétal sert à sentir ; le lobe temporal sert à exprimer et à contrôler les émotions ; le lobe occipital sert à voir.

Si le lobe frontal est altéré par un traumatisme, une opération chirurgicale ou une maladie, cela provoque un changement brusque de personnalité, avec une disparition des sentiments et des regrets, un manque absolu d'intuition et de discernement, une peine voire une impossibilité à prendre des décisions, des difficultés voire une incapacité à ressentir une émotion, à rire à une bonne blague ou à pleurer à une nouvelle triste, ou encore l'incapacité à se projeter dans l'avenir.

Substance grise et substance blanche

Le cerveau est constitué de substance grise et de substance blanche :

- située en surface, la substance grise, ou cortex cérébral, est le centre de commande et de perception de tout ce qui est volontaire et conscient ;
- la substance blanche est plus centrale, et c'est là que se trouvent des fibres nerveuses de communication ou des structures de substance grise telles que le thalamus et l'hypothalamus. Le cerveau d'une femme est plus petit (de 15 % environ) que celui d'un homme ; il contient plus de substance grise et moins de substance blanche, dont le rôle dans la perception spatiale est avéré : cela explique pourquoi les femmes ont plus de facilités à s'exprimer et pourquoi les hommes déchiffrent mieux une carte routière.

Le système limbique est situé dans plusieurs régions du cerveau, et notamment au niveau du lobe temporal ; il comprend en particulier l'hippocampe : ce dernier joue un rôle essentiel dans le processus de la mémoire ; une réponse excessive de sa part est responsable des troubles obsessionnels compulsifs, ou TOC (voir le chapitre 9). Le système limbique échappe à notre contrôle et à notre volonté. Il est un lieu essentiel d'échange d'informations, en particulier des émotions. Il commande la vie végétative ; il joue un rôle dans les fonctions d'éveil et d'attention ; il intervient d'une manière prépondérante dans la sexualité ; il gère l'angoisse, l'émotivité et l'affectif ; face au stress, il déclenche les comportements d'agressivité, de combat, de peur ou de fuite. L'activation du système limbique entraîne un très grand trouble anxieux ; l'atteinte ou la destruction des fibres nerveuses reliant le lobe frontal au système limbique efface notamment le sentiment amoureux.

- **Le cervelet :** il gère l'équilibre en coordonnant l'action des muscles ; son mauvais fonctionnement est responsable de très violents vertiges.
- **Le tronc cérébral :** il est situé juste devant le cervelet ; du tronc cérébral partent les douze paires de nerfs crâniens.
- **La moelle épinière :** elle reçoit et transmet au cerveau les messages émis par l'ensemble des trente paires de nerfs de l'organisme.

LE SYSTÈME NERVEUX PÉRIPHÉRIQUE

Il est constitué de l'ensemble des nerfs crâniens et rachidiens (liés à la colonne vertébrale). Chaque nerf est composé de nombreuses fibres ; chaque fibre est entourée d'une gaine isolante et protectrice. En s'attaquant aux gaines protectrices des nerfs, certaines maladies, telle la sclérose en plaques, détruisent peu à peu des zones entières du système nerveux.

LE SYSTÈME NERVEUX VÉGÉTATIF

Également appelé système nerveux autonome, le système nerveux végétatif est formé des structures nerveuses qui contrôlent précisément la vie végétative de l'organisme, c'est-à-dire les fonctions involontaires, par exemple la circulation du sang, les battements du cœur, le rythme respiratoire et le sommeil.

Ce système regroupe deux chaînes de transmission : le système orthosympathique et le système parasympathique.

CHEF D'ORCHESTRE, MUSICIENS ET PARTITION

Le cerveau se développe en fonction des informations qui lui parviennent de son environnement ou de certaines parties du corps. Après les avoir sélectionnées, traitées et interprétées, il les intègre ou non. Puis, quand il fonctionne normalement, il envoie des messages compréhensibles, ordonnés et cohérents au moyen d'influx nerveux, des phénomènes à la fois chimiques et électriques.

Qui dirige ?

Toutes nos actions proviennent d'une direction collégiale : le cortex reçoit ses informations du monde extérieur et ordonne par exemple de retirer la main en présence d'une source de chaleur ; le cerveau végétatif, constitué notamment du thalamus et de l'hypothalamus, reçoit ses informations de l'intérieur du corps et ordonne notamment de sécréter les sucs digestifs, d'évacuer les urines et les selles.

Si le cerveau est bien le chef d'orchestre placé à la tête de l'organisme, il tient toujours compte du vécu et des sentiments de ses musiciens – les membres et les organes – afin de ne pas jouer sa partition dans le vide. Il dispose de cellules nerveuses très élaborées ainsi que de nerfs qui lui apportent les informations et qui emportent ses ordres ; des substances chimiques, les neurotransmetteurs* et les hormones, règlent en permanence son fonctionnement et celui de l'organisme.

DES MILLIARDS DE NEURONES

Les neurones grossissent, grandissent, agissent et accroissent leur efficacité selon les besoins de l'environnement et selon le contexte ; leur nombre est fixé à la naissance – ils sont entre cinquante et cent milliards chez l'homme. Le bon fonctionnement du système nerveux repose sur l'extraordinaire organisation de ces neurones en un vaste réseau de voies, de chaînes, de circuits et autres boucles, dont chaque maillon est, tel un microprocesseur, connecté à d'autres cellules.

Le neurone est une cellule constituée d'un tout petit corps – qui porte un noyau où est inscrit le patrimoine génétique – et d'un très long prolongement, percé de nombreux récepteurs situés en surface : ce sont ces récepteurs qui perçoivent les signaux et qui distribuent les messages aux centaines de milliers d'autres cellules voisines, qu'il s'agisse d'informations, de stimuli – il y a du bruit, il fait chaud... – ou encore d'excitations – un pincement, une douleur...

Ce système permet une interconnexion très étroite. Les échanges entre les milliards de neurones se font grâce à la synapse* : dans cette zone de contact essentielle se trouvent de tout petits réservoirs qui, selon les besoins, libèrent des substances diverses : les neurotransmetteurs*. Ces réactions chimiques sont extraordinairement rapides et brèves, d'autres substances étant là pour détruire le neurotransmetteur libéré, pour le réabsorber ou le stocker.

Notre alimentation et notre mode de vie peuvent modifier le contenu des réservoirs, interférant avec la synthèse et la libération des neurotransmetteurs, modifiant ainsi nos pensées, nos émotions ou nos comportements.

ACTIVÉS ET ENTRAÎNÉS

Les neurones demandent à être activés à une période très précoce dans le développement d'une personne, puis à être stimulés en permanence afin de poursuivre leur croissance et leur évolution : chez un jeune enfant, un environnement stimulant peut augmenter de 20 % au moins le nombre des cellules cérébrales impliquées dans la mémoire et l'apprentissage. Nous avons tous constaté qu'il est bien plus facile d'apprendre un geste technique ou une langue étrangère lors de la petite enfance ou de l'adolescence qu'à l'âge adulte. Tandis que les zones ou les structures dont un individu a besoin sont développées, celles qui semblent moins importantes voire inutiles au cerveau sont éliminées.

Sans stimulation affective

Un enfant qui, dès la naissance, n'a pas été stimulé sur un plan affectif, sensoriel et intellectuel ne rattrapera jamais ce retard. Souvenons-nous des images terribles des pensionnats roumains, où des enfants qui, pendant les premiers temps de leur existence, avaient été laissés sans amour et sans soins attentifs constants, présentaient des signes d'arriération mentale irréversibles. Ils compensaient leur détresse et leur vide intérieur en se balançant dans leur lit, tels des automates, à la recherche d'un bercement apaisant.

Des animaux élevés dans un milieu stimulant – composé de cylindres, de cages tournantes et autres labyrinthes – développent beaucoup plus de connexions entre leurs cellules nerveuses :

indiscutablement, ils sont plus « dégourdis » que les autres et réussissent plus aisément les divers tests d'exploration.

IL NE S'USE QUE SI ON NE S'EN SERT PAS !

Le cerveau d'un nouveau-né pèse 300 g, soit 1/5e du poids de celui d'un adulte – la moyenne étant de 1,4 kg. Son augmentation de volume porte sur l'allongement des neurones et non pas sur leur nombre, qui est fixé d'emblée.

À partir de l'âge de quarante ans, cent mille cellules nerveuses disparaissent chaque jour ; aux alentours de quatre-vingts ans, un individu conserve encore près des trois quarts de ses neurones. Appelée dégénérescence, cette atteinte progressive est plus lourde de conséquences sur certaines zones du cerveau que sur d'autres. Quelques inconvénients du vieillissement ne sont pas liés au nombre des neurones mais à leurs capacités de traitement ou de récupération de l'information. La perte inéluctable de ses neurones peut rester anodine si l'on sait garder fonctionnelles les zones importantes de son cerveau : il est beaucoup plus utile de renforcer l'efficacité de certaines cellules et de certaines fonctions que de s'obnubiler sur

La maladie d'Alzheimer

Longtemps considérée comme un désordre purement psychologique, la maladie d'Alzheimer provient des dépôts amyloïdes (une substance protéique) qui engluent les nerfs et entravent leur activité : le cerveau a de plus en plus de mal à fonctionner normalement ; les événements anciens ne sont plus retrouvés, les nouveaux ne sont plus mémorisés ; la pensée ou plus exactement l'expression d'une pensée logique devient très décousue et aléatoire ; souvent spectaculaires, les troubles du comportement s'installent ensuite d'une manière inexorable.

le nombre de cellules nerveuses perdues chaque jour. Dans le cas d'une sous-utilisation, des régions ou des fonctions entières du cerveau peuvent involuer, ce qui a des conséquences parfois terribles et irréversibles. D'ailleurs, c'est la mort de certains groupes fonctionnels qui provoque les symptômes dramatiques de la maladie de Parkinson, de la sclérose latérale amyotrophique et de plusieurs affections neurologiques graves telles que la maladie d'Alzheimer, la poliomyélite, la sclérose en plaques et la maladie de Creutzfeld-Jacob. Le cerveau de ces malades montre non seulement une diminution du nombre des récepteurs mais également une baisse de leurs capacités de transmission des messages. Si les traitements proposés dans les années à venir viseront à développer plus de récepteurs, ils chercheront surtout à augmenter leurs capacités de fonctionnement.

Le cerveau possède une plasticité extraordinaire et d'énormes facultés d'adaptation. Mais à l'opposé de ce que vantait la publicité pour une célèbre marque de piles, il ne s'use que si on ne s'en sert pas ! Nous devons donc à tout prix préserver l'hygiène et la gymnastique de nos neurones. C'est ce qu'ont bien compris les seniors adeptes des mots fléchés.

GOURMAND ET GOURMET

Organe le plus vascularisé de tout l'organisme, notre cerveau reçoit chaque jour deux mille litres de sang, qui lui apportent les nutriments* nécessaires à ses multiples activités et humeurs ; ses neurones en particulier ont besoin de beaucoup d'oxygène et d'énergie pour vivre et fonctionner d'une manière optimale.

Alors qu'il représente seulement 2 % du poids du corps, le cerveau consomme 20 % de la quantité totale d'oxygène : les conséquences ou les séquelles d'un accident vasculaire cérébral, qui supprime l'irrigation pendant quelques secondes ou de trop longues minutes, sont parfois gravissimes.

Son nutriment* de base est le sucre, dont il prélève d'emblée 20 % des apports et consomme 6 g/h ; le cerveau est très sensible à l'hypoglycémie, vite responsable de troubles variés, qui sont bien connus des étudiants et des sportifs – des malaises accompagnés de sueurs froides, des vertiges, une baisse de la vigilance, une fatigue extrême... Le cerveau trouve dans les réserves de l'organisme, notamment les muscles et le foie, les nombreux autres éléments nécessaires à son fonctionnement : les protéines et les acides* aminés impliqués dans la fabrication des neurotransmetteurs*, les graisses dont la bonne ou mauvaise qualité favorise ou empêche les échanges intercellulaires, les minéraux, les oligoéléments et les vitamines indispensables à une marche optimale...

Les aspects neuroendocriniens du stress

Tout événement fort survenant dans l'existence, toute agression mobilise notre système neuroendocrinien, en particulier l'axe formé par l'hypothalamus, l'hypophyse, le cortex et les glandes surrénales. Les fonctions du système neuroendocrinien sont de coordonner l'action et d'assurer l'équilibre des organes et des systèmes entre eux et avec l'extérieur ; il réagit en libérant des quantités variables et coordonnées de multiples substances chimiques, qui sont sécrétées par les différents organes mis en alerte : par exemple des hormones telles que les corticoïdes et l'adrénaline*, ou encore des hormones sexuelles.

LA TOUR DE CONTRÔLE

Le point de départ de l'ensemble des réactions de l'organisme face à une stimulation intense est l'hypothalamus. Cette véritable tour de contrôle centralise les informations ; elle commande l'hypophyse et le système endocrinien.

L'hypothalamus

Il est situé à la base du cerveau, juste sous le thalamus qui reçoit les messages d'émotions, les module et les répercute vers les zones du cerveau concernées. À peine plus grosse qu'un petit pois, cette structure neurohormonale est essentielle : elle constitue la véritable plaque tournante de l'adaptation au stress ; elle régule de nombreuses et importantes fonctions métaboliques – la faim, la soif, la sexualité, le sommeil, l'éveil, la température du corps ou le maintien du milieu intérieur – ainsi que des pulsions inconscientes.

L'hypophyse

Cet organe neuroglandulaire reçoit, par l'intermédiaire des neurotransmetteurs*, des informations chimiques et des ordres venant de l'hypothalamus. L'hypophyse les renvoie aux différents organes en sécrétant à son tour des substances chimiques spécifiques, les hormones ; ces dernières exercent un rétrocontrôle (contrôle en retour).

Ces phénomènes de sécrétion et de rétrocontrôle expliquent par exemple pourquoi la stimulation de l'hypothalamus accélère la respiration et, à l'inverse, pourquoi une respiration lente et profonde le calme, permettant de neutraliser les émotions excessives ; les méthodes de relaxation s'appuient sur cette organisation très élaborée (voir le chapitre 4).

Les « hormones du stress »

Que se passe-t-il dans l'organisme lors de la première phase de stress, la phase d'alarme ? L'hypothalamus donne à l'hypophyse l'ordre de stimuler le système nerveux végétatif ; puis les glandes surrénales sécrètent des hormones : les catécholamines*, ou « hormones du stress », parmi lesquelles l'adrénaline*, la noradrénaline* et la dopamine*, puis des glucocorticoïdes, parmi lesquels le cortisol. Tandis que les premières servent aux réactions d'affrontement et d'évitement, les seconds servent à mémoriser l'expérience. Lors de tout stress, l'axe formé par l'hypothalamus, l'hypophyse et les glandes surrénales est donc activé.

SONNER L'ALARME : LE SYSTÈME ORTHOSYMPATHIQUE

Constituant le système nerveux végétatif, le système orthosympathique et le système parasympathique sont deux entités antagonistes mais complémentaires : tandis que le premier est impliqué dans l'action urgente, le second ramène le calme.

Le système orthosympathique commande l'alarme, permet de faire face à une agression et de répliquer très vite. Il sécrète des neurotransmetteurs* tels que l'acétylcholine* et la noradrénaline* (voir p. 65 et 66), ce qui lui donne comme fonctions essentielles d'accroître la vigilance et d'accélérer le métabolisme*.

En dilatant les vaisseaux, il amène un afflux de sang vers les organes qui sont en priorité chargés de répondre au stress : ce sont avant tout le cerveau, le cœur, les poumons et les muscles. Ce système est également chargé de mobiliser l'énergie et de la distribuer aux organes qui en ont un besoin urgent ; il s'adresse au foie, qui libère alors un sucre immédiatement utilisable par les muscles, puis des acides gras.

La stimulation et la sécrétion des catécholamines* sont responsables de la sensation de fébrilité mêlée d'angoisse qui est si souvent constatée lors d'une situation stressante. L'organisme est sous tension, prêt physiquement et mentalement à agir, en ripostant ou en fuyant : d'ordinaire, une telle décision est prise dans la seconde.

RAMENER LE CALME : LE SYSTÈME PARASYMPATHIQUE

Ce système assure l'assimilation des aliments, conserve ou recharge l'énergie et aide à réparer les tissus : il ralentit la fréquence respiratoire, diminue la tension artérielle et le rythme cardiaque, réduit la pupille, accélère la digestion, apaise le métabolisme*...

Quand tout danger est écarté, il reprend le dessus tout en laissant parfois persister des nausées, un étourdissement ou de la faiblesse : autant de plaintes qui émanent souvent de personnes stressées ou spasmophiles. Le système parasympathique permet à notre organisme de revenir en douceur à la normale ; il régit donc le moyen et le long terme.

COMMENT PRÉSERVER L'ÉQUILIBRE NERVEUX

Ce qu'on appelle l'équilibre nerveux est le résultat d'une balance entre les systèmes orthosympathique et parasympathique. Dans le cas contraire, des signes de « stress médical » apparaissent – ce qu'on désignait auparavant sous le terme « dystonie neurovégétative ». Ces signes sont liés à une sollicitation extrême du système orthosympathique et à l'incapacité du système parasympathique, totalement dépassé, à assurer un retour à la normale.

Pour bien gérer le stress et préserver un équilibre indispensable à sa santé, il faut protéger le système parasympathique par tous les moyens : du sommeil, de la relaxation, des soins mentaux et corporels, le respect de ses rythmes biologiques... (voir le chapitre 4). Il faut également freiner le système orthosympathique, qui est très sensible à des excitants tels que les médicaments, le café, le tabac ou le thé.

GÉRER LE LONG TERME : LE SYSTÈME ENDOCRINIEN

En parallèle et en relais du système nerveux végétatif intervient le système endocrinien. En cas de stress, il augmente la production des sucres, diminue la réaction inflammatoire, reconstitue les réserves en sucres du foie en décomposant les protéines ; un stress prolongé est souvent responsable d'amaigrissement et d'une diminution de l'immunité.

Appelé également système surrénalien, le système endocrinien regroupe les glandes endocrines, ou surrénales : ces glandes à sécrétion interne produisent des hormones qui se déversent directement dans le sang et dans la lymphe, une substance dans laquelle baignent toutes les cellules de l'organisme.

Comme leur nom l'indique, les glandes surrénales sont situées au sommet des reins. Quand elles entrent en action, elles produisent les catécholamines*, les « hormones du stress », qui sont bientôt relayées par d'autres hormones, tel le cortisol, qui favorise l'endurance et la survie à moyen et long terme. La production de ces hormones constitue la principale caractéristique biochimique du syndrome* général d'adaptation (voir le chapitre 1) ; l'intensité du stress est parfois mesurée par leur concentration dans le sang.

DEUX SYSTÈMES COMPLÉMENTAIRES

La survie de l'espèce humaine et la santé en général sont régies par le système nerveux végétatif et le système endocrinien, qui fonctionnent en complémentarité. Tandis que le premier assure les urgences puis ramène le calme, le second – même s'il gère également le court terme grâce aux catécholamines* – se préoccupe avant tout du long terme grâce aux glucocorticoïdes. Quand le système endocrinien est atteint ou dépassé, la maladie peut alors s'installer dans l'organisme.

Les neurotransmetteurs

Aujourd'hui, les différentes étapes de la synthèse des neurotransmetteurs* sont bien connues, depuis leur fabrication à partir des acides* aminés de l'alimentation jusqu'à la manière dont ils sont stockés, libérés, capturés ou détruits.
Substances produites par les terminaisons des neurones, les neurotransmetteurs assurent la transmission de l'influx nerveux. Mais leur rôle ne s'en tient pas là, car ils agissent également sur nos humeurs, nos émotions et nos comportements.

LA TRANSMISSION DES INFORMATIONS

Allant de la périphérie du corps vers le cerveau et inversement, des millions d'informations et de messages chimiques, physiques et électriques passent en permanence d'une cellule nerveuse à l'autre, nous permettant de réfléchir, de réagir, de décider, de bouger et de ressentir.

Cette extraordinaire réaction en chaîne se produit toujours selon la même séquence :

- une substance chimique ou un neurotransmetteur est libéré au niveau de la synapse*, l'espace qui relie deux neurones entre eux ;
- un récepteur spécifique doit être nécessairement présent, telle une serrure recevant une clé ;
- un message physique et/ou électrique est transmis ;
- une autre substance chimique est libérée dans la synapse suivante ;
- un autre récepteur spécifique doit être nécessairement présent ;

Agir sur l'humeur

La propriété des neurotransmetteurs* d'agir sur l'humeur a été mise à profit pour élaborer la dernière génération d'antidépresseurs : les inhibiteurs de la recapture de la sérotonine* (IRS), dont le chef de file est le Prozac®. En influant sur une ou sur plusieurs de ces substances seulement – la dopamine*, la noradrénaline* ou la sérotonine –, ces antidépresseurs sont en effet capables de modifier d'une façon notable ou radicale la mémoire, l'intelligence, la créativité, les pensées, les comportements, mais aussi l'humeur (voir le chapitre 8).

- un message physique et/ou électrique est transmis ;
- et ainsi de suite, de proche en proche.

Afin que l'information circule vite et bien – ce qui définit le fonctionnement normal de l'organisme –, ces échanges incessants entre cellules ont besoin que chaque neurotransmetteur* libéré s'emboîte le mieux possible avec son récepteur spécifique ; fort heureusement, ce dernier possède une toute petite marge de manœuvre pour modifier sa forme et ainsi s'adapter, parfaitement ou au mieux, à son neurotransmetteur.

L'IMPORTANCE DE L'ALIMENTATION

La souplesse de la membrane cellulaire, qui régit les échanges d'informations avec les autres neurones, dépend en grande partie de notre alimentation, en particulier de la quantité et de la qualité des graisses absorbées (voir le chapitre 5). Si nous consommons beaucoup d'acides gras polyinsaturés, la membrane reste souple, ce qui facilite les échanges. Au contraire, si nous consommons trop d'acides gras saturés, la membrane devient plus rigide et fragile, donc beaucoup moins performante ; cela provoque une baisse des fonctions intellectuelles et motrices, ainsi qu'une destruction d'un plus grand nombre de neurones.

Aujourd'hui, il est démontré que certains nutriments* tels que les glucides lents, les acides gras oméga-3 et les vitamines du groupe B influencent la quantité, la nature et donc l'activité des neurotransmetteurs* ; ils ont par conséquent des répercussions notables et parfois rapides sur notre bien-être, nos humeurs et nos comportements : voilà une véritable révolution dans l'approche thérapeutique naturelle des troubles nerveux.

TROIS FAMILLES

S'il existe sans doute plus de deux cents neurotransmetteurs*, seule une cinquantaine est actuellement identifiée. Les neurotransmetteurs connus à ce jour peuvent être regroupés en trois familles :

- les amines ;
- les acides* aminés ;
- les neuropeptides.

Il est désormais presque possible de donner une représentation fonctionnelle du cerveau en connaissant le neurotransmetteur* spécifique à chaque région anatomique. Ainsi, tandis que les voies dites noradrénergiques (qui agissent en libérant de la noradrénaline*) interviennent dans le maintien de l'éveil et dans la régulation de l'humeur, les voies de la sérotonine* agissent notamment sur certaines fonctions sensorielles et sur le déclenchement du sommeil. Nous voici entrés de plain-pied dans une véritable biologie des comportements, et nous avons désormais à notre disposition un certain nombre de puissants leviers d'action.

LES PRINCIPALES AMINES

Les substances les plus importantes appartenant au groupe des amines sont l'acétylcholine*, l'adrénaline*, la dopamine*, la noradrénaline* et la sérotonine* ; elles jouent un rôle crucial dans le maintien des fonctions vitales, dans le comportement affectif, dans l'humeur et la psychomotricité.

L'ACÉTYLCHOLINE

Elle aide à la bonne marche du système nerveux et intervient sur les mouvements d'humeur. Les études cliniques et pharmacologiques montrent un lien entre la baisse de l'acétylcholine et la diminution des performances cognitives – des problèmes de mémoire, de concentration et d'attention, des difficultés pour élaborer des stratégies... En effet, l'acétylcholine joue un rôle clé dans le stockage et le rappel des informations mémorisées. La maladie d'Alzheimer serait en rapport avec une altération du système de libération d'acétylcholine.

Les besoins en acétylcholine

Pour fabriquer cette amine, il faut du diméthylaminoéthanol (DMAE), de la choline et de la vitamine B5. Le DMAE est un composant chimique utile pour transformer la choline en acétylcholine. Il est préconisé pour améliorer la mémoire et les fonctions cognitives. Disponible en parapharmacie ou en vente par correspondance, il se présente sous la forme de tablettes dosées à 100 mg environ. La posologie est de une tablette par jour pendant plusieurs semaines.

LA DOPAMINE

Elle est le neurotransmetteur* du bien-être, du plaisir – que recherchent en particulier les consommateurs de drogues –, de la bonne humeur, de la motivation, de l'émotion, du désir sexuel ou encore de la vigilance. Si la dopamine* diminue, l'appétit, la mémoire, la concentration et la libido chutent ; la frustration apparaît alors, le stress augmente, la déprime s'installe ; les individus qui courent sans cesse après la nouveauté auraient un problème de captage de la dopamine. À l'inverse, son augmentation est responsable de troubles du comportement avec une hyperactivité motrice ; d'ailleurs, elle constitue la base du traitement de la maladie de Parkinson, qui est due à un déficit de dopamine. C'est en inhibant le temps de recapture de la dopamine que sont corrigés les signes de manque observés lors du sevrage tabagique ; les médicaments actuellement proposés tendent à réduire cette dépression dopaminergique. Pour fabriquer de la dopamine, il faut de la L-dopa, son précurseur immédiat.

L'ADRÉNALINE ET LA NORADRÉNALINE

Elles mettent le cerveau en éveil, améliorent l'humeur et calment l'appétit. L'adrénaline* est l'« hormone du stress », responsable d'un ensemble de symptômes physiologiques et parfois pathologiques tels que la fatigue, l'insomnie ou l'anxiété. Quant à la noradrénaline*, elle est responsable de l'éveil, du désir sexuel et de l'apprentissage ; sa diminution entraîne une baisse des facultés intellectuelles, de la capacité à faire des projets, d'une lassitude ou d'une grosse fatigue, d'une démotivation, d'un repli sur soi accompagné d'un problème de sociabilité, et d'une baisse de la libido. Les individus en recherche d'affection manqueraient de noradrénaline. Pour fabriquer de la noradrénaline, il faut de la tyrosine et de la phénylalanine, ses précurseurs immédiats.

Décharges d'adrénaline

- Quand l'adrénaline* passe dans le sang et se fixe sur une membrane cellulaire, il se produit un afflux de calcium et une chasse de magnésium depuis la cellule vers le sang, qui s'accompagne de son élimination dans les urines.
- Plus nous perdons de magnésium, plus nous mobilisons la taurine, un neurotransmetteur* de la famille des acides* aminés (voir p. 73), qui se trouve alors également en déficit.
- Le passage du cortisol par le foie fait baisser la vitamine B6. Voici les trois composants essentiels de la lutte contre le stress : le magnésium (dont les apports recommandés sont de 200 à 400 mg/jour), la taurine (dont les apports recommandés sont de 500 mg à 1 g/jour) et la vitamine B6 (dont les apports recommandés sont de 1 à 2 mg/jour).

LA SÉROTONINE

Elle est le neurotransmetteur* aujourd'hui le plus étudié par les chercheurs et les neuropsychiatres. Elle influence presque tous les aspects de la vie du cerveau, étant impliquée dans de très nombreuses fonctions de l'organisme : l'appétit, le sommeil, la mémoire, la sexualité, la contraction musculaire ou encore la régulation endocrinienne. Intervenant sur la détente, la sérénité, le bien-être, le calme, la sécurité, la confiance et la concentration, et inhibant les pulsions, y compris les pulsions sexuelles, la sérotonine façonne nos humeurs, notre énergie, notre mémoire et nos comportements. Elle contrebalance l'activité de la dopamine* et de la noradrénaline* qui, impliquées dans la peur, la colère, les tensions, la boulimie, l'anxiété et les troubles du sommeil, entraînent de la surexcitation et de l'agressivité. Des niveaux bas de sérotonine* sont associés à l'anxiété, à la déprime ou à la dépression, à l'insomnie, à l'impatience, à l'irritabilité, à la recherche de la nouveauté, aux compulsions, aux troubles du comportement alimentaire – de l'alcoolisme à la boulimie –, aux gestes impulsifs – l'agressivité, la violence ou le suicide. En revanche, la sérotonine semble avoir peu d'effet sur l'envie et le plaisir. Avec le stress et le temps, les circuits à sérotonine s'affaiblissent peu à peu, ce qui favorise la dépression chez les personnes âgées (voir le chapitre 8), et surtout chez les femmes, qui ont une tendance naturelle à produire de la sérotonine cérébrale deux fois moins vite que les hommes. Il faut donc augmenter les apports nutritionnels et parfois recourir à d'autres antidépresseurs, mais qui ne jouent pas uniquement sur la sérotonine.

Effectuée par des chercheurs australiens, une étude récente a démontré l'influence de l'ensoleillement sur le renouvellement

La sérotonine et le tryptophane

Pour fabriquer de la sérotonine, il faut du tryptophane, son précurseur immédiat (voir plus loin, p. 74). Ne pouvant franchir la barrière du cerveau, la sérotonine* doit être fabriquée à l'intérieur, par les neurones. Quand des nutriments* sont autorisés à passer cette frontière, ils doivent emprunter des molécules de transport ; si le tryptophane passe, il doit partager cette faveur avec cinq autres acides* aminés – la leucine, l'isoleucine, la valine, la tyrosine et la phénylalanine –, ce qui limite grandement son efficacité, surtout quand il est prescrit seul.

C'est la raison pour laquelle certains médecins préconisent le 5-HTP (5-hydroxytryptophane), qui aurait plus de facilités à passer la barrière du cerveau et à se transformer en sérotonine. Il est prescrit à la dose de 100 mg trois fois par jour. Ses effets secondaires consistent en de légers problèmes digestifs et de rares réactions allergiques. Les sucres interviennent également dans la synthèse de la sérotonine ; cela explique l'attirance des déprimés et des stressés pour ce nutriment qui les apaise.

de la sérotonine dans le cerveau. Cela explique les variations saisonnières de certains comportements et humeurs. De nombreux médicaments et diverses substances avant tout alimentaires contribuent à augmenter la sérotonine*, donc à prévenir la dépression et le vieillissement cérébral. La synthèse de la sérotonine est sous la dépendance des vitamines B6, B9 et B12. Les acides gras oméga-3 facilitent l'action de la sérotonine au niveau cellulaire, ce qui expliquerait leur rôle sur l'humeur.

Au sein d'une alimentation variée

On ne peut pas dire, d'une manière simpliste, qu'à tel aliment correspond tel neurotransmetteur*. Car nombreux sont les facteurs qui interviennent, parmi lesquels les conditions locales, la composition et l'équilibre de chaque repas. Les aliments qui sont conseillés ci-après du fait de leur richesse en telle ou telle substance doivent s'intégrer dans une alimentation variée et de bonne qualité.

LES PRINCIPAUX ACIDES AMINÉS

Ces constituants des protéines doivent leur nom à leur formule chimique : ce sont des molécules très faiblement acides qui comportent une fonction aminée. Ils interviennent dans la structure des cellules et dans le code génétique ; ils sont indispensables à la croissance des tissus, dont ils assurent la réparation et le renouvellement ; ils participent à la synthèse des enzymes, des hormones, des anticorps, des neurotransmetteurs* et, bien sûr, à la structure des muscles ; ils sont impliqués dans la fabrication des éléments du sang, ce qui leur confère une importance capitale dans le fonctionnement du cerveau.

Les acides* aminés interviennent dans de nombreuses réactions chimiques du cerveau à titre de précurseurs des neurotransmetteurs*, comme constituants de ces derniers et parfois en remplacement. Toutefois, du fait de diverses interactions, leur rôle spécifique est assez mal connu ; en particulier, il reste difficile de préciser les effets de leurs déficiences ou de leurs excès sur les problèmes nerveux.

Essentiels et semi-essentiels

Sur les quelque trois cents acides* aminés qui existent dans la nature, notre organisme trouve dans les protéines de l'alimentation la vingtaine dont il a besoin : neuf d'entre eux, la lysine, la leucine, l'isoleucine, la thréonine, le tryptophane, la valine, l'histidine, la phénylalanine et la méthionine, sont dits « essentiels », car ils sont vitaux et doivent impérativement être apportés tous les jours par l'alimentation ; les autres sont dits « semi-essentiels », car l'être humain en a grand besoin mais sait les fabriquer.

L'ACIDE GAMMA-AMINO-BUTYRIQUE, OU GABA

Connu depuis un demi-siècle, cet acide* aminé est formé à partir de l'acide glutamique. Il intervient dans le fonctionnement du tiers des synapses* : il est le neurotransmetteur* le plus spécifique du tissu nerveux, et le plus répandu.

Les besoins en GABA

Disponibles en parapharmacie ou en vente par correspondance, des tablettes contiennent chacune 100 mg de GABA. La posologie est de une à deux tablettes par jour, pendant plusieurs jours ou plusieurs semaines.

Neurotransmetteur inhibiteur, le GABA régule et contrôle l'intensité de la réaction anxieuse. Il participe à l'endormissement, possède des propriétés antidépressives, intervient dans les phénomènes de la mémorisation, donc augmente les performances cérébrales. Sa baisse est responsable de nervosité et de troubles du sommeil. En diminuant le rythme de transmission des messages, il constitue le calmant le plus puissant du cerveau ; il est par conséquent indispensable à la lutte contre le stress et les problèmes nerveux.

L'action du GABA est augmentée par la vitamine B6 et la taurine, un autre acide aminé (voir p. 73). Les médicaments du type benzodiazépines (voir le chapitre 4) doivent leur efficacité à leur interaction avec le GABA : dans un premier temps, ils accroissent son action, puis diminuent la sensibilité de ses récepteurs, entraînant alors le phénomène bien connu de dépendance. Les somnifères et les produits anesthésiques agissent en stimulant le GABA afin de provoquer l'endormissement. L'alcool possède une double action antagoniste : à faibles doses, grâce à la dopamine*, il est excitant ; par la libération de GABA, il devient tranquillisant.

L'ACIDE GLUTAMIQUE

Fabriqué dans les tissus nerveux du cerveau à partir d'autres acides* aminés – l'arginine, l'ornithine et la proline –, il est présent en grandes quantités. L'acide glutamique est stimulant, constituant un tonique à la fois physique et nerveux. En outre, en tant que précurseur du GABA, il favorise la transmission de l'influx nerveux, donc participe à la mémorisation : il permet de retenir les informations nouvelles et de rappeler les anciennes. Il élimine l'excès d'ammoniaque en se transformant en glutamine : il détoxique alors l'organisme, en particulier le cerveau.

L'acide glutamique est utilisé dans les cures de désintoxication, car il réduit l'envie d'alcool. Il est intéressant pour traiter certains troubles nerveux, la fatigue et les problèmes de mémoire. Il est augmenté par le zinc et la vitamine B6 ; il est inhibé par la présence d'acide aspartique (l'aspartame).

LA GLUTAMINE

Elle figure parmi les principaux nutriments* du cerveau. La glutamine est le précurseur du GABA et de l'acide glutamique ; elle est très concentrée dans le cerveau. Elle intervient sur de nombreuses fonctions, parmi lesquelles la mémoire et la vivacité intellectuelle ; elle participe également à vaincre la fatigue et la dépression ; elle aide à combattre le trac et l'anxiété. En période d'examen, la glutamine est intéressante pour combattre le stress et favoriser la mémorisation. Elle est efficace pour lutter contre la diminution des performances liée à l'âge.

Les besoins et les sources de glutamine

Les doses nécessaires sont comprises entre 300 et 600 mg/jour. La glutamine se trouve avant tout dans les céréales complètes et les oléagineux – amande, farine de blé complet, noisette et son.

En cas de stress ou d'efforts physiques intensifs, le besoin de glutamine est fortement accru. Un manque de glutamine dans l'organisme est à l'origine de troubles mentaux – de l'hyperémotivité – ainsi que de la dépendance à la drogue ou à l'alcool. La glutamine est essentielle pour fabriquer de la vitamine B3. Son action est augmentée par le manganèse et la vitamine B6.

À noter qu'elle sert de ciment aux cellules intestinales, ce qui fait d'elle un des composants essentiels des produits prescrits dans les tableaux d'hyperperméabilité intestinale.

LA PHÉNYLALANINE

Cet acide aminé essentiel permet, en se transformant en tyrosine, la formation de catécholamines* dans le cerveau. La phénylalanine possède une action globalement stimulante : elle exerce une influence sur la motivation, la vigilance, la vitalité – d'où son caractère légèrement euphorisant –, l'humeur – elle agit comme un antidépresseur – et les pulsions – notamment la libido. Elle est indiquée pour tous les troubles nerveux qui nécessitent une action mobilisatrice, avant tout la dépression avec abattement et la fatigue intellectuelle.

Son métabolisme dépend de la présence des vitamines B3, B6 et C, et de certains oligoéléments tels que le cuivre et le fer. Son action est augmentée par la méthionine et la tyrosine ; elle est inhibée par la leucine, le tryptophane, la tyrosine et la valine, ce qui explique certaines difficultés dans l'obtention de résultats concrets.

LA TAURINE

Très concentré dans le cerveau et la rétine, cet acide aminé aide à stabiliser et à protéger les membranes cellulaires : il joue

Les besoins et les sources de phénylalanine

Les doses nécessaires varient entre 300 mg et 1 g/jour, en fonction de la présence ou non de tyrosine : quand cet acide aminé vient à manquer, l'organisme a davantage besoin de phénylalanine. La phénylalanine se trouve avant tout dans l'avoine, l'amande, l'ananas, l'avocat, le blanc d'œuf, l'épinard, le fromage, le germe de blé, le haricot, le lait et les laitages, le pois chiche, le soja sous forme de tofu, la tomate et la viande. Disponibles en parapharmacie ou en vente par correspondance, des capsules sont dosées à 500 mg. La posologie est de une à deux capsules par jour, à prendre à distance des repas.

Les besoins et les sources de taurine

Les doses nécessaires varient entre 200 et 400 mg/jour. La taurine se trouve avant tout dans l'escargot, l'huître et la moule. Disponibles en parapharmacie ou en vente par correspondance, des capsules sont dosées à 500 mg. La posologie est de une capsule par jour, à prendre avant le petit déjeuner.

un rôle essentiel dans les capacités d'adaptation au stress et dans l'élimination des toxines ; sa fonction est donc antioxydante et détoxicante. Indiscutablement, il est tranquillisant, voire sédatif et antidépresseur. Il contribue à épargner le magnésium dont l'importance est connue sur le plan nerveux. L'action de la taurine est augmentée par le zinc, le magnésium, le manganèse et surtout par la vitamine B6 ; cette dernière est nécessaire à sa fabrication, la carence de l'une entraînant celle de l'autre. La taurine est inhibée par la consommation excessive d'alcool, par la prise d'un contraceptif ou par un traitement hormonal substitutif (THS).

LE TRYPTOPHANE

Cet acide aminé essentiel est un précurseur de la sérotonine* et de la vitamine B3, ce qui lui procure son activité antidépresseur. Le tryptophane est efficace pour lutter contre les dépressions avec agitation ; il est sédatif et parfois responsable d'une certaine somnolence voire d'un état apathique ; il induit le sommeil en augmentant la synthèse de la mélatonine*. Il peut être intéressant pour faciliter certains sevrages d'alcool ou de tabac, ou certains régimes ; chez un patient guéri,

Protéines et sucres

Une forte consommation de protéines, par exemple dans le cadre du culturisme ou de l'haltérophilie, apporte certes plus de tryptophane mais augmente aussi et surtout la compétition déjà féroce avec les autres acides* aminés, qui possèdent le même récepteur. Cela a un retentissement négatif sur l'humeur. D'une manière paradoxale, pour laisser passer plus de tryptophane vers le cerveau, l'alimentation doit contenir plus de sucres que de protéines. Car les sucres activent la sécrétion d'insuline, ce qui a pour effet collatéral d'éliminer les autres acides* aminés en compétition : enfin seul, le tryptophane parvient plus facilement au cerveau où, sous l'action des vitamines B3 et B6, il peut se transformer en sérotonine*.

Les besoins et les sources de tryptophane

Les doses nécessaires se situent entre 200 et 500 mg/jour ; en Occident, elles ne sont pas toujours couvertes par les apports alimentaires. Le tryptophane se trouve, mais en très petites quantités, dans l'alfalfa (graines de luzerne germées), l'ananas, la banane, la bière, le brocoli, la carotte, le céleri, les céréales, le chou-fleur, la datte, l'épinard, la figue, les légumes, la noix, le soja sous forme de tofu, ainsi que dans les aliments riches en protéines tels que le lait et les laitages, l'œuf et la viande (dinde).

Dans une alimentation normale, le tryptophane est le moins abondant des quelque vingt acides* aminés dont notre organisme a besoin. Disponibles en parapharmacie ou en vente par correspondance, des gélules sont dosées à 50 mg de 5-hydroxytryptophane. La posologie est de une gélule par jour, à prendre en général entre le petit déjeuner et le déjeuner en cas de déprime ; une gélule vers 17 h avec un goûter protéiné en cas de troubles du sommeil.

l'administration d'un régime sans tryptophane entraîne une rechute dépressive.

L'action du tryptophane est augmentée par les vitamines B3, B6 et B9, par le lithium, le magnésium et le zinc, et par la glutamine. La contraception orale abaisse les vitamines B6, B9 et B12, ce qui provoque certains troubles du caractère ou du comportement ; en outre, le syndrome* prémenstruel, lié au déséquilibre entre les œstrogènes et la progestérone, est responsable d'une utilisation accrue de tryptophane : cela doit être impérativement compensé.

LA TYROSINE

Cet acide aminé est facilement produit dans l'organisme à partir de la phénylalanine, mais cette réaction nécessite la présence de vitamines B3, B9 (acide folique) et C, et de cuivre. Précurseur d'hormones telles que les œstrogènes et la thyroxine, et de neurotransmetteurs* tels que l'adrénaline*, la dopamine* et la noradrénaline*, la tyrosine est globalement stimulante pour l'organisme, en particulier pour le cerveau. En effet, elle augmente l'énergie mentale, la motivation, l'attention, la vigilance et les pulsions sexuelles ; elle peut être considérée comme un antidépresseur naturel, dotée d'une petite action sédative car, en favorisant le stockage de l'adrénaline, elle permet l'adaptation au stress. Elle est également efficace pour lutter contre la maladie de Parkinson. L'efficacité de la tyrosine dépend à la fois de la phénylalanine et du tryptophane. Trop de stress ou de sucres détournent la tyrosine de la synthèse des catécholamines*, ce qui est préjudiciable pour l'équilibre nerveux de l'organisme.

LES PRINCIPAUX NEUROPEPTIDES

Ils sont nombreux et interviennent comme neurotransmetteurs*.

Parmi les plus connus figurent deux substances impliquées dans la douleur : la substance P – de l'anglais *pain*, « douleur » – et les endorphines. Le système nerveux central est presque intégralement régulé par les acides* aminés et les neuropeptides.

Le rôle des principaux neurotransmetteurs

• **L'acétylcholine*** influe sur la mémorisation, la concentration et l'apprentissage.
→ Une baisse d'acétylcholine provoque une diminution de la mémorisation, de la concentration et de l'apprentissage.

• **La dopamine*** influe sur la motivation, l'esprit d'initiative, la bonne humeur, le bien-être, l'augmentation du désir sexuel.
→ Une baisse de dopamine provoque une faiblesse de l'activité, de la déprime ou de la dépression, de la démotivation, de l'indécision, une baisse de la libido.

• Tandis que la dopamine permet le démarrage de l'activité physique et intellectuelle, **la noradrénaline*** est essentielle à sa poursuite dans le courant de la journée ; elle influe également sur la mémorisation, la vigilance et le désir sexuel.
→ Une baisse de noradrénaline provoque de l'inattention, une diminution de la concentration et de la mémorisation, de la déprime ou de la dépression, une baisse de la libido.

• **L'adrénaline*** influe sur la réactivité.
→ Une baisse d'adrénaline provoque de la déprime ou de la dépression.

• **La sérotonine*** influe sur le bien-être, le calme, la patience, le contrôle de soi, la sociabilité, une humeur stable. Elle calme le système nerveux et facilite le sommeil.
→ Une baisse de sérotonine provoque de l'hyperactivité, de l'agressivité, de l'impulsivité, une humeur variable, des troubles du sommeil, de la déprime ou de la dépression, de la boulimie.

• **Le GABA** influe sur la sédation, le calme, le sommeil, la mémorisation.
→ Une baisse de GABA provoque de l'anxiété, une manie ou un état maniaque, une possibilité d'attaques de panique.

• Les apports alimentaires d'**acide glutamique** et de **tyrosine** sont stimulants.

• Les apports de **glutamine**, de **phénylalanine** et de **tryptophane** sont sédatifs et régulent l'humeur.

• Les apports de **taurine** sont sédatifs.

➔ En bref

- Vous êtes à présent plus à même de comprendre le fonctionnement d'un organe aussi complexe que le cerveau, et surtout de mieux appréhender la manière dont les événements se succèdent pour aboutir à des symptômes ou à une maladie nerveuse.

- Grâce à nos connaissances actuelles sur le système nerveux, il est désormais possible d'intervenir pour réguler certains mouvements d'humeur ou pour gommer des manifestations psychiques et comportementales gênantes.

- Les neurotransmetteurs* peuvent être dosés dans les urines ou dans le sang : cela permet de confirmer biologiquement certaines situations cliniques, par exemple la déprime, l'anxiété, le mal-être, l'irritabilité, la fatigue et le manque d'entrain, afin de personnaliser les conseils nutritionnels.

- Il est assez difficile de définir avec précision le rôle biologique d'une supplémentation en neurotransmetteurs*, et cela pour deux raisons au moins : l'anxiété existe à l'état physiologique, certaines situations ne sont pas strictement pathologiques. Cependant, plus nous avançons dans la compréhension des maladies nerveuses, plus apparaissent les liens étroits qui unissent la biologie et le mental.

- L'alimentation joue un rôle dans le déclenchement de troubles nerveux, dans leur amélioration ou, au contraire, dans leur aggravation. Comment ? En transformant plus ou moins facilement les apports de protéines en des acides* aminés efficaces ou en des neurotransmetteurs*.

- Toutefois, de nombreuses interrogations et incertitudes subsistent quant à l'effet réel de tel ou tel nutriment*, même s'il est concentré en précurseurs ou en substances potentiellement actives.

- En effet, notre équilibre nerveux dépend non seulement de la présence dans notre alimentation de certains acides* aminés, mais également de subtiles associations ou interactions chimiques, dans lesquelles interviennent d'autres facteurs, plus ou moins connus, ainsi que l'action parfois décisive de certains minéraux et oligoéléments – le magnésium, le cuivre, le fer et le zinc – et de plusieurs vitamines – les vitamines B2, B3, B6, B9 et B12.

- S'il est important de consommer, selon l'action désirée, certains aliments riches en acides* aminés, en neurotransmetteurs* ou en leurs précurseurs, il est important en revanche de les intégrer à une alimentation variée, équilibrée et parfois supplémentée en minéraux, en oligoéléments et en vitamines (voir le chapitre 5).

- Supplémentation en cas de déprime :

- tyrosine le matin ;
- magnésium en prises fractionnées vers 11 h, 17 h, 22 h ;
- tryptophane au goûter ;
- oméga-3 au dîner ;
- plantes sédatives au coucher.

3

La consultation avec votre médecin: un moment décisif

« Je suis très angoissée depuis ses soixante-douze ans. J'ai peur qu'il parte avant moi, et je n'envisage pas de lui survivre, même une heure. »

Une patiente, lors d'une consultation.

Moment essentiel de la pratique médicale, la consultation doit être un véritable lieu d'échange : c'est là où le patient s'exprime ; c'est là où le médecin questionne, écoute, entend, examine et, bien entendu, rassure. Afin que rien ne soit oublié, elle est codifiée et répartie en plusieurs étapes. Toutefois, elle ne se déroule pas toujours d'une manière linéaire, car une personne stressée ou anxieuse, parfois déprimée, peut avoir du mal à parler, à rester concentrée et attentive, tout entière dans une plainte souvent réitérée. Il revient alors au médecin de témoigner de vigilance, de patience, d'humilité, de persuasion et de pédagogie, et de disposer également de temps.

Le déroulement

En règle générale, une consultation se déroule en six étapes ; la première consultation peut être assez longue.

1. L'instauration d'une relation de confiance entre un patient et son médecin est indispensable. Elle ne se décrète pas ; elle s'obtient au prix d'une grande attention, d'une disponibilité et d'une reconnaissance de la plainte exprimée.

2. L'entretien doit être minutieux, parfois particulier – lors d'une consultation d'homéopathie par exemple –, afin de remonter dans l'histoire de la maladie et du patient, de dresser la liste des symptômes indésirables qui constituent sa plainte, de dégager certains signes individualisés – qui d'ordinaire sont négligés par la médecine classique mais qui sont importants pour l'homéopathie ou l'acupuncture –, de mettre de l'ordre dans des informations souvent subjectives, disparates, incomplètes ou contradictoires, et de les rassembler dans un tableau clinique.

3. L'examen clinique doit être rigoureux ; il est à la recherche de signes objectifs ; alors que la plainte d'une personne stressée ou anxieuse est bien réelle, ces signes sont le plus souvent absents.

4. Le médecin peut éventuellement prescrire des examens biologiques et complémentaires.

5. L'évaluation des troubles nerveux est suivie par l'établissement, le plus souvent difficile, d'un diagnostic précis.

6. La proposition thérapeutique vient enfin ; elle s'accompagne de conseils pour sa bonne application et de la formulation des résultats espérés.

Fondamentale, chacune de ces étapes ne doit être ni négligée ni omise, sous peine de passer à côté du problème, de rompre la relation de confiance et de mettre en péril l'observance du traitement.

DES DEMANDES VARIÉES

Que cherche-t-on quand on vient consulter un praticien des médecines douces ? Les demandes sont variées :

- je ne veux pas de tranquillisants et je souhaite un traitement « naturel » ;
- j'ai besoin d'aide pour arrêter des médicaments que je prends à contrecœur, et j'espère trouver une alternative ;
- en accord avec mon médecin traitant ou mon psychiatre, je veux opérer un sevrage, diminuer ou arrêter les médicaments que je prends, ou bien les remplacer par des traitements « doux » ;
- je ne veux pas, je ne veux plus de médicaments du tout, et je recherche de préférence une méthode psychocorporelle « douce » ;
- je traverse une passe difficile, mais je me méfie des médicaments classiques ; je laisse au praticien des médecines douces le choix thérapeutique, en espérant qu'il ne sera pas trop « lourd ». Cette dernière éventualité est la plus courante.

À chaque personne correspond une stratégie particulière. La qualité, l'intensité et la durée de la relation avec votre médecin traitant font de ce dernier un observateur et un interlocuteur privilégié, capable mieux que quiconque d'apprécier votre situation. Il devient incontournable à partir du moment où il est apte à vous conseiller ou à vous proposer l'ensemble des méthodes thérapeutiques dont vous avez entendu parler ou que vous souhaitez expérimenter voire adopter.

LA CONFIANCE AVANT TOUT

Qu'une relation de confiance s'installe entre un patient et un médecin : voilà la première étape de toute consultation. Primordiale, elle n'en est pas moins sous-estimée voire bâclée par de nombreux praticiens, qui ne prennent pas toujours conscience de son importance.

Elle est pourtant le préalable indispensable au bon déroulement de la prise en charge. Tandis que certains éléments dépendent du médecin même – son empathie, le ton de sa voix, le cadre dans lequel il exerce, les facilités d'accès de son cabinet... –, d'autres peuvent échapper à son contrôle – son aspect physique, le timbre de sa voix, son élocution, l'accueil téléphonique par sa secrétaire... Tout cela est important. Les professionnels de la communication ont une formule percutante et fort pertinente : « Vous n'avez qu'une seule occasion de faire une bonne première impression. Ne la gâchez surtout pas. »

Pour accueillir au mieux une personne anxieuse ou stressée, le climat instauré se doit d'être le plus serein possible. Cela est parfois difficile à atteindre pour toutes sortes de raisons, qui tiennent au caractère de la personne, à son histoire, à son état de santé ou à sa manière d'exprimer sa douleur, ou qui relèvent encore de diverses contingences extérieures.

Lors de l'entretien personnalisé

L'entretien personnalisé avec un patient permet tout d'abord au médecin de s'enquérir du motif exact de la consultation, puis de reconnaître la plainte, en particulier les attentes relatives au type de prise en charge.

Afin de confirmer le caractère purement « nerveux » des troubles, l'entretien doit être approfondi et bien conduit ; cela est crucial car, le plus souvent, aucun examen complémentaire ne viendra étayer le diagnostic : c'est avant tout l'impression générale et le fait que les examens pratiqués seront négatifs qui révéleront l'aspect fonctionnel* et l'origine sans doute psychosomatique des symptômes.

POURQUOI ÊTRE VENU CONSULTER ?

Le motif de la consultation doit être précisé, et entièrement respecté par le médecin : tandis que certaines personnes témoignent d'une attente réelle d'amélioration, d'autres sont plus passives, simplement poussées par un tiers, d'autres encore veulent se débarrasser d'un traitement qu'elles jugent inadapté ou dangereux, d'autres enfin, plus rares, ont besoin d'être confortées dans le fait qu'il n'y a pas ou plus grand-chose à faire...

Un anxieux chronique est en permanence dans la plainte, ce qui peut facilement irriter à la fois son entourage et le corps médical, d'autant qu'il répète ses symptômes comme une litanie, réitère inlassablement ses questions et ses objections, et a toujours oublié un point « essentiel ». En ce cas, la relation de confiance est difficile à obtenir et assez facile à rompre, en une seconde, par une remarque ou un geste. La personne doit pouvoir parler, être écoutée et, surtout, être entendue dans sa réalité et dans sa souffrance. Elle peut, en particulier, exprimer des réserves ou des craintes à propos des tranquillisants ou autres médicaments qu'elle a été amenée à prendre, qu'elle prend encore, qu'elle envisage ou qu'elle souhaite arrêter. Mais c'est au médecin qu'incombe la décision. Avec pour lui la nécessité de faire un gros effort pédagogique pour justifier parfois son refus d'arrêter un traitement ; en effet, certains états mentaux réclament des médicaments classiques – des antidépresseurs ou des tranquillisants.

ACCEPTER LE REFUS

En tant que praticien des médecines douces, nous sommes souvent sollicité pour adoucir ou arrêter un traitement qui semble pourtant indispensable, ou bien pour proposer une alternative. Assez souvent, la consultation sert à mettre en garde un patient et à lui expliquer que le traitement homéopathique ou phytothérapique qu'il souhaite ne peut pas toujours remplacer le traitement antidépresseur ou neuroleptique qu'il prend, même à contrecœur. Il faut parfois du temps et une bonne dose de persuasion pour refuser un ajustement, un changement ou un arrêt de traitement à quelqu'un présentant une requête qu'il estime d'autant plus légitime qu'il s'adresse à un praticien réputé être opposé aux médicaments.

Notre devoir de médecin est de ne pas accéder à une demande qui ferait courir le moindre risque à un patient : le convaincre qu'un traitement antidépresseur ou thymorégulateur se justifie est parfois le meilleur conseil thérapeutique que nous puissions lui donner. Parfois, nous sommes là pour l'orienter vers un psychiatre – même si la majorité des adeptes des médecines douces s'en méfient.

Il est hors de question de « passer en force » comme le font parfois certains médecins, convaincus qu'ils sont de l'intérêt ou de la nécessité de leur traitement. Il est essentiel d'expliquer et d'expliquer encore, et surtout de tenir compte des objections qui peuvent apparaître au cours de l'entretien. Ne dit-on pas d'ailleurs que ces dernières sont un cadeau que le patient fait au médecin, car elles lui indiquent d'emblée les réticences ou les réserves qu'il éprouve à l'égard de ce qui est dit ou prescrit ? À nous de les recevoir, non comme des critiques mais à titre d'informations constructives. Reconnaissons-le, c'est parfois difficile.

PARLER DE SON ANXIÉTÉ

Si l'entretien est une étape décisive de la consultation, c'est parce qu'il confirme l'existence des symptômes, précise leur gêne et la manière dont ils sont vécus, et pointe leurs éventuels retentissements. Il oriente également l'examen clinique et, bien entendu, décrypte la plainte d'une personne tout en la respectant, le tout pour effectuer éventuellement un recadrage en douceur. En effet, il n'y a rien de pire qu'un symptôme auquel un patient s'accroche, ce qui peut l'amener à faire du porte-à-porte médical, allant de spécialiste en spécialiste, avec le risque qu'une inflation inutile d'examens complémentaires aggrave encore son angoisse.

Parler de ses inquiétudes, de sa peur de la maladie ou de la mort est primordial. Cela peut paraître simple, mais cela n'est pas toujours rendu possible lors d'une consultation, et cela risque d'avoir des conséquences néfastes sur la qualité de la prise en charge et les résultats attendus. Établir par exemple un diagnostic de dépression – qui peut provenir d'un stress intense ou continu – n'est pas chose aisée, car de nombreux tableaux cliniques sont atypiques et comportent des signes discrets, tronqués voire trompeurs. Le médecin est entièrement tributaire des renseignements fournis qui, s'ils sont nécessairement subjectifs, n'en restent pas moins essentiels.

Afin de proposer le traitement le plus adapté, il est primordial que le patient détaille la manière dont s'exprime son anxiété, le contexte dans lequel elle est survenue, ainsi que son intensité. Cela n'est pas toujours facile, car une personne anxieuse, stressée ou déprimée témoigne parfois de grandes capacités de rationalisation, reliant son mal-être à une cause bien déterminée : « C'est la faute à... », « J'ai simplement besoin de... », ou « Je suis dans une période un peu chargée et agitée. » Le rôle du médecin consiste à lui expliquer que dissimuler ce mal-être derrière une « bonne raison » lui cause du tort, car elle se trompe elle-même ; l'entretien cherche justement à dégager les causes de la situation présente et à lui fixer des objectifs réalistes.

ÉVOQUER LES TRAITEMENTS PRÉCÉDENTS

L'entretien s'attache également à préciser les traitements médicaux ou paramédicaux antérieurs, ainsi que leurs modalités de prescription. Car un grand nombre de thérapeutiques, considérées trop vite comme inefficaces, n'ont en réalité pas été proposées selon le bon protocole : on ne peut parler d'échec que si le traitement a été bien choisi, dans la bonne indication, qu'il a été conseillé et pris au bon moment, à la bonne dose, pendant la bonne durée... et qu'il n'a pas donné de bons résultats.

L'examen clinique

Même quand il est complet et soigneux, l'examen clinique d'une personne anxieuse ou dépressive apporte assez peu d'éléments essentiels. Cette troisième étape de la consultation clinique ne doit pourtant pas être négligée ; même si la médecine est devenue très exigeante en matière de diagnostic – avant tout avec les progrès récents et décisifs de l'imagerie médicale –, l'examen clinique conserve sa primauté dans le cadre des maladies nerveuses bénignes qui, de loin, sont les plus fréquentes.

Mené d'une manière systématique, l'examen clinique cherche à retrouver quelques-uns des nombreux signes énumérés, en général des douleurs ou des tensions dans plusieurs zones privilégiées du corps : le plexus, les trapèzes, le dos ou le ventre.

Il évalue ensuite le retentissement éventuel des symptômes sur l'état général de la personne – son aspect extérieur, son poids, sa peau, ses ongles ou ses cheveux. Il doit être réalisé d'une manière très attentive, car nombreuses sont les erreurs pouvant être faites chez quelqu'un qui, inlassablement, récite une liste de symptômes à l'oreille distraite d'un praticien.

Enfin, l'examen clinique est le préalable à la demande éventuelle d'examens complémentaires. Il peut parfois être complété par un avis de consultation spécialisée auprès d'un neurologue ou d'un psychiatre ; il nous revient alors de convaincre un patient en général réticent.

LES EXAMENS COMPLÉMENTAIRES

La demande d'examens biologiques et complémentaires, quatrième étape de la consultation, est d'ordinaire d'un intérêt assez faible – surtout si les étapes précédentes ont été correctement exécutées.

Le système nerveux est peu sensible à la biologie, et la plupart des troubles gênants sont fonctionnels*.

Guidés par les données de l'entretien et de l'examen clinique, ces examens complémentaires sont le plus souvent simples et, en général, ont déjà été pratiqués à de nombreuses reprises – radiographies, échographie, endoscopie, scanner cérébral ou imagerie par résonance magnétique (IRM). Attention : malgré leur immense intérêt et du fait des progrès technologiques, ils sont parfois à l'origine de diagnostics par excès. En effet, pour le patient comme pour le médecin, il est tentant de rapporter à une découverte radiographique ou échographique certains des symptômes décrits : une arthrose vertébrale, des calculs dans la vésicule ou un kyste sur le rein sont souvent trouvés par hasard, ce qui a pour conséquence un risque de focalisation, qui compliquera davantage encore la prise en charge thérapeutique. Il faut savoir résister à la demande pressante de trop nombreux examens. Qu'elles soient biologiques, échographiques ou radiologiques, toutes les explorations doivent être effectuées avec un objectif diagnostique et thérapeutique précis : ne venant qu'en complément, elles n'ont surtout pas à prendre la place d'un entretien serré et d'un examen clinique complet.

L'évaluation des troubles et le diagnostic

Aux examens complémentaires succède l'évaluation des troubles nerveux, cinquième temps fort de la consultation : s'il est très utile voire indispensable de diagnostiquer une dépression ou un état anxieux, il est tout aussi important de les mesurer, car ils sont personnels, donc nécessairement subjectifs. Cela permet de jauger le poids des symptômes, d'estimer leur intensité, d'apprécier leur retentissement physique, psychologique, affectif et émotionnel, d'optimiser la prise en charge, puis de surveiller leur éventuelle amélioration sous traitement.

En général, l'évaluation des troubles est réalisée au moyen d'échelles spécifiques de stress et d'anxiété, sensibles et relativement fiables, même si les diagnostics évoluent au fil du temps. Ces diverses échelles permettent de déterminer les symptômes d'anxiété et de dépression, qui sont souvent liés car volontiers dépendants les uns des autres ; elles sont utiles pour préciser un mal-être et suivre son évolution.

MESURE DU STRESS

Dans les années 1960, deux médecins américains, Thomas H. Holmes et Richard H. Rahe, ont établi à partir de plusieurs milliers de patients une échelle de stress : elle confirme que notre santé dépend, du moins en partie, des événements de notre vie, qu'ils soient gais ou tristes, et qu'il est même possible, dans une certaine mesure, d'en prévoir les répercussions. À cet effet, ils ont procédé à un classement subjectif, par ordre d'intensité décroissante, des divers événements qui peuvent survenir dans un temps donné, en général pendant un an. Ce sont les patients eux-mêmes qui ont établi la cotation en fonction du retentissement des événements de vie, le mariage étant par exemple crédité arbitrairement de cinquante points ; or, un mariage d'amour décidé à vingt ans n'est pas vécu de la même manière qu'une union forcée ou arrangée, ou une légalisation après dix ans de concubinage.

Avant leur départ en mission de longue durée, des marins américains ont testé cette échelle afin de vérifier sa fiabilité et son caractère opérationnel. Cette classification a le mérite de relier les changements importants de vie et les événements marquants, et même de les comparer et de les additionner ; elle a l'inconvénient de laisser de côté les petites tracasseries quotidiennes – les nuisances du voisinage, les problèmes de cohabitation, la durée des transports ou les difficultés relationnelles –, qui, si elles sont beaucoup moins spectaculaires, n'en restent pas moins usantes ; par ailleurs, elle ne tient pas compte du contexte de survenue des événements.

De plus, la classification de Holmes et Rahe n'est pas assez précise et personnalisée : tandis que certaines personnes ont du mal à évacuer un événement fort arrivé quelques années auparavant, d'autres sont perturbées ou traumatisées par une contrariété en apparence anodine ; l'interprétation et la tolérance de chacun, de même que la prédisposition à la maladie, constituent les principaux déterminants du caractère stressant d'un événement. Enfin, concernant une population nord-américaine, elle demande à être adaptée aux Français.

Sa valeur est donc avant tout statistique, c'est-à-dire prédictive pour un grand nombre de personnes mais beaucoup moins fiable à l'échelon individuel.

En réalité, chacun devrait fabriquer sa propre grille et s'évaluer régulièrement afin de vérifier si la situation qu'il vit est ou non stressante et afin de rechercher des solutions de protection ou de traitement.

L'ÉCHELLE DES ÉVÉNEMENTS DE VIE DE HOLMES ET RAHE

Il est essentiel de connaître la qualité et la quantité des facteurs de stress auxquels est exposé son organisme, et bien entendu ses capacités physiques ou psychologiques de résistance.

Malgré ses défauts, l'échelle des événements de vie de Holmes et Rahe reste intéressante pour se situer. Vous pouvez faire ce test seul ou en consultation, sous la conduite d'un médecin, afin d'évaluer votre stress et de prendre les mesures de protection nécessaires.

Cochez les situations que vous avez rencontrées au cours de l'année passée et additionnez leurs points. Le total que vous obtiendrez correspond à la quantité de stress à laquelle vous avez été confronté, donc à votre risque de tomber malade. Attention : rien ne permet, bien sûr, d'affirmer que cela va vous arriver !

Événements de vie	Points
1 Décès du conjoint	100
2 Divorce	73
3 Séparation	65
4 Emprisonnement	63
5 Décès d'un proche	63
6 Blessure ou maladie	53
7 Mariage	50
8 Perte de situation	47

Événement	Points
9 Réconciliation conjugale	45
10 Mise à la retraite	45
11 Maladie d'un membre de la famille	44
12 Grossesse	40
13 Difficultés sexuelles	39
14 Naissance d'un enfant	39
15 Réadaptation professionnelle	39
16 Fluctuation de la situation matérielle	38
17 Décès d'un ami proche	37
18 Changement d'orientation professionnelle	36
19 Conflit avec le conjoint	35
20 Hypothèque de plus de dix mille euros	31
21 Emprunt important	30
22 Changement de responsabilités professionnelles	29
23 Départ d'un enfant du foyer	29
24 Difficultés avec la belle-famille	29
25 Haut fait personnel	28
26 Arrêt d'activité de votre conjoint	26
27 Début ou fin d'études	26
28 Changement de conditions d'existence	25
29 Modification d'habitudes personnelles	24
30 Difficultés avec son patron	23
31 Modification des conditions de travail	20
32 Déménagement	20
33 Changement d'école	20
34 Changement de loisirs	19
35 Changement d'activités religieuses	19
36 Changement d'activités sociales	18

37	Emprunt inférieur à dix mille euros	17
38	Changement des rythmes de sommeil	16
39	Changement de fréquence des réunions familiales	15
40	Changement d'habitudes alimentaires	15
41	Vacances	13
42	Noël	12
43	Infractions mineures à la loi	11

- Si votre total est compris entre 100 et 200 : les exigences qui ont été imposées à votre organisme sont excessives et risquent de favoriser la maladie. Près de 40 % des personnes exposées à un tel stress tombent gravement malades dans l'année.
- Si votre total est compris entre 200 et 300 : votre organisme a été indiscutablement exposé au stress ; le risque de maladie est de 50 %.
- Si votre total dépasse 300 : vous êtes vraiment en danger. Mais, de nouveau, cette échelle n'a qu'une valeur indicative et non absolue.

Les limites fixées (100, 200 et 300) sont arbitraires, tout comme le délai d'un an ; néanmoins, ils fournissent un ordre de grandeur en même temps qu'un avertissement.

L'ÉCHELLE DE DÉPRESSION DE HAMILTON

Mise au point par Max Hamilton dans les années 1960, cette échelle est très utilisée par les psychiatres pour diagnostiquer et surtout pour mesurer la dépression.

1	Humeur dépressive	0	1	2	3	4
2	Culpabilité	0	1	2	3	4
3	Suicide	0	1	2	3	4

4 Insomnie en début de nuit	0	1	2		
5 Insomnie en milieu de nuit	0	1	2		
6 Insomnie du matin	0	1	2		
7 Travail et activités	0	1	2	3	4
8 Ralentissement	0	1	2	3	4
9 Anxiété psychique	0	1	2	3	4
10 Anxiété physique	0	1	2	3	4
11 Symptômes somatiques généraux	0	1	2		
12 Symptômes gastro-intestinaux	0	1	2		
13 Symptômes génitaux	0	1	2		
14 Hypocondrie	0	1	2	3	4
15 Prise de conscience	0	1	2		
16 Perte de poids	0	1	2		
17 Variations des symptômes au cours de la journée	0	1	2		

0 si l'état ou le symptôme est absent.

1 si l'état ou le symptôme est signalé et formulé par la personne lors de l'entretien avec son médecin.

2 si l'état ou le symptôme est signalé et formulé d'une manière spontanée.

3 si l'état ou le symptôme n'est pas formulé verbalement mais est ressenti par le médecin.

4 si la personne ne parle que de ça.

Un total égal ou supérieur à 14 permet de parler de dépression avérée ; puis, selon le score obtenu, on peut dire si elle est légère, moyenne ou grave.

L'ÉCHELLE DE LÉPINE

Élaborée dans les années 1980, traduite et validée par J.-P. Lépine, l'échelle des symptômes positifs et négatifs évalue les symptômes psychopathologiques ; elle mesure les manifestations d'anxiété et de dépression de la manière suivante :

- 0 jamais.
- 1 de temps en temps.
- 2 souvent.
- 3 la plupart du temps.

MANIFESTATIONS D'ANXIÉTÉ

• Je me sens tendu ou énervé.	0	1	2	3
• J'ai une sensation de peur, comme si quelque chose de grave allait se produire.	0	1	2	3
• Je me fais du souci.	0	1	2	3
• Je peux rester tranquillement assis à ne rien faire et me sentir bien.	0	1	2	3
• J'ai l'estomac noué.	0	1	2	3
• Je n'arrive pas à tenir en place.	0	1	2	3
• J'éprouve des sensations de panique.	0	1	2	3

MANIFESTATIONS DE DÉPRESSION

• Je prends plaisir aux mêmes choses qu'autrefois.	0	1	2	3
• Je ris facilement et je vois le bon côté des choses.	0	1	2	3
• Je suis de bonne humeur.	0	1	2	3
• J'ai l'impression de marcher au ralenti.	0	1	2	3
• Je ne m'intéresse plus à mon apparence.	0	1	2	3
• Je me réjouis à l'avance de faire certaines choses.	0	1	2	3
• Je peux prendre plaisir à un bon livre ou à un film.	0	1	2	3

Au demeurant fort simple, cette échelle est riche d'enseignements car elle permet d'affirmer le diagnostic, de classer et d'évaluer les symptômes, et de préciser leur intensité, ce qui facilite leur prise en charge, leur suivi et leur évolution sous traitement. En outre, en autorisant une autosurveillance et parfois un ajustement du traitement, elle contribue à associer le patient aux choix thérapeutiques.

UN EXERCICE PERSONNALISÉ

Il est intéressant d'ajouter aux tests de spécialistes une enquête plus personnalisée, répartie par domaines, qui vous permettra de déterminer votre manière de réagir dans certaines situations quotidiennes.

Faites la liste des facteurs de stress auxquels vous avez été soumis, en vous les remémorant tous, du lever jusqu'au coucher. Notez la façon dont ils vous ont affecté, ainsi que leur intensité.

DANS LA PRATIQUE SPORTIVE :

- Je suis mal à l'aise avant d'aller pratiquer un sport.
- Je suis mal à l'aise dès qu'on compte les points.
- J'ai des difficultés à rester concentré.
- J'ai des difficultés à appliquer une tactique.

DANS LE CONTEXTE SOCIAL :

- Je suis mal à l'aise avec une, plusieurs ou de nombreuses personnes.
- Je suis mal à l'aise en général.
- Je suis mal à l'aise pour faire valoir mon point de vue.
- J'éprouve des difficultés pour prendre la parole, ou face à un auditoire.
- Je manque de confiance en moi.
- Je manque de confiance dans les autres.

DANS MES RELATIONS AMOUREUSES :

- J'éprouve de la crainte avant ou pendant la période de séduction.
- J'ai une appréhension de la performance.
- J'éprouve des difficultés pour exprimer mes sentiments, pour me confier dans l'intimité.

DANS UNE ACTIVITÉ INTELLECTUELLE :

- J'ai peur de ne pas être à la hauteur.
- Je ne me sens pas capable de faire une synthèse.
- J'ai peur de faire moins bien que la dernière fois.

DEVANT UNE PRISE DE DÉCISION :

- Je ne suis pas du tout sûr de moi.
- Je suis très ambivalent.
- Je reviens sur mes décisions.

DEVANT UN AUDITOIRE :

- J'ai peur de me trouver devant un auditoire.
- J'ai peur de ne pas pouvoir rassembler mes idées.
- J'éprouve des difficultés pour contrôler mes tensions.
- J'ai des sueurs ou des rougeurs.

FACE À LA MALADIE :

- J'éprouve de la crainte devant la maladie.
- Je souffre d'hypocondrie.
- Je souffre de phobie.

DANS CERTAINES SITUATIONS :

- Je peux être (ou non) confronté à un animal, à la vue du sang, à la foule, à un ascenseur...
- Je me mets à paniquer face à un animal, à la vue du sang, dans une foule, dans un ascenseur...

FACE À LA GUERRE ET AUX TENSIONS DANS LE MONDE :

- Je me sens concerné par tous les événements, où qu'ils se produisent.
- Je suis inquiet pour moi.
- Je suis inquiet pour l'avenir de mes enfants.

LORS DES DÉPLACEMENTS :

- Je suis mal à l'aise dès que je suis hors de chez moi.
- J'ai peur dans les transports.
- J'ai peur de l'avion.

FACE À LA ROUTINE ET À L'ENNUI :

- Je dois absolument faire quelque chose pour m'occuper.
- J'ai du mal à organiser mes loisirs ou mes activités sociales.

FACE À UN DEUIL :

- Je suis incapable de gérer le décès d'un parent, d'un proche ou d'un ami.
- Je suis incapable de me rendre à un enterrement.

Pour chacune de ces situations, essayez de décrire de la manière la plus objective possible votre comportement, ce que vous faites en réalité, ce que vous ressentez, ce que vous auriez envie de faire ou d'être.

Prenons l'exemple de l'activité intellectuelle : si on demande par exemple à quelqu'un de préparer un exposé, il peut noter : « Je ne sais pas par où commencer ; je me stresse ; ma feuille reste blanche ; je suis admiratif de celui qui peut accoucher d'un plan parfaitement structuré, qui sait l'énoncer sans s'accrocher et sans lire ses notes », ou au contraire : « J'ai besoin d'une mise en action ; je couche des notes sur le papier ; je sais que je vais y arriver… »

À la différence de l'échelle de Holmes et Rahe, ce type de travail étudie la façon très personnelle dont vous vivez une situation et la stratégie, bonne ou mauvaise, que vous mettez en œuvre. Tandis que certaines personnes disent avoir peu confiance en elles, ne sont sûres d'elles que dans certaines situations – ce qui ouvre des pistes pour trouver une solution –, d'autres ne sont pas affectées outre-mesure par un décès ou une séparation, alors que des proches vont être bouleversés.

Les « petits » facteurs de stress

Même s'il n'existe pas de « petit » problème et que tout dépend des réactions de chacun, voici les principaux facteurs de stress qui se rencontrent au quotidien.

- Les soucis ménagers : tenir sa maison, s'occuper de ses enfants…
- Les problèmes de santé bénins : les diverses patraqueries.
- La gestion du temps : des horaires chargés sans possibilité de contrôle.
- Les problèmes relationnels : les problèmes de couple, les difficultés avec ses collègues ou son supérieur hiérarchique, la solitude…
- Les problèmes d'environnement : le bruit, la promiscuité, l'insécurité…
- Les difficultés financières : les dettes, les emprunts…
- Les problèmes professionnels : la pression provoquée par des objectifs à atteindre, par des horaires…
- Les soucis liés à l'avenir : dans le couple, pour son emploi, pour le montant de sa retraite…

Le stress et la pérennisation des troubles nerveux dépendent non pas de l'intensité proprement dite du facteur déclenchant mais de vos propres réactions et de multiples éléments tels que votre état de santé, votre condition physique, votre état moral et psychologique, votre situation sociale ou votre histoire personnelle.

UNE ÉCHELLE DE QUALITÉ DE VIE

Il est également facile et intéressant de dresser une échelle de qualité de vie, qui permet de compléter le bilan des troubles nerveux en évaluant, au moyen d'une cotation allant de 1 à 10, la gêne occasionnée, dans le quotidien, par les différents symptômes. Il suffit alors de noter les réponses de la personne : quelle est l'importance de la gêne, quelle est l'influence des symptômes sur la marche, sur les déplacements, l'activité professionnelle, la vie sociale, le sommeil, la sexualité...

L'évaluation régulière des symptômes par cette échelle constitue un moyen de surveillance très simple et assez objectif.

UN QUESTIONNAIRE INSPIRÉ DU COACHING

Issu des méthodes d'accompagnement, ce questionnaire simple vous permet de savoir si vous êtes stressé par votre environnement personnel et professionnel, et si vous pouvez bénéficier des méthodes d'accompagnement et d'aide (voir le chapitre 4) :

- Quelle est, pour vous, l'importance de votre travail ?
- Qu'avez-vous besoin d'apprendre ?
- Quels sont les talents et les motivations profondes que vous exploitez dans votre vie ? Au contraire, quels sont les talents et les motivations profondes que vous n'exploitez pas ?
- Quelles sont vos règles, vos croyances et vos convictions ?
- Avez-vous le sentiment qu'elles peuvent vraiment s'exprimer dans votre existence ?
- Qu'est-ce qui compte vraiment pour vous ?

- Qu'est-ce que vous aimeriez qu'on dise de vous ?
- Comment pourriez-vous mesurer votre réussite ?
- En quoi cela est-il important pour vous ?
- Comment se passent vos relations avec les autres ?
- De quelle manière souhaitez-vous qu'on vous aborde ?
- Quelles sont les personnes les plus importantes pour vous ?
- Vous autorisez-vous à jouer et à être créatif ?
- Quels sont les domaines où vous vous amusez ?
- Êtes-vous attentif aux autres ?
- Comment s'exprime votre respect de la vie ?
- Vous accordez-vous du temps pour apprécier la vie ?
- Exprimez-vous de la compassion ou de la générosité envers les autres ?
- Quelles causes êtes-vous prêt à défendre ?
- Faites-vous tout votre possible pour répondre aux besoins des autres ?
- Etc.

Certaines de ces questions, qui sortent du cadre de l'entretien traditionnel de la consultation, permettent d'étudier la satisfaction ou non des besoins personnels, entraînant la présence ou non de stress et de troubles nerveux. Cela est important à déterminer pour proposer un traitement adapté et pour choisir ou conseiller la méthode d'accompagnement la plus efficace.

ASPIRATIONS ET SATISFACTIONS

Certains ont proposé de mesurer les symptômes liés aux aspirations et aux satisfactions ; en effet, un trop grand décalage entre les deux se trouve souvent à l'origine de frustrations, de stress, de troubles nerveux et parfois de maladies.

Cette réflexion peut être menée dans deux contextes différents, l'un professionnel et l'autre personnel : inscrivez, à gauche, la situation rêvée et comparez-la, à droite, avec ce que vous vivez dans la réalité.

Domaine professionnel	Aspirations	Satisfactions
• Salaire		
• Intérêt du travail		
• Gratifications		
• Relations humaines		
• Perspectives de carrière		
• Épanouissement		

Domaine professionnel	Aspirations	Satisfactions
• Relations conjugales		
• Sexualité		
• Relations avec ses parents		
• Relations avec ses enfants		
• Relations avec le reste de la famille		
• Temps disponible et organisation des loisirs		
• Accomplissement matériel		

La proposition thérapeutique

La sixième et dernière étape de la consultation se termine le plus souvent par la rédaction d'une ordonnance. Qu'il soit médicamenteux ou non, le traitement proposé est fixé en fonction des symptômes et de leur intensité, et de la personnalité du patient. Il doit lui être bien expliqué – ainsi qu'à sa famille parfois –, avec ses modalités, ses avantages et ses inconvénients ; souvent nombreuses, ses éventuelles objections sont à noter et à prendre en compte. Les effets secondaires de certains médicaments doivent être évoqués ; cela permet, quand ils apparaissent, d'en atténuer la portée. Il faut également préciser que l'amélioration ne signifie absolument pas l'arrêt du traitement, qui doit être effectué d'une manière progressive et sous contrôle médical.

En outre, les mesures de prévention indispensables et les conseils d'hygiène de vie et de diététique ne sont pas à négliger (voir le chapitre 7).

Plus le symptôme est isolé, plus le traitement doit se concentrer sur son aspect handicapant ; plus ils sont nombreux et agissent sur un fond d'anxiété chronique, plus la prise en charge doit être globale.

« D'abord ne pas nuire »

La proposition thérapeutique doit être raisonnable et ne faire courir aucun risque à un patient, selon le précepte célèbre : « Primum non nocere » – « D'abord ne pas nuire. »

Quel est le « bon » choix de traitement ? C'est celui qui est proposé sans négliger aucune piste, en particulier les méthodes psychocorporelles, les techniques de coaching et les médecines douces (voir le chapitre 4).

→ En bref

- C'est presque toujours à votre médecin généraliste, qui vous connaît bien et qui a toute votre confiance, qu'incombe la tâche de préciser et de diagnostiquer votre trouble nerveux, puis d'en proposer le traitement.

- Il est donc très important qu'un médecin soit ouvert à toutes les thérapeutiques, qu'elles soient médicamenteuses ou psychocorporelles, et qu'il n'ait aucun a priori à l'égard des médecines douces. À l'instar d'un chef d'orchestre qui choisit la meilleure partition puis veille à sa bonne exécution, le médecin doit avoir de l'oreille et le répertoire le plus vaste possible !

- Les médecines douces sont largement suffisantes et efficaces pour la plupart des personnes anxieuses ; elles possèdent l'avantage considérable de ne générer ni accoutumance ni dépendance chimique.

- Un praticien des médecines douces ne doit témoigner d'aucun ostracisme à l'égard de certains médicaments, tranquillisants, hypnotiques ou antidépresseurs, car, dans certaines situations, ces derniers constituent la seule ou la meilleure solution, provisoire ou à long terme.

4

Les traitements : des démarches multiples

« Madame, dit le docteur, votre mari a besoin de repos.
J'ai marqué un tranquillisant sur l'ordonnance.
Vous en prendrez quatre comprimés par jour. »
George Bernard Shaw.

Les travaux de Hans Selye sur le syndrome* général d'adaptation (voir le chapitre 1), les recherches du Pr Henri Laborit sur le système nerveux et l'apparition des médicaments psychotropes* à partir des années 1950 ont bouleversé l'approche, la compréhension et le traitement du stress et des troubles anxiodépressifs. La découverte puis la mise sur le marché de ces médicaments véritablement révolutionnaires laissèrent espérer que ces problèmes nerveux avaient vécu, mais il n'en fut rien. Peu à peu, leur prescription trop systématique par le corps médical a été dénoncée par une partie du public, qui s'est alors mis en quête d'alternatives dépourvues des effets indésirables – réels ou présumés – et des risques d'accoutumance des médicaments.

La vogue des médecines naturelles – de l'homéopathie à la phytothérapie – et d'autres méthodes douces variées, le regain d'intérêt pour certaines méthodes de thérapie – telle l'hypnose ericksonienne –, d'accompagnement – tel le coaching –, ou encore psychocorporelles – telle la relaxation –, concrétisent cette demande émanant de personnes stressées, anxieuses ou déprimées, à la recherche d'un mieux-être qui ne serait plus d'emblée chimique.

Les médicaments psychotropes

Le domaine des médicaments traitant les troubles nerveux est l'un de ceux qui a le plus profité des progrès médicaux accomplis au xxe siècle. Aujourd'hui, s'il est justifié de critiquer l'usage immodéré qui est fait de ces molécules extraordinairement actives pour lutter contre les états anxieux et dépressifs, il est en revanche abusif d'en nier l'importance et les bienfaits dans de multiples cas ; quoi de plus rassurant en effet que d'avoir dans sa poche un bâtonnet de tranquillisant susceptible d'agir presque immédiatement sur une crise d'angoisse.

Liée à leur efficacité, l'utilisation trop généreuse des tranquillisants et des antidépresseurs dépend également d'impératifs économiques : pour la Sécurité sociale, la prescription d'un médicament générique est plus économique qu'une thérapie longue, donc coûteuse.

En tant que praticien des médecines douces, il est pour nous hors de question de jeter l'anathème sur ces produits qui ont, d'une manière radicale, changé la vie de millions de personnes ; nous nous devons d'offrir à nos patients tout ce qui peut atténuer ou supprimer des symptômes désagréables qui, s'ils ne mettent pas leur vie en danger, en altèrent sensiblement la qualité. Les médicaments psychotropes* font partie de ce « tout ». Faisons simplement en sorte de les utiliser sans abus, avec pertinence et parcimonie.

CINQ GRANDES FAMILLES

Par leur action sédative ou au contraire stimulante, les médicaments psychotropes* modifient l'activité psychique, en particulier l'humeur, la vigilance, la conscience, les sensations et le comportement. Ils peuvent être classés en cinq grandes familles.

- **Les hypnotiques (ou somnifères) :** ils provoquent le sommeil. Parmi les composés chimiques employés figurent notamment les antihistaminiques et les benzodiazépines ; depuis les années 1970, les benzodiazépines ont remplacé les hypnotiques barbituriques.

- **Les anxiolytiques (ou tranquillisants mineurs) :** ils luttent contre l'anxiété et les désordres émotionnels. Les composés chimiques employés sont notamment les benzodiazépines et les carbamates.

- **Les neuroleptiques (ou antipsychotiques, ou tranquillisants majeurs) :** ils sont utilisés pour traiter les psychoses, l'anxiété sévère et les troubles de l'humeur.

- **Les régulateurs de l'humeur (ou thymorégulateurs, ou normothymiques) :** ils régulent et stabilisent l'humeur, en particulier dans le trouble bipolaire (ou psychose maniaco-dépressive). Parmi les composés chimiques employés figurent notamment les sels de lithium.

- **Les antidépresseurs (ou thymoleptiques) :** ils luttent contre les états dépressifs. Les antidépresseurs de la dernière génération emploient notamment comme composés chimiques des inhibiteurs de la recapture de la sérotonine* (IRS) et des inhibiteurs sélectifs de la recapture de la sérotonine et de la noradrénaline* (IRSN) [voir le chapitre 2].

Le terme « tranquillisant » est couramment employé pour désigner un médicament qui calme, soit d'une manière globale (c'est un neuroleptique), soit en éliminant l'anxiété (c'est un anxiolytique).

Les ventes de tranquillisants en France

- 76,5 millions en 1991.
- 68,9 millions en 1997.
- 70 millions en 2000.
- 74 millions en 2003.
- 81 millions en 2008.
- Et aussi 67 millions de boîtes d'antidépresseurs, 62 millions d'hypnotiques.

Nous autres Français, nous sommes très ambivalents et passablement contradictoires à l'égard des psychotropes* : tandis que nous adorons les tranquillisants, nous éprouvons curieusement une réticence voire une peur bleue face aux antidépresseurs. Nous en sommes de très gros consommateurs, nous reconnaissons leur efficacité, mais nous craignons pour notre personnalité, notre indépendance et notre mémoire – ce qui, du reste, est en partie justifié.

LE « BON » MÉDICAMENT

Un bon traitement doit obéir à la règle des cinq « bon » : le bon médicament, pour le bon patient, au bon moment, à la bonne dose et pendant la bonne durée. Il dépend bien sûr de l'efficacité du produit, de son mécanisme d'action et de ses indications, mais également de ses effets secondaires et de son éventuelle toxicité, de ses interactions possibles avec d'autres médicaments, de l'état général, de l'âge et de la réceptivité d'un patient.

Il est impératif d'agir vite et juste, d'anticiper la survenue ou l'évolution des symptômes, de recourir à la dose efficace la plus faible ; donner un tranquillisant à un déprimé est parfois utile, mais prescrire un antidépresseur à un anxieux améliore rarement son état.

Les psychothérapies

Selon son principe de base, le travail de thérapie consiste à s'interroger sur son propre mode de fonctionnement et à mieux se connaître afin de pouvoir orienter sa vie : pour y apporter des aménagements – à défaut d'opérer parfois un changement radical –, pour relier les différents éléments de son existence, pour se libérer de ses angoisses, pour recadrer ses comportements ou ses systèmes de croyances, pour mieux appréhender certaines situations vécues jusque-là comme difficiles, pour trouver en soi de nouvelles ressources...

En aucune manière, la thérapie ne permet de devenir quelqu'un d'autre ; au contraire, elle a pour ambition d'aider une personne à être véritablement elle-même et, en lui proposant des solutions nécessaires, possibles et réalistes, de lui permettre de s'assumer plus facilement. Elle revêt de nombreuses formes, qui en font une méthode à géométrie très variable. Aujourd'hui, nombreuses sont les techniques proposées qui s'intéressent autant voire plus à l'épanouissement d'un individu qu'à un véritable mal-être.

Depuis leur instauration à la fin du XIXe siècle et au début du XXe, les traitements à visée psychologique ont connu des hauts et des bas, subi des effets de mode et effectué des aménagements ou des modifications ; ils continuent bien sûr d'être proposés car ils sont indiscutablement très utiles. Les principales techniques utilisées aujourd'hui peuvent être classées en quatre groupes :

- la psychothérapie de soutien ;

- la psychanalyse, ou la psychothérapie d'inspiration analytique ;
- l'hypnose ;
- les thérapies cognitives et comportementales (TCC).

SE SOIGNER OU VIVRE AVEC ?

Statistiques

Environ 5 % des Français ont (ou ont eu) recours à une psychothérapie. En général, ils le font pour comprendre ce qui leur arrive, pourquoi ils souffrent dans leur tête ou dans leur corps et, bien sûr, comment ils pourraient aller mieux.

Voici trois exemples qui illustrent trois types de démarches.

- Un enfant pense, à tort, que sa mère ne l'aime pas parce qu'elle lui témoigne peu de tendresse ; il se construit alors une réalité fausse, selon laquelle il n'est pas digne d'être aimé ; cela entraîne chez lui des troubles psychologiques et somatiques. Une psychothérapie pourra l'aider à élaborer une nouvelle réalité, à modifier son point de vue et, à partir de là, ses comportements.

- Une personne anxieuse prend des tranquillisants, tout d'abord d'une manière curative, puis préventive. Dans une psychothérapie, elle s'interrogera sur ce qu'elle fait, afin de prendre conscience de l'aberration de son comportement ; cela lui permettra de trouver des solutions autres que médicamenteuses. C'est ce qu'on appelle un travail de recadrage.

- Une personne phobique se fait le plus souvent accompagner pour sortir ou se met dans une situation qui lui permet d'éviter toute source d'angoisse. Nombreux sont en effet ceux qui organisent leur existence autour de leur anxiété ou d'une phobie parfaitement intégrée. Le Dr Patrick Légeron, auteur de plusieurs ouvrages sur le stress et l'anxiété, raconte l'histoire d'une patiente, du type « phobique qui se soigne », qui avait épousé un chauffeur de taxi pour ne jamais affronter les transports en commun !

LA PSYCHOTHÉRAPIE DE SOUTIEN

Il s'agit de la méthode la plus répandue et la plus simple. En règle générale, elle s'effectue en face à face. Le thérapeute intervient avant tout en écoutant, parfois en conseillant, toujours en rassurant. Il s'implique dans la vie du patient, l'aide à comprendre son mode de fonctionnement, à repérer les situations jugées difficiles ou vécues comme telles et à renforcer ses défenses psychologiques.

LA PSYCHANALYSE

Le terme *Psychoanalyse* a été employé pour la première fois par Sigmund Freud en 1896 ; la psychanalyse est indissociable de la découverte du rôle conflictuel de la sexualité infantile – en particulier avec le complexe d'Œdipe.

La psychanalyse est une approche globale du trouble mental, prenant en compte toute l'histoire d'une personne ; elle est un travail en profondeur, destiné à changer son regard sur soi, et non pas une méthode uniquement destinée à faire disparaître ses symptômes. Elle cherche à démonter les processus psychiques inconscients, à comprendre l'origine d'un trouble afin de le supprimer, à rendre visible

Faire face

Aider une personne à affronter les événements stressants et inévitables de l'existence ; lui permettre de surmonter certaines difficultés ponctuelles ; la rendre moins vulnérable en renforçant sa personnalité : tels sont les trois principaux objectifs de la psychothérapie.

une vérité qu'on s'efforce de fuir car insupportable, à redonner à une personne sa place de sujet.

- Comment se passe une analyse ? En général, le patient, ou plutôt l'« analysant » – car il a un rôle actif –, est allongé sur un divan. La libre association est de règle : il dit ce qui lui vient à l'esprit, raconte ses impressions, ses souvenirs, ses rêves ou ses fantasmes ; tout au long de la cure, il recherche les raisons de sa souffrance afin de tenter de résoudre son mal-être puis de faire disparaître ses symptômes.

- L'analyste interprète sans conseiller, sans juger ni s'impliquer, contrairement au psychothérapeute. Il est là avant tout pour faire prendre conscience de certains dysfonctionnements et pour faire tomber certaines résistances, ce qui est toujours difficile.

- Comment fonctionne-t-elle ? La psychanalyse se fonde sur le transfert, qui constitue le véritable moteur de la cure : le patient reporte sur son psychanalyste une affection ou une hostilité qu'il a éprouvée lors de son enfance, en général pour l'un de ses parents ; il lui attribue des sentiments ou des intentions, qui le renvoient à sa propre histoire ; en lui prêtant successivement les visages de tous les personnages importants de son existence, il peut ainsi retrouver les affects qu'il a jadis ressentis, les analyser et s'en débarrasser.

- Quelle est la différence entre une psychanalyse et une psychothérapie ? Pour Élisabeth Roudinesco, la psychanalyse propose une philosophie de l'être et de la liberté parce qu'on se connaît mieux en travaillant sur soi, alors qu'une psychothérapie est en général une cure psychique sans système de pensée.

- À qui s'adresse la psychanalyse ? Elle est réservée aux personnes qui possèdent l'introspection et le vocabulaire suffisants pour exprimer leur ressenti et travailler dessus ; elle se révèle plus difficile pour d'autres, qui ressassent leurs problèmes, n'avancent pas et finissent par abandonner. Une psychanalyse dure plusieurs années, à raison de une ou deux séances par semaine ; elle demande donc un investissement de temps et d'argent.

L'HYPNOSE

Par sa méthodologie et ses objectifs, l'hypnose peut être placée entre la méthode analytique et les techniques cognitives et comportementales ; en effet, elle consiste à aller chercher et à découvrir au plus profond de son inconscient les clefs d'un changement positif. Elle répond à la question : « Comment faire pour aller mieux ? » plutôt que : « Pourquoi ça va mal ? »

Omniprésente tout au long de l'histoire, l'hypnose est apparue aussi bien dans les danses rituelles et les adorations que lors des cérémonies du temple ou de l'église, quand la foi constituait l'élément principal de la guérison. Elle pénètre le domaine médical au milieu du XVIIIe siècle, sous l'influence de l'Allemand Franz Anton Mesmer ; au début du siècle suivant, elle intègre le champ des thérapeutiques, à l'origine comme un succédané d'une anesthésie encore balbutiante ; d'ailleurs, elle continue à être proposée lors de petites interventions chirurgicales – ce qui est loin d'être sa meilleure utilisation. À la fin du XIXe siècle, elle est employée par le Pr Charcot, qui mène à l'hôpital de la Salpêtrière des recherches sur l'hystérie – Freud suivit notamment ses cours. L'hypnose connaît ensuite une longue période de déclin, avant de resurgir, voici quelques années, en particulier grâce au psychiatre américain Milton H. Erickson.

- Comment fonctionne l'hypnose ? Par des injonctions vocales prononcées sur un ton monocorde – à l'opposé du « Dormez, je le veux ! » du music-hall –, l'hypnose consiste à induire un état modifié de conscience, à inhiber partiellement la volonté. Même si ses mécanismes d'action ne sont pas totalement élucidés, on peut dire d'une manière indiscutable qu'elle s'appuie sur la suggestion.

• Qu'est-ce que l'hypnose ericksonienne ? Adaptée par Milton H. Erickson, qui en a fait une méthode plus douce et moins directive, l'hypnose attire aujourd'hui un nombre croissant de patients, à qui elle offre de nouvelles perspectives. Plus que l'hypnose traditionnelle, l'hypnose ericksonienne réclame la participation du patient. Les métaphores, c'est-à-dire les récits imagés, employées par le thérapeute permettent à l'inconscient du patient de choisir lui-même des solutions et de les mettre en œuvre. Il s'agit d'une thérapie brève.

• À qui s'adresse l'hypnose ? Elle est avant tout très utile pour aider à divers sevrages – concernant l'alcool, la nourriture, les médicaments, le tabac ou d'autres substances toxiques – ou pour prendre en charge des patients suivis en thérapie ou en psychiatrie, ou encore des douloureux chroniques. À une condition : qu'ils soient réceptifs, c'est-à-dire « suggestibles ». L'hypnose est également intéressante pour traiter les états anxieux, les phobies et les maladies psychosomatiques. En cas de dépression, elle doit rester entre les mains d'un psychiatre.

LES THÉRAPIES COGNITIVES ET COMPORTEMENTALES

Les thérapies cognitives et comportementales (TCC) sont apparues dans les années 1950, sous l'influence de l'école de psychothérapie de Palo Alto, en Californie. Très étudiées, elles ont été validées par les psychiatres et les chercheurs.

• Qu'est-ce que ça veut dire ? Provenant du latin *cognitio*, qui signifie « connaître », la cognition désigne la manière dont une personne a peu à peu élaboré l'ensemble de ses pensées – qu'il s'agisse d'images, de jugements ou de discours intérieurs – et de ses comportements face à son environnement.

- Comment ça fonctionne ? Partant du constat que les anciennes stratégies d'un patient n'ont pas atteint le but espéré ou ont causé un certain mal-être, ces techniques sont fondées sur la recherche de nouveaux comportements, élaborés à partir de nouvelles pensées. Elles cherchent à identifier, à examiner puis à limiter et à modifier les pensées et les croyances erronées ou négatives – le doute, le sentiment d'erreur, la crainte du jugement des autres, la peur de la mort lors d'attaques de panique... –, qui sont à l'origine de comportements inadaptés voire catastrophiques. Le patient peut alors adopter un autre point de vue, donc agir autrement, pour mieux gérer son stress et ses répercussions nerveuses.

Les techniques qui permettent de contrôler, de moduler ou de modifier les pensées, les idées, les images, les croyances ou les opinions qu'une personne se fait d'elle-même et des autres sont appelées « cognitives » ; les techniques qui proposent un changement d'attitude sont appelées « comportementales ». Les thérapeutes connaissent parfaitement les relations qui existent entre les pensées et les comportements, si bien qu'ils passent facilement d'une méthode cognitive à une méthode comportementale, et inversement. Il s'agit de thérapies brèves.

- Qui les pratique ? De plus en plus nombreux sont les praticiens qui se tournent vers ces techniques ; ils ne sont pas nécessairement médecins ou psychiatres. Certains thérapeutes s'aident volontiers des métaphores de l'hypnose ericksonienne pour initier ou faciliter un changement difficile.

- Comment se déroulent les séances ? Le thérapeute s'intéresse d'une façon très minutieuse aux cognitions et aux comportements que lui décrit son patient. Il lui demande de dresser la liste de toutes les situations qui peuvent l'angoisser dans une journée. Puis ils élaborent ensemble un contrat de tâches à accomplir afin de modifier les cognitions ou les comportements inadaptés ou générateurs d'angoisse.

Comparables à une désensibilisation de la situation redoutée, les techniques de visualisation s'intègrent parfaitement ici.

- Quelle est la différence entre la psychanalyse et les techniques cognitives et comportementales ? On reproche aux secondes de ne s'intéresser qu'à la partie émergée de l'iceberg – celle qui se voit et qui fait mal –, tandis que la psychanalyse est un travail plus en profondeur. Par ailleurs, le travail du thérapeute est plus directif que celui d'un analyste.

- À qui s'adressent ces techniques ? Les thérapies cognitives et comportementales comportent plusieurs indications. Elles sont intéressantes pour la plupart des troubles nerveux, dans toutes les situations où une anxiété majeure ou un stress important interfèrent d'une manière négative sur la qualité de vie. Elles constituent les seule méthodes validées dans les troubles anxieux : elles se révèlent avant tout efficaces contre les attaques de panique. Elles ne visent pas à annuler toute anxiété mais à apprendre au patient à contrôler ses aspects pathologiques.

Par ailleurs, elles peuvent intervenir dans la préparation d'un événement programmé, par exemple pour un athlète ou un artiste : le stress ne devient négatif qu'à partir du moment où il est envahissant ; il doit alors impérativement être contrôlé. Enfin, ces techniques peuvent être préventives, permettant de se sentir bien et de rester en bonne santé.

RECONSIDÉRER LES PENSÉES : L'APPROCHE COGNITIVE

L'approche cognitive s'intéresse à la pensée associative : elle étudie le rôle des pensées, des croyances irrationnelles et des images mentales qui nous permettent de nous adapter à l'environnement. Cette perception, cette cognition de notre environnement influence notre interprétation, qu'elle soit juste ou erronée, des événements et des êtres : nous créons des processus de pensée, des associations d'idées, qui organisent et conditionnent notre vie.

Face à un événement quelconque, une personne anxieuse réagit selon les schémas qui sont ancrés en elle et qui règlent son existence.

En effet, l'anxiété résulte d'un biais dans le traitement de l'information, car la solution envisagée est bien souvent « la pire » : un anxieux qui a mal à l'estomac a nécessairement un ulcère ; toute nouvelle douleur traduit obligatoirement son réveil ou fait immédiatement craindre un cancer. Tout danger est gonflé, tout signal de sécurité est minimisé. Cela est également vrai pour une personne déprimée qui, d'une manière inconsciente, filtre les aspects négatifs des informations qui lui parviennent, ce qui la conforte dans l'idée qu'elle ne vaut rien et que tout va mal.

Les thérapies cognitives permettent de reconsidérer les pensées ou les concepts négatifs, et de les éliminer – ce qui permet de « rééduquer » l'anxiété ou la déprime – tout en renforçant les attitudes adaptées. Ces thérapies ne s'intéressent donc pas aux difficultés liées à l'histoire personnelle d'un patient, mais aux comportements inadaptés dont il témoigne face à divers événements de sa vie. Elles l'aident à adopter un autre point de vue, plus positif, puis à intégrer cette nouvelle donne dans sa vie, en modifiant par exemple ses comportements dans son environnement immédiat ou dans tel ou tel contexte, comme le ferait une désensibilisation ou un déconditionnement.

MODIFIER LES ATTITUDES : L'APPROCHE COMPORTEMENTALE

Élaborée au début du XXe siècle, longtemps éclipsée par les travaux de Freud et la psychanalyse, l'approche comportementale a refait surface dans les années 1950 sous l'impulsion de deux psychiatres américains, Joseph Wolpe et Burrhus Frederic Skinner ; depuis quelque temps, elle témoigne d'un grand renouveau.

Cette méthode vise à étudier et à modifier les comportements d'une personne, c'est-à-dire à opérer en quelque sorte son reconditionnement : elle apprend à un sujet à se comporter et à penser autrement.

- Quel est son mécanisme ? Pour faire très simple, disons que l'approche comportementale se fonde sur le principe de la carotte et du bâton : si un comportement, une attitude ou un symptôme sont gratifiants, on a tendance à les reproduire pour obtenir une récompense, ce qui les renforce et les installe durablement. Ainsi, un patient qui se plaint recueille de l'empathie de la part de ses proches, se soustrait à certaines responsabilités qui l'ennuient, est dédommagé sur le plan matériel par la Sécurité sociale : consciemment ou non, il peut avoir tout intérêt à ne pas se débarrasser de ses symptômes, même s'il affirme le contraire et même s'il réclame un soulagement à son médecin. Si, à l'inverse, son comportement ou son attitude n'entraîne pas le résultat escompté, voire s'il est sanctionné, alors un patient va le plus souvent l'abandonner.

- Quels sont ses objectifs ? L'approche comportementale a pour objectifs de modifier les processus mentaux, responsables d'une aggravation des symptômes, et surtout de renforcer le contrôle du stress par deux moyens : l'abandon ou la modification des comportements néfastes ; l'apprentissage de conduites adaptées. Cette approche met donc à plat l'histoire du patient, fait le lien entre le domaine physique et le domaine psychique, analyse les éventuels facteurs de stress et propose un changement de conduite susceptible d'améliorer ou de supprimer certains symptômes gênants.

- Comment se déroule le traitement ? Avec l'aide du thérapeute, le patient cherche et adopte d'autres comportements susceptibles de lui apporter un bien-être mental. Il contrôle ses pensées négatives, opte pour une attitude positive, ne se laisse pas envahir par le stress, renforce les bons comportements qui atténuent ses symptômes, modifie ou supprime les mauvais qui les aggravent, affronte ses phobies et ses obsessions en relevant de petits défis de plus en plus importants. Le programme de traitement est court, concret et diversifié.

- Quelles sont ses indications ? L'approche comportementale est indiquée quand les manifestations comportementales semblent exagérées par rapport aux données purement somatiques, quand les facteurs psychologiques jouent un rôle, vraisemblable ou indiscutable, dans la pérennisation des symptômes, quand les traitements médicamenteux se révèlent insuffisants ou inefficaces. Elle peut être proposée seule ou s'intégrer aux méthodes de relaxation (voir p. 128).

QUELLE THÉRAPIE CHOISIR ?

Aucune psychothérapie n'ayant fait la preuve de sa supériorité sur les autres, il s'agit donc pour le patient, sur les conseils de son médecin traitant, d'un proche ou d'un avis autorisé, de choisir la méthode qui lui convient le mieux : il s'agit d'une tâche difficile, qui nécessite souvent plusieurs essais. Ce choix dépend de beaucoup de choses, de critères culturels, de l'envie de la personne, de ses capacités à accepter et à vivre la thérapie, de ses besoins... Aucune méthode n'est plus facile qu'une autre, tant sont nombreuses les zones d'ombre qu'on rechigne à explorer, tant sont fréquents les blocages qui dictent tel ou tel comportement, et qui gênent la mise en place d'un changement pourtant nécessaire. Un travail de thérapie demande de gros efforts ; d'une manière plus ou moins inconsciente, le patient a souvent tendance à rejeter son thérapeute, le trouvant antipathique, peu attentif, dérangeant... Autant de prétextes pour arrêter le travail entrepris.

Quelle que soit la technique choisie, les personnes très anxieuses, anormalement stressées ou encore phobiques peuvent rarement faire l'économie d'une psychothérapie. Elles vont trouver un grand intérêt dans ce type de travail rassurant, où se mêlent un rituel de rencontre, un soutien psychologique, une écoute attentive, une certaine compréhension ou une bienveillance, une aide à la verbalisation, une prise de conscience, et parfois des conseils. En cas de pathologie plus grave – une schizophrénie, un état psychotique... –, une prise en charge spécialisée doit, d'une manière impérative, être entreprise.

FAIRE LONG OU FAIRE COURT ?

En matière de psychothérapie, pourquoi faire long si on peut faire court ? Telle est la question que se posent de nombreuses personnes.

Alors, qu'en est-il et quelles sont les différences ?

- Une psychanalyse s'étend sur plusieurs années : c'est une thérapie dite longue.

- Les techniques cognitives et comportementales peuvent durer quelques mois : selon les cas, ce sont des thérapies moyennes ou brèves. Quant aux techniques d'accompagnement, par exemple le coaching (voir plus loin, p. 141), elles ne dépassent pas quelques semaines : ce sont des thérapies brèves.
- D'une manière un peu rapide, disons que la psychanalyse cherche d'abord à comprendre pour ensuite éventuellement changer, alors que les thérapies moyennes ou brèves se proposent de changer pour ensuite éventuellement comprendre.
- Tandis que la psychanalyse accorde une importance prépondérante au passé, les thérapies moyennes ou brèves mettent plutôt l'accent sur le présent et l'avenir, sans toutefois délaisser les cicatrices qui peuvent interférer sur la situation présente et prochaine.
- Tandis que certaines personnes pensent qu'un véritable travail de changement se fait dans la durée, d'autres, plus soucieuses d'une efficacité rapide, préfèrent se tourner vers des méthodes plus courtes et assez interventionnistes.

LA VOGUE DES THÉRAPIES BRÈVES

Les thérapies brèves sont apparues dans les années 1950 sous des influences diverses : celles de Milton H. Erickson, de Gregory Bateson et de Paul Watzlawick. Elles sont issues d'une nécessité économique : confrontées à un afflux de demandes, les mutuelles décidèrent de ne rembourser qu'un nombre limité de séances. Ces thérapies partent de l'hypothèse qu'une communication anormale au sein d'un groupe social constitué est à l'origine d'un ou des troubles nerveux d'une personne ; elles expliquent donc ses symptômes par son inadaptation avec son environnement.

Que visent les thérapies brèves ?

- Elles veulent s'adresser à tous les sens d'une personne et pas seulement à ses oreilles.
- Elles postulent qu'une personne a en elle les ressources nécessaires pour faire face.
- Elles s'appuient sur l'émotion du patient, sur son ressenti, beaucoup plus que sur les faits.
- Elles recherchent avant tout un résultat et pas simplement les causes d'un mal-être.
- Elles opèrent un « petit » changement, qui peut en entraîner de plus importants : parler de ce qui se cache sous la demande, sous la plainte, sous le symptôme, c'est déjà le début d'une psychothérapie.

En une dizaine de séances environ, elles proposent de trouver des solutions concrètes. En règle générale, dans un délai aussi court, elles ne permettent pas au patient de comprendre pourquoi il ne va pas bien, d'autant plus qu'elles sont axées sur le résultat : leur objectif est de faire en sorte qu'il aille mieux. Elles sont donc centrées sur le symptôme, ce qu'on leur reproche souvent.

Très en vogue aujourd'hui, les thérapies brèves ont bouleversé le champ de la psychothérapie, qui fut longtemps dominé par la seule psychanalyse.

Les techniques psychocorporelles

Les méthodes de thérapies psychocorporelles passent par le corps pour apaiser les maux de l'esprit. Ces approches sont de plus en plus souvent proposées, en particulier aux sportifs et aux personnes qui entretiennent une relation difficile avec leur corps. Elles sont très utiles pour apprivoiser, contrôler, diminuer voire supprimer l'anxiété et le stress, et pour en canaliser les répercussions.

La relaxation, au sens médical du terme, en fait partie. Elle est elle-même divisée en deux groupes :

- les méthodes passives, qui s'appuient sur la suggestion ou sur la détente : parmi elles figurent le training autogène de Schultz et la méditation ;
- les méthodes actives, qui nécessitent quelques mouvements physiques : parmi elles figure la relaxation progressive de Jacobson.

Les techniques de relaxation sont nombreuses, ce qui permet à chacun de choisir celle qui correspond le mieux à sa personnalité, à son style de vie et au temps dont il dispose. Mais toutes nécessitent une participation active.

LA RELAXATION : SUR LES CHEMINS DU BIEN-ÊTRE

La faculté des méthodes de relaxation à réduire le stress auquel notre organisme est confronté au quotidien est connue de longue date. Simples à mettre en œuvre, ces méthodes sont indispensables pour maintenir un bon équilibre nerveux, car elles contraignent notre

> **Les bienfaits**
>
> • Les techniques de relaxation permettent de contrôler les composantes somatiques du trouble nerveux.
>
> • Elles constituent un facteur essentiel de réussite, de succès, d'épanouissement, de mieux-être et de santé. Elles rechargent les batteries du système nerveux et rendent optimiste.
>
> • Les exercices respiratoires sont utiles pour lutter contre les attaques de panique et les crises de spasmophilie.
>
> • La méditation conduit à une nouvelle façon de percevoir la réalité et apporte davantage de sérénité.

cerveau et nos pensées à suivre des circuits inhabituels et bénéfiques : remplacer des idées négatives par des idées positives est une gymnastique facile et hautement salutaire.

Certains circuits neuronaux sécrètent des substances euphorisantes, ce qui nous procure un sentiment de confiance et de réussite (voir le chapitre 2) ; à l'inverse, d'autres circuits produisent des substances qui génèrent des sensations désagréables, donc un sentiment de mal-être. Nos habitudes nous font emprunter de préférence certains chemins qui nous laissent dans la même humeur, qu'elle soit bonne ou mauvaise. En revanche, la relaxation et certaines techniques mentales permettent de modifier le cheminement, en prenant les voies de l'euphorie et du bien-être au lieu de continuer à emprunter celles qui font broyer du noir.

PRÉVENTIVE ET CURATIVE

Il est difficile d'avoir une idée précise de la relaxation si on n'en a pas fait soi-même l'expérience : se relaxer, ce n'est pas simplement s'étendre et paresser en regardant la télévision ou en écoutant tranquillement de la musique... La relaxation, au sens médical du terme, constitue un véritable moyen thérapeutique, à la fois préventif et curatif : elle s'appuie sur des exercices respiratoires et mentaux qui permettent de trouver le calme du corps et de l'esprit.

La relaxation possède de nombreux effets positifs : elle diminue la tension artérielle de 10 à 20 %, la fréquence cardiaque de 20 % et la fréquence respiratoire de 30 à 60 % ; elle augmente l'ampleur de l'inspiration et de l'expiration ; elle permet à la musculature de se relâcher, car les tensions engendrées, qu'elles soient physiques ou psychologiques, ont déclenché des douleurs et de l'inconfort.

APPRENDRE À CONNAÎTRE SON CORPS

La relaxation constitue avant tout une technique d'apprentissage de la détente musculaire, accompagnée d'une maîtrise de la respiration. Tout d'abord, cela passe par une prise de conscience de son corps, puis par la canalisation de ses pensées, enfin par le contrôle, la diminution ou la suppression des symptômes indésirables – des tensions musculaires, une oppression respiratoire, une irritabilité, de la fatigue, de l'anxiété...

Attention

Même si elle semble facile d'accès, la relaxation nécessite une phase d'apprentissage, de l'ordre de quelques semaines, placée sous les conseils d'un guide compétent. On ne peut donc l'aborder ni dans une situation d'urgence – un stress intense ou une dépression grave par exemple – ni seul, sans aucune supervision.

Dans sa forme la plus épurée, il s'agit d'une simple détente corporelle et mentale, destinée aux personnes qui ont un besoin ponctuel d'une phase de calme ; dans sa visée thérapeutique, elle réclame, pour atteindre le bien-être et le confort mental, un relâchement profond, avec une véritable décontraction musculaire, un ralentissement cardiorespiratoire et un calme intérieur.

Les résultats s'avèrent positifs pour la plupart des gens, mais pas pour tous : tandis que certains peinent à faire le vide dans leur tête ou à positiver, car cela les angoisse et aggrave leur état, d'autres ne parviennent pas à associer un repos physique forcé et une détente psychique, car cela les perturbe davantage encore, d'autres enfin n'apprécient guère la séance de relaxation, qu'ils jugent trop intellectuelle et trop statique pour eux, et n'en tirent donc aucun bénéfice. Si l'adhésion du patient n'est pas acquise, s'il exprime des réticences, s'il ne peut assimiler cette technique, son médecin doit lui proposer une autre méthode.

RESPECTER LES ÉTAPES

Chaque méthode de relaxation passe par plusieurs étapes :

- une prise de conscience de ses sensations corporelles, indispensable pour rétablir une harmonie entre le physique et le mental, et retrouver confiance en soi ;
- une maîtrise parfaite de la respiration, essentielle pour faire le vide dans sa tête, pour concentrer son attention et augmenter ainsi le contrôle de soi ;
- lors d'une situation conflictuelle ou difficile, la faculté d'incorporer la relaxation dans sa vie de tous les jours.

Obtenir des résultats dépend donc d'une mise en œuvre progressive. Inutile de brûler les étapes.

RESPIRER

Fonction vitale, la respiration ne peut être interrompue plus de quelques minutes sans risque de décès ou de séquelles graves. Elle a deux composantes : l'une neurovégétative, qui est automatique et involontaire ; l'autre volontaire, car elle peut agir sur le cerveau en s'aidant des muscles thoraciques et abdominaux : il est possible d'en contrôler aisément la fréquence, la freinant ou l'accélérant à la demande.

Enfin et surtout, la respiration permet de faire le vide rapidement, en se débarrassant des pensées parasites ou négatives qui surgissent à tout moment dans sa tête. Voilà donc le meilleur moyen pour obtenir une détente corporelle puis mentale.

LA RELAXATION CONCENTRATIVE, OU LE TRAINING AUTOGÈNE DE SCHULTZ

Mis au point par le neuropsychiatre allemand Johannes Schultz dans les années 1930, le training autogène, également appelé relaxation concentrative, est la méthode passive de relaxation la plus répandue et la plus facile à acquérir. Elle dérive de l'hypnose, que ce disciple de Freud utilisait. Le « training autogène », c'est s'entraîner soi-même, c'est donc pratiquer de l'autorelaxation.

Schultz avait constaté que ses patients étaient très apaisés après chaque séance d'hypnose. Il se demanda si cet état en était responsable, mais s'arrêta à la conclusion suivante : formulée dans un contexte propice, une suggestion verbale peut aboutir à une relaxation profonde. Il élabora ainsi une méthode aux effets avant tout tranquillisants et légèrement antidépresseurs.

- Comment cela fonctionne-t-il ? Le training autogène facilite la capacité à se concentrer, ce qui permet à une personne de lutter contre l'hyperexcitabilité et ses répercussions, en particulier cardiaques. Elle ne subit plus les consignes de l'hypnose mais, au contraire, est active mentalement. Au moyen de l'autosuggestion, elle se concentre afin de véritablement éprouver dans son corps différentes sensations – la pesanteur musculaire, la chaleur ou la fraîcheur ; cela lui permet de mieux contrôler sa respiration et son rythme cardiaque, et ainsi de canaliser ses idées.

- Comment se « déconnecter » ? Après une phase d'apprentissage placée sous la direction de son thérapeute, une personne peut se « déconnecter » toute seule : cette autodéconnexion aboutit à une autodécontraction qui, sous l'action de la volonté, est accompagnée d'une modification de certaines fonctions, avant tout cardiaques et respiratoires. Le recours à des images s'avère utile : « Ma tête est lourde comme du plomb, ou légère comme un ballon d'enfant » ; « Ma main est froide comme de la neige, ou chaude comme si elle était exposée en plein soleil »...

- Quels sont les avantages et les limites ? Si le training autogène doit son succès à sa facilité et à son efficacité, il nécessite en revanche, comme toutes les autres méthodes de relaxation, une adhésion totale du patient, puis de l'entraînement.

- La répétition de l'exercice ci-après, deux à trois fois par jour, soit pendant une quinzaine de minutes au total, puis la suggestion et la persuasion qu'il suppose, entraînent une amélioration. Certains n'ont pas hésité à comparer ce conditionnement positif à la « méthode Coué » : à la fin du XIXe siècle et au début du XXe, le pharmacien Émile Coué mit au point une technique de guérison par autosuggestion consciente. Avec de l'entraînement, le relâchement obtenu se produit d'une façon plus facile, plus rapide et plus profonde, quelles que soient les conditions environnantes.

Une scéance de training autogène : six minutes environ

Cette séance courte peut se dérouler n'importe où. Il faut éviter tout risque de dérangement – la sonnerie du téléphone ou une visite inopportune. Vous êtes en position assise.

- « Mon bras est lourd... de plus en plus lourd... Ma main est lourde... de plus en plus lourde... Mes doigts sont lourds... de plus en plus lourds... Tout mon bras est lourd... Mes deux bras sont lourds... » Total : une minute.
- « Mon bras est chaud... de plus en plus chaud... Ma main est chaude... de plus en plus chaude... Mes doigts sont chauds... de plus en plus chauds... Tout mon bras est chaud... Mes deux bras sont chauds... » Total : une minute.
- « Mes deux bras sont lourds et chauds... Ma respiration est calme... de plus en plus calme... L'air est frais à l'inspiration... beaucoup plus chaud à l'expiration... Mon cœur est calme et fort dans ma poitrine... Je suis calme... de plus en plus calme... » Total : une minute.
- « Mon plexus solaire est chaud... comme si mon ventre se trouvait au soleil... Je le sens chaud... de plus en plus chaud... » Total : une minute.
- « Mon front est frais... comme si une brise le parcourait... Mon corps est chaud... et lourd... mais mon front est frais... » Total : une minute.
- « Je suis calme... Mon corps est chaud... Mes bras sont lourds... Mon plexus est chaud... mais mon front est frais... Je me sens parfaitement bien... tout à fait calme... imperméable au stress. » Total : une minute.
- « Je reviens ici et maintenant en respirant plus profondément... plus rapidement... en faisant revenir l'énergie dans mon corps. »

LA MÉDITATION

Universellement reconnue, synonyme de calme intérieur, la méditation est un moment privilégié de détente et de recueillement. Elle consiste à centrer son attention sur une chose ou un objet particulier, et à y ramener sans cesse ses idées. Le sujet ou le thème choisi pour la séance de méditation est d'ordre intellectuel, affectif ou corporel, mais il est avant tout très personnel ; il est un facteur de sécurité et de bien-être.

- Quels sont ses effets ? La méditation procure un état physiologique de profonde relaxation : elle abaisse le rythme cardiaque, diminue l'amplitude et la fréquence respiratoire, augmente les ondes alpha ; d'une manière paradoxale, les capacités d'éveil et de stimulation du cerveau restent toutefois renforcées. Avec de l'entraînement, la méditation mène à une nouvelle façon de percevoir la réalité ; elle permet de reprendre contact avec une partie souvent perdue de soi-même, d'où une vitalité accrue et une capacité plus grande d'entrer dans une relation profonde et d'aimer ; elle apporte de l'enthousiasme dans sa vie quotidienne, renforce le pouvoir de l'esprit, la concentration et la persévérance dans la poursuite de ses objectifs.

- Comment se déroule une séance ? Placez-vous dans une pièce calme et peu éclairée ; évitez tout risque de dérangement, une visite inopportune ou la sonnerie du téléphone. Portez des vêtements amples, ôtez vos lunettes, adoptez une position confortable, veillez à ne pas avoir froid, ce qui arrive souvent en milieu de séance. Choisissez le bon moment, éloigné des repas, à horaires plutôt fixes afin de développer une régularité et une habitude. Puis choisissez le type de méditation, centrez votre attention sur l'objet de ce travail, soyez très présent et très attentif, ne pensez à rien d'autre. Attention à toute distraction : dans ce cas, ramenez doucement l'objet de votre méditation dans votre champ de conscience, sans émettre de critique, sans vous étonner. L'entraînement fournit la concentration nécessaire.

- Par où commencer ? En premier lieu, vous pouvez vous concentrer sur votre respiration, l'inspiration et l'expiration, en comptant les mouvements : au début, cela évitera à vos pensées de partir dans tous les sens. Dites-vous mentalement : « J'inspire... J'expire... » Vous pouvez également choisir un mantra (une formule sacrée dans la religion brahmanique), un son, un mot ou une phrase, dont la consonance détend votre cerveau puis le reste du corps. Après quelques secondes ou quelques minutes, vos idées flottent sans effort de concentration, vous êtes bercé par le mantra que vous répétez avec insistance. Il vous est personnel, il est plus ou moins simple, allant de « Paix » à « Alleluia ».

- Cela vous convient-il ? Pour savoir si la méditation est une technique qui vous convient, demandez-vous si vous vous sentez mieux pendant et après une séance : une méditation efficace doit augmenter votre bien-être. N'oubliez pas que, pour gagner en effets bénéfiques, vous dépendez de la régularité et d'une certaine persévérance. Commencez par une quinzaine de minutes, puis augmentez peu à peu la durée de la séance jusqu'à trois quarts d'heure.

- Est-ce difficile ? La principale difficulté de la méditation réside, pour certaines personnes, dans l'impossibilité de faire le vide dans leur tête pendant plus de quelques secondes. Rassurez-vous : un entraînement régulier permet en général d'y parvenir.

LA RELAXATION PROGRESSIVE DE JACOBSON

Élaborée dans les années 1920 par le Dr Edmund Jacobson, fondateur du Laboratoire de psychologie clinique de Chicago, la relaxation progressive est en réalité l'ancêtre de toutes les méthodes de relaxation. Développée avant tout dans les pays anglo-saxons, elle est utilisée par de nombreuses personnes stressées ainsi que par les athlètes, car elle est active, dynamique, constituée de mouvements physiques qui préparent bien à la compétition, agréable à exécuter et ne recourant à aucune induction hypnotique.

- Que faut-il faire ? Le patient apprend simplement à contracter et à décontracter les muscles de son corps, en faisant se succéder ces deux types de mouvements : il ressent la tension musculaire initiale ; il maintient une contraction pendant dix secondes ; il prend conscience des sensations qui accompagnent cette contraction ; il se détend ; il s'installe dans les sensations qui accompagnent cette détente ; il l'approfondit ; il recommence...

- Comment cela fonctionne-t-il ? Les phases de contraction-décontraction touchent successivement plusieurs groupes musculaires, au niveau du visage, du cou, de la nuque, des trapèzes, des bras, des mains, du ventre, du dos, des cuisses, des jambes et des pieds. Il est essentiel d'identifier les groupes musculaires sollicités, de connaître les mouvements de contraction et de décontraction, et de respecter l'ordre d'exécution des différents gestes. L'entraînement permet non seulement de ressentir le degré de tension de ses muscles mais aussi et surtout de l'abaisser sans devoir recourir à la contraction préalable.

- À qui s'adresse cette technique ? La relaxation progressive est très intéressante pour traiter les personnes tendues ou stressées.

Une séance de relaxation progressive : vingt minutes environ

La séance se déroule dans une pièce calme et peu éclairée. Il faut éviter tout risque de dérangement – la sonnerie du téléphone ou une visite inopportune. Vous portez des vêtements amples, vous avez pris soin d'ôter vos lunettes. Vous commencez en position debout.

- « Vos yeux sont fermés ou regardent dans le vide sans rien fixer... Vos bras se trouvent le long du corps... Vous faites une grande inspiration par le nez... en basculant la tête vers l'arrière... Vous poussez un grand soupir en la ramenant vers l'avant et en expirant fort... Vous refaites cette manœuvre deux fois... » Total : une minute.
- « Démarrez la respiration à trois temps... en marquant les pauses qui vous paraissent nécessaires... Faites lentement plusieurs mouvements de flexion-extension de la tête comme pour dire oui... puis des mouvements de rotation à droite et à gauche... comme pour dire non... Respirez tranquillement... profondément... sur un rythme lent... » Total : une minute.
- « Faites plusieurs rotations du buste à droite... à gauche... Vos bras ballants suivent le mouvement... » Total : une minute.
- « Faites quelques flexions latérales du tronc... à droite... puis à gauche... la main opposée posée à plat sur la tête... alternativement... Changez de main... en descendant à gauche... puis à droite... » Total : deux minutes.
- « Tout en continuant à respirer profondément... vous allez vous asseoir en tailleur... les mains posées sur les cuisses... les paumes tournées vers le sol... Vous respirez calmement... » Total : une minute.
- « Vous dirigez mentalement votre regard dans le vide... sans rien fixer... ou bien vous fermez les yeux... Vous vous isolez du monde extérieur... Vous êtes bien dans votre corps... en position assise... sans que cela ne vous dérange... » Total : une minute.
- « Commencez à vous détendre... Pour cela, contractez d'abord fortement bras et jambes pendant dix secondes... puis relâchez... recommencez... contractez... décontractez... » Total : deux minutes.
- « Détendez votre visage... puis la nuque et le cou... qui ont tendance à tirer en position assise... Relâchez maintenant vos bras... vos mains... » Total : une minute.

- « Concentrez-vous sur vos poumons... Imaginez l'air frais qui entre à l'inspiration... l'air plus chaud qui sort à l'expiration... Imaginez-vous respirant uniquement avec le poumon droit... puis avec le poumon gauche... puis avec différentes parties de votre corps : le front... les coudes... les genoux... Chaque expiration par l'une de ces régions de votre corps vous relaxe plus profondément, comme si vous expulsiez de la tension... » Total : deux à trois minutes.
- « Concentrez-vous sur votre cœur qui bat librement dans la poitrine... Imaginez ses mouvements... son rythme... Suivez ses battements... Votre cœur bat fort... mais il est calme, comme vous... » Total : une minute.
- « Détendez-vous bien... Amenez une sensation de chaleur sur le plexus... Elle irradie dans tout le ventre... de façon agréable... Relâchez maintenant le bassin... les fesses... les jambes... Votre corps devient lourd... de plus en plus lourd... Vous continuez à respirer calmement... » Total : une minute.
- « Imaginez-vous à présent sur un bateau ou à ski... Suivez les mouvements... Votre corps est chaud, bien couvert... mais le visage dans le vent est frais... » Total : une minute.
- « Votre corps est à présent lourd... relaxé... chaud... mais votre front est frais... Vous êtes parfaitement calme... dans une situation de bien-être que vous savourez pleinement... » Total : une minute.
- « Choisissez maintenant une situation agréable que vous avez vécue... et qui représente pour vous un instant privilégié... Vivez-la dans ses détails comme un bon souvenir... Entrez dans cette image... Souvenez-vous de la place que vous occupiez et du rôle exact que vous jouiez... Vous êtes profondément calme et détendu... Vous vous sentez parfaitement bien... calme... heureux... détendu... Vous devez rapidement la retrouver dès que vous sentez la moindre tension dans votre corps... comme une image-refuge ou un havre de sécurité... » Total : trois minutes.
- « Vous allez à présent devoir quitter cette image et faire remonter l'énergie dans tout votre corps... Bougez les doigts et les orteils... les mains et les pieds... les bras et les jambes... Étirez-vous à votre rythme... Exagérez votre respiration à plusieurs reprises... Ouvrez les yeux quand vous le voulez... Attendez quelques instants avant de vous relever... »

Enregistrez ce texte sur une cassette audio ; il guidera ainsi vos prochaines séances de relaxation.

• Quels sont les conseils à suivre ? Ce type de séance, qui combine le training autogène de Schultz et la relaxation progressive de Jacobson, vous apprend peu à peu à vous défendre contre le stress. Ne faites que les mouvements qui correspondent aux régions habituelles des tensions. En mettant ces méthodes en œuvre et en vous entraînant seul, vous serez vite capable de rester calme et détendu, debout ou assis, dans n'importe quelle situation de la vie quotidienne. Très rapidement, la relaxation remplacera l'anxiété et ses symptômes – les nausées, la transpiration ou les maux de tête – par la détente. La répétition des séances vous donnera le moyen d'intervenir sur vos tensions et vos symptômes.

QUELQUES PRÉCAUTIONS

Toutes les méthodes de contrôle de l'anxiété et du stress, qu'elles soient passives ou actives, de conditionnement, d'hypnose ou de relaxation, accordent au patient le rôle principal dans la prise en charge de ses symptômes. C'est primordial – et c'est ce que ne font pas les médicaments.

Attention : après la seule lecture d'un article ou d'un livre consacré à ces méthodes, il est déconseillé de se lancer seul dans une expérience nouvelle, surtout quand elle est mentale. Au début de votre apprentissage, demandez l'aide d'un conseiller : lui seul sera capable de décider si la technique choisie correspond bien à votre état nerveux et, si c'est le cas, de vous diriger afin d'induire le réflexe de détente, de susciter la prise de conscience de vos tensions et de ralentir votre rythme respiratoire par quelques mots ; lui seul pourra ensuite vous permettre d'analyser et de poursuivre cette expérience dans les meilleures conditions. Évitez à tout prix le « bricolage » mental.

Le coaching personnalisé

Le coaching a fait une entrée récente mais remarquée parmi les techniques d'accompagnement, car il possède une image positive et dynamique. Issu du milieu sportif, il doit sa notoriété à quelques entraîneurs célèbres, dont Aimé Jacquet, coach de l'équipe de France championne du monde de football en 1998. Après un détour par le monde de l'entreprise, où le succès et l'efficacité sont des maîtres mots de tous les instants, il a peu à peu trouvé sa place dans le champ personnel.

Le coaching permet à de nombreuses personnes, et pas seulement à des patients, d'atteindre plus facilement leurs objectifs, de dépasser leurs difficultés et de mieux gérer leurs piratages émotionnels.

Sa grande force est d'apporter au coaché, ou à la personne qui souffre, un regard nouveau sur elle, sur les autres et l'environnement, et de lui proposer ainsi des pistes innovantes, individualisées et efficaces.

Coaching, coach et coaché

- Utilisé depuis les années 1980, l'anglicisme « coaching » a tout d'abord désigné l'entraînement d'un sportif ou d'une équipe ; le verbe anglais *to coach* signifie « entraîner ». Il qualifie également une méthode d'accompagnement individualisé, qui vise à atteindre le plus haut niveau de réussite professionnelle et d'épanouissement personnel.
- Le coach est la personne en charge de l'entraînement, le spécialiste du coaching, celui qui coache...
- Le coaché est la personne qui a recours à cette méthode d'accompagnement.

Vous pouvez prendre des médicaments plus ou moins puissants, donner votre démission, vous enfuir ou vous mettre en congé maladie : ces solutions à court terme ne règlent en rien votre problème. Le traitement radical du stress, c'est tout d'abord de prendre conscience de vos besoins fondamentaux, des valeurs qui sont transgressées, de ce qui est important pour vous, puis de tracer de nouveaux objectifs en fonction de vos talents, de vos compétences et de vos ressources. Les techniques d'accompagnement, et plus particulièrement le coaching, permettent cette démarche toujours utile, souvent indispensable.

NOS BESOINS, NOS VALEURS, NOS CROYANCES

En général, nous avons besoin d'un environnement sécurisant pour développer librement notre vision du monde, nos valeurs et nos croyances – au sens que leur donne la programmation neurolinguistique (PNL) –, pour être véritablement les instigateurs de notre existence et les moteurs de nos actions. La plupart des besoins que nous voulons satisfaire ou des talents que nous souhaitons exprimer dépendent de nos relations avec les autres et avec l'environnement : vivre, aimer, apprendre ou partager exigent une interaction et surtout une harmonie entre tous les éléments. Étudiant les motivations des individus, des psychologues tels que Abraham Maslow ou Genie Laborde ont proposé une classification de nos besoins au sein d'une pyramide à plusieurs niveaux :

- la survie et la protection (la santé, le corps, l'hygiène, l'alimentation, l'exercice physique), les acquis patrimoniaux, les avantages professionnels, les libertés publiques, les droits et les devoirs constituent sa base ;

- l'appartenance et la réussite sociale (les liens affectifs, familiaux et sociaux, les réseaux de communication, la citoyenneté, le statut professionnel, le pouvoir, la reconnaissance des autres…) forment la clé de voûte intermédiaire ;
- le potentiel et le devenir (la créativité, les facultés d'adaptation, les rêves, les valeurs, le développement personnel, l'humanisme…) en composent le sommet.

L'être humain a des besoins matériels de base – la survie, le confort, la sécurité. Avant de se sentir à l'abri et sécurisé, il doit pouvoir manger, boire, dormir, uriner, aller à la selle. Il lui faut ensuite appartenir à un groupe, c'est-à-dire échanger avec d'autres humains dont il partage certaines valeurs. Puis il a besoin d'être reconnu et de donner un sens à sa vie.

Quand l'un de ces besoins ou l'une de ces étapes est négligé ou insatisfait, la personne ressent une frustration et une véritable déstabilisation, qui sont responsables de nombreuses émotions négatives. Ces dernières s'immiscent dans sa vision du monde, empêchent son épanouissement, créent de l'angoisse, lui font rechercher des compensations pour supporter son malaise et entraînent des comportements aberrants voire destructeurs. Les niveaux de la pyramide étant en interaction permanente, l'atteinte de l'un d'entre eux fragilise l'ensemble de l'édifice.

Quand une personne voit ses besoins et ses valeurs perturbés, quand elle ne peut atteindre ses objectifs existentiels, elle développe très vite de l'angoisse ou un état de stress chronique, préjudiciables à la santé. Il faut alors l'aider à réintégrer son « échelle des valeurs ».

LA CONSTITUTION DE LA PYRAMIDE

Psychologue américain très innovant, Robert Dilts a proposé une hiérarchie à sept niveaux d'expérience ; si elle est utile pour tout un chacun, elle s'avère indispensable pour aider les personnes stressées ou nerveuses.

La société est constituée de systèmes – écologique, social, politique, économique... –, qui incluent eux-mêmes des sous-systèmes – la famille, des organisations diverses... Les hommes sont regroupés autour de besoins fondamentaux, de valeurs et de thèmes fédérateurs ; ils ont édicté des règles, tissé des liens, se sont réparti des rôles, ont instauré des échanges et une indispensable communication.

Un individu veille tout d'abord au bon fonctionnement de sa physiologie de base – la respiration, les battements du cœur, la digestion, l'élimination des déchets... Il assure ensuite ses besoins fondamentaux : manger, boire, dormir, procréer... Il veille alors à sa sécurité, à son confort et à son bien-être. Il doit également gérer ses interactions avec les autres, ce qui est un besoin fondamental ; il doit former un groupe social ou lui appartenir, il doit échanger et partager. Il recherche l'amitié, l'amour puis la reconnaissance. Très progressivement, il se constitue un monde intérieur, fait de croyances fortes, de besoins, de règles et de valeurs. Il développe des capacités, des compétences et des talents pour donner une identité voire une mission à son existence. Il est capable d'anticiper, de décider, d'influencer.

Aucune étape ne doit être brûlée. Si les besoins de base ne sont pas assurés, il n'y aura pas de recherche de reconnaissance. À l'inverse, si quelqu'un possède tout, il va souvent s'interroger sur le sens de sa vie et sur sa mission.

LES SEPT NIVEAUX D'EXPÉRIENCE

Notre manière de vivre chaque échelon de la pyramide a une influence déterminante sur notre existence et notre moral. Elle conditionne également la façon dont nous entrons en relation avec les autres, la réalisation plus ou moins aboutie de nos projets et la réussite de nos entreprises. C'est dire combien nous devons être attentifs au bon alignement de tous les éléments de l'échelle ; si un problème naît à un niveau donné, la solution se trouve à l'étage immédiatement supérieur.

1. L'environnement : c'est le contexte dans lequel se déroule votre vie.

Exemple : votre entreprise va déménager dans la banlieue située à l'opposé de votre domicile. Vous ne pouvez pas intervenir sur cette décision prise en haut lieu. La solution et votre avenir dépendent uniquement des comportements – c'est-à-dire du niveau immédiatement supérieur – que vous allez adopter : acheter une moto, déménager, donner votre démission...

2. Les comportements : c'est ce que vous faites, en tenant compte de vos sensations et de vos émotions.

Exemple : vous avez tant de mal à prendre une décision – que ce soit pour partir en vacances, aller voir un film ou dîner au restaurant – que vous vous arrangez pour laisser faire les autres. Ensuite, vous exprimez votre désaccord ou vous boudez quand le choix effectué ne vous convient pas. Vous devez apprendre à décider, car vous en êtes sûrement capable, vous en avez certainement les envies et les capacités (voir le niveau supérieur).

3. Les capacités : ce sont les aptitudes et les compétences que vous pouvez mettre en œuvre pour réaliser des choses ; c'est ce que vous faites, ce que vous pouvez faire. La seule façon de savoir si on est capable d'entreprendre quelque chose, c'est de le tenter, c'est d'essayer de réaliser une tâche semblable ou de se référer à une autre, très proche, qu'on a déjà réussie.

Exemple : vous savez que vous avez des difficultés à tenir vos engagements en temps et en heure. Vous êtes souvent débordé dans vos activités. Vous devez vous interroger et agir sur votre stratégie de décision : savoir dire non, déléguer ou hiérarchiser les actions.

4. Les attitudes et les stratégies : c'est ce qui fonde votre efficacité, votre pertinence et votre adaptation dans la vie ; ce sont les dispositions mentales et les mécanismes qui vous permettent de faire face aux autres et aux choses.

Exemple : dans les remarques que vous faites aux autres, vous avez pour habitude de mettre l'accent sur ce qui ne va pas, sur ce qui manque. Ce mécanisme particulier de défiance et de critique trouve sans doute sa solution dans les croyances que vous avez : « Si je ne le fais pas moi-même, ça n'est pas bien fait », pensez-vous. Essayez de voir le côté positif des choses et de faire un peu plus confiance aux autres.

5. Les valeurs et les croyances : ce sont les convictions et les principes auxquels vous adhérez et qui donnent un cadre à votre vie ; c'est ce que vous croyez, pensez et considérez comme primordial, à la fois pour vous-même, pour les autres, pour l'existence et pour le monde en général. Attention notamment aux dictons et aux proverbes édictés en règles de vie, du type : « L'argent ne fait pas le bonheur », ou : « Rien ne sert de courir, il faut partir à point. »

Exemple : vous pensez qu'il ne faut pas se laisser faire et qu'il faut se battre pour exister – car « La vie est une jungle », croyez-vous –, ce qui rend vos rapports aux autres difficiles. Vous devez réfléchir à votre identité profonde, car là réside la solution : tout le monde ne vous veut pas nécessairement du mal, il est possible d'obtenir ce qu'on souhaite sans instituer systématiquement des rapports de force.

6. L'identité : c'est ce que vous êtes, c'est le rôle que vous jouez, c'est la personnalité que vous exprimez, c'est-à-dire l'apparence que vous empruntez, c'est la conscience que vous avez de vous-même, à la fois maître et responsable de vos actes.

Exemple : à un moment donné, vous pouvez vous demander si vous êtes bien dans ce que vous faites, tant sur un plan professionnel que personnel. Vous pouvez ressentir une profonde frustration, avoir l'impression de ne pas faire de votre vie ce que vous espériez ; cela est générateur d'un stress important. Ce questionnement sur votre raison d'être trouve sa solution au niveau supérieur, c'est-à-dire en vous interrogeant sur votre mission de vie, sur ce que vous voulez vraiment apporter aux autres.

7. La mission de vie : c'est ce au nom de quoi vous existez, ce que vous voulez faire de votre vie en relation avec d'autres personnes ou d'autres groupes auxquels vous vous sentez connecté, dont vous êtes très proche.

Exemple : vous ne vous reconnaissez plus dans des relations jusque-là sans problèmes – avec des personnes, des groupes, des institutions, des entreprises, des associations… Vous éprouvez des difficultés existentielles, et vous vous interrogez sur le sens de la vie. Vous allez chercher votre solution dans de nouveaux groupes d'appartenance ou dans de nouvelles vocations, au prix d'un changement parfois radical.

UN VRAI BAROMÈTRE INTÉGRÉ

Le contenu de chacun des sept niveaux d'expérience désigne le niveau où doit être cherchée la solution. La fonction de chaque niveau est d'organiser les informations de l'étage immédiatement supérieur : nous agissons sur l'environnement au moyen de nos comportements, lesquels sont gouvernés par nos capacités, qui constituent l'ensemble de notre savoir-faire ; nos capacités sont guidées par nos stratégies mentales ; ces dernières sont pilotées par nos valeurs et nos croyances qui, elles, sont organisées par notre identité ; à son tour, cette dernière est alimentée par le contenu de notre mission de vie. En permanence, nos émotions et nos sensations nous renseignent sur la satisfaction ou l'insatisfaction de nos besoins.

Grâce à ce baromètre intégré, nous pouvons facilement nous mettre à l'écoute de ce qui est important et de ce qui nous préoccupe. Beaucoup de situations sont stressantes et le restent car nous ne sommes pas assez attentifs à nos propres émotions, nous ne savons pas les décrypter de la manière particulière qui est décrite ici, nous ressentons confusément les raisons de notre mal-être et nous nous débattons au mauvais niveau de la pyramide élaborée par Robert Dilts.

À présent, vous comprenez fort bien pourquoi certains problèmes ne peuvent être résolus ni par des médicaments ni par des méthodes passives. Car comment envisager un instant de substituer une pilule miracle à une quête d'identité ou de mission de vie ? Seul un travail de questionnement sur soi, comme le propose notamment le coaching, permet d'envisager des solutions adaptées à des crises relationnelles ou existentielles.

TEST : ÉVALUEZ VOS NIVEAUX D'EXPÉRIENCE

Cet exercice est un test d'autoévaluation. Vous pouvez également l'adapter afin d'aider quelqu'un qui s'interroge sur lui-même.

- « J'ai décidé de m'interroger sur cette pyramide, mais en commençant par le haut. Voyons comment je dois construire mon imaginaire pour réaliser mes objectifs d'une façon concrète, pour me poser les questions et gérer les objections qui surgissent à chaque étape. Je me mets mentalement dans la situation où j'ai atteint mon but. »

- « Ma mission de vie est de m'occuper des autres ; j'ai l'âme d'une mère Thérésa. J'ai pour envie première d'aider les autres et de leur redonner espoir. »

- « J'ai tout d'abord besoin de visualiser mon objectif, de m'en imprégner, tout en me posant des questions sur ce qu'il représente et sur ce qu'il signifie pour moi et pour mes proches. Dans l'hypothèse où je me suis réalisé, je suis attentif à mes sentiments, à mes sensations, à mon image de moi-même. »

- « À présent, je m'interroge sur mon identité, sur le rôle que je vais devoir assumer pour être fidèle à cette mission de vie. J'endosse la nouvelle identité d'une personne entièrement dévouée aux autres ; je vérifie ce que cela représente et provoque en moi comme émotions et ressentis physiques. »

- « Quelles sont les valeurs auxquelles je suis attaché pour remplir ce rôle de personne dévouée aux autres ? Quelles règles, quels principes, quelles convictions et quelles croyances sont mis en jeu ? S'agit-il de respect ? d'élévation de l'autre ? d'une conviction du type : "Tout le monde peut s'en sortir, à condition qu'on lui en donne les moyens" ? d'une croyance du type : "Il faut donner pour recevoir" ? Ces simples réflexions enrichissent mon état interne et physique. »

- « Pour être sûr de l'efficacité et de la pertinence de mon intervention, quelles sont les attitudes mentales et les stratégies que je pense devoir appliquer en prolongement de ces valeurs, de ces croyances et de ces principes ? S'agirait-il d'une admiration sans bornes ? d'un amour prodigué d'une façon inconditionnelle ? Comment vais-je m'y prendre pour atteindre mon objectif ? »

- « Quels sont les capacités, les aptitudes et les savoir-faire particuliers dont j'ai absolument besoin pour jouer, parfaitement ou encore mieux, mon nouveau rôle ? Je réfléchis à toutes les qualités que je dois déployer pour être à la hauteur de ces exigences nouvelles : il me faut des aptitudes et des capacités d'écoute, de persuasion, de patience et de confiance. Que vont-elles m'apporter au fond de moi ? »
- « Quels sont les comportements que je vais adopter pour exprimer le mieux possible ce rôle qui m'habite à présent entièrement ? Quelles actions particulières dois-je mettre en œuvre ? À quel rythme ? Je me regarde faire, je me vois faire. Je m'imprègne de ce que peut me procurer la réalisation de ces objectifs. »
- « Dans quel environnement et avec qui vais-je me trouver ? Où exactement ? Quand ? Je vais me mettre en action. Je peux le faire. Je le fais seul ? J'ai besoin d'autres personnes ? Me faut-il une infrastructure ? de la technologie ? ou juste ma tête et mes mains ? »

DEUX REMARQUES SUR LE TEST

S'il est pratiqué avec application, cet exercice permet d'aboutir à deux conclusions décisives :

- Vous avez éprouvé les sensations que peut provoquer l'évocation d'une « descente dans les niveaux d'expérience ». Quand vous agissez en harmonie avec votre mission de vie et votre identité, vous vous rendez compte que votre corps est capable de réagir à des images qui le stimulent et de fournir des informations essentielles sur vous-même.

De la même manière, le mal-être que vous ressentez indique qu'il vous transmet un message : à ce moment précis, peut-être n'êtes-vous pas en accord avec vous-même.

- Il suffit de modifier le contenu de l'un des niveaux d'expérience pour agir sur les autres. Si vous enrichissez vos capacités ou vos comportements, vous remaniez vos attitudes, ce qui est bénéfique. Si vous modifiez vos croyances, vous travaillez à une transformation encore plus grande de votre existence, car vous commencez à questionner votre identité ou votre mission de vie.

Le changement est possible et, dans bien des cas, il constitue la solution radicale à un mal-être qui vous a conduit à consulter de nombreux médecins et à constater l'inefficacité relative de leurs prescriptions. S'il n'est pas toujours possible de tout bouleverser – d'ailleurs, cela n'est pas souhaitable –, il est en revanche souvent loisible d'apporter des aménagements qui améliorent votre qualité de vie.

DÉTAIL DES OPÉRATIONS

Le coaching propose à une personne de faire, avec sa collaboration, le bilan du problème afin de l'aider à sortir du labyrinthe dans lequel elle se démène en vain. Chaque opération se déroule en sept points.

1. Expliquer le problème en détail.

2. Repérer les raisons qui pourraient causer le mal-être.

3. Élever le niveau de conscience pour faire comprendre ce qu'on gagnerait à modifier quelque chose et pour envisager plus facilement le changement.

4. Choisir et mettre en place les outils de développement et de changement, en s'aidant des sept niveaux d'expérience.

5. Vérifier leur pertinence et leur écologie.

6. Veiller à la mise en œuvre du changement.

7. Constater que le moindre changement modifie les relations avec les autres qui, en retour, révisent également leur vision et leur attitude.

MAIS QUE FAIT LE COACH ?

Le coach veille... :

- il vous propose une meilleure appréciation de la tâche à effectuer ;
- il vous dope en énergie, en persévérance et en courage ;
- il vous aide à vous orienter, puis à garder le cap et à calculer votre rythme ;
- il veille à ce que le changement ne se produise pas d'une traite, mais par petites avancées et par petits retours en arrière qui, malgré les apparences, vous conduisent à chaque fois plus près du but ;
- il vous fournit une définition claire des objectifs à atteindre ;
- il formule d'une manière positive les raisons qui président au changement ;
- il vous donne la volonté d'acquérir des connaissances et des compétences nouvelles pour atteindre votre objectif.

LA PEUR DU CHANGEMENT

La vie quotidienne est source d'évolutions et de modifications continuelles, qui incitent à une grande souplesse d'esprit et de comportement. Néanmoins, nous restons ambivalents à l'égard du changement : bien sûr, nous souhaitons explorer et expérimenter des horizons nouveaux, accéder à des domaines de connaissances inédits, rencontrer d'autres traditions, enrichir nos rapports avec les autres ou encore progresser dans notre travail, mais sans vraiment renoncer à une situation équilibrée, confortable et harmonieuse tant sur le plan affectif que matériel. L'inertie face au changement, la peur de changer sont grandes, et les problèmes qu'elles occasionnent nombreux. Souvent, nous constatons que nous changeons uniquement quand nous y sommes contraints. Lorsque les choses bougent autour de nous, en général nous nous employons tout d'abord à maintenir un *statu quo*, puis à résister, enfin à modifier notre attitude ou, au contraire, à nous murer dans la situation initiale, pourtant insatisfaisante.

Le non-agir

Face au changement, nous développons une grande inertie. Ce non-agir est composé de cinq phases :
1. Je me trouve dans une situation vraiment inconfortable.
2. Si seulement je pouvais faire ceci ou cela.
3. Pour sortir de cette situation, il me faudrait déployer beaucoup d'énergie et prendre les choses en main.
4. Mais si je bouge, il va se passer ceci ou cela.
5. Je vais travestir mon non-agir en plainte.

Ces cinq phases se traduisent alors par :
1. Je souffre, je vais mal, je vis mal.
2. Je maugrée, mais sans intention réelle de passage à l'acte.
3 et 4. Je tourne en rond, en compliquant au besoin les choses.
5. Je falsifie la réalité, en tentant de rationaliser les faits.

Pour un grand nombre d'entre nous, cette peur du changement inhibe dans divers domaines et provoque un mal-être : pour protéger leur confort du moment ou une stabilité fragile, certains jouent à l'autruche et ne veulent pas voir les problèmes; d'autres s'engagent du bout des lèvres, sans rechercher de changement radical, en introduisant quelques aménagements sans conséquences ; d'autres encore vivent toute tentative de changement comme un bouleversement qu'ils sont incapables d'amorcer, et résistent donc avec la plus grande énergie ; d'autres enfin acceptent l'idée et l'accompagnent. En général, ces derniers subissent beaucoup moins de stress, car ils sont dans leurs valeurs et ne ressentent pas la dictature de la frustration ou du non-agir, une source de regrets très vifs.

Pour éviter de changer, nous entrons dans un conflit permanent avec nos propres besoins, nos désirs profonds et nos rêves. Nous inscrivons en permanence l'accomplissement de notre vie entre deux pôles : reconnaître nos besoins et les satisfaire. Certaines situations de stress sont liées à ces interrogations perturbantes, génératrices de tensions internes.

Par ce qu'elles nous révèlent, ces résistances sont en premier lieu à respecter, puis il faut laisser le changement s'installer en nous d'une manière naturelle. On ne troque pas facilement du « pas bien » pour de « l'incertain », car le domaine psychosomatique s'en donne alors à cœur joie ! Sortir du mal-être passe par le refus de l'inertie, par le nettoyage des « abcès » émotionnels et par la mise en œuvre du changement. Seule une vision à long terme justifie que nous tolérions les obstacles, que nous acceptions des échecs partiels et des succès mitigés, des détours et des faiblesses inévitables.

En tant que médecin, nous rencontrons souvent des patients stressés qui nous bernent par de beaux discours velléitaires. La seule manière de les aider est de les engager et de les accompagner sur la voie du changement qui, si elle peut leur paraître de prime abord effrayante, est pourtant indispensable. Mais quand tout change, la nostalgie est un fardeau.

TROIS TESTS COURANTS À PRATIQUER

Si le coaching est une méthode de synthèse, destinée à aider une personne à exploiter au mieux ses possibilités et à atteindre ses objectifs, il s'avère également fort utile pour comprendre les ressorts de chacun et révéler les failles qui sont souvent à l'origine du stress. Comprendre son mode de fonctionnement pour aller au plus profond de soi est un travail remarquable.

Voici trois tests de coaching qui sont souvent proposés à des patients stressés :

1. pour vérifier s'ils sont bien dans leurs valeurs ;
2. pour leur permettre de retrouver le calme intérieur ;
3. pour leur insuffler une ressource, en l'occurrence la confiance.

TEST N° 1 : DÉFINISSEZ VOTRE SYSTÈME DE VALEURS

Votre stress peut être lié au fait que vous n'êtes pas dans votre système de valeurs. Tout d'abord, il vous faut donc le dégager.

Première partie : mieux vous connaître

1. Lisez les affirmations mentionnées ci-dessous et attribuez-leur une note allant de 0 à 10 (0 : vous ne vous sentez pas du tout concerné par le contenu de la question ; 10 : la question vous concerne fortement).

- Il m'est difficile de reconnaître et d'exprimer mes besoins.
- Je joue un rôle ou je me réfugie derrière une façade pour être accepté par les autres.

- J'ai le sentiment que je n'ai aucune raison d'être fier de moi.
- Je me sens souvent sans valeur et inutile.
- J'aimerais avoir davantage de respect pour moi-même.
- J'ai du mal à prendre des décisions.
- Je ressens souvent de la honte ou de la culpabilité.
- Il m'arrive d'avoir l'impression de ne pas être très « correct ».
- Accepter mes émotions, y accéder ou les ressentir est pour moi difficile.
- J'ai l'impression de me comporter souvent en « victime ».
- Je trouve que j'ai peu de contrôle sur ma vie.
- Si je me montre tel que je suis, j'ai le sentiment que je vais être rejeté.
- J'ai le sentiment de décevoir les gens qui m'entourent.
- Face aux difficultés, j'ai souvent tendance à fuir.
- Je m'isole et j'ai peur des gens.
- Je me sens inférieur face aux figures d'autorité.

2. Regroupez et reprenez les affirmations auxquelles vous avez donné une note supérieure ou égale à 5. Pour chacune d'entre elles, précisez toutes les circonstances dans lesquelles vous avez éprouvé ces sentiments et ces émotions : Quel était le contexte ? Quel était le moment ? Et, surtout, en présence de quelles personnes cela a-t-il eu lieu ?

3. À présent, complétez ce premier travail en répondant d'une façon entièrement libre, ouverte et honnête aux questions suivantes :

- Qu'est-ce que j'aime chez moi ? De quoi suis-je fier ?
- Qu'est-ce que je n'aime pas chez moi ? Qu'est-ce que je déteste en moi ?
- Quelles sont mes qualités ? mes aptitudes ? mes points forts ?
- Quels sont mes défauts ? mes lacunes ? mes manquements ? mes points faibles ?

- Qu'est-ce que les autres disent de moi ? en bien ? en mal ? Qui dit quoi ? à quel moment ? dans quelles circonstances ?
- Y a-t-il d'autres choses qui font que je m'aime ou pas ? lesquelles précisément ?

Seconde partie : les valeurs en jeu

4. Passez en revue la collecte d'informations que vous venez d'effectuer sur vous-même. Relevez les points qui vous semblent les plus délicats et les plus douloureux. Mettez-vous en quête des valeurs profondes qui, dans ces moments et ces circonstances-là, ont été bafouées, empêchées, ignorées ou violées.

5. À partir de toutes ces valeurs retrouvées qui, pour certaines d'entre elles, se recoupent, vous allez pouvoir organiser votre hiérarchie personnelle. Ainsi, vous aurez une conscience plus grande de vos valeurs profondes. Il vous reste maintenant à instaurer peu à peu cette hiérarchie de valeurs dans votre existence.

TEST Nº 2 : RETROUVEZ LE CALME INSTANTANÉMENT

Sans doute vous est-il déjà arrivé d'être confronté à des moments difficiles ou à des situations qui ont eu le don de vous irriter ou de vous déstabiliser. Dans ces cas-là, vous devez disposer d'un havre de paix où vous pourrez aller vous protéger et vous ressourcer.

1. Installez-vous confortablement dans un endroit calme et peu éclairé. Ressentez les zones de contact de votre corps avec le siège. Équilibrez bien votre poids. Fermez les yeux et concentrez-vous sur votre respiration, jusqu'à ce qu'elle devienne ample et régulière. Avant tout, prêtez attention à votre respiration abdominale.

2. Remémorez-vous maintenant une expérience où vous vous êtes senti très calme, fort et serein. Revivez mentalement l'image ou le film de cette scène. Vous êtes acteur et non pas spectateur, vous êtes dans la séquence. Détaillez les contours de cette image. Est-elle plane comme une photographie ? Est-elle en trois dimensions ? Possède-t-elle un cadre ? Est-elle grande ou petite ? Est-elle près ou loin de vous ? Est-ce une image panoramique, qui remplit tout l'espace autour de vous ? Ses contours sont-ils flous ou au contraire très nets ? Est-elle en noir et blanc ou en couleurs ? Si elle est en couleurs – ce qui est en général le cas pour des émotions proches et agréables –, celles-ci sont-elles vives ou pastel ? Détaillez également les ombres et les lumières. L'éclairage provient-il du haut ? de devant ? du côté ? de derrière ? Est-ce bien éclairé ou est-ce plutôt sombre ?

3. Remémorez-vous à présent tout ce qu'on pouvait entendre dans cette situation : les bruits ambiants, les paroles échangées, la musique s'il y en avait. Prêtez bien l'oreille à tout cela. Notez les rythmes, le tempo, les sons graves ou plutôt aigus.

4. Tandis que vous revoyez en détail la scène et que vous réentendez tous les sons, revivez la situation. Sentez monter en vous cette sensation de tranquillité. Concentrez-vous sur la situation. Éprouvez pleinement son effet à certains endroits de votre corps – qui vous sont propres –, par exemple la tête, la poitrine, le plexus, le ventre, un membre, le côté droit ou le côté gauche. Ample et régulière, votre respiration active les images et les sons.

5. Quelle couleur donneriez-vous à cette scène faite de calme et de tranquillité ? Imprégnez-vous de cette couleur caractéristique. Si cette

sensation de calme et de tranquillité était une respiration, comment serait-elle ? ample ? profonde ? abdominale ? la bouche ouverte ? par le nez ? Si cette sensation était un paysage, quel serait-il ? Ajoutez ce paysage à votre représentation colorée de la scène et à votre respiration caractéristique.

6. À présent, cette scène très puissante est devenue votre « havre de sécurité ». Quand vous accéderez à ce moment et à cette scène, telle que vous la vivez maintenant, vous vous sentirez en sécurité. Éprouvez profondément le calme et la tranquillité, la sécurité et la confiance qu'elle vous confère.

7. Maintenant que vous vous laissez envahir par ces ressources de calme et de tranquillité, de sécurité et de confiance, et qu'elles submergent votre corps, serrez très fort l'un de vos deux poings et dites-vous mentalement : « Calme et tranquillité... Calme et tranquillité... »

Vous pouvez répéter cet exercice une ou deux fois, du point n° 1 jusqu'au point n° 7, afin de renforcer l'ancrage de ce sentiment de calme et de tranquillité.

Dès que vous serez en situation de stress, dès que vous aurez à vous préparer à un événement, allez chercher vos ressources dans ce lieu privilégié que constitue ce havre de sécurité.

TEST N° 3 : CONSOLIDEZ VOTRE CAPITAL CONFIANCE

Faites vous-même ce test ou bien aidez une personne stressée à constituer sa base de ressources et à consolider son capital confiance.

1. Réfléchissez à trois compétences professionnelles, personnelles ou sociales qui sont les vôtres. Repérez les qualités qui vous ont permis d'édifier et d'exprimer ces compétences. Si vous avez du mal à trouver, réfléchissez à des compétences que les autres vous reconnaissent ou vous attribuent, et à ce que les autres aiment en vous, par exemple l'écoute, le respect des autres, la clarté, la franchise, le doigté ou l'humour.

2. Pensez à trois objectifs que vous avez déjà atteints. Quelles sont les qualités dont vous avez fait preuve pour les atteindre ?

3. Rassemblez toutes les qualités liées à vos compétences et à vos objectifs, et constituez votre base de ressources de confiance. En effet, le stress naît souvent d'une panne de confiance, que cet exercice fort simple peut permettre de combler.

Les médecines douces

Les médecines douces constituent une approche globale et personnalisée, pondérée, efficace et dépourvue d'effets indésirables. Avec à leur tête l'homéopathie et la phytothérapie, elles ont, largement et depuis fort longtemps, investi la prise en charge des troubles nerveux ; depuis quelque temps, elles ont été rejointes par la supplémentation en vitamines, en minéraux et en oligoéléments ; plus récemment encore, les acides gras oméga-3 ont beaucoup fait parler d'eux (voir le chapitre 5).

Cinq méthodes préférées

- Un Français sur deux a eu recours aux médecines douces au moins une fois.
- Un Français sur dix y recourt d'une façon régulière.
- Ce sont avant tout les femmes qui pratiquent les médecines douces.
- L'homéopathie arrive en tête, pratiquée par 53 % des Français.
- L'ostéopathie est pratiquée par 37 % des patients.
- 37 % des Français consomment des compléments nutritionnels.
- 36 % ont recours à des plantes pour se soigner.
- Et l'acupuncture est pratiquée par 31 % des patients.

Les médecines douces ont toujours représenté une alternative thérapeutique pour de nombreux patients ; selon chaque situation, elles constituent le traitement principal, complémentaire ou accessoire. Et malgré les progrès extraordinaires de la médecine moderne, les Français se sont attachés à cette démarche différente, au point d'en faire l'un des phénomènes de société des années 1980. Aujourd'hui, l'intérêt pour ces techniques ne cesse de s'accroître.

DES « MÉDECINES PARALLÈLES » AUX « MÉDECINES DOUCES »

Plusieurs appellations successives sont apparues.

- Le terme « médecines parallèles » a longtemps été le seul utilisé : il englobe pêle-mêle des médecins, des « conseillers » de santé, des « naturopathes », des guérisseurs ou parfois quelques illuminés venus de divers horizons. Il mélange aussi bien les méthodes éprouvées, qui sont étayées par un long passé culturel, que certaines pratiques plus discutables, qui profitent de l'amalgame.

- Le terme « médecines naturelles » est surtout utilisé par des « naturopathes » qui, pour la plupart, ne sont pas médecins.

- L'expression « médecines douces » apparue en 1977 a immédiatement été plébiscitée par les patients puis de nombreux médecins car elle suggère à la fois des rapports privilégiés et, surtout, le recours à des moyens thérapeutiques « non agressifs » ; d'une manière extrêmement globale, cela correspond à la réalité.

- Mais c'est finalement l'expression « médecines alternatives et complémentaires ou MAC » utilisée par les Anglo-Saxons qui s'est imposée d'abord auprès des médecins puis du public français.

- Tandis que le Parlement européen a choisi le terme « médecines non conventionnelles » (MNC) en 1989, l'Organisation mondiale de la santé (OMS) a adopté l'appellation « médecines traditionnelles » (MT). La montée de ces médecines non conventionnelles est devenue un phénomène mondial ; à présent, elles possèdent un statut juridique.

PLUS DE QUARANTE

À côté des méthodes « majeures », bien structurées, gravitent une profusion de techniques « mineures », qui dérivent parfois des précédentes ou qui ont été individualisées d'une manière artificielle. Pour les Anglo-Saxons, les « méthodes douces » sont au nombre de quatre : ce sont l'acupuncture, l'homéopathie, la phytothérapie et les thérapeutiques manuelles.

Pour les Français, la définition est beaucoup plus large, puisqu'une quarantaine de techniques peuvent être désignées et accompagner les quatre grandes. Citons notamment l'acupressure, l'auriculothérapie, la biothérapie, le Qi gong, la chromathérapie, l'étiopathie, le do-in, la digitopuncture, la fasciathérapie, les fleurs de Bach, l'iridologie, la kinésiologie, le macrobiotisme, la magnétothérapie, la musicothérapie, le reboutage, la réflexothérapie, le *reiki*, les *shiatsus*, la sophrologie, le tai-chi-chuan, le végétarisme et le yoga.

DE L'ÉNERGIE, DES PLANTES, DES ÉLÉMENTS...

Les médecines douces peuvent être classées en huit grandes familles.

1. LES MÉTHODES FONDÉES SUR LA NOTION D'ÉNERGIE.

Leur chef de file est l'acupuncture. Les aiguilles, les mains et divers mouvements permettent de canaliser la circulation du flux d'énergie – une notion très floue pour un esprit occidental. À cette famille appartiennent l'électroacupuncture, l'électrostimulation transcutanée, l'auriculothérapie, la digitopuncture, les exercices corporels de la médecine chinoise, le Qi gong, l'utilisation des *chakras*, le *reiki* et les *shiatsus* (voir le chapitre 7). Parce qu'elles font référence à la neurophysiologie moderne, les méthodes d'électrostimulation ont convaincu l'ensemble du corps médical et intégré les centres antidouleur ; elles sont donc reconnues d'une manière « officielle ». De nombreux essais cliniques ont confirmé l'efficacité de l'acupuncture chez les patients anxio-dépressifs.

Le Qi gong

Renforçant la circulation des énergies, le Qi gong combine des mouvements très dansants et des exercices de respiration et de concentration. Il permet de canaliser l'agressivité d'une manière constructive : physique, il facilite l'évacuation du trop plein d'énergie ; mental, il améliore la maîtrise de soi et le respect des autres.

2. LES MÉTHODES FONDÉES SUR L'UTILISATION DE MÉDICAMENTS À TRÈS FAIBLES DOSES.

Leur chef de file est l'homéopathie. La biothérapie, la lithothérapie, l'organothérapie ou encore les sels de Schüssler en constituent de simples variantes.

L'homéopathie

D'après un sondage Ipsos réalisé en 2010, l'homéopathie est utilisée de façon régulière par un Français sur dix alors qu'un sur deux y a recouru au moins une fois et un sur trois à l'occasion. L'utilisateur est plutôt une femme, de moins de 65 ans, cadre moyen ou supérieur, rarement un ouvrier, exceptionnellement un agriculteur. Les patients y recourent dans 56 % des cas pour une maladie hivernale aiguë, 52 % pour plaies et bosses, 42 % pour de la prévention, 40 % pour le stress, 15 % pour des pathologies variées (allergie, troubles digestifs, dermatologie, rhumatologie…), 4 % en soins d'accompagnement de cancérologie.

3. LES MÉTHODES FONDÉES SUR L'UTILISATION DES PLANTES.

Leur chef de file est la phytothérapie. L'une de ses branches est l'aromathérapie, qui utilise des huiles essentielles. À cette famille appartiennent également les fleurs de Bach.

Les fleurs de Bach

Quand, en 1936, disparaît le médecin anglais Edward Bach, il est loin d'imaginer que ses élixirs floraux, qui visent à acquérir ou à conserver l'« harmonie intérieure » et la « force spirituelle et vitale », connaîtront trois quarts de siècle plus tard un tel succès. Sa théorie, qui s'appuie sur une conception vibratoire et énergétique des propriétés de trente-huit plantes, correspondant à des états pathologiques précis, plaît beaucoup aux Anglo-Saxons. Elle éprouve plus de difficultés à convaincre les praticiens et les patients français.

4. LES MÉTHODES MANUELLES.

Leur chef de file est l'ostéopathie. La chiropraxie, l'étiopathie, la fasciathérapie, la kinésiologie, la méthode Mézières, la pulsologie, le reboutage ou encore la vertébrothérapie appartiennent à cette famille. Décrite dans les années 1980, la fasciathérapie consiste à décoller les membranes, ou fascias, qui enveloppent les muscles et les organes, à l'aide de massages et de pressions manuelles. Elle vise à supprimer les tensions et les diverses douleurs.

Se fondant sur l'idée que le corps traduit des émotions que le cerveau n'identifie pas toujours, la kinésiologie restaure l'équilibre au moyen de pressions exercées sur les points ou les zones d'acupuncture. La méthode Mézières est une approche globale du corps ; afin de retrouver l'équilibre morphologique, elle réalise un travail d'étirement sur les chaînes musculaires ; elle libère la respiration et rend sa mobilité au système articulaire.

L'ayurveda

En sanskrit, *ayus* signifie la « vie » et *veda* le « savoir » : l'ayurveda est donc la science de la vie. Cette médecine traditionnelle de l'Inde, à vocation avant tout préventive, proposant des règles d'hygiène de vie, n'est connue en Occident que par certains de ses aspects : les massages et la méditation.

5. LES MÉTHODES FONDÉES SUR L'ALIMENTATION OU SA SUPPLÉMENTATION.

Leur chef de file est l'oligothérapie. La nutrithérapie, la micronutrithérapie et la supplémentation vitaminique, de nos jours très en vogue, trouvent leur place ici.

6. LES MÉTHODES FONDÉES SUR LES ÉLÉMENTS : L'EAU, LA CHALEUR, LE FROID, LA TERRE...

Elles entrent dans le cadre de la naturothérapie. À cette famille appartiennent la chromathérapie, l'argile, les enveloppements, les ions négatifs et la magnétothérapie (l'utilisation des aimants). Nous ne les développerons pas car elles ne présentent pas d'intérêt particulier dans le traitement des troubles nerveux.

La chromathérapie

Certains psychiatres français, ainsi que les *Heilpraktiker*, les « praticiens de santé » allemands, utilisent volontiers les filtres de couleur, c'est-à-dire la chromathérapie, pour obtenir une action sédative ; cette pratique reste relativement isolée. L'influence des couleurs sur le psychisme est pourtant une réalité scientifique ; ainsi, dans les hôpitaux, les chambres des malades et les murs des blocs opératoires sont très clairs, car cela est apaisant.

Le blanc tonifie les organes et favorise l'afflux du sang vers la peau ; le jaune augmente la tonicité nerveuse et musculaire, et excite les personnes nerveuses ; le rouge favorise l'idéation (la formation et l'enchaînement des idées) et l'activité psychique des dépressifs, et excite les individus sanguins ; le bleu est calmant, antispasmodique et analgésique ; le vert et l'orange sont reposants et conviennent aux bien-portants.

En jouant simplement sur la couleur de l'environnement, il devient envisageable d'accroître ou de réduire le rendement, la vigilance et la fatigue nerveuse.

7. LES MÉTHODES MENTALES FONDÉES SUR LA RELAXATION.

Au sein de cette famille figurent la musicothérapie, la sophrologie ou encore le yoga.

La musicothérapie

Selon les cas, la musique est stimulante ou sédative pour l'ensemble des patients. Mais la musicothérapie, au sens littéral du terme, reste cantonnée à quelques indications particulières.

La sophrologie

Créée en 1960 par le médecin colombien Alfonso Caycedo, la sophrologie fait la synthèse des méthodes occidentales et orientales de relaxation. Elle constitue un système à la fois philosophique, thérapeutique et prophylactique : philosophique, car elle est fondée sur une certaine échelle des valeurs de l'existence quotidienne – la manière de vivre, d'être, de penser... ; thérapeutique, car elle agit sur les angoisses, les névroses et les peurs, permettant ainsi de contrôler le stress et de tendre vers une harmonie ; prophylactique enfin, car elle aide à continuer d'aller bien.

8. LES MÉTHODES RÉFLEXES.

Elles font partie des réflexothérapies. Nous trouvons ici la neuralthérapie, la réflexologie palmaire et plantaire (voir le chapitre 7), la sympathicothérapie ainsi que la mésothérapie.

LE COÛT ET LE REMBOURSEMENT DES TRAITEMENTS

Dans les chapitres 8 à 11, cet ouvrage vous aide à prendre en charge un certain nombre de troubles nerveux avant tout au moyen de l'alimentation, des vitamines et des oligoéléments, de l'homéopathie et de la phytothérapie. Quel est le coût des divers traitements ?

- Quand nos conseils sont nutritionnels, ils n'occasionnent pas de dépenses pharmaceutiques supplémentaires.
- En matière d'homéopathie, les choses sont complexes. Les tubes unitaires et les teintures mères bénéficient encore d'un modeste remboursement par la Sécurité sociale. Nous en avons tenu compte dans nos choix et nous les avons privilégiés, tout en tentant de ne pas nuire à l'efficacité de nos recommandations. Mais la plupart des médicaments, des spécialités ou des produits que nous prescrivons tous les jours sont peu, plus du tout ou pas du tout remboursés. Les remèdes homéopathiques ne sont plus remboursés qu'à 15 % au lieu de 65 % puis 35 % et avec une franchise de 0,50 euro. Espérons que ce déremboursement partiel, qui n'aura d'ailleurs aucune incidence bénéfique sur les économies de santé, ne sera pas suivi prochainement d'un déremboursement total. Nous ne pouvons que déplorer cet état de fait, d'autant que certains remèdes sont coûteux et que les traitements des troubles nerveux sont dans l'ensemble assez longs.
- En 1982, le déremboursement des préparations magistrales a marqué un coup d'arrêt pour la phytothérapie française, alors qu'elle

témoignait d'une longue tradition de qualité, faisant alors de l'Allemagne l'un des bastions des plantes.

- Les consultations d'acupuncture sont mal remboursées par la Sécurité sociale.
- Les séances de mésothérapie ne le sont pas du tout.
- Les kinésithérapeutes qui pratiquent l'ostéopathie ou la relaxation les proposent d'ordinaire hors convention, ce qui, à la longue, engendre des dépenses lourdes pour beaucoup d'entre vous.

Nous comprenons parfaitement le sacrifice financier qu'impose à certains le choix des médecines douces, mais nous restons toutefois persuadé que le jeu en vaut la chandelle.

CONSEILS PRATIQUES EN SUPPLÉMENTATION MICRONUTRITIONNELLE

Les micronutriments sont les vitamines, les minéraux et les oligoéléments, dont notre organisme a besoin pour rester en bonne santé ; comme leur nom l'indique, les suppléments n'interviennent qu'en complément d'une alimentation variée et équilibrée, mais jamais à sa place.

Il existe dans le commerce, en pharmacie, en parapharmacie, dans les magasins diététiques ou en grandes surfaces, de nombreux mélanges de vitamines, de minéraux, d'oligoéléments et d'acides* aminés, qu'il est souvent difficile de choisir : leur composition est souvent voisine mais malaisée à comparer, même pour des professionnels, et leur prix est très variable.

Voici quelques recommandations qui vous permettront d'élaborer un programme simple, efficace et adapté à vos besoins.

- Les minéraux, les oligoéléments et les vitamines ne posent aucun problème d'utilisation : nous vous demandons simplement de faire attention et de ne pas les consommer comme des bonbons, car ce sont tout de même des médicaments.
- Soyez en particulier raisonnable avec les mélanges très complets qui proviennent des États-Unis, car ils sont souvent assez dosés : sollicitez un avis autorisé, surtout lors d'une prise prolongée.
- En règle générale, les suppléments se prennent pendant les repas, car la présence de l'acide gastrique augmente l'absorption des minéraux, et le bol alimentaire facilite celle des vitamines A, E, D et K, des vitamines liposolubles (solubles dans les graisses). De préférence, prenez-les au petit déjeuner, car la présence fréquente des vitamines B et C dans les suppléments risque de gêner votre sommeil. Le magnésium et le calcium possèdent une action légèrement sédative ; les personnes sensibles doivent en tenir compte.
- Faites attention aux associations : l'alcool, le stress et les antibiotiques gênent l'absorption des vitamines du groupe B ; le manque de bile freine celle des vitamines liposolubles ; le thé, le café et le tabac perturbent l'absorption des minéraux et des oligoéléments ; si vous êtes anémié et contraint de prendre du fer, associez-lui de la vitamine C ; prenez toujours dix fois plus de zinc que de cuivre.
- Attention aux associations d'antioxydants : s'ils sont absorbés à des doses trop importantes, ils risquent d'avoir l'effet inverse de l'effet recherché, et libérer des radicaux libres (voir le chapitre 6).
- Évitez les produits qui contiennent à la fois de la vitamine A, du fluor, du manganèse et du phosphore.
- Dans leur ensemble, les suppléments sont bien supportés, mais il existe quelques effets secondaires : trop de bêtacarotène colore la

peau en jaune – si cela se produit, vérifiez le dosage ; la vitamine B2 colore les urines en jaune paille, ce qui est en revanche normal ; la vitamine A doit être évitée chez la femme enceinte à des doses supérieures à 10 000 UI (ou unités internationales), soit 6 mg.

- Un mélange complet contient autour de 3000 UI de vitamine A, 400 UI de vitamine D, 100 UI de vitamine E, 250 mg de vitamine C, 50 mg de vitamines B1, B2, B3, B5 et B6, 50 mg de vitamine B8, 50 µg (microgrammes) de vitamine B9, 10 µg de vitamine B12, 150 mg de calcium, 75 mg de magnésium, 10 mg de fer, 25 µg de sélénium, 10 mg de zinc… Cela est bien sûr à moduler selon vos besoins.
- Les oligoéléments sont prescrits de trois manières différentes, avec des mécanismes d'action et des effets sans doute différents : soit à doses très faibles (catalytiques), comme le font les homéopathes avec les Oligosols® ; soit à doses nutritionnelles, comme le font les micronutritionnistes avec le magnésium ou le zinc par exemple ; soit à doses supranutritionnelles, comme le font les gynécologues et les rhumatologues avec le calcium.
- Assurez-vous que votre pharmacien respecte chacune de ces trois modalités de prescription : cela vous permettra d'obtenir plus facilement l'effet recherché et d'éviter certains effets indésirables.

CONSEILS PRATIQUES EN HOMÉOPATHIE

L'homéopathie peut paraître complexe aux néophytes. Voici quelques mises au point et quelques conseils pour y voir clair.

- La teinture mère (TM) est la macération des produits, d'origine animale ou végétale, dans de l'eau et de l'alcool afin d'en extraire les principes actifs. L'obtention de cette teinture mère représente la première étape de fabrication du médicament homéopathique. Les dilutions et les dynamisations successives permettent ensuite d'aboutir aux granules, la forme spécifique de l'homéopathie.

- Les médicaments se présentent donc sous la forme de tubes de granules, sur lesquels rien n'est indiqué. Ils sont délivrés sous un nom latin suivi d'un chiffre et de la mention DH ou CH, suivant que la dilution est décimale (D) ou centésimale (C). Exemple : Ignatia 7 CH est une préparation homéopathique de la fève de saint Ignace ; 7 indique la hauteur de la dilution (la substance végétale a subi sept dilutions successives au centième) ; C est la première lettre du mot « centésimal» et H signifie « hahnemannienne », du nom de Samuel Hahnemann, le père de l'homéopathie. Il existe également des dilutions « korsakoviennes », du nom du comte Korsakov, qui sont désignées par la lettre K ; elles sont beaucoup moins utilisées en France que les dilutions hahnemanniennes.

- Les granules, ces petites sphères de saccharose et de lactose imprégnées du principe actif, sont à déposer sous la langue ; on en suce quatre en moyenne par prise, à distance des repas.

- En raison de la dilution du principe actif, l'homéopathie n'expose jamais au risque de surdosage.

- Certains médicaments, dont le nom déposé est suivi du signe ®, peuvent à tout moment être retirés du commerce ou modifiés dans leur présentation. Comme il le fait avec les médicaments génériques, votre pharmacien vous proposera un équivalent, vous permettant de suivre votre traitement dans les meilleures conditions.

- Vous pouvez parfaitement mélanger des médicaments classiques, ou allopathiques, et des médicaments homéopathiques. Évitez simplement de les absorber au même moment de la journée.

- Vous pouvez tout à fait toucher les granules avec vos doigts sans leur ôter leur efficacité.
- Vous pouvez continuer à vous laver les dents avec votre dentifrice habituel ou boire une infusion de menthe : il n'existe aucune preuve scientifique de la moindre interférence négative entre la menthe et le traitement homéopathique.
- Dans notre ouvrage, le choix de certains médicaments est arbitraire ; nous aurions pu conseiller d'autres produits, à l'action similaire, de composition voisine et de même efficacité : nous avons laissé parler notre expérience et nos habitudes.

CONSEILS PRATIQUES EN PHYTOTHÉRAPIE

La phytothérapie est préventive : elle peut intervenir pour prévenir la survenue, probable ou récurrente, d'événements majeurs, d'infections à répétition ou encore de rechutes de troubles nerveux. Elle est adjuvante : elle vise à diminuer la prise de médicaments classiques voire à en faciliter le sevrage. Elle est curative : elle soigne les cas légers.

- Les médicaments à base de plantes sont préparés et conditionnés par votre pharmacien, la plupart du temps sur prescription médicale. Le plus souvent, ils sont délivrés sous la forme d'une solution buvable – teinture mère, suspensions intégrales de plantes fraîches (SIPF) ou extraits fluides – ou de gélules – contenant la poudre totale ou des extraits secs. Si l'utilisation de gélules est très appréciée du public, elle nous éloigne en revanche grandement de l'usage traditionnel des plantes. Seul le recours à l'ensemble des constituants respecte l'esprit de la phytothérapie traditionnelle.

- La teinture mère est facile d'utilisation : avant d'être bue, elle est à diluer dans un demi-verre d'eau, selon la posologie indiquée, qui est en moyenne de cinquante gouttes deux à trois fois par jour.
- Les suspensions intégrales de plantes fraîches (SIPF) sont une forme de conservation qui restitue l'intégralité des propriétés d'une plante. Elle a notre préférence, mais elle n'existe que pour dix-sept plantes. La posologie est en moyenne de une cuiller à café dans un peu d'eau, deux fois par jour, pendant quelques jours ou quelques semaines.
- De nombreuses plantes existent sous la forme d'extraits fluides ou d'extraits secs ; leur efficacité se situe entre celle de la teinture mère et celle de la suspension intégrale de plantes fraîches.
- Certaines plantes se prennent en extraits : par exemple l'aubépine, l'escholtzia, le houblon, le lotier corniculé, la passiflore et la valériane.
- Certaines plantes se prennent en tisanes : par exemple les feuilles de mélisse ou de tilleul, la fleur d'oranger ou la racine d'angélique.
- D'autres encore se prennent sous la forme d'huiles essentielles : par exemple la camomille, la lavande officinale, la marjolaine à coquilles, le néroli ou l'oranger.
- Si trois plantes, l'aubépine, la passiflore et la valériane, possèdent une action majeure sur les troubles nerveux, il existe une trentaine de plantes qui révèlent une action plus ou moins calmante.
- Les plantes ne doivent jamais être utilisées à des doses supérieures à celles que nous préconisons.
- Les plantes sont avant tout vendues en pharmacie, en parapharmacie ou en grandes surfaces.

Attention

- Nous vous demandons d'agir vite et bien.
- Abstenez-vous si un symptôme est nouveau pour vous ou s'il vous inquiète.
- Si une amélioration tarde à se manifester, demandez un avis médical.

- Depuis 1979, la vente de trente-quatre plantes a été libérée, c'est-àdire qu'elles sont disponibles hors pharmacie, par exemple dans les grandes surfaces. Si d'autres plantes se sont émancipées et sont venues rejoindre le camp de ces trente-quatre plantes, elles ne peuvent en revanche revendiquer les mêmes propriétés de prévention, de traitement ou de guérison de maladies.

CONSEILS PRATIQUES EN AROMATHÉRAPIE

Utilisez les huiles essentielles seulement si vous connaissez bien leurs effets, leurs indications et leur mode d'emploi.

- Respectez impérativement les doses prescrites. Ne les dépassez jamais.
- Dans le doute, abstenez-vous ; sans avis médical autorisé, évitez un traitement prolongé.
- Par un souci de simplicité, nous vous conseillons de prendre les huiles essentielles dans un peu de miel. Tous ceux qui, pour des raisons de goût ou des problèmes de digestion, auraient du mal à les supporter sous cette forme, peuvent demander à leur pharmacien de les incorporer dans un gel oral ou sur de la silice colloïdale dans des gélules gastrorésistantes. Ainsi, notre recommandation : « Prenez deux gouttes d'huiles essentielles de lavande officinale dans un peu de miel, deux fois par jour, pendant dix jours » peut être remplacée par celle-ci : « Faites préparer par votre pharmacien le mélange de 1 g

d'huiles essentielles dans 100 g de gel oral ; prenez une demi-cuiller à café deux fois par jour », ou bien par celle-ci : « Faites préparer par votre pharmacien vingt gélules gastrorésistantes contenant chacune deux à trois gouttes d'huiles essentielles de lavande officinale sur silice colloïdale ; prenez deux gélules par jour pendant dix jours. »

- Vous pouvez également faire préparer par votre pharmacien le mélange de 2 à 6 g d'huiles essentielles dans 125 ml d'alcool à 60 °, ou dans 125 ml de bourgeons de macérats glycérinés. La posologie de cette préparation est de 1 goutte par kilo de poids, trois fois par jour, pendant plusieurs jours.

→ En bref

- Ne plus contrôler son existence et se laisser déborder par les événements témoigne d'un stress important. S'il est alors intéressant de recourir à des moyens thérapeutiques neurosédatifs plus ou moins doux, il est tout aussi essentiel de proposer à une personne de réfléchir sur son mode de fonctionnement afin qu'elle acquière plus d'autonomie dans ses choix de vie.
- Si vous traversez une passe difficile mais très probablement passagère, vous pouvez vous aider de médicaments.
- La méthode de psychothérapie est à choisir en fonction de chaque situation.
- La psychothérapie de soutien restaure un espace de parole et assure une écoute bienveillante. Elle est utile pour dédramatiser certains symptômes, par exemple les attaques de panique. Elle permet d'expliquer les symptômes et de préciser les objectifs à atteindre.
- La psychanalyse permet, dans un premier temps, de comprendre ses difficultés puis de les accepter ou de les supprimer.
- Si vous avez la possibilité d'interagir avec les événements qui vous bouleversent ou qui vous empêchent de vivre, interrogez-vous sur l'inadéquation entre vos aspirations et la réalité, et tournez-vous vers les méthodes de prise de conscience et de changement, par exemple les techniques cognitives et comportementales.

- Les méthodes psychocorporelles, la relaxation et la méditation, sont de plus en plus utilisées par les patients stressés.

- Les techniques d'accompagnement, parmi lesquelles le coaching, sont intéressantes pour un grand nombre de patients anxieux. Pour espérer un quelconque effet bénéfique, elles réclament un réel effort de mise en place et une adhésion totale. Elles sont à proposer, à expliquer et éventuellement à associer à d'autres traitements physiques ou pharmacologiques, car elles permettent à une personne de coopérer d'une manière active : cela constitue déjà un grand pas vers l'amélioration de son état et vers la guérison.

- De plus en plus souvent, notre expérience personnelle nous amène à proposer la technique du coaching. Cette approche innovante est particulièrement performante. En faisant appel à l'émotionnel et à des « outils » très opérationnels, le coaching nous semble en effet plus apte que les autres méthodes – par exemple les psychothérapies – à débloquer des situations douloureuses et à mettre à la disposition d'un patient anxieux des modalités simples d'aménagement ou de changement. Mieux se connaître, identifier ses besoins, ses valeurs, ses croyances, ses talents, ses compétences et ses ressources, vérifier ou élargir sa marge de manœuvre sont des notions importantes pour lutter contre le stress, l'anxiété ou la déprime.

- Si vous ne souhaitez pas mettre le doigt dans l'engrenage des médicaments, nous vous conseillons des méthodes douces telles que l'acupuncture, ou des médicaments doux, tels qu'ils sont utilisés dans l'homéopathie, la phytothérapie ou la supplémentation en micronutriments. Cela se révèle souvent largement suffisant.
- Les médecines douces peuvent prendre en charge, seules, en association ou en relais, la plupart des troubles nerveux liés au stress. Aussi précis que possible, le diagnostic doit ne faire courir aucun risque au patient et lui assurer une surveillance attentive. Les médecines douces constituent alors un atout appréciable dans l'arsenal dont dispose un médecin pour faire face aux effets négatifs du stress. Elles s'intègrent dans une démarche globale.

5

L'importance du « bien manger »

« Les enfants qui ont peur
des aliments ont aussi peur des autres. »
Pr Marian Apfelbaum, nutritionniste.

Chacun pendant sa vie va consommer 30 tonnes d'aliments et 50 000 litres de boisson qu'il vaut mieux choisir avec soin puisque nous avons aujourd'hui la preuve scientifique du rôle considérable que joue l'alimentation, ou plutôt le « bien manger », dans le fonctionnement optimal de l'organisme, et en particulier dans la régulation des humeurs. Depuis quelques années en effet, les besoins du cerveau sont de mieux en mieux compris ; à présent, nous sommes capables de le nourrir avec ce qu'il aime et, surtout, de lui apporter les substances nécessaires à sa bonne marche, à son développement et à son plein épanouissement. Comment être moins angoissé, moins stressé ou moins déprimé ? En mangeant mieux. Nombreux sont les neurotransmetteurs*, agissant dans et sur le cerveau, qui proviennent de notre assiette : son contenu est donc essentiel au travail des neurones ; l'humeur, la mémoire ou la concentration sont sous l'influence directe de la composition des repas. Mais n'oublions pas que le cerveau marche aussi et peut-être surtout au plaisir.

Le plaisir : voilà bien une notion capitale à respecter dans les règles nutritionnelles que nous pouvons imposer à notre cerveau. D'une manière irréfutable, l'alimentation dépasse la diététique, d'où les difficultés qu'ont certaines personnes à prononcer le mot « régime ». Alors, pour ce qui est d'en suivre un…

Le choix des nutriments

Trois groupes de nutriments*, des substances apportées par l'alimentation, participent au bon fonctionnement de notre organisme :

- **les sucres, ou glucides, fournissent l'énergie ;**
- **les graisses, ou lipides, stockent cette énergie ;**
- **les protéines permettent de fabriquer les muscles.**

Notre cerveau utilise ces trois types de nutriments : tandis que les glucides constituent son carburant de base – il est incapable de résister plus de trois minutes sans eux –, les lipides forment les membranes, assurent les fondations – 60 % du poids du cerveau – et huilent les relations entre toutes les cellules ; quant aux protéines, elles apportent les acides* aminés, qui tiennent une place capitale dans la transmission des informations (voir le chapitre 2). Indispensables à la vie, ces macronutriments doivent non seulement être fournis d'une manière régulière mais également en quantités équilibrées et bien définies. Pour rester en bonne santé ou, à l'inverse, pour risquer la maladie ou les troubles nerveux, leur choix est donc décisif.

QU'Y A-T-IL AUJOURD'HUI DANS NOTRE ASSIETTE ?

Depuis une quarantaine d'années, dans les pays développés l'alimentation a beaucoup évolué : elle est marquée notamment par une augmentation de la consommation des matières grasses, des produits d'origine animale – avant tout la viande et, à un degré moindre, le poisson –, des boissons et des desserts lactés plus ou moins sucrés, du fromage, des fruits et des légumes, et surtout des surgelés. Comme l'ont révélé les derniers chiffres publiés par l'Insee, ce changement s'est fait au détriment du beurre, du lait, des légumes secs, des œufs, du pain, des pâtes, des pommes de terre et du sucre. La consommation de vin a peu varié, nous restons les plus gros buveurs européens, mais une tendance pointe vers la qualité, qui tend à supplanter la quantité : voilà une bonne nouvelle pour notre santé nerveuse.

En France, l'alimentation courante associe deux défauts : trop de calories et pas assez de micronutriments – c'est-à-dire de vitamines, de minéraux et d'oligoéléments. Telle que nous la définissons, l'alimentation-santé doit respecter deux impératifs :

- bien choisir les nutriments* de base (chaque jour, nous en absorbons en moyenne vingt-huit différents), en s'inspirant dans ses grandes lignes du modèle crétois, qui reste la référence (voir p. 200) ;
- apporter des quantités suffisantes d'antioxydants (voir le chapitre 6).

Alors que l'intérêt du régime crétois a été validé par de nombreuses études épidémiologiques, il devient aujourd'hui difficile, avant tout pour des raisons économiques, de trouver des populations qui le suivent vraiment. La conséquence immédiate est l'augmentation du nombre de personnes atteintes d'obésité et de diabete de type 2.

Une alimentation trop riche en sucres rapides et en graisses essentiellement saturées détériore non seulement le cœur et les vaisseaux mais dégrade également les fonctions intellectuelles, déclenche des sautes d'humeur imprévisibles, favorise la présénilité et le vieillissement accéléré, et fait le lit des maladies neurodégénératives – par exemple les maladies d'Alzheimer et de Parkinson.

LES HABITUDES ALIMENTAIRES DES FRANÇAIS

La France présente une grande hétérogénéité de choix alimentaires :

- nous consommons autant de produits d'origine animale que d'origine végétale ;
- notre consommation d'alcool est de 25 % supérieure à la moyenne européenne ;
- notre consommation de fruits est inférieure à la moyenne européenne ;
- notre consommation de légumes est supérieure à la moyenne européenne ;
- notre consommation de poisson est dans la moyenne ; elle est légèrement supérieure dans le Nord-Ouest ;
- nous consommons plus de beurre, surtout dans le Nord ;
- nous mangeons plus d'œufs et de viande dans le Nord-Est.

Plusieurs études épidémiologiques montrent qu'il est plus facile de contrôler la tension artérielle et de faire baisser le cholestérol que de modifier les habitudes alimentaires. Ce n'est pas une raison suffisante pour y renoncer.

Les glucides

Il y a un siècle environ, les glucides, ou sucres, constituaient un peu plus des deux tiers des apports énergétiques. Aujourd'hui, s'ils représentent toujours notre principale source d'énergie – la moitié environ de nos apports –, c'est de plus en plus sous la forme de sucres rapides, qui se trouvent dans les pâtisseries, les confiseries, les sodas, le pain hautement raffiné..., alors que nos ancêtres tiraient leurs sucres avant tout des céréales, des légumineuses, des fruits, du miel...

LA NOURRITURE DU CERVEAU

Le mot « glucide » vient du grec *glukus*, qui signifie « doux » : une sucrerie, c'est une douceur, une faveur pour se faire plaisir. Après avoir été ingérés, les glucides sont transformés en glucose. Le glucose est la source énergétique essentielle de notre organisme ; il est par ailleurs très répandu dans la nature, par exemple dans le miel.

Notre consommation de sucres est alarmante

- Depuis une quarantaine d'années, la vente des produits sucrés a fait un bond de 300 %.
- Les enfants sont les plus gros consommateurs de sucres, avec 96,5 g/jour de sucres rapides (105,9 g/jour pour les garçons) – la consommation d'un adulte ne devrait pas dépasser 50 à 70 g/jour, soit neuf à treize morceaux de sucre.
- Les aliments qui possèdent une image-santé forte, tels que les laitages, même allégés, et les céréales, ne sont pas épargnés par des ajouts inconsidérés de sucres rapides.
- Une canette de soda apporte 140 kilocalories, qui sont dépourvues de tout intérêt nutritionnel. Une consommation de tels produits augmente le risque d'obésité de 60 %.

Notre cerveau ne possède presque aucune autonomie : il doit être alimenté en sucres, de même qu'en oxygène, d'une manière continue.

Il dévore à lui tout seul 20 % de l'énergie alimentaire consommée, dont 140 g/jour de glucose.

Si l'alimentation n'apporte pas assez de glucides, une perturbation du fonctionnement cérébral apparaît rapidement : l'hypoglycémie entraîne des sueurs froides, une fatigue, de la lassitude, une somnolence et de l'apathie, comme si le cerveau marchait au ralenti.

En l'absence totale de glucides, le foie se tourne vers les acides* aminés des protéines pour maintenir coûte que coûte un taux de glycémie constant – c'est-à-dire le niveau de glucose dans le sang – et continuer ainsi à approvisionner de préférence le système nerveux.

Si, à l'inverse, l'alimentation fournit trop de glucides, ces derniers ne peuvent être stockés, comme le font si bien les lipides ; ils s'oxydent alors et favorisent de nombreuses maladies.

L'influence du glucose sur la mémoire, la concentration, la vitalité, les facultés d'apprentissage, l'excitabilité et les humeurs est déterminante ; il est donc essentiel de veiller à des apports glucidiques constants et de bonne qualité.

SIMPLES ET RAPIDES, COMPLEXES ET LENTS

Selon leur formule chimique, les glucides peuvent être divisés en deux groupes : les glucides simples et les glucides complexes. Leur fonction première est de produire de l'énergie.

Composés du glucose, du saccharose, du fructose, du lactose, du galactose, du maltose..., les glucides simples sont également appelés

« sucres rapides », car ils se digèrent rapidement : très vite utilisés par l'organisme, ces sucres rapides sont stockés sous forme de graisses.

Ils se trouvent en particulier dans l'alcool, les biscuits, les boissons gazeuses, les bonbons, la confiture, la farine blanche, la fécule de maïs, le flan, les flocons de maïs, les gâteaux, la gelée, le pain blanc, les pommes de terre, le riz blanc et soufflé, le sirop et le sucre en morceaux ou en poudre. Même le miel, dont la réputation d'aliment-santé n'est plus à faire, doit être choisi avec soin et consommé avec modération. Car il est souvent trafiqué, en partie dénaturé quand il est chauffé. Et parfois les abeilles sont nourries avec du sucre !

Les personnes stressées savent très bien qu'une alimentation riche en sucres rapides les calme, mais d'une manière provisoire seulement, ce qui favorise le grignotage.

Histoire du sucre

Contrairement à une idée reçue, l'histoire du sucre ne commence pas de l'autre côté de l'Atlantique.

- En 510 avant Jésus-Christ, les Perses découvrent la canne à sucre, qu'ils appellent « roseau qui donne du miel sans le concours des abeilles ».
- En 642, les Arabes envahissent la Perse, trouvent la canne à sucre et deviennent les principaux producteurs de sucre.
- Au XIIe siècle, les Croisés découvrent les plantations de sucre et les rapportent en Europe. Le sucre est tout d'abord vendu par les apothicaires, les ancêtres des pharmaciens.
- En 1493, Christophe Colomb introduit le sucre de canne en Amérique ; la France fait de même en Martinique et en Guadeloupe.
- À partir de 1792, les Anglais imposent le blocus qui coupe la France du ravitaillement en sucre. Banquier et futur baron d'Empire, Benjamin Delessert parvient, en collaborant avec un pharmacien, à extraire du sucre cristallisé de la betterave. Ce nutriment* précieux démarre son ascension irrésistible.

Les glucides complexes sont composés notamment de l'amidon et des fibres de cellulose, qui sont plus ou moins bien digérées par l'homme. Ils sont également appelés « sucres lents », car ils se digèrent lentement, en quatre à dix heures : avant d'être utilisables par l'organisme, ils nécessitent quelques étapes chimiques intermédiaires ; ils fournissent une énergie à libération lente et prolongée, et évitent les à-coups glycémiques des sucres rapides. Ils se trouvent avant tout dans les légumes frais et les légumineuses – lentille, fève, haricot, pois... –, dans les céréales complètes – avoine, blé, orge, riz, seigle... – et leurs dérivés – pain, pâtes... –, ainsi que dans les fruits – notamment la banane mûre.

D'une manière générale, les fruits contiennent des sucres lents, à l'exception des fruits séchés – datte, abricot, figue, pruneau... –, qui sont des sucres rapides ; mais lorsque ces derniers sont absorbés lors d'un repas, ils se comportent comme des sucres lents. Les légumes et les féculents contiennent des sucres lents, à l'exception de de la carotte et de la pomme de terre, qui se comportent en « faux sucres lents », c'est-à-dire qu'ils doivent être associés à d'autres aliments pour être absorbés moins vite. La datte fait augmenter très vite le sucre dans le sang, ce que fait beaucoup moins l'ananas, et pas du tout l'abricot, la noix ou la carotte prise au sein d'un repas.

L'INDICE GLYCÉMIQUE

Aujourd'hui, on définit les sucres selon leur vitesse d'absorption par l'organisme, et en particulier par l'élévation de la glycémie qu'ils provoquent. C'est pourquoi les nutritionnistes préfèrent parler de sucres à pénétration brutale ou progressive, ce dont tient compte une notion qui fut proposée par un diabétologue il y a une vingtaine d'années mais qui a été redécouverte depuis peu : l'indice glycémique.

Alors que les glucides et les lipides sont, pour de nombreux organes, des carburants interchangeables, il n'en est rien pour le cerveau qui, afin de stimuler la production d'insuline, a besoin des glucides ; des travaux scientifiques récents ont montré que les sucres à indice glycémique élevé jouaient un rôle néfaste en empêchant précisément l'action de cette hormone, donc la pénétration du glucose dans le cerveau.

Ainsi, tandis qu'une alimentation trop riche en sucres rapides et/ou à indice glycémique élevé réduit les facultés d'apprentissage et de mémorisation, une alimentation composée avant tout de sucres lents, qui passent lentement et sans à-coups dans le sang, facilite ces processus. Lors d'un repas, vous ne mangez pas un seul aliment mais un ensemble d'aliments, qui interagissent les uns avec les autres selon leur ordre d'arrivée, leur type de cuisson, l'origine botanique de l'amidon, le degré d'hydratation et de mastication, la nature chimique du sucre qui les compose…

Pour optimiser et réguler les performances et les sautes d'humeur de votre cerveau, évitez les fluctuations glycémiques : donnez la préférence aux sucres lents et choisissez avant tout des aliments à indice glycémique bas.

QUELQUES ALIMENTS À INDICE GLYCÉMIQUE ÉLEVÉ

1. La datte séchée.
2. Le miel.
3. Le riz instantané.
4. La purée de pommes de terre instantanée.
5. Les flocons de maïs.
6. Le blé soufflé.
7. La pastèque.

QUELQUES ALIMENTS À INDICE GLYCÉMIQUE INTERMÉDIAIRE

1. Le pain complet.
2. La betterave.
3. Le croissant.
4. Le riz blanc.
5. La crème glacée.
6. La pomme de terre cuite à l'eau.
7. L'ananas.
8. Le musli.
9. La baguette de pain.
10. La banane.
11. Le maïs en conserve.
12. Le couscous.
13. Le jus d'orange.

QUELQUES ALIMENTS À INDICE GLYCÉMIQUE BAS

1. Le son de blé.
2. Le pain aux céréales.
3. La carotte.
4. Le raisin.
5. Le petit pois.
6. Le pois chiche.
7. L'orange.
8. La pomme.
9. L'abricot.
10. Le haricot blanc.
11. La lentille.
12. Le haricot rouge.
13. La cerise.
14. Les pâtes cuites *al dente*.

15. Le lait.
16. Le yaourt.
17. Le jus de pomme.

QUELQUES ALIMENTS À INDICE GLYCÉMIQUE PRESQUE NUL

1. Le brocoli.
2. Le concombre.
3. La noix.
4. La salade.
5. La tomate.

QUELQUES NUANCES

- Tandis que les pâtes *al dente* constituent des sucres lents, les pâtes plus cuites sont à indice glycémique élevé.

- S'il est mangé seul, le pain est un sucre rapide. S'il est consommé en sandwich, il devient plus lent. Tandis que le pain blanc, fabriqué à partir de farines finement moulues, traverse très vite la barrière digestive pour augmenter presque instantanément le sucre dans le sang, le pain au blé complet, fait de grains entiers, absorbés moins vite, libère plus progressivement le sucre dans le sang. Longtemps classée parmi les aliments à indice glycémique élevé, la baguette se comporterait comme un sucre intermédiaire.

- Tandis que la pomme de terre vapeur est un sucre lent, les frites et la purée ont un indice glycémique élevé.

- À cause des graisses qu'il contient, le chocolat est un sucre relativement lent.

- Les fibres ralentissent la vidange de l'estomac, donc l'assimilation des sucres : d'où l'intérêt des légumes et des fruits à chaque repas.

- Les légumes verts et les fruits freinent l'absorption des sucres : en formant une gelée collante, ils les empêchent de partir trop vite dans le sang ; cela est particulièrement vrai pour les oignons.
- Les salades de fruits en conserve ne contiennent plus de fibres : elles se comportent alors comme des sucres rapides.
- Tandis que la banane dure contient avant tout de l'amidon, c'est-à-dire un sucre lent, la banane très mûre est riche en sucres rapides.

LES CÉRÉALES : INDISPENSABLES

De tout temps, dans toutes les civilisations et sur tous les continents, les céréales ont constitué la base de l'alimentation : que ce soit le blé en Occident, le riz en Asie ou le maïs en Amérique – sans oublier le seigle, l'avoine, l'orge, l'épeautre, le sarrasin, le millet et le quinoa. Après une longue période d'oubli, les céréales ont été redécouvertes depuis quelques années, tout d'abord par les adeptes des « médecines naturelles », puis peu à peu par l'ensemble du public. Le cerveau, qui a besoin d'une absorption régulière de sucres, trouve dans les céréales un aliment énergétique de choix.

Leurs avantages : elles sont pour l'essentiel constituées de sucres lents, ce qui diminue d'autant les apports en sucres rapides, néfastes pour la santé ; par leur effet rassasiant, elles réduisent la consommation d'autres aliments, plus riches en graisses, ce qui est un bénéfice indirect.

Leurs inconvénients : surtout quand elles sont complètes, les céréales sont parfois difficiles à digérer, responsables de flatulences et de ballonnements, et souvent irritantes pour des intestins sensibles.

Les céréales complètes sont indispensables à votre équilibre alimentaire et nerveux :

- prenez-en au petit déjeuner, par exemple sous la forme de flocons d'avoine ou de musli ;
- évitez les produits industriels : en les chauffant à haute température, les fabricants font éclater les molécules d'amidon des céréales croustillantes du petit déjeuner ; comme pour les biscuits salés et les biscottes, cela a pour conséquences une digestion plus rapide et un effet rassasiant moins long ;
- choisissez toujours des mélanges non sucrés ;
- vous pouvez ajouter des fruits secs ;
- au déjeuner ou au dîner, introduisez-les peu à peu dans vos menus, en variant les plaisirs ; pensez par exemple au quinoa, disponible désormais en grande surface : excellente source de magnésium, de fer et de potassium, il est par ailleurs riche en protéines (13 %) ;
- pour le choix de votre pain, évitez les farines blanches, du type baguette, et pensez à toutes les variétés de pain que l'on trouve aujourd'hui en boulangerie, depuis le pain au levain jusqu'au pain multicéréales.

ET LES LÉGUMINEUSES ?

Les légumineuses constituent un aliment anti-stress peu coûteux, facile à préparer et très efficace ; elles sont riches en magnésium et en vitamines du groupe B. Vous avez l'embarras du choix : le soja, les lentilles, les haricots, les pois, les fèves, l'alfalfa (des graines de luzerne germées)...

Parce que la cuisson les dénature en partie, vous pouvez faire germer les graines et les consommer ainsi ou en salade, à raison de deux cuillers à soupe environ par jour :

- achetez dans un magasin biologique les graines de votre choix ;
- laissez-les tremper dans l'eau toute une nuit ;
- rincez-les soigneusement le lendemain ;
- placez-les dans un bocal obturé par une compresse maintenue par un élastique ;
- rincez les graines deux fois par jour ;
- laissez le bocal à l'envers ; le soja, les lentilles et les pois chiches germent en quatre jours, l'alfalfa en six jours ;
- si les graines ont tendance à moisir, rincez-les davantage ;
- pour accélérer la germination, mettez-les près d'un radiateur ;
- pour freiner la germination, déposez-les dans le réfrigérateur ;
- si les graines ne germent pas bien avec de l'eau du robinet, utilisez de l'eau minérale.

RECOMMANDATIONS

Ce n'est pas la consommation globale de sucres qui, en France, est excessive, c'est la balance entre les sucres rapides et les sucres lents qui doit être corrigée.

1. Une alimentation suffisante et équilibrée comporte du pain, complet de préférence, à chaque repas, une portion de féculents chaque jour et des légumineuses trois fois par semaine.

2. Un petit déjeuner suffisant et équilibré comporte du pain, complet de préférence, ou des céréales riches en fibres, un laitage à 0 % de matière grasse, un fruit entier ou pressé, du thé sans sucre.

3. Dans vos choix, tenez compte de l'indice glycémique des aliments : choisissez les aliments à temps de vidange gastrique (TVG) lent.

4. Habituez vos enfants aux sucres lents, aux fruits et aux légumes.

5. Évitez les aliments très sucrés : l'alcool, les bonbons, le chocolat, la confiture, les fruits au sirop, les crèmes glacées, le miel, les pâtes de fruit, les pâtisseries, le sirop... Un pain au chocolat contient l'équivalent de six morceaux de sucre ; une part de tarte aux pommes vendue dans une pâtisserie contient dix cuillers à café de sucre environ ; une part de gâteau au chocolat en contient quinze environ.

6. Évitez de rajouter du sucre dans les céréales, sur un pamplemousse, dans un yaourt ou dans un fromage blanc.

7. Sucrez avec un peu de miel, qui est composé de fructose, ce qui est mieux qu'un autre sucre rapide.

8. Diminuez votre consommation de café pour limiter celle de sucre. Ou apprenez à déguster votre café sans sucre.

Les lipides

D'une manière générale, les lipides, ou graisses, ou corps gras, sont considérés par beaucoup de gens, et surtout par les femmes, comme l'ennemi public numéro un – surtout quand ces graisses viennent alourdir les cuisses et le ventre ! Ils ne méritent absolument pas cette réputation exécrable car, s'ils sont en effet très caloriques, ils renferment certains acides gras qui sont indispensables à la bonne marche de notre organisme et de notre cerveau. Constitué de 60 % de graisse, le cerveau est d'ailleurs notre organe le plus gras et le plus poisseux !

Il y a peu de temps encore, les scientifiques pensaient que le cerveau d'un adulte n'avait nul besoin de lipides. À présent, nous savons que, pour bien fonctionner, il est au contraire très dépendant de la qualité des graisses qui lui parviennent.

Les lipides sont composés de triglycérides, de cholestérol et de trois groupes d'acides gras. Parce qu'ils sont tous très caloriques, les apports lipidiques doivent bien sûr être surveillés.

Que serait la vie sans graisses ?

Sans lipides, notre nourriture serait beaucoup plus fade, et nous serions malvoyants, malentendants, rachitiques et rancis. Car les lipides véhiculent les vitamines A, D et E, des vitamines liposolubles (solubles dans les graisses), dont la première et la troisième sont antioxydantes.

LE CHOLESTÉROL, L'AMI DES NEURONES

Le cholestérol est indispensable à la chimie du cerveau ; une diminution trop importante est responsable de troubles de l'humeur, d'une déprime ou d'une dépression : il est nécessaire à la formation des hormones sexuelles et surrénaliennes, participant ainsi à la reproduction et aux défenses immunitaires ; il est très utile à la fabrication de la vitamine D, qui est impliquée dans la fixation du calcium. L'éliminer totalement de l'alimentation est fort heureusement impossible.

Bien qu'il soit sans doute le plus célèbre des ennemis du cœur, le cholestérol reste l'ami des neurones. Mais à condition que son taux sanguin reste dans les limites de la normale.

LE BON ET LE MAUVAIS

Comme toutes les graisses, le cholestérol est insoluble dans un milieu aqueux ; il a donc besoin d'un transporteur pour circuler dans le sang. Il bénéficie de deux systèmes différents de transport, qui ont permis de définir les notions de « bon » et de « mauvais » cholestérol.

Le « bon » cholestérol, ce sont les lipoprotéines de haute densité (reprises par

Les tuyaux sont rouillés, ou l'athérosclérose

Quand un métal, le fer par exemple, est mis en présence d'eau ou simplement d'humidité, de la rouille se forme. Les dépôts produits fragilisent les circuits ou la tuyauterie, qui risquent alors de s'abîmer plus facilement, de se boucher ou de se rompre.
Les neurones, les circuits neuroanatomiques et les vaisseaux peuvent être comparés à des tuyaux ou à des installations électriques qui ont été endommagés ou obstrués par la formation de rouille. C'est exactement ce que fait un excès de cholestérol dans le sang : il se dépose sur la paroi des vaisseaux et provoque l'athérosclérose.

l'abréviation anglaise HDL) : ce cholestérol HDL reconduit vers le foie le cholestérol en excès afin de l'éliminer sous la forme d'acides biliaires, sans qu'il se dépose sur la paroi des artères.

Le « mauvais » cholestérol, ce sont les lipoprotéines de basse densité (reprises par l'abréviation anglaise LDL) : ce cholestérol LDL apporte aux organes le cholestérol fabriqué par le foie. Quand il est présent en excès dans l'alimentation, il a tendance à se déposer dans les artères, en formant des plaques d'athéromes ; il diminue donc le calibre de ces artères et provoque l'épaississement et la perte d'élasticité de leurs parois internes : c'est l'athérosclérose. Cela augmente d'autant le travail du cœur ; en outre, cela favorise le développement de caillots qui, en bloquant la circulation du sang, peuvent provoquer une phlébite ou un accident vasculaire cérébral. Un excès de cholestérol LDL constitue donc un facteur de risque majeur de survenue de maladies cardiovasculaires.

LIMITER LES RISQUES

Quand « on a du cholestérol », il faut préciser si c'est le « bon » cholestérol (HDL) qui est ou non élevé, car les conséquences vasculaires ne sont pas du tout les mêmes.

En France, 37 % des hommes et 34 % des femmes présentent des chiffres de cholestérol supérieurs à la moyenne. Impliquées dans près de cent quatre-vingt mille décès par an, les maladies cardiovasculaires sont la première cause de mortalité dans notre pays. Les cent trente mille accidents vasculaires cérébraux qui se produisent chaque année sont responsables de quarante-deux mille décès. C'est dire l'enjeu colossal que représente une baisse, même minime, de la mortalité cardiovasculaire, et le rôle essentiel que joue ici l'alimentation.

De nos jours, le combat médical consiste à ramener le taux du « mauvais » cholestérol (LDL) dans des limites acceptables, soit entre 1,2 et 1,6 g/l selon le contexte et les antécédents d'une personne : contrôler le cholestérol LDL pendant cinq ans réduit le risque cardiovasculaire de 50 % ; des mesures nutritionnelles adaptées font diminuer ce cholestérol de 12 % ; et un gain supplémentaire est obtenu en ajoutant dans l'alimentation notamment des noix, des amandes ou des fibres.

Le Programme national nutrition santé (PNNS) a pour objectif de réduire d'un quart la consommation d'acides gras saturés, diminuant ainsi le taux de cholestérol moyen de la population. Accommodé à la Française, le régime crétois fait partie des mesures de lutte contre ce fléau national.

Le régime crétois

Le régime des Crétois était composé de céréales complètes et de légumineuses, de fruits et de légumes, de poisson et de fruits de mer, de fruits oléagineux, de fromages, de miel, d'huile d'olive et d'un peu de vin (un verre par jour).
Aujourd'hui, on redécouvre ses vertus pour lutter notamment contre le cholestérol et les maladies cardiovasculaires. S'il ne doit pas être considéré comme un modèle à suivre à la lettre, le régime crétois – ou le régime méditerranéen, très proche – doit guider les choix alimentaires tout en respectant les habitudes régionales, culturelles et économiques de chacun. En effet, ce type de régime est plus coûteux que l'alimentation de base, et parfois inaccessible à certaines personnes : nous devons en tenir compte dans nos recommandations et nos prescriptions.

ATTENTION AUX GRAISSES CACHÉES

Les graisses font partie intégrante de nombreux aliments – par exemple le fromage, le lait entier, les œufs, les oléagineux et la viande – ou sont incorporées pendant la préparation des plats – pour les biscuits, les pâtisseries, les viennoiseries ou les prêts à consommer. Elles représentent les deux tiers de notre ration en lipides, alors que nous avons plutôt tendance à n'éviter que celles qui sont visibles – le beurre, l'huile ou le gras de la viande.

Tandis que la proportion de lipides d'un yaourt est calculée sur le poids total, celle du fromage est calculée sur l'extrait sec, c'est-à-dire tout sauf l'eau : un yaourt à 5 % de matière grasse est donc plus gras qu'un fromage à 20 % – sur les produits laitiers figure depuis peu l'équivalence entre la proportion de matière grasse sur l'extrait sec et celle sur le poids total. Familiarisez-vous avec la composition des aliments courants et ne vous contentez plus d'écarter le seul gras du jambon.

L'ÉQUILIBRE DES ACIDES GRAS

Composants des lipides, les acides gras sont répartis en trois groupes ; c'est la structure chimique de ces molécules faites de carbone et d'hydrogène qui leur a donné leur nom de famille :

- les acides gras saturés : tous les atomes de carbone sont saturés en hydrogène ;
- les acides gras monoinsaturés : deux atomes de carbone sont reliés par une unique double liaison. Ils sont également appelés acides gras oméga-9, car leur double liaison est située sur le neuvième atome de carbone ;
- les acides gras polyinsaturés : plusieurs paires d'atomes de carbone sont reliées par des doubles liaisons. À ce groupe appartiennent :
    - les acides gras polyinsaturés oméga-6 : l'une des doubles liaisons est située sur le sixième atome de carbone ;

- les acides gras polyinsaturés oméga-3 : l'une des doubles liaisons est située sur le troisième atome de carbone.

D'une manière schématique, on peut dire que les acides gras saturés sont de « mauvaises » graisses et sont responsables de nombreux problèmes de santé, tandis que les acides gras mono- et polyinsaturés sont de « bonnes » graisses et ont une action protectrice sur l'organisme et le cerveau. Un même aliment peut contenir plusieurs sortes d'acides gras.

Une alimentation équilibrée doit contenir :

- un quart d'acides gras saturés ;
- la moitié d'acides gras monoinsaturés ;
- un quart d'acides gras polyinsaturés.

Sans qu'il soit nécessaire d'effectuer de savants calculs, cela constitue les bonnes proportions du régime crétois.

LES ACIDES GRAS SATURÉS

Ils se trouvent avant tout dans le lait et les laitages entiers, le beurre, la crème fraîche, certains fromages, la mayonnaise, les fritures, les graisses végétales pour fritures, l'huile d'arachide, les chips, les pâtisseries et les viennoiseries, les crèmes glacées, les graisses animales telles que le lard, la charcuterie, certains morceaux de viande comme la côte d'agneau ou de mouton, la peau des volailles...

Solide ou liquide

Plus une matière grasse comporte d'acides gras saturés, plus elle est solide à température ambiante.
Plus une matière grasse comporte d'acides gras monoinsaturés, plus elle est liquide à température ambiante.
Plus une matière grasse comporte d'acides gras polyinsaturés, plus elle est liquide à basse température.

Les acides gras saturés possèdent une fonction purement énergétique, apportant un grand nombre de calories sous un faible volume. En France, ces acides gras, qui sont avant tout d'origine animale, sont très prisés : leur consommation représente près de 40 % des acides gras absorbés. Alors que leur rôle dans le développement de l'athérosclérose est avéré.

Les acides gras saturés nuisent de différentes manières au bon fonctionnement du cerveau : en diminuant leurs facultés d'échanges, ils rigidifient les membranes cellulaires ; ils réduisent la capacité à sécréter la sérotonine*, un neurotransmetteur* dont l'influence est essentielle sur l'humeur (voir le chapitre 2) ; lors de leur combustion, ils libèrent de nombreux radicaux libres ; ils abaissent la sensibilité à l'insuline, ce qui freine les possibilités de transport du sucre vers le cerveau, entraînant une baisse des facultés intellectuelles.

Pratiquées en laboratoire, des expériences sur le rat montrent que ses capacités d'apprentissage sont inversement proportionnelles à la quantité d'acides gras saturés qu'il consomme : si son alimentation contient avant tout ces acides gras, il ne retient presque rien. Cela peut-il être extrapolé à l'être humain ? La modification des habitudes alimentaires expliquerait-elle l'augmentation croissante des maladies neurodégénératives telles que les maladies d'Alzheimer et de Parkinson ? Même si la réponse n'est pas tout à fait affirmative, beaucoup de scientifiques le pensent. D'une manière générale, considérez les acides gras saturés comme des ennemis de votre santé et limitez-en les apports, voire éliminez-les totalement.

LES GRAISSES HYDROGÉNÉES

Les graisses hydrogénées ne sont pas présentes à l'état naturel dans les aliments mais naissent d'une transformation agroalimentaire : l'hydrogénation consiste à rendre solides des graisses liquides afin de les transformer en margarines, d'améliorer leur texture et d'allonger leur durée de stabilité ; ce procédé de fabrication dénature les graisses et les rend toxiques. Évitez tout produit dont la composition révèle des graisses hydrogénées.

Appelés acides gras « trans », les acides gras obtenus deviennent semblables aux acides gras saturés : ils augmentent le mauvais cholestérol et diminuent le bon ; ils perturbent la fonction de la membrane cellulaire et acroissent les risques cardiovasculaires ; ils seraient responsables de nombreux décès, avant tout chez les Anglo-Saxons qui, en ce domaine, sont moins vigilants que nous. Ce sont donc des graisses néfastes pour la santé.

Ces acides gras « trans » se trouvent dans les margarines et les graisses cachées : les chips, les pizzas, les quiches, les plats préparés, les snacks, les biscuits, les viennoiseries... Alors qu'il faudrait ne pas en consommer plus de 5 g/jour, nombreuses sont les personnes qui doublent voire triplent cette limite.

LES ACIDES GRAS MONOINSATURÉS

À la différence des acides gras saturés, les acides gras insaturés ont une action bénéfique sur la mémoire, protègent l'intégrité des membranes neuronales, leur évitant ainsi une destruction trop massive. Une membrane riche en acides gras insaturés est souple, fluide et flexible ; à l'inverse, une membrane riche en acides gras saturés est rigide et cassante. Les acides gras insaturés se trouvent avant tout dans les huiles végétales, en particulier dans l'huile d'olive et l'huile de colza, ainsi que dans l'amande, l'avocat, les confits de canard et d'oie, le foie gras, la noisette, la noix, la volaille et le porc. Le chef de file de ce groupe est l'acide oléique, dont la source principale est l'huile d'olive. N'en faites pas la source unique de vos apports d'huile, mais associez-la tous les jours, volume pour volume – une cuiller à soupe de chaque pour l'ensemble de vos assaisonnements –, à l'huile de colza.

LES ACIDES GRAS POLYINSATURÉS

Au groupe des acides gras polyinsaturés appartiennent les acides gras oméga-6, qui se trouvent avant tout dans les huiles de maïs et de tournesol, et les acides gras oméga-3, qui se trouvent avant tout dans les fruits de mer, les poissons gras et leurs huiles.

Les acides gras polyinsaturés jouent un rôle fondamental dans la construction, la structure et le fonctionnement des cellules, dont ils constituent une grande partie de la membrane : ils lui assurent souplesse, fluidité et étanchéité, favorisant ainsi ses échanges avec l'extérieur et les cellules voisines. L'analyse des diverses membranes biologiques montre qu'elles sont formées à parts égales de protéines et de lipides, les glucides ne représentant qu'une part minime de leur constitution.

Ils sont indispensables au développement du cerveau, en particulier lors de sa maturation : ils fournissent de l'énergie au fœtus, au nourrisson allaité au sein, au jeune enfant. Dans le cerveau, un acide gras sur trois est polyinsaturé. Ils suscitent la croissance, la différenciation, la multiplication et la migration des neurones ; ils facilitent le travail de l'insuline et la pénétration du glucose dans la cellule cérébrale, ils participent à la fabrication de la gaine isolante de la fibre nerveuse ; ils interviennent dans la synthèse des neurotransmetteurs* et dans la transmission de l'influx nerveux ; ils améliorent l'apprentissage, la mémoire, l'attention, la concentration ou l'humeur, et participent à la qualité de la vision ; ils constituent le maillon faible, la cible qu'attaquent de préférence les radicaux libres lors du stress oxydatif* (voir le chapitre 6).

LES VERTUS DES POISSONS GRAS

Les poissons « gras » : rebutant pour certains, cet adjectif souligne pourtant la richesse en acides gras bénéfiques pour la santé. Les poissons des mers froides sont très concentrés en oméga-3 : plus l'eau dans laquelle ils vivent est froide, plus les poissons sont gras.

- Le poisson le plus riche en oméga-3 est le maquereau, suivi du hareng, de l'anchois, de la sardine, du pilchard et du rouget ; le maquereau est deux fois plus riche que le saumon et le flétan ; l'encornet, la crevette, le homard et les coquillages contiennent également des acides gras oméga-3.

- Les poissons semi-gras sont la truite, la sardine, le rouget, l'anchois et le saumon fumé.

Les poissons gras : proportion de lipides pour 100 g

- Anguille : 20 %.
- Hareng : 15 %.
- Saumon frais : 14 %.
- Thon : 13 %.
- Maquereau : 11 %.
- Anchois : 9 %.
- Rouget : 8 %.
- Mulet : 7 %.

Ces chiffres ne sont qu'indicatifs :
ainsi, le hareng affiche 20 % de lipides l'été et 5 % au printemps.

- Une dose de 30 g/jour de poisson gras semble optimale : cela équivaut à 200 g/semaine, soit deux portions moyennes.

TOUT EST AFFAIRE DE PROPORTION

De nos jours, l'apport des lipides est d'une manière générale trop important : il se situe autour de 40 % de la ration alimentaire, au lieu des 30 % conseillés et, surtout, il ne respecte plus les proportions idéales – un quart d'acides gras saturés, la moitié d'acides gras monoinsaturés et un quart d'acides gras polyinsaturés.

À l'opposé, nos ancêtres bénéficiaient d'une alimentation parfaitement équilibrée en bonnes graisses : le gibier qu'ils chassaient était très

Où trouver des oméga-6 ?

Ils sont avant tout apportés par les huiles végétales transformées.

1. L'huile de tournesol.
2. L'huile de maïs.
3. L'huile de noix.
4. L'huile de soja.
5. L'huile d'arachide.
6. L'huile de carthame.
7. L'huile de colza.
8. L'huile d'olive.
9. L'huile de pépins de raisin.
10. L'huile de sésame.
11. L'huile de germe de blé.

Les apports nutritionnels conseillés sont de 10 g/jour.

Où trouver des oméga-3 ?

1. Dans les poissons gras : l'anchois, l'anguille, le flétan, le hareng, le maquereau, la sardine, le saumon, le thon, la truite.
2. Dans les huiles : l'huile de caméline (plante herbacée voisine de la camomille, cultivée pour ses graines oléagineuses), l'huile de colza, l'huile de noix, l'huile de soja.
3. Dans les fromages de brebis et de chèvre.
4. Dans les légumineuses : le soja.
5. Dans les oléagineux : la noisette, la noix.
6. Dans les salades : le pourpier.

pauvre en acides gras saturés, comparé aux viandes d'élevage actuelles ; les fruits et les légumes, les noix et les légumineuses leur apportaient les oméga-6 ; le gibier, le poisson et les légumes verts leur fournissaient les oméga-3. La proportion entre les oméga-6 et les oméga-3 était ainsi équilibrée, autour de 1, alors qu'elle se situe de nos jours entre 5 et 10, parfois à 20, ce qui est beaucoup trop. Et c'est cet équilibre entre les graisses qui est fondamental pour le bon fonctionnement de notre organisme et de notre cerveau.

En effet, quand les apports en oméga-6 sont excessifs – ce qui est hélas le cas aujourd'hui –, ils provoquent une inflammation persistante des tissus cérébraux. Comment ? En libérant des substances explosives, quasiment incendiaires, aux noms barbares : les cytokines, les leucotriènes et les prostaglandines. Ces dernières abîment les vaisseaux, déforment les membranes des neurones ou les détruisent, en perturbent la fonction et entraînent les maladies neurodégénératives – par exemple la maladie d'Alzheimer.

La bonne dose d'oméga-3

- 100 g de maquereau apportent 2,5 g d'oméga-3, qui est la « dose bonne humeur » suffisante par jour.
- 100 g de hareng : 1,7 g.
- 100 g de thon : 1,5 g.
- 100 g d'anchois entiers : 1,5 g.
- 100 g de saumon frais : 1,4 g.
- 100 g de sardines : 1 g.
- 1 cuiller à soupe d'huile de colza : 2,5 g.
- 1 cuiller à soupe d'huile de noix : 2 g environ.
- 1 cuiller à soupe d'huile de soja : 1,5 g.

Si les huiles de colza, de noix et de soja figurent dans les trois tableaux, seule la première est la plus équilibrée, d'où son importance pour la santé des vaisseaux.

Les Japonais consomment autant d'oméga-6 que les Américains, mais ils sont mieux protégés sur le plan cardiovasculaire car leur consommation d'oméga-3 est de 30 % supérieure : il existe au Japon plusieurs dizaines d'aliments courants, depuis le lait maternisé jusqu'à la vinaigrette, qui sont enrichis en DHA*, un acide gras de la famille des oméga-3 (voir p. 213). Mais toutes les populations qui sont protégées par une alimentation riche en poisson et pauvre en huiles de type oméga-6, par exemple les Inuits et les Japonais, deviennent plus vulnérables aux maladies dès qu'elles adoptent deux mauvaises habitudes occidentales : moins de poissons gras et plus d'huiles riches en oméga-6.

EN PANNE DES SENS

Sans les acides gras, et en particulier sans les oméga-3, votre cerveau peut vite se trouver en « panne des sens ». Et plus vous consommez d'oméga-6, plus vous devez absorber d'oméga-3 afin de réduire les phénomènes nuisibles pour le système nerveux. Ce conseil est facile à mettre en œuvre : mangez plus de poissons gras. Car les poissons des mers froides parviennent à vivre dans des eaux presque glaciales grâce à leur chair avant tout constituée d'acides gras polyinsaturés très fluides, même à basse température.

- Choisissez par exemple des sardines à l'huile d'olive vierge extra, du thon albacore ou du maquereau en conserve, une tranche de saumon ou un filet de hareng-pommes à l'huile de colza.
- Privilégiez également les oméga-3 en mangeant plus de fruits et de légumes, de légumineuses et d'huile de colza.
- Pour protéger les oméga-3 de l'oxydation, ajoutez de la vitamine E, de la vitamine C et du sélénium.

- Si vous prenez de temps à autre des fruits oléagineux, achetez-les de préférence dans leur coque : décortiqués, ils sont souvent lavés avec un produit dénaturant, puis chauffés pour leur conférer un aspect plus agréable, ce qui les dégrade.

- Attention aux apports d'oméga-6 : une demi-cuiller à soupe d'huile de maïs ou de soja en apporte 4 g. Cela vous donne une petite idée des quantités excessives que nous sommes vite capables d'absorber tous les jours.

- Contrairement à une idée reçue, la bourrache et l'onagre sont très pauvres en oméga-3 (respectivement 1 % et 0,2 %) mais sont riches en oméga-6 (respectivement 35 % et 72 %). Sans doute sont-elles moins intéressantes pour la santé qu'on l'affirmait.

LES OMÉGA-3 AGISSENT-ILS SUR LA DÉPRESSION ?

Depuis une quinzaine d'années, de nombreux scientifiques analysent l'influence positive que posséderaient les oméga-3 sur les troubles de l'humeur, même importants, tels que le trouble bipolaire (ou psychose maniaco-dépressive) et la dépression grave. Dans plusieurs études, des patients souffrant de dépression grave ont révélé des taux d'oméga-3 inférieurs à la moyenne ; moins une personne dépressive a d'oméga-3, plus sa dépression est grave ; la dépression est, soulignent certains scientifiques, moins fréquente dans les pays qui consomment beaucoup de poissons gras, riches en oméga-3 ; une personne qui ne consomme pas d'huile de poisson gras a quatre fois plus de risques d'être atteinte de dépression.

Cette action nerveuse possède une double explication : les oméga-3 accroissent la fabrication des terminaisons nerveuses et favorisent la fluidité des membranes, ce qui permet à une plus grande quantité de tryptophane d'être convertie en sérotonine* (voir le chapitre 2).

Composition en acides gras de quelques huiles végétales

- Huile d'olive : 15 % d'acides gras saturés, 76 % d'acides gras monoinsaturés et 9 % d'acides gras polyinsaturés (8,3 % d'oméga-6 et 0,7 % d'oméga-3).
- Huile de colza : 8 % d'acides gras saturés, 62 % acides gras monoinsaturés et 30 % d'acides gras polyinsaturés (20 % d'oméga-6 et 8 à 10 % d'oméga-3).
- Huile de maïs : 13 % d'acides gras saturés, 27 % d'acides gras monoinsaturés et 60 % d'acides gras polyinsaturés (59 % d'oméga-6 et 0,1 % d'oméga-3).
- Huile de soja : 15 % d'acides gras saturés, 21 % d'acides gras monoinsaturés et 64 % d'acides gras polyinsaturés (56 % d'oméga-6 et 8 % d'oméga-3).
- Huile de tournesol : 11 % d'acides gras saturés, 24 % d'acides gras monoinsaturés et 65 % d'acides gras polyinsaturés (65 % d'oméga-6 et 0,1 % d'oméga-3).
- Huile de noix : 10 % d'acides gras saturés, 18 % d'acides gras monoinsaturés et 72 % d'acides gras polyinsaturés (60 % d'oméga-6 et 12 % d'oméga-3).

Cette hypothèse, selon laquelle la dépression pourrait être traitée par les oméga-3, a été amplement divulguée, suscitant auprès du grand public un engouement sans doute un peu prématuré et exagéré.

Même si des pistes et de fortes présomptions existent, peu de preuves formelles fondent une quelconque activité psychiatrique, qu'elle soit préventive ou curative, en clinique humaine.

LES DEUX ACIDES GRAS ESSENTIELS

Parmi les acides gras polyinsaturés figurent deux acides gras dits « essentiels », car ils sont vitaux pour l'organisme qui ne sait pas les fabriquer. Découverts après la vitamine E, ils furent un temps dénommés « vitamine F ». Tout d'abord décrits pour leur action sur la peau, les acides gras essentiels interviennent également dans de nombreuses fonctions : l'équilibre du système nerveux, la régulation hormonale et métabolique – le diabète, le cholestérol... –, la sexualité, la croissance ou encore la circulation du sang.

Ce sont :

- l'acide linoléique, chef de file des oméga-6 ; il se trouve avant tout dans les huiles végétales (l'huile de maïs, de pépins de raisin, de tournesol...) ;
- l'acide alphalinolénique, chef de file des oméga-3 ; il se trouve avant tout dans les huiles de poissons gras (anchois, flétan, hareng, maquereau, sardine, saumon, thon, truite, turbot) et dans certaines huiles végétales (l'huile de colza, de noix, de soja...).

On a longtemps pensé que l'acide linoléique était meilleur pour la santé, car, par son action anti-caillots, il diminuait à la fois l'agrégation des plaquettes et le taux de cholestérol dans le sang. À présent, on sait que c'est l'équilibre entre les deux acides gras essentiels qui est important : si l'alimentation apporte une trop grande quantité de l'un d'entre eux, une compétition apparaît, qui est préjudiciable aux membranes cellulaires, donc aux échanges entre les neurones.

DEUX ACIDES GRAS TRÈS INTÉRESSANTS

Appartenant à la famille des oméga-3, deux acides gras sont fabriqués par l'organisme à partir de l'acide alphalinolénique, à condition que l'alimentation ne soit pas trop riche en oméga-6 :

- le DHA*, ou acide docosahexanoïque, ou acide cervonique ;
- l'EPA*, ou acide eicosapentaénoïque.

Avant tout connus pour leurs propriétés de protection cardiovasculaire, ils sont également dotés d'un rôle majeur sur le cerveau : ils interviennent en particulier dans la constitution des membranes neuronales. En leur absence, on observe une baisse de l'acuité visuelle et une diminution des performances cognitives. De faibles taux de DHA et d'EPA ont été reliés à de faibles concentrations de sérotonine* dans le cerveau, ce qui expliquerait la dépression.

Apports quotidiens recommandés

Ayant chuté de moitié depuis la Seconde Guerre mondiale, les apports actuels en oméga-3 sont insuffisants : ils sont de 150 à 200 mg/jour, alors qu'il faudrait entre 1 et 2 g/jour d'acide alphalinolénique, leur précurseur immédiat. Les apports* quotidiens recommandés du mélange formé par le DHA* et l'EPA* se situent aux alentours de 1 g.

LE DHA, QU'EST-CE QUE C'EST ?

L'acide docosahexanoïque, ou DHA*, est un acide gras indispensable au fonctionnement normal du cerveau ; il est également appelé acide cervonique pour souligner sa présence et son importance dans cet organe. Il n'a rien à voir avec la DHEA, une hormone produite par les glandes surrénales.

Le DHA est concentré dans les membranes des synapses* – facilitant ainsi les échanges et la communication entre les neurones –, dans le cortex, les mitochondries (des cellules spécialisées dans la production d'énergie), les photorécepteurs de la rétine ou encore le sperme. Pour sa bonne marche, le cerveau monopolise l'ensemble du DHA fourni par l'alimentation.

Ses effets bénéfiques sont nombreux :

- il favorise la structure, la souplesse et la fluidité des membranes, ainsi que le maintien des cellules cérébrales, ce qui améliore l'action globale du système nerveux ;

- il augmente la concentration d'acétylcholine*, un neurotransmetteur* qui agit sur les mouvements d'humeur et améliore l'attention et la mémoire (voir le chapitre 2). Un enfant est plus calme et apprend mieux quand son alimentation lui apporte du DHA d'une façon optimale ;
- il réduit certains effets néfastes du vieillissement du cerveau ;
- il est utile aux personnes qui souffrent de troubles mentaux : régulièrement, ces dernières révèlent dans leurs membranes nerveuses un taux très bas de DHA ;
- plus la concentration de DHA s'élève, plus la sérotonine* s'élève : cela aide beaucoup les personnes déprimées.

LES SOURCES DU DHA

Le cerveau est contraint de transformer les acides gras polyinsaturés oméga-3 à chaîne courte, qui sont fournis par les légumes à feuilles, les noix ou les graines de lin, en oméga-3 à chaîne longue, tel le DHA*, qui ont un potentiel bien supérieur. Mais le cerveau n'est pas très doué pour le faire ; il faut donc lui en apporter beaucoup ou lui en fournir du prêt à l'emploi, par exemple avec du poisson et des fruits de mer :

Quantité de DHA contenue dans les poissons gras

- Maquereau : 1,4 g/100 g.
- Hareng et sardine : 1 g/100 g.
- Anchois et thon : 0,9 g/100 g.
- Saumon : 0,8 g/100 g.

Pour optimiser ses apports en oméga-3, il faudrait consommer en moyenne par jour 28 g de maquereau, 42 g de hareng ou de sardine, 56 g de saumon frais ou 100 g de thon en conserve.

- le thon et le maquereau sont plus riches en DHA qu'en EPA* ; c'est l'inverse pour le hareng ;
- les poissons sauvages, qui se nourrissent de phytoplancton, sont plus riches en EPA et en DHA que les poissons de culture ;

- les crustacés contiennent de la choline, de la méthionine, de la lécithine, de la phosphatidylcholine et de l'iode, toutes substances indispensables pour protéger nos neurones et nos structures nerveuses.

La nécessité de supplémenter en DHA est donc plus grande à mesure que la nourriture s'occidentalise, ce qu'ont parfaitement compris les Japonais. Le DHA alimentaire semble essentiel, comme le montrent des tests pratiqués en maternité sur des nouveau-nés ; 20 mg de DHA par kilo de poids corporel stimulent le développement du cerveau.

En France, les apports* quotidiens recommandés de DHA sont de 150 mg.

L'EPA, QU'EST-CE QUE C'EST ?

Avant tout présent dans les tissus circulants et le placenta, l'acide eicosapentaénoïque, ou EPA*, revêt une importance cruciale pour le cerveau.

Ses effets bénéfiques sont nombreux :

- selon certains auteurs, il serait plus antidépresseur que le DHA*, sans que cela soit prouvé d'une manière irréfutable : David Servan-Schreiber en particulier considère que trop de DHA diminuerait l'action sur l'humeur ;
- si l'organisme est capable de transformer l'EPA en DHA, c'est avec un rendement très médiocre, de l'ordre de 10 % ; c'est pourquoi plusieurs auteurs suggèrent, pour obtenir une action favorable sur l'humeur, d'apporter sept fois plus d'EPA que de DHA ;
- L'EPA améliorerait les fonctions intellectuelles mais jouerait surtout, d'une manière plus générale, sur différents métabolismes.

Contrairement au DHA, il n'existe pas d'apports* quotidiens recommandés pour l'EPA.

LE « SYNDROME DU CERVEAU IRRITABLE »

Quand les niveaux de DHA* et d'EPA* sont bas, la production de prostaglandines-2 est augmentée : ces substances hormonales, qui proviennent d'acides gras insaturés, ont de nombreux effets, parmi lesquels, au niveau du cerveau, des phénomènes comparables à l'inflammation du côlon, avec des réactions de panique, de peur irrationnelle ou de colère. Certains auteurs évoquent un « syndrome* du cerveau irritable » – comme on parle de « côlon irritable ». La présence d'huiles et de graisses pro-inflammatoires entretient l'inflammation, perturbe l'activité et l'humeur. Un rééquilibre nerveux se produit quand cette réaction inflammatoire diminue.

Pour obtenir une action nerveuse, certains praticiens conseillent un apport de 300 mg/jour d'EPA* et de DHA*, ce qui équivaut à une portion moyenne de poisson gras ; d'autres préconisent de prendre 600 mg, alors qu'une action anti-inflammatoire, parfois nécessaire pour certaines affections, impose d'aller jusqu'à 2-3 g/jour d'huile de poisson, pendant quelques semaines. Attention : ces doses importantes peuvent donner à la peau une odeur caractéristique désagréable.

Conclusion : il semble intéressant de fournir des oméga-3 aux personnes déprimées ; il faudra attendre de

Supplémentation en EPA et en DHA

En pharmacie ou en parapharmacie sont vendues des associations d'EPA* et de DHA* ; ces produits sont en général recommandés à titre de prévention cardiovasculaire.

Exemple : Oméga-3 « 700 » Solgar® (boîte de trente ou de soixante gélules, dont chacune apporte 380 mg de EPA et 260 mg de DHA). Posologie : une à deux gélules par jour.

Il existe également des gélules dosées à 100 mg de DHA. Posologie : deux gélules par jour.

nouveaux travaux scientifiques pour préciser les doses et l'équilibre optimal entre l'EPA et le DHA.

LA CUISSON, LA PRÉPARATION ET LA CONSERVATION

Le wok

Emprunté à la cuisine asiatique, le wok est une sorte de grande poêle, en fonte ou en acier inoxydable, dans laquelle on fait revenir à feu vif toutes sortes d'aliments – de la viande, du poisson, des légumes, des crustacés... Cela permet d'éviter de grandes quantités de graisses. Le wok présente donc plusieurs avantages :

- les aliments ne baignent pas dans la graisse ;
- ils cuisent vite, ce qui évite que leurs vitamines et leurs minéraux soient dénaturés ;
- le goût des aliments est parfaitement conservé.

Fort éloignée de celle de nos grands-mères, l'alimentation actuelle crée un stress digestif et immunologique. En effet, la cuisson casse des molécules, formant des combinaisons qui n'existent pas dans la nature et que l'organisme a parfois du mal à digérer ou à assimiler. La cuisson et surtout la friture doivent être le plus courtes possible, car les acides gras se saturent à la chaleur. Le micro-ondes, qui dégage rapidement beaucoup de chaleur, dénature certains aliments, ainsi que les huiles.

Faites également attention aux méthodes de conservation et de préparation : tandis que les sardines ou les maquereaux en conserve préservent le DHA* et l'EPA* pendant deux ans, les produits congelés révèlent une destruction importante des acides gras ; quant au fumage, il est très altérant, et le maquereau peut perdre jusqu'à 70 % des oméga-3 qu'il contient à l'état frais.

Les acides gras se saturent à la chaleur : la cuisson ou la friture doivent être le plus courtes possible.

COMMENT PRÉPARER LE POISSON

- Achetez-le de préférence frais, en filet ou surgelé.
- Si vous le prenez surgelé, effectuez une décongélation rapide afin de ne pas perdre les molécules solubles.
- Laissez-le mariner dans du citron et de l'huile.
- Faites-le cuire quelques minutes à la vapeur, ou faites-le pocher pendant dix à quinze minutes dans un court-bouillon à feu éteint.
- Évitez les cuissons à températures trop élevées, par exemple en papillote, car elles dénaturent les propriétés nutritionnelles du poisson et transforment ses acides gras insaturés en acides gras saturés.

RECOMMANDATIONS

Les recommandations successives concernant les acides gras polyinsaturés ont pu vous dérouter : après l'époque du tout tournesol est venue la vogue de l'onagre et de la bourrache, avant que les huiles de poisson puis l'huile de colza envahissent la prescription et la prévention. Le domaine des acides gras essentiels est très mouvant et progresse d'une manière rapide et spectaculaire : les conseils d'hier ne sont pas toujours ceux d'aujourd'hui, et ne sont sans doute pas ceux de demain.

Voici nos recommandations, telles que nous pouvons les faire en tenant compte des recherches actuelles.

1. La chasse aux graisses ne doit pas être acharnée, sous peine d'éliminer des substances indispensables au cerveau.
2. Evitez au maximum tous les acides gras saturés.

3. Incontestablement, les acides gras polyinsaturés ont un effet bénéfique majeur sur le fonctionnement du cerveau.

4. Pour rester en bonne santé, vous avez autant voire plus intérêt à diminuer les oméga-6 qu'à vous supplémenter simplement en oméga-3.

5. Choisissez des cuissons sans matière grasse : à la vapeur, au gril, au four, au court-bouillon.

6. Mangez des poissons gras trois fois par semaine.

7. Éliminez de votre alimentation courante les vinaigrettes et autres sauces à salade prêtes à l'emploi. Remplacez-les par du jus de citron ou du fromage blanc à 0 % de matière grasse.

8. Choisissez une pâte à tartiner au colza plutôt que du beurre ou de la margarine.

9. Prenez du lait écrémé.

10. Préférez les fromages de brebis ou de chèvre.

Quelle huile choisir ?

Toutes les huiles végétales apportent, à des concentrations variables, des acides gras saturés, ainsi que des acides gras essentiels. Toutes apportent le même nombre de calories.

- Selon les connaissances actuelles, le choix doit avant tout se porter sur l'huile de colza et l'huile d'olive, puis éventuellement sur l'huile de soja, l'huile de noix et l'huile de germe de blé.
- L'huile d'olive est antioxydante, alors que l'huile de colza ne l'est pas.

Les protéines

Tandis que les glucides fournissent le combustible et que les lipides assurent le stockage de l'énergie, les protéines ne sont pas en reste : elles composent la trame qui sert à construire et à renouveler les cellules de nos tissus et de nos organes ; elles participent à la transmission de l'influx nerveux et de nombreux messages chimiques. Les anticorps, les enzymes, les hormones, les neurotransmetteurs* ou les acides* aminés, indispensables ou non, ne sont rien d'autre que des molécules de protéines sophistiquées. Il est impossible de survivre très longtemps sans consommer de protéines, car elles ne sont pas véritablement stockées ; la moitié des protéines de l'organisme est renouvelée tous les quatre-vingt-dix jours.

LES PRINCIPALES SOURCES

Les protéines sont soit d'origine animale soit d'origine végétale.

- L'œuf est la protéine de référence, car il contient dans des proportions idéales les neuf acides* aminés indispensables.

- Les autres protéines animales – le lait et les laitages, le poisson et la viande – ont une valeur biologique satisfaisante, alors qu'elle est moindre dans les protéines végétales : les céréales ne contiennent pas de lysine, les légumineuses sont dépourvues de méthionine. Des associations de protéines d'origines animale et végétale sont donc nécessaires pour la santé.

- Nous considérons que les meilleures protéines sont apportées par les poissons ; la viande contient des acides gras saturés ainsi que du fer, qui ont tous deux une action néfaste sur les neurones dont ils endommagent les membranes.

Voici les quantités nécessaires pour fournir 20 g de protéines de bonne qualité.

- Une part (90 g) de camembert.
- Deux œufs.
- Quatre pots de yaourt.
- Une part (80 g) de blanc de poulet.
- 80 g de lentilles.
- 85 g de thon à l'huile.
- 100 g de sardines en conserve.
- 180 g de fromage blanc.
- 275 g de tofu (soja).
- 600 ml de lait entier.
- 950 g de pommes de terre.

QUE PENSER DU RÉGIME VÉGÉTARIEN ?

Tandis qu'une alimentation végétarienne exclut tout aliment issu de la chair animale mais intègre les œufs et le lait, un régime végétalien autorise seulement la consommation de produits végétaux. Excluant donc les protéines animales, les végétaliens sont ainsi exposés à des carences : il leur faut veiller à associer aux fruits et aux légumes des oléagineux, des céréales et des légumineuses. Un régime végétalien strict n'apporte pas à l'enfant tous les acides* aminés indispensables : des retards de croissance risquent de se

Apports quotidiens recommandés

Pour les protéines, les apports* quotidiens recommandés sont de 1 g par kilo de poids corporel. En théorie, cela représente 20 % environ des apports caloriques. Un adulte de 60 kg doit donc impérativement absorber 60 g de protéines par jour.

produire dès l'âge de six mois, des carences en vitamines, en minéraux et en oligoéléments sont presque inévitables, avec des conséquences néfastes sur le développement psychomoteur. Si aucune étude n'est, pour l'heure, venue confirmer les effets positifs de l'alimentation végétarienne sur la santé, ce choix de vie, qui s'accompagne le plus souvent d'une meilleure hygiène, de la pratique d'un exercice physique, de l'absence d'alcool et de tabac, aurait une influence bénéfique.

RECOMMANDATIONS

1. Consommez deux sources de protéines différentes chaque jour.
2. Variez vos apports en protéines, sans vous contenter uniquement de viande.
3. Choisissez des œufs et des poissons gras.
4. Mangez du fromage, de préférence de chèvre ou de brebis, une fois par jour – mais sans ajouter de beurre sur le pain.

Les vitamines, les minéraux et les oligoéléments

Les vitamines possèdent une aura presque magique, sont investies d'un pouvoir quasi surnaturel et sont synonymes de croissance, de vitalité, de bonne santé et de longévité – ce qui, du reste, se voit confirmé par les travaux scientifiques actuels.

Entré dans la langue française en 1913, quand fut isolée la première amine dont le rôle est essentiel pour l'organisme, « vitamine » vient du latin *vita*, « vie », et du mot « amine ». Succédant à de nombreux travaux cherchant à prévenir ou à guérir les troubles liés aux carences vitaminiques, des recherches plus récentes ont montré comment il était possible d'utiliser les vitamines pour lutter contre les deux grands fléaux des pays occidentaux : les maladies cardiovasculaires et le cancer. Grâce à l'émergence du phénomène des radicaux libres et des antioxydants (voir le chapitre 6), nous savons désormais que des quantités supérieures de certaines vitamines non seulement préviennent la survenue des maladies cardiovasculaires, empêchent l'apparition de certains cancers ou en améliorent le pronostic, mais qu'elles peuvent également contribuer à retarder des phénomènes jusque-là inéluctables tels que le vieillissement ou les maladies neurodégénératives – par exemple les maladies d'Alzheimer et de Parkinson. Aujourd'hui, les vitamines tendent donc à être utilisées à doses plus fortes, à l'instar de médicaments classiques, d'une façon à la fois préventive et curative.

En prévention

Est-il possible de réduire les risques de maladies cardiovasculaires et de cancer en optimisant l'apport quotidien en vitamines et en oligoéléments ? Telle a été la question analysée pendant huit années par l'étude Suvimax (Supplémentation en vitamines et en minéraux antioxydants), qui a porté sur quelque treize mille personnes en bonne santé. Ses résultats ont été communiqués en 2003. Dans la prévention du cancer, cette étude a confirmé l'action de trois vitamines et de deux oligoéléments pris à doses nutritionnelles :

- les vitamines A, C et E ;
- le sélénium et le zinc.

Mais l'aliment semble plus efficace que la supplémentation en vitamines ou oligoéléments.

DES SUBSTANCES POUR LA VIE

Parce que notre organisme ne sait pas les synthétiser, nous devons impérativement trouver les vitamines dans notre alimentation ; provenant de substances animales ou végétales, elles sont assimilées lors de la digestion ; absorbées dans l'intestin grêle, elles sont stockées d'une manière plus ou moins massive dans les organes, souvent dans le foie, où, en faibles quantités, elles remplissent leur fonction avant d'être éliminées dans les urines ou les selles.

Deux types de vitamines

- Les vitamines hydrosolubles, c'est-à-dire solubles dans l'eau, sont très facilement diluées puis éliminées par les urines ; elles doivent être apportées à l'organisme d'une façon permanente : ce sont les huit vitamines du groupe B et la vitamine C.
- Les vitamines liposolubles, c'est-à-dire solubles dans les graisses, peuvent être stockées par l'organisme : ce sont les vitamines A, D, E et K.

Ces substances chimiques organiques sans valeur énergétique sont des micronutriments – les glucides, les lipides et les protéines sont des macronutriments. Elles sont indispensables à la vie ; leur domaine d'activité est très étendu, intervenant dans de nombreuses réactions chimiques, qui sont souvent essentielles pour l'organisme :

- elles participent au fonctionnement des organes, et en particulier du cerveau ;
- dans le cerveau, elles participent à la fabrication des hormones et des neurotransmetteurs* impliqués dans l'humeur, la concentration et la mémoire ;
- elles aident à réparer les tissus, entrant dans la composition des membranes cellulaires des neurones et du cerveau ;
- elles contribuent à la croissance cellulaire ;

- elles participent à la production des globules sanguins ;
- elles concourent à la production d'énergie ;
- grâce à leurs propriétés antioxydantes, elles neutralisent les agents toxiques.

UNE SUPPLÉMENTATION NÉCESSAIRE

L'amélioration du niveau de vie a quasiment fait disparaître des pays occidentaux les cas d'avitaminoses et les maladies correspondantes – le béribéri, le pellagre, le rachitisme, le scorbut ou la xérophtalmie. En France, il n'existe pas à proprement parler de carence nutritionnelle majeure – et les résultats de Suvimax le confirment ; en revanche, certaines déficiences d'apports en vitamines, en minéraux, en oligoéléments et en certains acides gras ont été constatées, qui peuvent retentir sur la santé.

Des groupes à risques subsistent, du fait de circonstances particulières – la grossesse, le vieillissement ou une maladie grave – ou de

Les apports quotidiens recommandés

Chaque pays a fixé les quantités nécessaires en vitamines, en minéraux, en oligoéléments, en acides* aminés ou en acides gras : ces apports* quotidiens recommandés (AQR) sont destinés à couvrir les besoins de 95 % de la population – les enfants, les adolescents, les hommes, les femmes ou les personnes âgées. La plupart des études épidémiologiques réalisées montrent que les apports effectifs des Français sont très inférieurs aux apports quotidiens recommandés qui, pourtant, sont déjà trop bas : l'enquête de référence, réalisée dans le Val-de-Marne, puis Suvimax, ont révélé qu'une grande partie de la population ne possédait pas un statut satisfaisant en une ou en plusieurs vitamines – avant tout les vitamines B1, B2, B6, B9, C et D.

comportements déviants – la prise d'alcool, de tabac ou de médicaments toxiques. Si, dans la plupart des cas, les apports* quotidiens recommandés évitent les situations de carence, seuls des apports optimaux plus élevés permettent à l'organisme de fonctionner avec une efficacité maximale et de ne pas subir les conséquences du stress.

Prendre des vitamines, des minéraux et des oligoéléments constitue donc l'une des mesures-santé les plus intéressantes que vous puissiez adopter, que vous soyez jeune ou âgé, souffrant ou en bonne santé. Car il s'avère que, non contents d'aider à la guérison, ces suppléments améliorent également l'ensemble des fonctions du cerveau dans leur immense variété : l'apprentissage, la concentration, la coordination, l'humeur, la mémoire... Malheureusement, certains experts, qui s'attachent avant tout aux signes et aux maladies associés aux carences, considèrent et font savoir très fort qu'une alimentation variée suffit, ce qui est faux. Composée de produits frais et de qualité, et recourant à des modes de cuisson non agressifs, une alimentation équilibrée n'est pas capable d'apporter la quantité de vitamines nécessaire pour l'ensemble de la population.

Nous le pensons, nous l'avons déjà dit et nous le répétons : les apports strictement alimentaires sont insuffisants, il est indispensable de supplémenter en vitamines, en minéraux et en oligoéléments pour protéger son cerveau et réguler ses fonctions mentales. Nous pouvons même affirmer que si ces substances n'ont aucune influence sur l'intelligence, en revanche leur carence réduit les performances intellectuelles et concourt à modifier les humeurs : le cerveau en a absolument besoin pour bien fonctionner.

ATTENTION AUX DÉFICIENCES

Voici quelques exemples de troubles liés aux déficiences en vitamines.

- Les vitamines antioxydantes (A, C, E), les vitamines du groupe B et la vitamine D – du fait de ses interactions sur le métabolisme du calcium – revêtent une importance majeure dans le fonctionnement du cerveau et dans la prévention de son vieillissement. Leurs déficiences sont donc lourdes de conséquences.

- Les déficiences en vitamines B1, B5, B6, B9 (acide folique) et B12 sont des facteurs de dépression, de fatigue et d'anémie.

Elles touchent les personnes âgées

Parmi les plus grandes catastrophes alimentaires qui frappèrent l'humanité, deux étaient liées aux vitamines B1 et B3 : la première avec du riz décuticulé en Asie, la seconde avec un maïs mal préparé aux États-Unis.
Même si ces accidents restent exceptionnels, des carences moins importantes mais permanentes touchent, en Occident, les personnes âgées. Et cela est préjudiciable à la santé de leurs neurones.

- La vitamine B1 rend possible l'utilisation du sucre ; une carence en vitamine B1 est donc grave, entraînant en six jours seulement une lassitude intellectuelle, une irritabilité extrême voire des troubles de l'humeur.

- Les vitamines B6, B9 et B12 diminuent l'homocystéine, dont l'augmentation constitue un risque important de maladie cardiovasculaire. En temps normal, cet acide aminé est éliminé en présence de certaines vitamines du groupe B ; en l'absence de ces dernières, elle s'accumule dans le sang et détériore les vaisseaux. En général, son augmentation n'augure rien de bon : elle est responsable du déclin mental, de troubles de la mémoire et de l'apprentissage, et d'une détérioration de l'humeur.

• Les vitamines du groupe B sont souvent impliquées dans le stress et ses effets.

INTERFÉRENCES, DOSAGES ET CONTRE-INDICATIONS

• De nombreux médicaments peuvent empêcher l'absorption des vitamines ; la liste est longue, le mieux est d'en parler avec votre médecin.

• La plupart des vitamines sont peu ou pas toxiques : les vitamines C et E, et les six vitamines du groupe B procurent une grande liberté de manœuvre ; la vitamine B9 possède une bonne marge de sécurité ; en revanche, attention à l'administration prolongée de vitamine B6 et surtout de vitamines A et D.

En proportion

• Notre organisme est composé de 70 % d'eau.
• Les éléments constitutifs, ou macronutriments – c'est-à-dire les lipides, les protéines et les glucides –, représentent 25 % environ du poids du corps.
• Les vitamines et les sels minéraux, ou micronutriments – parmi lesquels les oligoéléments –, représentent 4 % seulement : cela est fort peu, compte tenu de leur importance effective.

• Dans le cadre d'une automédication, méfiez-vous de la vitamine A, car elle est vite dangereuse.

• Si vous avez une hypercalcémie ou si vous souffrez d'antécédents de calcul rénal, attention à la vitamine D.

• Si vous prenez un traitement anticoagulant, attention à la vitamine E.

• En cas de tumeurs malignes, attention aux vitamines B9 et B12.

• Le risque de surdosage n'est quasiment jamais alimentaire mais presque toujours le fait des suppléments ou des concentrés de vitamines.

TROIS GROUPES DE MINÉRAUX

Constituants des êtres vivants, les éléments minéraux sont classés en trois groupes, qui dépendent de leur importance relative dans notre organisme ; à eux seuls, les deux premiers représentent 99 % du corps humain.

1. Les éléments de constitution de la matière vivante, tels que l'azote, le carbone, l'hydrogène et l'oxygène, sont présents dans l'organisme d'une manière massive.

2. Les macroéléments, ou minéraux, sont présents en quantités assez importantes : ce sont le calcium, le chlore, le magnésium, le phosphore, le potassium, le sodium et le soufre. Leur teneur s'exprime en grammes ; des apports supérieurs à 100 mg/jour sont nécessaires au maintien de la vie.

3. Les éléments en traces, ou oligoéléments, sont présents en faibles quantités dans l'alimentation – le grec *oligos* signifie « petit », « peu nombreux ». Notre organisme n'en réclame que des doses infimes : ce sont l'arsenic, le bore, le chrome, le cobalt, le cuivre, le fer, le fluor, l'iode, le manganèse, le molybdène, le nickel, le sélénium, le silicium, le

Vertus du potassium

- Ce minéral joue un rôle important dans l'hyperexcitabilité : en régulant la contraction musculaire, il a une incidence sur la transmission de l'influx nerveux.
- En s'opposant au sel, il sert à la bonne répartition de l'eau dans l'organisme.
- Notre corps contient trois fois plus de potassium que de sodium. Pour que les échanges fonctionnent parfaitement, ce rapport doit rester constant : ce rôle est avant tout dévolu à une bonne alimentation et à une bonne hydratation. Tandis que ce rapport est très bas dans beaucoup d'aliments, il est optimal dans les légumes (persil, épinard, pourpier, ail, fenouil, champignon, pissenlit, oseille, avocat) et les fruits séchés (abricot, banane, raisin, figue, datte).

vanadium et le zinc, pour ne citer que les principaux. Leur teneur varie de quelques dizaines de milligrammes pour les plus abondants – le fer et le zinc – à quelques milligrammes ou fractions de milligrammes pour les moins abondants – le chrome et le sélénium.

Le cuivre et le zinc sont les deux oligoéléments pour lesquels les risques de carence sont les plus importants, surtout après l'âge de cinquante ans, et avant tout chez la femme. Un déficit en zinc provoque des troubles du comportement et perturbe l'assimilation de l'oxygène.

UN RÔLE MAJEUR

Apportés uniquement par l'alimentation, les oligoéléments ont un rôle biologique majeur :

- ils interviennent dans de nombreuses réactions chimiques ;
- ils favorisent les échanges entre les tissus ;
- ils dynamisent les réactions de défense ;
- plusieurs d'entre eux contribuent au fonctionnement des neurones et occupent une place primordiale dans la lutte contre le stress ;
- comme les vitamines, ces micronutriments contribuent, avec un apport alimentaire globalement faible, au maintien de la santé ;
- leur bon équilibre est nécessaire ; leur accumulation ou au contraire leur diminution perturbent la bonne marche de l'organisme, permettant à la maladie de s'installer ;
- un déficit en oligoéléments peut non seulement être responsable d'une baisse de forme accompagnée de fatigue, d'une vulnérabilité au stress, d'une diminution de la concentration et des facultés intellectuelles, d'une altération de la peau et des phanères (poils, ongles, dents...),

d'une baisse des défenses immunitaires ou encore d'un vieillissement prématuré, mais également d'une augmentation importante des risques cardiovasculaires et de la fréquence des cancers.

LA NAISSANCE DE L'OLIGOTHÉRAPIE

Du fait de leur insignifiance quantitative, les oligoéléments ont longtemps été considérés comme des déchets sans importance, des « impuretés accidentelles ».

En 1897, Gabriel Bertrand découvrit le rôle du manganèse dans l'utilisation que faisait l'organisme de l'oxygène de l'air. On commença alors à penser que ces éléments chimiques possédaient peut-être une action dans la constitution des enzymes ; très vite, on s'aperçut que la plupart des fonctions vitales ou essentielles dépendaient d'eux et de leurs propriétés dynamisantes, ou « catalytiques », comme on disait alors. L'oligothérapie allait naître dans la première moitié du xxe siècle ; sa première utilisation en thérapeutique humaine concerna l'iode pour lutter contre le goitre des Alpes.

Ils luttent contre le stress

Quatre minéraux sont particulièrement importants pour lutter contre le stress. L'alimentation ou la supplémentation doivent veiller à les apporter en quantités suffisantes.
Ce sont, par ordre d'importance :
1. le magnésium ;
2. le lithium ;
3. le calcium ;
4. le phosphore.

Méthode en perpétuelle évolution, l'oligothérapie repose sur la prescription de minéraux et d'oligoéléments. Le terme même regroupe des thérapeutiques et des démarches très différentes :

- l'oligothérapie traditionnelle, appelée également oligothérapie réactionnelle ou catalytique, telle qu'elle fut définie par le Dr Jacques

Ménétrier dans la première moitié du xxe siècle, est fondée sur l'apport de faibles doses d'oligoéléments pour rééquilibrer l'organisme dans sa globalité ;

- La nutrithérapie fournit des compléments nutritionnels variés, destinés à traiter et à prévenir les carences ainsi que leurs effets ;
- certains praticiens prescrivent des minéraux et des oligoéléments à des doses plus importantes, comme c'est le cas avec le calcium dans la prévention et le traitement de l'ostéoporose ou de la tétanie.

RECOMMANDATIONS

Voici les doses quotidiennes maximales de vitamines et d'oligoéléments que vous pouvez absorber sans risques, mais d'une manière ponctuelle. Elles se situent, bien sûr, largement au-dessus des apports* quotidiens recommandés.

- Vitamine A : 10 000 UI/jour.
- Bêtacarotène (ou provitamine A) : 25 mg/jour.
- Vitamine B1 : 50 mg/jour.
- Vitamine B2 : 200 mg/jour.
- Vitamine B3 : 500 mg/jour.
- Vitamine B5 : 1,5 g/jour.
- Vitamine B6 : 200 mg/jour.
- Vitamine B9 : 1000 µg (microgrammes)/jour.
- Vitamine B12 : 3000 µg/jour.
- Vitamine C : 1 g/jour.
- Vitamine D : 800 UI/jour.
- Vitamine E : 1000 g/jour.
- Sélénium : 200 µg/jour.
- Zinc : 30 mg/jour.

→ En bref

- Des repas équilibrés comportent des céréales (des pâtes, du pain…), de la viande maigre (pas de charcuterie), des poissons gras, des fruits et des légumes, des légumineuses, des fruits oléagineux (noix, amande…), des œufs, de l'huile d'olive et de colza. Évitez les produits laitiers entiers.
- Pour préserver et renforcer votre équilibre nerveux, diminuez d'une manière générale la quantité totale de calories absorbées.
- Le cerveau exige de l'énergie, en permanence, jour et nuit, et sans à coups. Cette énergie est fournie par les glucides, qui se transforment en glucose. Notre équilibre mental dépend de la quantité et de la qualité de ce combustible, qui demande donc à être choisi avec soin.
- Autrefois, les sucres absorbés provenaient presque exclusivement des céréales, des fruits et du miel ; aujourd'hui, ils émanent aux trois quarts de sucres de synthèse.
- Tous les aliments qui entraînent des variations du taux de sucre dans le sang donnent peu ou prou des variations de l'humeur. Vos choix alimentaires doivent donc se porter de préférence vers les céréales ou les sucres à indice glycémique bas : les pâtes, les pois, les lentilles, les haricots secs, le pain ou le riz complet.

- Limitez les apports de cholestérol alimentaire en réduisant avant tout les apports d'acides gras saturés.

- Couvrez vos besoins en acides gras insaturés et en acides gras essentiels.

- Une alimentation riche en huile de poisson, c'est-à-dire en acides gras essentiels, aide le cerveau à éliminer les radicaux libres, à réduire l'inflammation qui endommage les neurones, à faciliter et à moduler la sécrétion et la composition des neurotransmetteurs*, et même à modifier la structure des cellules.

- L'huile de poisson est à la fois antidépresseur et psychorééducatrice ; elle n'interfère pas avec les médicaments habituellement prescrits.

- Toutes les études scientifiques mettent en évidence, chez les personnes stressées et déprimées, un déficit en oméga-3. Ce déficit prédispose-t-il à la maladie ? Ou la maladie favorise-t-elle cette déficience, par exemple en modifiant l'alimentation ? La question n'est pas tranchée ; dans le doute, vous pouvez choisir de supplémenter avec cet acide gras.

- La plupart des chercheurs suggèrent de rééquilibrer le rapport entre les oméga-6 et les oméga-3 en remplaçant la viande par des poissons gras et les diverses huiles d'assaisonnement par l'huile de colza. Le mot d'ordre actuel devient manger moins gras mais aussi mieux gras.

- Mangez une protéine différente à chacun des deux principaux repas.

- Une quarantaine de substances au total, qu'il s'agisse de vitamines, de minéraux, d'oligoéléments, d'acides gras ou d'acides* aminés, sont indispensables : l'absence de l'une d'entre elles signe la mort d'une personne dans un délai plus ou moins long.

- Il est indispensable d'équilibrer son alimentation quand on est soumis au stress, car ce dernier réduit la fixation, dans l'organisme, des vitamines, des minéraux et des oligoéléments.

- Certains minéraux sont plus impliqués que d'autres dans le bon fonctionnement du système nerveux : tandis que le magnésium, le calcium et le phosphore jouent un rôle majeur dans les phénomènes d'hyperexcitabilité, le lithium possède une action décisive sur l'humeur ; quant au manganèse, longtemps utilisé d'une manière empirique, cet oligoélément confirme également une petite activité positive sur le moral.

- Deux oligoéléments, le sélénium et le zinc, sont dotés de propriétés antioxydantes. Ils sont donc indispensables pour prévenir le vieillissement, ainsi que la plupart des maladies nerveuses ou neurologiques.

6

Un équilibre à respecter : les radicaux libres et les antioxydants

« On a beau avoir une santé de fer, on finit toujours par rouiller. »
Jacques Prévert.

Histoire d'une découverte

- Travaillant dans l'industrie automobile, des chimistes britanniques essayèrent de comprendre et de prévenir l'usure des pneus : ils découvrirent que le caoutchouc s'abîmait du fait de la présence de molécules instables, des sous-produits de l'oxygène de l'air, pensaient-ils : ils les appelèrent les « radicaux libres ».
- Le rapprochement entre ce qu'ils avaient observé sur le caoutchouc, matière inerte, et la dégradation inéluctable des cellules vivantes de notre organisme permit ensuite à des scientifiques de mieux appréhender le phénomène et d'expliquer non seulement le vieillissement mais également la survenue et l'aggravation de nombreuses maladies.
- Le système des radicaux libres et des antioxydants fut décrit pour la première fois en 1956 par le Pr Denham Harman, chimiste et médecin chercheur américain.
- Depuis, les recherches n'ont pas cessé. Durant ces dix dernières années, plusieurs milliers d'articles et de publications ont été consacrés au phénomène des radicaux libres et des antioxydants.

Il ne se passe pas une semaine sans que de nouvelles preuves scientifiques ne soient apportées quant à l'importance décisive de l'équilibre entre radicaux libres et antioxydants. Voilà une découverte qui, vieille d'un demi-siècle, a modifié depuis quelques années un grand nombre de nos conceptions médicales et a révolutionné nos moyens d'intervention : ce phénomène explique d'une manière très précise l'ensemble du processus qui mène à la maladie, propose un moyen d'intervention efficace pour freiner ou arrêter la cascade de réactions, permet enfin une prévention inédite ainsi qu'une prise en charge naturelle, qui passe avant tout par l'alimentation.

Des systèmes de défense

Soumis en permanence à toutes sortes d'agressions, qu'elles soient d'ordre chimique, physique ou encore psychique, qu'il s'agisse de virus ou de bactéries, notre organisme a mis en place un système de défense très efficace qui se fonde notamment sur l'utilisation de l'oxygène. Pour réagir tout de suite, il transforme certaines de ses cellules en formes réactives de l'oxygène : ce sont les oxydants, appelés également radicaux libres.

Les radicaux libres sont des molécules suroxygénées, c'est-à-dire des déchets hautement toxiques du métabolisme*, qui sont issues des réactions d'oxydation et de réduction.

Indispensable à la vie

L'oxygène intervient dans la plupart des étapes chimiques qui sont essentielles au fonctionnement de notre organisme. Les glucides et les lipides qui sont apportés par l'alimentation ont notamment besoin d'oxygène pour produire l'énergie nécessaire au développement et à la multiplication des cellules. C'est ce contact indispensable avec ce gaz qui génère les radicaux libres.

QUAND LES RADICAUX LIBRES PROTÈGENT L'ORGANISME

Les radicaux libres constituent l'un des éléments de la première ligne de défense de l'organisme ; ils participent à son fonctionnement normal. Au fur et à mesure de leur fabrication et de leur utilisation, leur production est constamment régulée par leur destruction.

À condition de ne pas être produits en trop grand nombre, leur rôle est bénéfique :

- ils participent à la capture puis à l'élimination des germes ;
- en éliminant les cellules anciennes ou défectueuses que l'organisme remplace en permanence, ils assurent la « maintenance » et la « voirie » ;
- ils aident à l'épuration de certains médicaments « toxiques » ;
- ils protègent la peau lors d'expositions trop fréquentes au soleil ;
- ils permettent de lutter contre le tabagisme, la pollution ou des excès alimentaires.

QUAND LES RADICAUX LIBRES DEVIENNENT NOCIFS

À la longue et s'ils sont trop nombreux, les radicaux libres se comportent comme des missiles qui bombardent sans arrêt l'organisme. Leurs effets néfastes sont alors nombreux :

- ils s'attaquent aux membranes qui protègent nos cellules, les fragilisent et les endommagent ;
- ils ralentissent la production d'énergie, qui est indispensable à l'organisme ;
- sous l'action conjuguée de l'âge et du soleil, ils participent au vieillissement de la peau ;
- en réduisant d'une manière parfois importante les réseaux de communication et en menaçant, en détériorant ou en détruisant des neurones, ils participent au développement des maladies neurologiques ;
- en perturbant le fonctionnement des neurones, ils gênent la libération des neurotransmetteurs* et parfois même les détruisent ;
- ils participent au vieillissement cérébral ;

- ils s'attaquent à l'ADN, touchant alors à notre code génétique ;
- les dégâts effectués sur les voies nerveuses sont responsables de difficultés à mémoriser, de comportements aberrants, de tremblements, de gestes non coordonnés...

La surface a durci, ou la réaction d'oxydation

Sans doute avez-vous déjà oublié de fermer un pot de pâte à tartiner. Le lendemain, une couche dure s'est formée à la surface ; vous devez la gratter pour retrouver en dessous une pâte molle, plus facile à tartiner. Que s'est-il passé ? En contact avec l'oxygène de l'air, la surface de l'aliment a subi une transformation chimique et physique appelée réaction d'oxydation. C'est ce même phénomène qui se produit au niveau de la membrane cellulaire : à la longue, cette dernière se trouve fragilisée, surtout si les apports énergétiques sont trop fréquents et mal choisis, c'est-à-dire si votre alimentation est trop abondante, trop riche en sucres ou en graisses.

LES RADICAUX LIBRES VIENNENT AUSSI DE L'EXTÉRIEUR

Si des radicaux libres sont produits par l'organisme pour se protéger, d'autres sont de source externe et peuvent se montrer également très toxiques. Ils proviennent de :

- la respiration ;
- la pollution automobile, industrielle et atmosphérique ;
- le trou dans la couche d'ozone ;
- le soleil ;
- les rayons gamma et ultraviolets ;
- les rayons X (par les radiographies) ;
- l'eau du robinet, trop riche en métaux lourds tels que le cuivre, le fer ou le plomb, du fait de canalisations anciennes ou mal entretenues ;
- des substances chimiques : par exemple les herbicides, insecticides et autres pesticides ;

Les aliments contaminés par les pesticides

- Après les États-Unis et le Japon, la France est le troisième pays plus gros consommateur de pesticides.
- De 1996 à 2002, le pourcentage des fruits, des légumes et des céréales contaminés est passé de 3 à 5,5 %.
- Plus de la moitié des aliments analysés sont touchés par cette pratique.
- Dans 8,9 % des cas, les quantités retrouvées dépassent les limites nationales et européennes autorisées.
- Parmi les produits les plus contaminés figurent le céleri, la fraise, la pêche, le poivron, le raisin et le thé vert.
- Il est donc indispensable de laver les fruits et les légumes, mais cela ne retire que les trois quarts des produits chimiques. Même s'ils sont plus chers, choisissez de préférence des produits issus de l'agriculture biologique.

- des substances alimentaires : par exemple les conservateurs ;
- des produits qui diffusent dans l'air : par exemple les désodorisants, les laques et les peintures ;
- l'alcool ;
- le tabac : une bouffée de cigarette libère des milliers de molécules de radicaux libres ;
- les médicaments : s'il n'y a pas d'anémie avérée, une supplémentation en fer apporte des radicaux libres ;
- l'âge : la très faible puissance de frappe antioxydante du cerveau décroît peu à peu aux alentours de trente ans ;
- le stress ;
- les traumatismes physiques ;
- les problèmes infectieux et les maladies inflammatoires.

Un contact trop fréquent avec des agents toxiques et agressifs durcit les tissus ou les vaisseaux, risque de les léser et d'entraîner leur rupture.

UN BOUCLIER INTÉGRÉ : LES ANTIOXYDANTS

Pour contrôler les radicaux libres et réparer leurs dégâts, l'organisme déploie l'un de ses systèmes de protection interne : ce sont les antioxydants. Il possède donc son propre antidote, son propre bouclier. Toute substance susceptible de freiner ou d'empêcher le phénomène d'oxydation, c'est-à-dire capable de prévenir, de réduire ou de réparer les dégâts causés par les radicaux libres, répond à la définition d'« antioxydant », un élément indispensable à notre santé.

Les attaques des radicaux libres se produisant des milliers de fois par jour, les antioxydants interviennent donc d'une manière presque permanente. À force, cela explique qu'une infime fraction non contrôlée de radicaux libres puisse créer des dégâts irréversibles. À l'instar des radicaux libres, les antioxydants sont soit d'origine endogène, ou interne – donc fabriqués par le corps –, soit exogène, ou externe – donc apportés par l'alimentation. Ils forment ainsi plusieurs lignes de défense parfaitement coordonnées :

- les antioxydants d'origine endogène : si toutes les cellules de l'organisme sont pourvues de piégeurs ou de capteurs de radicaux libres en excès, trois systèmes enzymatiques sont fondamentaux : la SOD, la catalase et la GPO.
- les antioxydants d'origine exogène : si plusieurs centaines

La salade en sachet : un exemple d'antioxydation

Les phénomènes d'antioxydation sont partout : le secret de la salade en sachet réside dans un air enrichi en azote et appauvri en oxygène, qui est injecté lors de la dernière phase du conditionnement afin de diminuer les phénomènes d'oxydation.
Une fois le sachet ouvert, c'est-à-dire en contact avec l'oxygène de l'air, la salade s'abîme normalement voire plus vite.

de substances sont capables d'assurer la fonction antioxydante, cinq d'entre elles font partie du système de base : trois vitamines, les vitamines A, C et E, et deux oligoéléments, le sélénium et le zinc. Produits naturellement par l'organisme, le coenzyme Q10 et l'acide lipoïque peuvent être apportés en supplémentation ; ils sont capables de régénérer et de dynamiser le système de défense.

Le glutathion

Le glutathion est une protéine composée de trois acides* aminés, la cystéine, l'acide glutamique et la glycine. Cet antioxydant puissant protège notre corps des toxines issues de l'environnement – les métaux lourds, la fumée de cigarette, la pollution atmosphérique – et des déchets métaboliques.
Une carence en glutathion rend plus ardue l'épuration de l'organisme et entraîne des troubles variés, en particulier des troubles nerveux. Toutefois, il est très difficile d'en augmenter le taux sanguin et cérébral, car il est inactivé par voie orale et, quand il est injecté, il n'atteint pas le cerveau : seul l'acide lipoïque est capable de le concentrer ou d'en stimuler la production (voir p. 268) d'où l'intérêt de sa supplémentation.

TROIS MOYENS NATURELS

- La SOD, ou superoxyde dismutase, est le premier des moyens de défense dont dispose notre organisme pour bloquer dès le départ le processus des radicaux libres. Pour fonctionner au mieux, elle réclame du manganèse, du cuivre et du zinc – ce qui confirme l'intérêt pour la santé de ces trois oligoéléments.
- La catalase est la deuxième ligne de défense, complémentaire de la précédente. Elle a besoin de magnésium pour bien fonctionner.
- La GPO, ou glutathion peroxydase, est la dernière ligne de défense. Elle nécessite du sélénium pour exister et pour jouer son rôle : si cet oligoélément n'est pas présent en quantités suffisantes, elle ne se forme même pas.

Présentes dans l'organisme à l'état normal, ces trois substances enzymatiques ont une mission très simple : neutraliser les radicaux libres avant qu'ils infligent des dégâts trop importants aux tissus. De nos jours, il est tout à fait possible de doser ces trois enzymes ; cela permet de déterminer avec précision si l'organisme est ou non capable de se défendre pour, au besoin, lui proposer une aide ciblée. Si la production de radicaux libres est trop abondante, ces trois systèmes de défense sont vite débordés : c'est donc avant tout de l'alimentation que viendra le salut.

FAIRE BARRAGE

- La première ligne du barrage est constituée par le trio de choc de notre santé : les vitamines A, C et E. Tandis que les vitamines A et E, qui sont solubles dans les graisses, agissent au niveau de la membrane cellulaire, la vitamine C, qui est soluble dans l'eau, intervient, dans un second temps, dans le sang ou dans les cellules.
- La seconde ligne du barrage est avant tout constituée de sélénium et, à un degré moindre, de zinc. Elle possède également

Un intérêt considérable pour la santé

Les substances antioxydantes protègent notre organisme de plusieurs manières :

- elles empêchent les radicaux libres de se former en gênant le phénomène d'oxydation ;
- elles bloquent l'activation d'autres molécules afin d'éviter la réaction en chaîne ;
- elles freinent ou arrêtent les dommages causés par les radicaux libres ; ils restaurent des dégâts produits sur certaines cellules ou certaines molécules ; elles éliminent les déchets formés.

Les antioxydants possèdent donc une triple fonction préventive, curative et réparatrice, ce qui explique leur intérêt considérable pour la santé.

une action préventive et/ou protectrice, fort utile à la précédente ; d'ailleurs, elle intervient surtout pour la soutenir.

En cas de surproduction de radicaux libres, ces systèmes de barrage naturels sont parfois dépassés ; la neutralisation de l'excédent se fait alors grâce à d'autres piégeurs.

TEMPS DE PAIX, TEMPS DE GUERRE

Si, dans leur ensemble, les radicaux libres peuvent être considérés comme des éléments d'agression, il ne faut pas les diaboliser et les voir uniquement comme des ennemis : la vie serait impossible sans eux. Leur production doit simplement être régulée, car ils deviennent vite destructeurs à l'égard des structures cellulaires de l'organisme.

Si, dans leur ensemble, les antioxydants peuvent être considérés comme les éléments essentiels de défense et de protection, il faut parfois s'en méfier car, s'ils sont apportés en excès, s'ils sont présents en trop grand nombre alors qu'ils ont déjà rempli leur fonction, ils peuvent se comporter comme des pro-oxydants, c'est-à-dire comme des radicaux libres.

Radicaux libres et antioxydants sont donc les acteurs d'une guerre au quotidien, sans qu'il soit possible d'affirmer si les premiers sont le « mal » et les seconds le « bien ». Car ils le sont à tour de rôle et selon les circonstances. C'est leur relation d'équilibre qui définit la santé. Dès que le système se déséquilibre, dès qu'une quantité trop importante de radicaux libres se forme, dès que les antioxydants, en quantité insuffisante, ne parviennent plus à les neutraliser, alors les réactions de défense de l'organisme sont diminuées ou débordées : la maladie peut apparaître et s'installer.

Comment apparaît une maladie

La plupart voire la totalité des maladies trouvent leur origine dans un mauvais équilibre entre des radicaux libres fabriqués en excès et des antioxydants présents ou apportés en quantité insuffisante. Le cerveau n'échappe pas à la règle : si un bon équilibre est essentiel à la santé de l'ensemble des cellules de l'organisme, il l'est tout particulièrement pour le système nerveux et les neurones.

L'ATTAQUE DE LA MEMBRANE CELLULAIRE

La membrane cellulaire est d'une extrême importance : c'est à son niveau que se produisent les échanges, que pénètrent les nutriments* et sortent les déchets, que s'organisent les réactions de défense et de régulation générale de l'organisme. Cette membrane fonctionne grâce aux acides gras essentiels polyinsaturés qui la constituent, ainsi qu'aux antioxydants qui la protègent. Si la membrane est modifiée dans sa structure ou bien endommagée, elle ne joue plus son rôle protecteur : la maladie trouve alors une brèche où s'engouffrer.

La matière vivante est composée de molécules, elles-mêmes constituées d'atomes entourés d'électrons qui, en temps normal, sont réunis par paires, comme des couples bien tranquilles. Sous l'action de divers facteurs environnementaux – l'oxygène ou le soleil par exemple – ou de mauvaises habitudes – l'alcool, le tabac, une alimentation déséquilibrée ou certains médicaments –, ces atomes ou ces molécules peuvent se retrouver provisoirement seuls, c'est-à-dire avec un nombre impair d'électrons sur leur couronne périphérique : cela les rend « instables » et « agressifs ». Ces radicaux libres attaquent alors les graisses de la membrane cellulaire, dans un seul but : mettre la main rapidement sur un électron capable de jouer le rôle de l'« âme sœur » calmante. La cascade de réactions en chaîne que les radicaux libres génèrent est lourde de conséquences, car le rôle de cette membrane, à la fois d'isolation et d'échange, est essentiel.

Quand les radicaux libres s'attaquent aux membranes des neurones, ils provoquent des microlésions cellulaires, une désorganisation des systèmes enzymatiques ou encore une perte de sensibilité des récepteurs des neurotransmetteurs*, qui traitent alors moins bien les informations qu'ils reçoivent ; cela se traduit tout d'abord par un dysfonctionnement, puis parfois par de véritables pannes que les personnes âgées connaissent bien et subissent d'une façon habituelle et longtemps irrégulière.

Les effets sur le fonctionnement cérébral sont donc inévitables : c'est, à court terme, l'apparition de troubles nerveux ou comportementaux et, à long terme, l'éventualité de maladies neurodégénératives.

Le détachant fait des trous, ou la fragilisation de la membrane

Si un détachant pour vêtements est efficace pour faire disparaître une tache de fruit ou de graisse, il finit parfois par trouer le tissu si vous l'utilisez trop souvent. Si l'organisme, parce qu'il reçoit trop de lipides, fait trop souvent appel au détachant, ses tissus sont fragilisés, en particulier la membrane cellulaire, et une maladie peut alors s'installer. Pour défendre l'organisme, les radicaux libres sont donc intéressants à petites doses ; produits en trop grandes quantités, ils deviennent nocifs.

LE CERVEAU : UNE CIBLE IDÉALE

Les radicaux libres interviennent dans l'ensemble de l'organisme, et en particulier au niveau du cerveau, qui est une zone particulièrement vulnérable :

- il fonctionne en permanence ;
- il utilise de préférence le sucre et consomme beaucoup d'oxygène, deux réactions qui produisent de nombreux radicaux libres ;
- il est constitué à 70 % de lipides, ce qui le rend très sensible à l'oxydation et à l'agression de sa membrane ;
- enfin il est peu concentré en antioxydants, ce qui nuit à ses capacités de défense.

LE STRESS OXYDATIF

Le stress oxydatif*, ou stress oxydant, est impliqué dans le développement de très nombreuses maladies ainsi que dans le vieillissement. Il est le résultat d'un ensemble de réactions chimiques qui se déclenchent sous l'influence d'une agression de tout ordre : il a pour conséquence la chute du taux des antioxydants – surtout la vitamine E – dans les membranes des neurones et des globules rouges. Le stress oxydatif est également très important lors des voyages aériens, en raison de la fatigue, du décalage horaire et des radiations cosmiques. Quand il y a stress oxydatif, il y a oxydation des graisses, ou peroxydation lipidique. Une substance issue du métabolisme des acides gras exprime leur niveau de dégradation : il s'agit du MDA, ou malonyldialdéhyde. Plus l'oxydation des graisses est importante, plus le MDA est élevé et plus notre organisme est soumis à l'agression des radicaux libres.

Une alimentation trop oxydative

- D'une manière générale, l'alimentation des Français est trop oxydative : elle comprend trop de viandes cuites, de charcuteries, de fritures, de lait et de laitages entiers.
- La part des fruits, des légumes et des acides gras insaturés reste encore très insuffisante. Pendant l'été 2004, l'augmentation du prix des fruits et des légumes a entraîné une chute de leur consommation de l'ordre de 30 %, malgré des efforts soutenus de sensibilisation et d'information.
- Un Français consomme en moyenne 120 g/jour de légumes (hors pommes de terre), ce qui est très peu, car il faut 700 à 800 g/jour de fruits et de légumes pour garantir une protection optimale en antioxydants.
- D'après le Pr Lecerf de l'Institut Pasteur de Lille, la consommation moyenne de pain complet est de 2 g/an – oui, vous avez bien lu : deux grammes par an – chez les jeunes de vingt ans !

Par le mode de cuisson qui introduit des lipoperoxydes dans notre organisme, une partie de notre alimentation est oxydative. Heureusement, les fruits et les légumes nous apportent des substances inhibitrices (antilipoperoxydes), qui limitent l'action néfaste des radicaux libres.

VINGT-HUIT ANS : L'ÂGE CRITIQUE !

Pourquoi vieillissons-nous ? Parce que, débordé, notre système de défense n'est plus capable d'endiguer la production des radicaux libres qui endommagent et parfois détruisent nos membranes cellulaires. Et à partir de quand ? Pour les scientifiques, vingt-huit ans est considéré comme l'âge critique à partir duquel les défenses assurées par les antioxydants diminuent d'une manière importante.

Avec l'âge, le système formé par les radicaux libres et les antioxydants devient de moins en moins performant : nous synthétisons moins d'antioxydants et nous fabriquons davantage de radicaux libres, qui abîment alors de plus en plus de cellules, perturbent le fonctionnement du cerveau, entraînent des maladies graves ou produisent les stigmates du vieillissement.

CHOISIR UNE ALIMENTATION RICHE EN ANTIOXYDANTS

Bien que le système de défense interne que constituent les antioxydants est des plus performants, il ne peut à lui seul éliminer l'ensemble des radicaux libres, surtout si ces derniers sont produits en excès : c'est donc de l'alimentation que vont provenir les troupes de renfort, indispensables à la bonne santé de l'organisme.

À présent identifiés avec précision, certains micronutriments dotés de propriétés antioxydantes participent à la prévention et à la prise en charge de nombreuses maladies – en association avec la lutte contre l'alcoolisme, le tabagisme ou la pollution : ce sont les vitamines A, C et E, les caroténoïdes, le sélénium et le zinc, les bioflavonoïdes, le coenzyme Q10 et l'acide lipoïque. Sans oublier le thé et le vin.

Une très grande famille

Nombreuses sont les substances qui, d'origine interne ou externe, viennent, à la suite des recherches scientifiques, grossir la famille des antioxydants. Par exemple :

- les œstrogènes de la contraception ou du traitement hormonal substitutif (THS) ;
- la mélatonine*, avant tout utilisée dans les troubles du sommeil (voir le chapitre 11) ;
- les stéroïdes, avec en particulier la célèbre DHEA ;
- certaines plantes sont capables de diminuer la production de radicaux libres, tel le ginkgo biloba, dont l'extrait est particulièrement actif sur la circulation cérébrale.

Quand on demande aux scientifiques qui ont élaboré le Programme national nutrition santé (PNNS) quelle est la meilleure façon d'augmenter ses antioxydants, ils répondent qu'il est préférable d'accroître sa consommation d'aliments naturellement riches en antioxydants plutôt que de prendre d'emblée une supplémentation. C'est donc à vous de jouer.

QUAND UN DÉSÉQUILIBRE S'INSTALLE

Les situations de déséquilibre entre les apports et les besoins en antioxydants sont nombreuses :

- quand les apports alimentaires sont insuffisants, par exemple lors d'un régime hypocalorique ;
- quand la consommation d'aliments à faible valeur micronutritionnelle est trop importante, par exemple d'alcool ;
- quand la consommation de graisses et de sucres est trop importante, et celle de fruits et de légumes trop faible : quand l'alimentation apporte trop d'acides gras saturés et trop de sucres rapides, l'organisme doit produire de très nombreux radicaux libres pour les assimiler ; la première mesure préventive est de freiner les apports de ces nutriments* avant de se supplémenter en antioxydants : il est inutile de manger n'importe

Quand un mauvais carburant encrasse le moteur

À l'instar d'une voiture de formule 1, l'organisme a besoin, pour bien fonctionner, d'un carburant de qualité irréprochable – une alimentation parfaitement choisie – ainsi que d'un pot d'échappement catalytique afin d'éliminer les déchets de la combustion – un système antioxydant performant.
Si le carburant est de mauvaise qualité, il encrasse le moteur – le système cardiovasculaire –, qui se met peu à peu à fonctionner beaucoup moins bien, moins vite et moins longtemps, surtout si le pot d'échappement n'est pas non plus d'une qualité irréprochable.
L'organisme a besoin d'une alimentation de qualité, qui n'encrasse pas ses vaisseaux.

quoi puis d'avaler une poignée de polyvitamines pour se rassurer, en s'imaginant qu'on se protège ainsi !

- quand les besoins de l'organisme augmentent, par exemple lors du tabagisme, d'une grossesse, avec l'âge ou lors d'une pratique sportive intensive ;
- quand la biodisponibilité est diminuée : les antioxydants peuvent être mal absorbés par l'organisme, par exemple lors d'un apport trop important de fer ou de calcium, lors d'une prise de médicaments, ou avec l'âge ;
- quand une maladie est présente, par exemple le diabète, une pathologie cardiovasculaire, un cancer, l'obésité ou un stress chronique ;
- quand des facteurs environnementaux interviennent, par exemple l'exposition au soleil ou à la pollution.

Selon votre situation, soyez donc très attentif à votre statut en antioxydants, qu'il est désormais tout à fait possible de doser.

LA VITAMINE A, OU RÉTINOL

Dotée de propriétés antioxydantes, impliquée dans la prévention des maladies cardiovasculaires et du cancer, aidant à retarder certains signes du vieillissement, la vitamine A possède également une action protectrice sur la peau, les yeux, les bronches, les muqueuses et l'appareil digestif.

La vitamine A se trouve dans les produits d'origine animale, avant tout dans le foie, le beurre, les fromages, certains poissons (anguille, thon rouge, filets d'anchois à l'huile), les œufs et les abats. Elle est également présente dans les végétaux sous la forme de son précurseur : le bêtacarotène, ou provitamine A, qui, en présence de lipides, se transforme en vitamine A. Le bêtacarotène appartient à la famille des caroténoïdes.

LES CAROTÉNOÏDES

Comme leur nom l'indique, les caroténoïdes ont été découverts dans la carotte, où l'un d'entre eux, le bêtacarotène, est concentré. Ces cinq à six cents substances et pigments sont présents dans les fruits et les légumes, auxquels ils procurent leur couleur jaune, orange ou rouge, leur goût, leur parfum et leurs effets bénéfiques sur la santé, en particulier la régulation des défenses immunitaires.

Supplémentation en caroténoïdes

30 à 50 mg de caroténoïdes multiplient par deux le facteur de protection de la peau. Des suppléments de bêtacarotène, de lycopène et de lutéine se trouvent très facilement en pharmacie et en parapharmacie.

Les caroténoïdes ont une action complémentaire de celle des vitamines A et E. Les personnes qui témoignent des plus fortes concentrations en caroténoïdes obtiennent de bien meilleurs résultats aux tests de raisonnement logique et d'attention que le reste de la population.

Les dix fruits et légumes les plus riches en caroténoïdes sont l'abricot, le brocoli, la carotte, le chou vert, l'épinard, le melon, la mangue, le persil, le poivron et la tomate.

Parmi les nombreux caroténoïdes, quatre substances sont aujourd'hui bien connues :

LE BÊTACAROTÈNE

Longtemps considéré comme un simple précurseur de la vitamine A, il a vu son importance s'individualiser peu à peu. Il se trouve dans les fruits de couleur jaune et orange (abricot, mangue, kaki, papaye), les légumes verts (pissenlit, persil, mâche, épinard, ciboulette, cresson, oseille, chicorée, cornichon), la carotte, la tomate, la blette, le fenouil, le melon et le poivron.

LE LYCOPÈNE

S'il possède une activité antioxydante extraordinaire, supérieure à celle du bêtacarotène, il est en revanche beaucoup moins répandu. Il se trouve avant tout dans la tomate – surtout la purée de tomates et la sauce tomate –, le pamplemousse rose, la papaye et la pastèque. Selon plusieurs études, une consommation régulière de tomates protégerait du vieillissement mental.

LA LUTÉINE

Elle appartient à la grande famille des xanthophylles, des antioxydants très puissants. Elle est surtout présente dans le maïs ainsi que, mais en moindre concentration, dans le brocoli,

L'embarras du choix

Usez et abusez des caroténoïdes sous toutes leurs formes :

- un jus de pamplemousse rose au petit déjeuner ou au goûter ;
- des carottes râpées à l'ail, à l'huile d'olive ou arrosées d'un filet de jus de citron ;
- un gratin de brocolis ;
- une soupe aux choux ;
- une poêlée de haricots verts sautés à l'ail ;
- une salade de tomates aux échalotes ;
- des pâtes à la provençale, avec quelques tomates écrasées revenues à la poêle dans de l'huile d'olive ;
- une salade composée à base de maïs, de tomates et de haricots verts, avec des dés de pamplemousse rose ou de poivrons *al dente* ;
- de la pastèque en guise d'en-cas rafraîchissant.

le chou, les légumes verts (l'épinard), la mangue, l'orange, la papaye, la pêche, le poivron et les graines de soja. Attention : elle est très sensible à la lumière.

LA ZÉAXANTHINE

Voisine de la lutéine, elle se trouve dans les légumes verts à feuilles (l'épinard).

LA VITAMINE C, OU ACIDE ASCORBIQUE

Voici la vitamine la plus célèbre, la plus utilisée dans le cadre d'une automédication et la plus impliquée dans la bonne marche de la plupart des fonctions et des réactions de l'organisme.

HISTOIRE DU SCORBUT

Pendant des siècles, le scorbut fut beaucoup plus meurtrier que les batailles et les naufrages, décimant les populations de places fortes assiégées et les équipages de marins au long cours. Au XVIIIe siècle, on découvrit d'une manière empirique l'effet protecteur et miraculeux du jus de citron. Mais les jus de fruits frais étant coûteux, les commandants de bateaux décidèrent tout d'abord de préparer un sirop, plus économique et moins encombrant, mais totalement inefficace vu la sensibilité de la vitamine C à la chaleur. Cela les conforta un temps dans l'idée que donner des fruits à leur équipage était inefficace !

La vitamine C, également appelée en 1907 acide ascorbique – pour rappeler son rôle contre le scorbut – fut tout d'abord extraite du citron avant d'être synthétisée en 1933. Linus Pauling, Prix Nobel de chimie en 1954, jeta un pavé dans la mare en proposant la vitamine C contre l'infection et les maladies graves.

Absorbée dans la partie basse de l'intestin grêle, la vitamine C est concentrée dans les muscles et le foie sans qu'il y ait de véritable stockage, ce qui nécessite des apports quotidiens ; elle est éliminée par les urines.

LE RÔLE DE LA VITAMINE C

La vitamine C est indispensable au fonctionnement endocrinien – au métabolisme des glucides, du fer, des glandes surrénales, de la thyroïde et des glandes sexuelles ; elle occupe une place majeure dans l'immunité ; elle favorise la croissance ; en agissant sur la synthèse et l'entretien du collagène, elle augmente la résistance des tissus ; elle est dotée d'une puissante activité antioxydante ; très concentrée dans le cerveau, elle dynamise la communication entre les neurones ; elle diminue la fatique et l'anxiété ; en agissant sur les neurotransmetteurs*, en transformant notamment la dopamine* en noradrénaline*, elle combat la dépression ; à fortes doses, elle possède un effet antistress, qui est confirmé chez l'animal et souvent constaté chez l'être humain.

LES SOURCES

Les fruits (cassis, goyave, kiwi, fraise, litchi, orange, citron, mangue, groseille, citron vert, clémentine, mandarine, pamplemousse, mûre, melon, framboise, fruit de la passion, myrtille, nectarine), les légumes (persil, poivrons rouge et

Supplémentation en vitamine C

Des suppléments de vitamine C existent sous de nombreuses formes, présentations et dosages.

Par exemple :

- Bérocca® (un comprimé = 500 mg).
- Laroscorbine® (un comprimé = 500 mg ou 1 g).
- Vitamine C Upsa® (un comprimé = 500 mg ou 1g).
- Vitascorbol® (un comprimé = 500 mg ou 1g).

vert, raifort, cresson, ciboulette, chou-fleur, chou rouge, chou de Bruxelles, brocoli, oseille, épinard, mâche, laitue, cerfeuil, ail, radis, chou vert, courgette) et les céréales du petit déjeuner. Si, à quelques exceptions près (le foie), la viande ne contient pas de vitamine C, la charcuterie n'en est pas entièrement dépourvue car l'acide ascorbique est utilisé pour la protéger.

LES BESOINS

Les apports nécessaires en vitamine C varient selon l'âge, l'état de santé, l'activité et le mode de vie : 30 mg/jour pour un enfant jusqu'à trois ans, 60 mg/jour pour un adolescent, 100 mg/jour pour un adulte. Mais le Pr Linus Pauling préconisait des doses vingt à quarante fois supérieures.

LE STATUT NUTRITIONNEL

10 à 50 % des Français absorbent des quantités insuffisantes de vitamine C, alors qu'il est admis qu'une alimentation variée et équilibrée couvre facilement les besoins.

LA CARENCE

L'organisme contient 1,5 g d'acide ascorbique, ce qui lui permet de tenir une quinzaine de jours au maximum ; les signes du scorbut sont connus et gravissimes : il s'agit tout d'abord d'une grande fatigue, suivie par des hémorragies diverses, un déchaussement des dents, des œdèmes, enfin la mort par épuisement ou par infection. Les états de subcarence sont fréquents et touchent un Français sur trois : ils entraînent des signes non spécifiques tels que de la fatigue, une irritabilité, une perte d'appétit, une moindre résistance aux infections, des difficultés de cicatrisation et une tendance aux hématomes.

LA PRÉVENTION

Elle repose sur une alimentation équilibrée, qui couvre facilement les besoins en vitamine C, à condition de comprendre chaque jour une crudité, une salade, un plat de légumes verts et trois fruits frais.

LES INDICATIONS

Il faut prendre de la vitamine C si on présente une résistance moindre aux infections, si on est fatigué, anxieux, stressé ou déprimé.

LES CONTRE-INDICATIONS

Il n'existe aucune contre-indication pour des doses inférieures à 1 g/jour de vitamine C.

LA TOXICITÉ

Une ingestion massive de vitamine C risque de provoquer des troubles digestifs (une diarrhée), de l'excitation nerveuse accompagnée d'insomnie ou de calculs rénaux – mais cela reste discuté –, et plus rarement des réactions allergiques. Quand elle est éliminée, la vitamine C entraîne avec elle des minéraux et des oligoéléments – le calcium, le magnésium et le zinc –, ce qui fait apparaître d'autres carences.

LES BONNES ASSOCIATIONS

Associez la vitamine C à la vitamine B1 et au magnésium, ainsi qu'à d'autres substances antioxydantes : la vitamine E, le bêtacarotène et le sélénium.

LES MAUVAISES ASSOCIATIONS

N'associez pas la vitamine C au cuivre et au fer, car ils risquent de constituer ce que certains ont appelé une « bombe oxydative », opposée à l'effet antioxydant recherché ; toutefois, la vitamine C favorise l'absorption intestinale du fer.

LES SUBSTANCES ANTAGONISTES

Parce que l'aspirine inhibe l'absorption de la vitamine C, il est indispensable de choisir un médicament supplémenté et équivalent poids pour poids : si vous prenez 500 mg d'aspirine, absorbez 500 mg de vitamine C.

LES INTERACTIONS DE LA VITAMINE C AVEC PLUSIEURS MÉDICAMENTS

Les amphétamines, les antidépresseurs et les anticoagulants.

Les fruits et les légumes au plus haut pouvoir antioxydant

1. Le pruneau.
2. La mûre.
3. Le chou frisé.
4. La fraise.
5. Le pamplemousse rose.
6. L'épinard cuit à l'étuvée.
7. L'orange.
8. Le brocoli.
9. La canneberge.
10. La framboise.

L'ortie, la myrtille, le chou rouge, le poivron rouge, les feuilles de céleri, le haricot vert, l'endive, les poivrons jaunes et verts et l'oseille possèdent également de grandes capacités antioxydantes. D'une manière générale, les fruits ont un pouvoir antioxydant supérieur à celui des légumes.

LA VITAMINE E, OU TOCOPHÉROL

Extraite de l'huile de germe de blé et préparée pour la première fois en 1936, la vitamine E est synthétisée deux ans plus tard. Pendant longtemps, son rôle a été cantonné à son action sur la fécondité, comme le souligne son nom : « tocophérol » provient des mots grecs *tokos*, qui veut dire « accouchement », et *pherein*, « transporter » ; cela pourrait signifier « qui permet une gestation normale ».

Si la vitamine E acquiert son statut de micronutriment essentiel dans les années 1960, c'est la découverte, réalisée peu de temps après, de ses extraordinaires propriétés antioxydantes qui a fait sa notoriété : elle est trois fois plus puissante que les autres vitamines protectrices, les vitamines A et C.

Absorbée dans la partie moyenne de l'intestin, elle est avant tout concentrée dans le tissu graisseux, les glandes surrénales, les testicules, le foie et les muscles ; elle est éliminée en grande partie par les selles.

LE RÔLE DE LA VITAMINE E

Indispensable aux fonctions de reproduction, elle a été, du fait de son haut pouvoir antioxydant, très étudiée afin de préciser ses domaines d'application privilégiés ; certains la considèrent comme le garde du corps de nos neurones, dont elle maintient l'intégrité et la stabilité ; le tocotriénol, l'une de ses formes actives, provient avant tout du riz complet et de l'orge : pénétrant facilement la barrière du cerveau, il protège les cellules nerveuses de l'oxydation. Elle joue un rôle essentiel dans la prévention et la prise en charge des maladies cardiovasculaires et du cancer ; elle intervient pour retarder, minimiser voire empêcher certains symptômes du vieillissement.

LES SOURCES

Apportée à la fois par les aliments d'origine animale et végétale, la vitamine E est présente avant tout dans les huiles végétales (tournesol, pépins de raisin, maïs, arachide, colza, soja, olive, noix), puis dans le germe de blé, les oléagineux (noisette, amande, cacahouète, pistache, graines de sésame), l'huile de foie de morue, le beurre, le musli, les céréales du petit déjeuner, les légumes (cerfeuil, salsifis, persil, pissenlit) et certains poissons et fruits de mer (anguille, poulpe, roussette, crabe, moule, sardine, pilchard, thon) ; le pain blanc n'en contient que des traces.

LES BESOINS

Ils dépendent notamment de l'âge, du sexe, de la physiologie et des habitudes alimentaires ; ils se situent entre 7 et 15 UI chez l'enfant et entre 12 et 15 UI chez l'adulte : ces chiffres devraient être révisés à la hausse car ils sont insuffisants, en particulier pour obtenir une action antioxydante. La dose optimale de vitamine E est, d'une manière empirique, fixée à 1 mg/g d'acides gras monoinsaturés et/ou d'acides gras polyinsaturés.

LE STATUT NUTRITIONNEL

Les apports en vitamine E étant très souvent inférieurs aux recommandations, certains considèrent que l'ensemble de la population française est carencé.

LA CARENCE

Elle s'inscrit toujours dans un cas de malnutrition générale ou dans une situation pathologique particulière – une naissance prématurée,

Supplémentation en vitamine E

Vous trouverez, entre autres, en pharmacie :

- Bétasélen (flacon de 50 ou 200 gélules dont chacune contient 200 mg d'acétate d'alpha-tocophérol). Posologie : une gélule par jour.
- Tocopa° (flacon de 30 gélules dont chacune contient 500 mg d'acétate d'alpha-tocophérol). Posologie : une à deux gélules par jour.

Qui risque de souffrir de carences ?

- Les personnes âgées risquent de manquer de sélénium.
- Les femmes d'âge mûr risquent de manquer de zinc.
- Les fumeurs risquent de manquer de caroténoïdes et de vitamine C.
- Les individus obèses risquent de manquer de bêtacarotène, de vitamines C et E, et de zinc.

une maladie génétique… Elle se manifeste tout d'abord par des signes neurologiques ou neuromusculaires, puis par une atteinte de la rétine.

LA PRÉVENTION

Une alimentation équilibrée couvre facilement les besoins ; toutefois, certains traitements que subissent les produits de la part de l'industrie agroalimentaire détruisent une grande partie des vitamines, et avant tout la vitamine E.

LES INDICATIONS

Il faut prendre de la vitamine E si on est âgé, si on consomme de l'alcool, si on fume, si on est exposé à des pollutions, si on a un taux de cholestérol élevé, si on a des problèmes de fertilité ou d'impuissance, si on témoigne d'une résistance affaiblie aux infections, si on est atteint d'un cancer. Aucune contre-indication.

LA TOXICITÉ

En principe, aucune, même à des doses cent fois supérieures aux apports recommandés.

LES BONNES ASSOCIATIONS

Associez la vitamine E aux caroténoïdes, à la vitamine C et au sélénium ; l'administration de fer et de vitamine E devrait toujours être simultanée.

LES SUBSTANCES ANTAGONISTES

L'huile de paraffine empêche la réabsorption de la vitamine E ; avec le cuivre et le fer, il existe un risque pro-oxydant.

LES INTERACTIONS DE LA VITAMINE E AVEC CERTAINS MÉDICAMENTS

La pilule contraceptive, les anti-épileptiques.

LES BIOFLAVONOÏDES

Tandis que le préfixe « bio » indique son rôle vital, « flavone » est le nom de la molécule qui donne leur couleur jaune à de nombreuses plantes : les bioflavonoïdes sont des composés phytochimiques solubles dans l'eau. Découverts vers 1930 dans le zeste de citron, ils sont les membres les plus connus de la famille des polyphénols, des substances non toxiques qui sont omniprésentes dans les végétaux : près de quatre mille variétés ont été identifiées parmi les vingt mille existantes, notamment les acides phénoliques, les oxoflavonoïdes, les anthocyanes et les tanins.

À partir des années 1980, les travaux menés sur les radicaux libres ont relancé l'intérêt pour ces substances aux propriétés antioxydantes supérieures à celles des vitamines.

LE RÔLE DES POLYPHÉNOLS ET DES FLAVONOÏDES

En empêchant le dépôt de graisses dans les vaisseaux et en augmentant la fluidité des membranes neuronales, ils facilitent la circulation ; ils favorisent l'absorption de la vitamine C, la protègent de l'oxydation, améliorent et prolongent son action ; fondée sur les épinards et les fraises, une supplémentation réalisée chez des animaux de laboratoire assure une protection remarquable sur l'équilibre, la coordination, les fonctions intellectuelles et la mémoire.

LES SOURCES

Les bioflavonoïdes sont présents dans les fruits (abricot, agrumes, cerise, cassis, mûre, myrtille, kaki, pomme, raisin noir), dans les légumes (tomate, betterave, chou rouge, brocoli, oignon). Les bioflavonoïdes peuvent être classés en trois groupes, qui confèrent aux plantes et aux fruits leur arôme, leur couleur et leur goût :

Supplémentation en bioflavonoïdes

Aujourd'hui, des apports* quotidiens de 30 mg de bioflavonoïdes sont recommandés.
Des suppléments de quercétine ou de resvératrol se trouvent très facilement en pharmacie ou en parapharmacie.

- **Les flavonoïdes jaunes** : ils se trouvent surtout dans les organes jeunes et les parties aériennes des plantes ; abondants dans les légumes verts (brocoli, chou, épinard, haricot, salade) et dans les fruits, ils sont concentrés dans la peau ; les agrumes en contiennent une grande diversité, tout comme le soja qui figure en tête du groupe des isoflavones : il possède une structure chimique légèrement différente ainsi que des propriétés phyto-œstrogéniques.

- **Les flavonoïdes rouges** : appelés également proanthocyanidines, ils se trouvent dans les feuilles, les fleurs et les fruits, leur donnant selon le pigment une couleur bleue, rouge ou violette. Ils sont surtout présents dans les fruits rouges et bleus (airelle, cassis, myrtille, mûre, raisin), ainsi que dans la betterave, le bouleau et le ginkgo biloba (une plante asiatique dont on utilise les feuilles et les amandes). Le pycnogénol désigne un produit extrait de l'écorce d'un pin du Québec et des Landes, qui est fabriqué en France et déposé sous licence ; cette écorce contient environ quarante substances bioactives, dont la plupart possèdent une action antioxydante ; la quercétine par exemple empêche l'adhésion des plaquettes à la paroi des vaisseaux, ce qui diminue les risques d'obstruction.

- **Les tanins** : ils font partie des catéchines ; ils sont très efficaces pour empêcher le passage des substances toxiques vers le cerveau. Ils se trouvent dans les fruits (fraise, framboise, mûre), la noix, de nombreux légumes (chou, cresson, navet, radis), le chocolat et surtout le vin rouge et le thé.

Enrichissez votre alimentation en bioflavonoïdes :

- un grand bol de thé vert au petit déjeuner ;
- quelques noix au petit déjeuner ou lors de la collation du matin ou de l'après-midi ;
- des jus d'agrumes frais : citron, orange, pamplemousse... ;
- des betteraves arrosées de jus de citron ;
- un plat de légumes verts tous les jours, agrémenté d'aromates (basilic, ciboulette, origan, persil...) ;
- du soja ;
- une salade à chaque repas ;
- un ballon de bon vin rouge à chaque repas ;
- des salades de fruits rouges (cassis, fraises, framboises, mûres...).

LE COENZYME Q10

Cette substance protectrice du système cardiovasculaire et du cerveau a été découverte en 1955 dans le cœur de bœuf ; depuis les années 1980, elle connaît un énorme succès aux États-Unis, figurant parmi les meilleurs ventes de compléments alimentaires ; elle commence avec retard son implantation en France, surtout prescrite pour le moment par les praticiens des MAC. Ce catalyseur d'énergie est si important pour l'organisme

Apports conseillés

- Les doses de coenzyme Q10 qui sont recommandées aux États-Unis varient entre 10 et 60 mg/jour, son absorption étant assez faible.
- 150 g de sardine apportent 10 mg environ de coenzyme Q10.

que la santé décline dès que son niveau baisse dans le sang ; son taux normal est de 1 mg/l.

La production du cœnzyme Q10 diminue avec l'âge : manquant alors d'un bon carburant, le cœur et le cerveau peuvent accuser des ratés ou tomber vraiment en panne.

LE RÔLE DU COENZYME Q10 DANS LE SYSTÈME NERVEUX

Il fait démarrer la production d'énergie, nécessaire à tout échange ; il protège et stimule les mitochondries (des structures produisant l'énergie à l'intérieur des cellules) ; il redonne de l'énergie au cœur quand il est défaillant ; il évite au cerveau le déclin des fonctions intellectuelles, l'aide à conserver son intégrité motrice, lui évitant peut-être les maladies d'Alzheimer ou de Parkinson ; il préserve la mémoire. Il possède une action antioxydante qui s'ajoute aux précédentes : soluble dans les graisses, il peut protéger la plupart des zones du cerveau ; en outre, il est capable de restaurer la vitamine E.

LES SOURCES

Le coenzyme Q10 se trouve dans certains poissons gras (sardine), le foie de bœuf ou de poulet, l'épinard, les légumineuses (l'huile et les graines de soja) et les oléagineux (amande, noisette, noix).

LES INDICATIONS

Le coenzyme Q10 devrait être prescrit d'une manière systématique à toutes les personnes contraintes de prendre des statines (l'une des grandes classes thérapeutiques de molécules chimiques qui font baisser le cholestérol), aux personnes stressées ou psychotiques.

L'ACIDE LIPOÏQUE

Cette substance n'est pas une vitamine au sens strict du terme, car notre organisme est capable d'en fabriquer de petites quantités. Liée à l'âge, la baisse de sa production entraîne des ratés de plus en plus fréquents.

LE RÔLE DE L'ACIDE LIPOÏQUE SUR LE SYSTÈME NERVEUX

Grâce à une action antioxydante majeure, l'acide lipoïque est un extraordinaire protecteur du corps humain en général et du cerveau en particulier ; en effet, franchissant facilement la barrière protectrice, il pénètre dans le cerveau, où il protège les tissus agressés par les radicaux libres ; soluble à la fois dans l'eau et les lipides, il aide l'ensemble du cerveau, ce que ne font pas tous les antioxydants ; pour cette raison, il est considéré par de nombreux chercheurs américains comme le « superantioxydant », peut-être même le plus puissant et le plus important de tous ; il est l'un des seuls à faire une chasse efficace aux radicaux libres azotés, qui sont redoutables pour les neurones ; il intervient pour restaurer les vitamines C et E, le glutathion et le coenzyme Q10 quand ces derniers viennent à manquer ; il est capable de se régénérer, ce qui permet à l'organisme de mieux résister à l'agression ; il stimule la production d'énergie faite par les mitochondries ; en freinant la perte des neurones et en réparant les cellules défectueuses, il influe sur la mémoire ; d'ailleurs, il est avant tout actif chez les personnes âgées.

LES SOURCES

L'acide lipoïque est présent, mais en faibles quantités, dans la viande rouge (cœur et foie de bœuf, rognons) et plusieurs légumes (brocoli, chou, épinard, petit pois, tomate) ; il faudrait absorber sept kilos d'épinard pour obtenir seulement 2 mg d'acide lipoïque : cela justifie souvent la nécessité de l'apporter sous forme de supplément.

LA DIFFUSION

Très prisé aux États-Unis, l'acide lipoïque est à présent autorisé en France, ce qui n'est que justice compte tenu de son rôle essentiel et de son innocuité.

THÉ NOIR, THÉ VERT

Le thé provient d'un arbuste, le *Camellia Sinensis*. Après l'eau, il est la deuxième boisson la plus consommée dans le monde : les trois quarts sous la forme de thé noir – une phase de fermentation brunit ses feuilles et lui procure un goût plus prononcé – et un quart sous la forme de thé vert – un thé non fermenté ; ses feuilles sont torréfiées, roulées et séchées.

LA COMPOSITION DU THÉ

Il possède un très faible pouvoir calorique ; une tasse apporte deux calories seulement. Il ne contient ni sel ni glucides ni protéines ni lipides, mais renferme des substances alcaloïdes, la théobromine et la théophylline, qui tendent à dilater les artères coronaires. Si sa teneur en caféine est voisine d'un café arabica, les tanins la précipitent dans l'estomac, limitant ainsi son absorption : le thé apporte moitié moins de théine ou de caféine (40 mg/tasse) que la même quantité de café (autour de 100 mg/tasse).

LES PROPRIÉTÉS ANTIOXYDANTES DU THÉ

Qu'il soit noir ou vert, le thé contient des bioflavonoïdes, qui lui confèrent une grande partie de ses propriétés. Tandis que le thé vert contient 33 % de bioflavonoïdes (3 % de flavonols et 30 % de catéchines), le thé noir contient 31 % de bioflavonoïdes (3 % de flavonols, 9 % de catéchines, 4 % de théaflavines et 15 % de produits de condensation des catéchines non identifiés) ; une tasse de thé vert ou noir apporte 600 mg de matières solides et 150 à 200 mg de bioflavonoïdes.

THÉ NOIR OU THÉ VERT

Les discussions se poursuivent à propos des propriétés antioxydantes respectives des thés noir et vert, qui, en réalité, varient selon les provenances, les variétés ou la durée de l'infusion ; pour une majorité de scientifiques, le premier aurait une activité supérieure. Une tasse de thé noir aurait un pouvoir antioxydant identique à celui d'un verre de vin rouge. L'action antioxydante apparaît rapidement après la prise et durerait quatre-vingt-dix minutes environ. En revanche, le thé instantané, en poudre ou en canette ne contient aucun antioxydant.

LE RÔLE DU THÉ SUR LE SYSTÈME NERVEUX

La présence de tanins et de flavonoïdes, dont l'action antioxydante est cinq fois plus puissante que celle des vitamines C et E, lui confère ses vertus thérapeutiques. Le thé est un tonique général et cérébral, un stimulant doux, utile chez les personnes fatiguées ou convalescentes.

LE THÉ ET LE FER

Le thé inhibe en partie l'absorption du fer contenu dans les fruits et les légumes – mais pas le fer des produits d'origine animale ; cela peut être contrebalancé par l'ajout de vitamine C ou d'aliments qui en contiennent beaucoup, par exemple les agrumes.

La consommation des Français

D'après l'étude Suvimax (Supplémentation en vitamines et en minéraux antioxydants) dont les résultats ont été communiqués en 2003, 6 % seulement des Français et 10 % seulement des Françaises consomment du thé au moins une fois par jour.

LA PRÉPARATION DU THÉ

Selon les lieux et les cultures, elle est plus ou moins ritualisée. Chauffez votre théière en la rinçant avec de l'eau bouillante, que vous jetez ensuite ; comptez une cuiller de thé par personne, plus une dose pour le pot ; versez de l'eau frémissante mais non bouillante ; couvrez ; laissez infuser une minute environ (tout dépend du thé) ; servez. Un thé qualifié de léger, infusé pendant peu de temps, est plus riche en caféine qu'un thé présumé fort, qui a infusé longtemps. Si ce dernier est plus foncé et plus amer, c'est uniquement parce qu'il contient beaucoup de tanins qui ont précipité rapidement la caféine. Si vous souhaitez prendre un thé dans la soirée, laissez-le infuser plus longtemps afin qu'il ne vous empêche pas de dormir.

LE VIN : DEUX VERRES PAR JOUR

Obtenu par la fermentation du raisin, le vin a été présent dans toutes les civilisations depuis l'Antiquité ; s'il a servi à s'enivrer, il était également considéré comme une boisson désaltérante car il a longtemps été coupé d'eau, apportant ainsi assez peu d'alcool. Le vin fait partie pour certains de l'alimentation-santé à condition d'être consommé à doses raisonnables, c'est-à-dire deux verres par jour. Mais n'oublions pas que l'alcool est responsable d'un cancer sur dix chez l'homme et de trois cancers sur cent chez la femme. Si bien que de nombreux scientifiques s'interrogent sur le bien-fondé de ces encouragements à boire du vin, même modérément.

LA COMPOSITION DU VIN

Le vin est une boisson acide mais très riche en eau – sa teneur en eau est de 90 % environ. Il contient des quantités variables d'alcool éthylique : un vin titrant 12° en apporte 120 ml, ce qui correspond à

100 g d'alcool ; un litre de vin à 12° apporte donc 700 kilocalories. Le vin est riche en minéraux et en oligoéléments, avant tout en potassium et en fer, mais également en magnésium et en calcium ; en revanche, il est très pauvre en vitamines. Le vin rouge diminue le phénomène d'agrégation des plaquettes, qui est à l'origine des caillots de sang dans les vaisseaux. Riche de deux cent cinquante composants, il contient plusieurs principes actifs essentiels qui lui confèrent ses propriétés antioxydantes : des tanins, des polyphénols (dont le pycnogénol), des acides organiques au pouvoir bactéricide et surtout des bioflavonoïdes (quercétine, resvératrol...).

LE RÔLE DU VIN SUR LE SYSTÈME NERVEUX

Le vin est un aliment naturel, bienfaisant et protecteur... pourvu qu'on n'en abuse pas. La convivialité qu'il permet et qu'il procure lors d'un repas participe à notre santé physique et morale. En revanche, une consommation importante et régulière détruit les cellules cérébrales, ce qui explique le déclin de l'intellect et parfois la démence observés chez les personnes alcooliques. Le vin ne doit jamais être bu seul, jamais en dehors des repas, jamais quand on est triste, jamais pour l'ivresse et jamais plus de deux verres par jour.

De quoi a besoin votre cerveau ?

- Des glucides, son combustible préféré, avant tout des sucres lents.
- Des protéines, pour aider les neurones à communiquer entre eux.
- Des acides gras insaturés, pour faciliter la circulation de l'influx nerveux.
- Quelques vitamines.
- Des oligoéléments.
- Du calme, de l'air, de l'amour, du plaisir, de l'eau...

Avec tout ça, il fonctionnera au mieux. À l'inverse, une alimentation chiche, trop abondante ou mal choisie déclenche ou aggrave des sautes d'humeur, des crises d'angoisse ou une fatigue excessive.

→ En bref

- Émis lors de la production d'énergie, les radicaux libres participent aux réactions de défense de notre organisme.
- En excès, les radicaux libres sont très dangereux, car ils altèrent directement les membranes cellulaires, entraînant souvent leur mort : cela est particulièrement gênant quand il s'agit des neurones. En règle générale, les radicaux libres sont vite neutralisés par les antioxydants.
- Il faut veiller à ce que notre organisme ne fabrique pas des radicaux en trop grand nombre et à ce que nos apports en antioxydants soient suffisants.
- Attention à ne pas cumuler un excès de radicaux libres et une pauvreté en antioxydants : une personne stressée qui vit dans un environnement malsain, sans respecter d'hygiène de vie, a beaucoup plus de risques de tomber malade qu'une personne tout aussi stressée mais qui vit d'une manière saine.

- Quand le niveau des radicaux libres s'élève ou quand celui des antioxydants baisse, les conséquences sont immédiates et plus ou moins graves pour la santé : cet équilibre rompu constitue le point de départ de nombreuses maladies – qu'il s'agisse de maladies cardiovasculaires, de cancers ou de maladies neurodégénératives – ainsi que du vieillissement.

- Notre connaissance du système formé par les radicaux libres et les antioxydants a donc bouleversé notre compréhension des maladies en général, et des troubles nerveux en particulier ; elle a également mis l'accent sur l'importance de l'approche nutritionnelle et micronutritionnelle.

- Une alimentation trop riche et mal choisie, accompagnée de grignotages, abîme les structures nerveuses, fragilise et obture les vaisseaux sanguins.

• Se fondant sur les recherches les plus récentes, nos conseils alimentaires sont désormais de plus en plus précis et viennent compléter voire remplacer certaines prescriptions de médicaments. Même si, à quelques mois d'intervalle, ces conseils peuvent être contradictoires : le discours médical est parfois écartelé entre la réelle progression des connaissances scientifiques et la « publi-information » diffusée par l'industrie agroalimentaire.

7

Des mesures simples pour prendre soin de vous

« On ne se débarrasse pas d'une habitude en la flanquant par la fenêtre, mais il faut lui faire descendre les escaliers, marche par marche. »

Mark Twain.

Loin d'être inéluctable, le stress est le plus souvent lié à des erreurs dans la gestion de notre vie. Acquérir de bonnes habitudes dans le domaine alimentaire, savoir ce qu'on mange, bouger, se reposer, récupérer et bien dormir, respecter ses rythmes biologiques, mieux s'organiser, prendre soin de soi et se faire plaisir : autant de mesures simples mais essentielles. Essentielles pour tout le monde, mais plus encore pour les personnes qui souffrent de troubles nerveux. D'ailleurs, ces mesures font partie intégrante de la prise en charge thérapeutique et doivent impérativement être associées aux traitements classiques ou naturels. Voilà ce que nous pouvons proposer de plus efficace, à court terme, en cas de problème, mais également sur le long terme, pour se sentir bien en toutes circonstances.

Les habitudes, les bonnes et les mauvaises

Alors que les médicaments et les psychothérapies de tout ordre représentent les propositions les plus courantes dans le traitement des troubles nerveux, nombreuses sont aujourd'hui les études scientifiques qui confirment cet aphorisme bien connu : « Un esprit sain dans un corps sain. » Il est bon d'y revenir et de le rappeler. Quand une personne angoissée témoigne de mauvaises habitudes de vie, il est urgent pour elle de prendre conscience de ce qui ne va pas et de procéder à quelques aménagements.

De nos jours, nous avons tendance à négliger voire à violer certaines lois essentielles de l'existence, et c'est souvent cela qui génère du stress et des troubles nerveux. Mettre en place des règles d'hygiène de vie et de diététique devient dès lors indispensable pour se protéger et garder une bonne santé tant physique que morale ; cela demande d'éliminer quelques mauvaises habitudes et d'en acquérir de bonnes. On récapitule.

- Répétons l'importance que revêt une alimentation de qualité, variée et équilibrée.
- Dès qu'apparaissent des signes d'anxiété ou des tensions, faites le point sur les médicaments que vous prenez, et sur toutes les substances excitantes : réduisez ou supprimez votre consommation de café, de thé ou d'alcool.
- Menez une activité physique régulière, mais non intensive.

- Respectez le cycle activité-repos, car le sommeil est un élément régulateur qu'il convient à tout prix de préserver. Quel qu'il soit, un trouble anxieux est aggravé par une nuit blanche ; des plages de repos doivent donc entrecouper les périodes de travail et de fête.

- La place d'un individu dans son environnement personnel, familial, professionnel ou social est une notion essentielle.

- L'amour, le plaisir et le bien-être sont des éléments de prévention contre le stress.

Essentiel

Le rôle de l'alimentation sur la santé, et ses conséquences digestives, immunitaires, neurologiques ou physiologiques ne sont plus à rappeler. Formée lors de la combustion des aliments, l'énergie permet les échanges nécessaires à la vie de l'organisme, la production de chaleur, les transferts d'informations et les réactions d'épuration et de détoxication. Quand l'alimentation n'est pas de bonne qualité, des signes fonctionnels* apparaissent – allant de la fatigue aux difficultés de concentration et aux problèmes de sommeil –, et des maladies peuvent survenir ; en effet, certains aliments engendrent une grande quantité de déchets, ralentissent la digestion, sont stockés dans l'organisme et perturbent le bon fonctionnement des cellules.

LES FAUX AMIS DU STRESS

Nombreuses sont les personnes angoissées qui, pour faire face à leur stress, adoptent des comportements apparemment apaisants mais en réalité néfastes. Il est important qu'elles en prennent conscience :

- Le recours à une alimentation de remplissage, en général de qualité discutable : on mange pour combler le vide, on mange vite et mal pour passer le moins de temps possible seul à table. Le stress joue un rôle nuisible sur la manière de s'alimenter et crée un cercle vicieux : on est stressé, on mange mal ; ça déprime ; ça aggrave le stress ; on mange encore plus mal...

- Le recours à l'alcool et au tabac : si, pendant un certain temps, l'alcool défatigue, désinhibe, calme et euphorise, il possède en revanche des conséquences dramatiques pour la santé, tout comme son compère, le tabac. Ce sont deux véritables poisons pour l'organisme, que vous avez tout intérêt à modérer ou, mieux, à éliminer. Ce sont de faux amis des troubles nerveux : s'ils les calment provisoirement, à moyen et à long terme ils jouent un rôle nuisible.

- Le recours aux médicaments : prendre des tranquillisants ou des somnifères constitue la solution de facilité, mais ces médicaments provoquent une accoutumance et des effets secondaires importants.

- Le recours aux excitants : prendre beaucoup de café ou de thé permet de tenir, mais cela a vite de nombreux inconvénients.

- Le recours aux drogues douces : ne serait-ce pas la voie à des substances plus dures ?

- Le recours au travail : si l'activité professionnelle peut constituer un refuge pour certains, attention au surmenage et au *burn-out**.

Le repas, moment clé de la journée

- Dites-vous qu'un repas n'est pas une perte de temps mais une pause indispensable. Sachez en tirer tous les bénéfices.
- Accordez à chacun de vos repas un minimum de préparation.
- Consacrez à chaque repas une vingtaine de minutes au moins.
- Mangez dans une ambiance calme et la plus conviviale possible.
- Buvez de l'eau et un seul verre de vin.

Découvrez l'équilibre acide-base

Tout processus chimique est caractérisé par un certain degré d'acidité ; tout écart par rapport à cette valeur se traduit par un ralentissement ou par un dérèglement du métabolisme*. La fatigue, les troubles du sommeil ou les manifestations du stress peuvent être liés à une modification de l'équilibre acide-base* : voilà une notion importante, que la médecine classique prend peu en considération – excepté pour les problèmes urinaires –, alors que les moyens de correction sont simples et efficaces. La stabilité de cet équilibre acide-base constitue donc un excellent baromètre de la santé.

QU'EST-CE QUE C'EST ?

Notre organisme est en permanence le siège de réactions chimiques indispensables à la vie. Ces réactions requièrent un degré d'acidité du sang constant et très précis. Le pH est l'unité de mesure utilisée : s'il est compris entre 1 et 7, la solution – ici le sang – est acide ; s'il est compris entre 7 et 14, elle est alcaline (un alcalin, ou une base*, est une substance capable de neutraliser un acide en formant un sel). L'équilibre de l'organisme se situe aux alentours de 7,4. Le degré d'acidité influe sur la qualité des molécules de protéines,

En pratique

La mesure du pH se fait dans les urines au moyen de petites bandelettes vendues en pharmacie. Plusieurs fois par jour (à 7 h, 10 h, 12 h, 15 h, 18 h, 20 h et 22 h), le jet d'urine est mis en contact avec la bandelette réactive. Le pH est acide tôt le matin et dans la soirée. Il est plutôt alcalin vers 14 h et après un repas alcalin : il décrit donc une courbe en forme de U renversé.

sur la structure des éléments cellulaires et sur la perméabilité des membranes cellulaires. Nous disposons de plusieurs systèmes tampons qui nous permettent de compenser les écarts éventuels par rapport aux valeurs souhaitables : les poumons, les reins et la peau occupent une place majeure dans cette régulation. Il est possible d'influer sur le rapport acide-base* au moyen de l'alimentation, de l'exercice physique et de changements dans son mode de vie.

CONSEILS POUR UNE ALIMENTATION ALCALINE

En règle générale, l'alimentation est plutôt acide, car elle est trop riche en protéines, en glucides, en sodas, en alcool, en café… Tandis que les fruits, les légumes et l'eau minérale, trop peu consommés malgré les campagnes de sensibilisation, sont quant à eux alcalinisants. Une alimentation équilibrée doit contenir 1/5e d'acides pour 4/5e d'alcalins. Après les repas, en choisissant bien sa nourriture, le but est de maintenir ou d'amener le pH aux alentours de 7,4 – soit légèrement alcalin. Les conseils s'imposent d'eux-mêmes : prenez moins de sucres, de farines blanches, de graisses et de protéines ; prenez davantage de fruits et de légumes, ainsi que de poissons gras et d'huile de colza pour leurs acides gras oméga-3 ; modifiez peu à peu votre alimentation pour retrouver puis conserver le bon équilibre acide-base*.

LES ALIMENTS ACIDIFIANTS À ÉVITER

- Les boissons : l'alcool (sauf le vin rouge), la bière, le café, le thé peu infusé, les sodas.
- Les céréales : le blé, l'orge, le seigle ; toutes les céréales sucrées ou caramélisées ; le pain blanc et les produits contenant de l'amidon ; les gâteaux, les pâtisseries.

- Les fritures, les chips.
- La mayonnaise.
- Les fromages : d'une manière schématique, on peut dire que plus ils sont forts au goût, plus ils sont acides.
- Les fruits secs grillés pour l'apéritif ; les amandes, les cacahouètes, les noix de cajou, les pistaches, le sésame.
- La margarine.
- Les œufs : surtout le blanc.
- Les poissons fumés ou en conserve : hareng, maquereau...
- Le sucre raffiné, la confiture, le chocolat, le sirop.
- Les viandes grasses : l'agneau, le coq, le mouton, le porc, la poule, le veau ; le bacon.

LES ALIMENTS ACIDES À SURVEILLER

Ils le sont surtout en quantité.

- Les épices ou les aliments très épicés ; la moutarde.
- Le fromage blanc peu égoutté ou à tartiner ; le yaourt ; le lait caillé.
- Les fruits acides : l'abricot, l'ananas, le brugnon, le cassis, la clémentine, la framboise, la groseille, le kiwi, la mangue, la myrtille, la noix sèche, l'olive, la pomme, la prune, le pruneau, la rhubarbe.
- Les légumes acides : le cresson, l'épinard, l'oseille, la tomate cuite.
- Les légumes acidifiants : l'artichaut, l'asperge, le chou de Bruxelles.
- Les jus de fruits ; les boissons industrielles sucrées ; le lait chocolaté.
- Le miel.

- Le vinaigre ; seul le vinaigre de cidre aurait une action bénéfique : prenez-en une cuiller à café diluée dans un peu d'eau avant l'un des deux principaux repas.
- Les eaux gazeuses.

LES ALIMENTS ALCALINS OU PEU ACIDES À PRIVILÉGIER

- Les céréales : l'avoine, l'épeautre, le maïs, le millet, le riz complet, le pain sans gluten.
- Le muesli.
- Le tapioca (manioc).
- Le tofu (soja).
- Les fruits : l'abricot, la banane, le citron frais, la clémentine, la datte, la figue, la fraise, la framboise, le melon, la noix fraîche, l'orange fraîche, le pamplemousse, la pêche, la poire, le raisin ; la cerise est très recommandée. Certains fruits se trouvent dans deux groupes : c'est le cas de l'abricot, qui est acide quand il est dur et alcalin quand il est à point ; c'est aussi le cas de la banane, qui se comporte comme un sucre rapide quand elle est très mûre et un sucre lent quand elle est dure.
- Les fruits secs : l'amande, la noisette, la noix du Brésil, la noix de coco.
- Les légumes crus ou cuits : l'aubergine, l'avocat, la betterave, la carotte, le céleri, les champignons, le chou, la courgette, le fenouil, le haricot vert, la laitue, la lentille, l'oignon, le poireau, la pomme de terre, le raifort, la salade, la tomate. Les légumes-feuilles génèrent plus de bases* que les légumes racines.

- Les œufs : surtout le jaune d'œuf.
- Les fruits de mer.
- Un verre de vin rouge par jour.
- Les eaux minérales bicarbonatées (Badoit®, Vichy Saint-Yorre®).
- Les huiles pressées à froid.

ACTIF MAIS CALME

Non seulement l'exercice physique est bénéfique pour la musculature, le système cardiovasculaire et l'humeur, mais, par la transpiration, il élimine également l'acide. Si une activité physique modérée et régulière est vivement conseillée, l'excès est en revanche responsable d'une hyperacidité locale qui, en provoquant une surproduction d'acide lactique, est responsable de douleurs et de crampes. D'une façon directe, le stress et les tensions psychologiques sont acidifiants pour l'organisme, surtout s'ils sont accompagnés d'un excès de sucres, de cigarettes et d'alcool. À l'opposé, une existence calme et sans excès est plutôt alcalinisante.

Essayez pendant un mois

- Évitez les aliments acidifiants, surveillez les aliments acides et privilégiez les aliments alcalins ou peu acides : voilà un type de régime à suivre pendant un mois, sans vous frustrer et sans trop vous compliquer la vie.
- Au bout de un mois, si vous avez constaté une amélioration, réintroduisez peu à peu, deux fois par semaine, les aliments appartenant à un groupe déconseillé ; si les symptômes réapparaissent, reprenez le régime pour un mois encore, et ainsi de suite.
- Les personnes stressées ont tout intérêt à suivre ces recommandations, qui sont d'ailleurs importantes dans d'autres domaines de la santé – quand le système de défense est défaillant, en cas de troubles musculaires et/ou ligamentaires, ou de problèmes de digestion...

Pratiquez une activité physique

Le rôle bénéfique que joue l'activité physique dans la santé a commencé à être évoqué au début du XXe siècle, aux États-Unis ; des doutes sur son intérêt persistèrent longtemps, d'autant que les conseils préconisés étaient alors trop violents et se révélèrent néfastes pour les personnes cardiaques. Il fallut attendre les années 1970 pour voir apparaître, avec la mode du jogging, une activité enfin raisonnable, donc bienfaisante pour le cœur, les vaisseaux et la santé en général. Peu à peu, le sport a trouvé sa place dans le traitement de nombreuses maladies.

POURQUOI BOUGER FAIT TANT DE BIEN

Les bienfaits du sport sont très nombreux :

- en activant la pompe cardiaque et les poumons, il favorise, grâce à l'hyperoxygénation ainsi fournie, l'irrigation des organes ; une respiration ample est vivifiante le matin et plutôt apaisante le soir ;
- il réduit la fréquence cardiaque ; au repos, les personnes sportives ont un pouls plus lent que celles qui sont sédentaires ;
- il augmente le débit sanguin vers le cerveau, ce qui procure une plus grande force intérieure, une harmonie du corps et de l'esprit ;
- il abaisse les taux de cholestérol et de sucre ;
- il augmente la croissance neuronale ;
- il aide au bon fonctionnement des cellules ;
- en contribuant à réguler le comportement alimentaire, il aide à mettre en place un régime ;

- il permet à l'agressivité de s'exprimer, procure un sentiment de contrôle, réduit les tensions musculaires et donne une meilleure conscience de son corps ;
- il améliore la condition physique et la résistance à la maladie ;
- en faisant parvenir au cerveau plus de tryptophane, le précurseur de la sérotonine* (voir le chapitre 2, p. 74), il calme sur le plan physique et psychologique ;
- il facilite la concentration ; les personnes pratiquant une activité physique régulière obtiennent de meilleurs résultats aux tests cognitifs – la prise de décision, l'organisation, la mémorisation –, des résultats qui ont tendance à décliner avec l'âge ;
- il facilite le sommeil ;
- en éliminant le stress excessif, il est source de plénitude, contribue à l'équilibre personnel et permet une meilleure utilisation de ses ressources ;
- faire du sport est tellement important que certains spécialistes pensent qu'il est meilleur pour la santé de bouger en mangeant normalement que d'être sédentaire en surveillant son alimentation.

POINT TROP N'EN FAUT

La pratique sportive doit être régulière, bien répartie dans la semaine afin de ne pas ajouter un stress à un autre stress. Nombreuses sont en effet les personnes qui, par manque de temps, consacrent leur samedi et leur dimanche à des activités physiques parfois trop intensives, donc fatigantes : trop rapprochées, ces activités ne leur permettent pas de bénéficier d'un temps de récupération suffisant. En revanche, consacrer quelques séances de remise en forme avant de partir au ski, en randonnée ou en stage sportif est une mesure indispensable pour ne pas se blesser dès le premier jour et gâcher ses vacances.

L'activité sportive ou la reprise d'une activité doit être progressive, surtout pour les anciens sportifs qui doivent revoir leurs objectifs à la baisse : en recherchant dans leur corps des sensations connues mais lointaines, ils risquent des problèmes musculaires, tendineux ou cardiaques. Par ailleurs, certaines personnes stressées sont friandes d'activités violentes, vécues comme un exutoire. Tandis que les sports d'endurance font sécréter des endorphines euphorisantes, les sports d'efforts intenses et brefs sont plus stimulants, car ils activent l'adrénaline*. Attention aux accidents.

CONSEILS SPORTIFS

- Faites du sport par plaisir et non par raison. Sinon, vous risquez d'abandonner au bout de quelques séances ou, pire, d'avoir un problème de santé ou un accident dans les premières semaines.
- Tout effort ressenti par le corps comme excessif l'est sans doute et, au final, nuit à l'organisme. En ce domaine plus qu'ailleurs, soyez à l'écoute de votre corps ; ne prônez pas la supériorité de votre volonté sur votre condition physique ; n'allez pas au-delà de vos limites mais apprenez à les connaître pour les repousser peu à peu.

Se relaxer

Les techniques psychocorporelles telles que la relaxation et la méditation font bien sûr partie des mesures pour lutter contre le stress : voir le chapitre 4.

Et si vous n'avez pas le courage de faire du sport, voici quelques règles à suivre pour intégrer l'activité physique dans votre vie quotidienne.

- Marchez à pied ou allez à vélo plutôt qu'en voiture.
- Descendez à la station de métro avant ou après votre travail ou votre domicile.
- Au moment de la pause déjeuner, programmez une balade de quinze à vingt minutes.
- Prenez l'escalier plutôt que l'ascenseur.
- Allez chercher votre pain ou votre journal à pied.
- Allongez la promenade de votre chien.
- Diminuez le temps passé devant la télévision.
- Si vous êtes à la campagne, faites un peu de jardinage.

Apprenez à vous détendre

Actuellement, quatre techniques d'inspiration orientale sont, à juste titre, très prisées par les personnes stressées : ce sont le yoga, le *reiki*, les *shiatsus* et les *chakras*. À ces méthodes utiles pour préserver une bonne hygiène physique, mentale et spirituelle, nous ajouterons la réflexologie plantaire.

LE YOGA

Fondé sur une philosophie hindoue qui recherche l'harmonisation du corps et de l'esprit, le yoga est plus une conception globale de la vie qu'une réponse adaptée à tel ou tel symptôme.

SES OBJECTIFS

La pratique du yoga conduit à un sentiment de paix et de bien-être. Il favorise la détente mentale et physique, donne de la force et de la souplesse et permet de se réapproprier son corps.

SA TECHNIQUE

Le yoga recourt à des postures qui exigent des mouvements d'étirement, de flexion ou de torsion ; en sollicitant les structures anatomiques, ces mouvements exercent une action sur l'ensemble des organes et des fonctions du corps.

SES INDICATIONS

Le yoga permet de réduire le stress, d'améliorer l'estime et le contrôle de soi.

LE REIKI

Méthode ancestrale puisant son origine dans le taoïsme et la pratique bouddhiste, le *reiki* a pour vocation d'harmoniser ou de rétablir l'énergie que nous portons en nous, augmentant ainsi notre force physique, mentale et spirituelle. En japonais, le mot *rei* signifie « cosmos », « sagesse », peut-être « conscience universelle », et *ki*, « énergie ».

SES OBJECTIFS

Le *reiki* considère qu'un déséquilibre énergétique, à l'origine de troubles, requiert des nourritures avant tout spirituelles. Il traite la personne dans sa globalité. Il n'a rien de magique ; il utilise l'énergie qui est en nous et autour de nous, et nous apprend à nous en imprégner, à la canaliser et à la communiquer aux autres. Il permet de retrouver l'être et le bien-être. Il active la paix de l'âme et le pouvoir de guérison ; il stimule la vitalité de notre organisme. Le *reiki* agit sans doute par un mécanisme d'autoguérison, ce qui, pour nous, n'a rien de péjoratif.

SA TECHNIQUE

Le *reiki* consiste en une imposition des mains sur différentes parties du corps ; cela a pour effet de canaliser l'énergie universelle et de l'envoyer là où l'organisme en a besoin. Qu'on soit donneur ou receveur de cette énergie, l'impression ressentie est un relâchement des tensions, une sensation de détente et de bien-être – pendant et après la séance –, un guidage vers un voyage intérieur.

SES INDICATIONS

Le *reiki* est utile notamment aux personnes stressées, fatiguées ou qui souffrent de maux de tête.

LES SHIATSUS

Cette forme de traitement qui nous vient du Japon, *via* la Chine, utilise les pouces et les paumes des mains pour débloquer l'énergie concentrée dans notre corps. Le terme est issu de la contraction de deux mots : *atsu*, qui veut dire « pression », et *shi*, « doigts ». Cette méthode est à la fois préventive et curative.

LEURS OBJECTIFS

Méthode de massage, les *shiatsus* intègrent la théorie des cinq éléments de l'acupuncture. Afin de libérer ou de canaliser l'énergie, les pressions sont exercées d'une manière plus ou moins forte sur des points de méridiens. En agissant au niveau physique, mental et émotionnel, les *shiatsus* visent à évacuer le stress, à décontracter, à supprimer les tensions tout en réveillant les sens ; ils activent la circulation et régulent le système nerveux.

LEUR TECHNIQUE

Le *shiatsu* à traiter est choisi après un entretien avec la personne ; dans certains cas il faut disperser l'énergie, dans d'autres il faut la tonifier. Effectuée à l'aide des pouces, de la paume des mains, des coudes ou parfois des genoux, la pression peut être lente ou rapide, profonde ou superficielle, douce ou plus appuyée, mais jamais douloureuse ; elle s'effectue perpendiculairement au corps et au moment de l'expiration ; elle est parfois remplacée par des étirements ou des torsions douces.

LEURS INDICATIONS

Les *shiatsus* sont très prisés par les personnes stressées. Le traitement d'attaque peut être d'une séance, une à deux fois par semaine, en période de stress ; puis on peut espacer les séances. Si le domaine des massages appartient en principe aux kinésithérapeutes, de nombreux professionnels du bien-être, dont la main est plus ou moins rompue à ce type de soins, s'en sont aujourd'hui emparé, allant de l'esthéticienne au professeur d'arts martiaux ou de yoga. Le choix du praticien se fait souvent de bouche à oreille.

LES CHAKRAS

Le mot sanskrit *chakras* signifie « roue » ; il désigne à la fois le corps physique et une partie de la conscience.

LEURS OBJECTIFS

Les *chakras* constituent une sorte d'antenne-relais qui met notre corps en contact avec tout ce qui l'entoure et en particulier avec les énergies cosmiques ; ils peuvent également être comparés à une pompe ou à une vanne qui, en jouant sur notre « fluide vital », fait communiquer les organes entre eux ainsi qu'avec l'extérieur. Selon des règles enseignées par la tradition, le traitement consiste à favoriser l'ouverture ou la fermeture des *chakras* afin de réguler les mouvements d'énergie.

LEUR TECHNIQUE

Les *chakras* se fondent en particulier sur la méditation, la visualisation, les techniques de respiration et les positions du yoga.

LEURS INDICATIONS

Les *chakras* constituent une technique préventive et curative, qui s'adresse à tout le monde. Elle est bien sûr très appréciée par les personnes qui souffrent de troubles nerveux.

LA RÉFLEXOLOGIE PLANTAIRE

Connue en Chine et en Inde il y a plus de cinq mille ans, pratiquée par les Incas mille ans avant Jésus-Christ, la réflexologie connaît son essor en Occident et aux États-Unis à partir du début du XXe siècle, en particulier sous l'impulsion du médecin américain William Fitzgerald.

Selon cette méthode, chaque zone des extrémités est reliée à une partie du corps, à un organe ou à une sécrétion d'hormones.

SES OBJECTIFS

La pression de certaines zones de la plante des pieds entraîne une action à distance sur les organes, les viscères, le système hormonal et les articulations, et procure calme et bien-être. À l'inverse, la douleur ressentie sur certains points de la plante des pieds traduit le dysfonctionnement d'un organe ; exercés sur cette zone, des massages doux, souvent agrémentés d'huiles essentielles de plantes, traitent à distance la région malade. La réflexologie est donc une méthode qui, en rééquilibrant l'énergie vitale, stimule les facultés d'autoguérison du corps.

SA TECHNIQUE

À l'aide de ses pouces, le praticien effleure ou presse les points douloureux afin de rétablir l'énergie dans les zones de projection correspondantes. Chaque séance dure entre trois quarts d'heure et une heure. Séparées d'une quinzaine de jours, trois à quatre séances constituent un bon protocole pour une personne stressée.

SES INDICATIONS

La réflexologie plantaire est bien connue des sportifs et des individus anxieux.

Écoutez vos rythmes

Le repos et le sommeil sont indispensables pour retrouver son état normal après un effort et pour recharger ses batteries ; le sommeil permet à la mémoire d'agir, aux hormones d'être sécrétées, au métabolisme* de fonctionner au ralenti et aux tensions d'être éliminées.

Si un certain nombre de personnes parviennent à réduire leur quantité de sommeil sans être victimes, à court terme, du moindre symptôme, à la longue des signes apparaissent toutefois : une hypersensibilité au stress, de la fatigue, une baisse de la concentration, une diminution de la vigilance, des pertes de mémoire, des troubles relationnels ou encore une irritabilité. Les périodes « coup de feu » existent pour tout le monde, mais elles doivent être réduites au maximum, et limitées dans le temps : d'une manière inéluctable, un train d'enfer prolongé vous conduit droit au mur.

CONSEILS DORMEURS

- Si vous savez à quelle heure vous avez besoin de vous coucher pour vous lever en pleine forme, faites tout pour vous en approcher le plus possible. Facile à repérer et à respecter, l'heure fixe du lever est un très bon moyen de synchroniser vos activités de la journée.
- Soyez attentif à la façon dont vous vous réveillez : si le réveil-matin doit sonner fort et longtemps pour vous tirer d'un sommeil très profond, il est fort probable que vous n'avez pas assez dormi et qu'il vous faut avancer votre heure de coucher.

- Couchez-vous dans le calme, sans faire de gymnastique, en laissant passer un peu de temps après une soirée festive, sportive, agitée ou un peu arrosée. Il est impossible de passer brutalement de l'hyperactivité au repos. Ménagez-vous des sas successifs entre l'agitation et le sommeil réparateur.

- Faites attention à la télévision : si elle distrait, elle fatigue en empêchant l'endormissement ; à fortes doses, elle entretient un rythme de stress et fait partie des excitants. À consommer donc avec modération.

- Ne dormez pas dans une pièce trop chauffée.

- Après une période chargée, prenez du repos et n'enchaînez pas tout de suite. Si vous manquez de sommeil, récupérez-le au plus vite. Une vie régulière, rythmée par des horaires de lever et de coucher identiques, permet à la température du corps de baisser, ce qui facilite l'endormissement. Certaines personnes qui connaissent des réveils difficiles ont souvent besoin d'un peu d'activité physique ou d'une douche très chaude pour augmenter leur température générale et pour démarrer la journée d'un bon pied. Un sommeil de qualité, c'est un stress bien géré.

LES RYTHMES BIOLOGIQUES

La chronobiologie, ou l'étude des rythmes biologiques, est l'une des avancées décisives de la science médicale d'aujourd'hui. Dans la vie, tout est rythme : les jours, les nuits, les saisons... De même, dans l'organisme, la respiration, la vigilance, le sommeil, la digestion et l'intellect obéissent à des rythmes qu'il convient de respecter.

À côté des temps astronomique et physique, il existe bel et bien, nous le savons à présent, des temps biologique et psychologique. Toutes les sécrétions hormonales de notre organisme sont rythmées et varient selon le moment de la journée : le cortisol par exemple, une hormone produite par les glandes surrénales en cas de stress, a un pic de sécrétion vers 4 h du matin et un autre vers 15 h ; des dizaines d'autres substances biologiques importantes croissent, décroissent et s'entrecroisent, formant un ballet impressionnant qui scande le lever, les repas et le coucher. Tous ces rythmes doivent impérativement être respectés, en particulier les plages activité-repos et veille-sommeil.

S'il est vrai que nous sommes tous différents et que nous possédons chacun nos biorythmes – notre horloge interne –, conçus en fonction de notre personnalité, de notre éducation et de nos habitudes, s'il est vrai que certains sont plutôt du matin et pètent la forme dès 7 h, tandis que d'autres sont du soir et commencent à vivre après 22 h, il existe toutefois des valeurs stables :

- l'efficacité intellectuelle et la vigilance sont au maximum de leurs possibilités vers 10 h du matin ;
- elles diminuent en allant vers 13 h ;
- elles reprennent du poil de la bête vers 18 h-20 h, avec une mémoire à long terme qui est alors optimale ;
- puis elles diminuent à nouveau, pour être au plus bas vers 3 h du matin.

À noter : la vigilance minimale est indépendante du déjeuner, même si elle baisse légèrement après un repas abondant.

CONSEILS RYTHMIQUES

- Bien connaître vos rythmes biologiques vous permet d'économiser un temps efficace et de ne pas perdre des heures à rêvasser inutilement ; en effet, pour une même tâche réalisée à des moments différents, vous risquez de passer trois fois plus de temps, pour un résultat qui ne sera pas toujours trois fois supérieur, ce qui est frustrant et démobilisant.

- Dans le travail proprement dit, faites des pauses de dix minutes toutes les cinquante minutes, car la concentration chute lourdement, et d'une façon rythmique – à l'école, les professeurs le savent bien.

- Ne dépassez pas ces dix minutes, sinon la reprise risque d'être difficile ou aléatoire. Les petites pauses que nous faisons tous quand nous travaillons intellectuellement – aller boire un coup, ouvrir un magazine ou le réfrigérateur, écouter un air de musique, parcourir les titres de l'actualité ou passer un coup de fil – nous sont bénéfiques, même si, de l'extérieur, elles semblent traduire des sautes de concentration.

À chacun son rythme

- Un rythme circadien se déploie sur une période de vingt-quatre heures.
- Un rythme ultradien témoigne d'une évolution plus rapide que celle du rythme circadien : c'est par exemple le cas du rythme cardiaque.
- Un rythme infradien témoigne d'une évolution plus lente que celle du rythme circadien : c'est par exemple le cas des rythmes saisonniers. Tandis que certaines maladies telles que la déprime et la dépression sont aggravées à l'automne, les rhumatismes subissent volontiers une poussée au printemps.

- Bien connaître vos rythmes biologiques vous permet également de planifier et d'utiliser au mieux vos ressources pour fonctionner d'une manière optimale tout en évitant le surmenage et les maladies.

- Écoutez-vous, respectez-vous, tenez compte de la nature, et des autres.
- Gardez par exemple le milieu de la matinée pour des choses importantes, qui nécessitent de la concentration.
- Évitez de prendre en fin de matinée un rendez-vous important, où vous devrez témoigner d'une extrême vigilance, car, dans cette fourchette horaire, vous risquez d'être inattentif voire somnolent.
- Reprogrammez une courte séance de travail en fin d'après-midi afin de consolider les informations acquises dans la journée.
- Ne réservez pas votre soirée à des tâches trop compliquées, sauf si vous êtes vraiment un noctambule.

Sachez gérer votre temps

Que de tensions causées par une mauvaise gestion de son temps, par des horaires surchargés assumant le quotidien mais négligeant certains points essentiels ! Que de révisions effectuées dans la hâte, trop près des examens ou trop tard ! Gérer son temps, c'est planifier ses journées en fonction de ses priorités, de ses désirs et de ses intérêts, tout en tenant compte de certains impératifs et de changements nécessaires.

Il est important, en particulier pour les personnes stressées, de savoir déterminer leurs priorités, de définir leurs objectifs à court, à moyen et à long terme, de définir les choses qui leur tiennent vraiment à cœur, puis de s'en tenir à une organisation rigoureuse.

EXERCICE EN DIX POINTS : PRÉCISEZ VOS OBJECTIFS

Voici un petit exercice qui vous permettra de définir et de planifier avec une grande précision ce que vous voulez faire de et dans votre vie.

1. Sur une feuille de papier, notez ce que vous souhaitez réaliser sur les plans personnel, familial, professionnel, social et financier.

2. Sur une deuxième feuille de papier, notez les objectifs à atteindre dans l'année à venir ou dans les deux prochaines années.

3. Sur une troisième feuille de papier, notez les objectifs à atteindre dans les six mois à venir.

4. Reprenez les trois feuilles et, au besoin, complétez-les avec tous les détails nécessaires.

5. Faites une synthèse, qui vous donnera le cap à suivre.

6. Tenez-vous à ce cap, en classant vos objectifs en plusieurs catégories, selon que vous les considérez comme prioritaires, importants ou secondaires.

7. Refaites cet exercice régulièrement afin de le réévaluer, car vos priorités varieront avec l'évolution de votre vie et avec le temps. Il en est de même pour vos objectifs. Vérifiez en particulier que l'objectif que vous cherchez en ce moment à atteindre et auquel vous consacrez un temps précieux constitue la véritable priorité du moment et qu'il correspond bien à vos désirs et à vos besoins actuels. Faites attention aux objectifs importants et secondaires : ne les oubliez pas mais ne les surestimez pas.

8. Choisissez une ou deux journées types. Notez tout ce que vous faites, même les choses qui vous semblent anodines.

9. À la fin de chaque journée, interrogez-vous sur ce que vous avez fait ; remémorez-vous les moments forts ; vérifiez la manière dont vous vous êtes occupé de vos autres pôles d'intérêt – votre famille, vos loisirs, votre repos... Notez toutes les activités qui font partie de votre pôle prioritaire et notez combien de temps vous leur avez consacré.

10. Vérifiez que votre répartition du temps est conforme à vos objectifs actuels ; vérifiez que votre utilisation du temps est correcte et bien prioritaire, puis importante, enfin secondaire. Vous pouvez, bien sûr, apporter tous les changements qui s'imposent.

PRENEZ QUELQUES RÉSOLUTIONS

À l'intérieur du cadre que vous avez défini, il est pour vous désormais important de :

- savoir déléguer : pour ne pas perdre votre temps à des tâches subalternes, qui peuvent parfaitement être confiées à quelqu'un d'autre ;
- décider de vos priorités : si vous avez déterminé ce que vous devez faire et ce que vous ne ferez plus qu'au minimum de votre temps, vous pourrez concentrer vos forces sur vos priorités ;
- apprendre à dire non : cela est souvent économiseur de temps et hautement protecteur contre le stress ;
- planifier son projet : en organisant et en classant correctement toutes les informations.

Si la gestion du temps demande un certain nombre de qualités que certaines personnes possèdent et d'autres moins, sachez avant tout qu'elle se cultive et s'améliore, pour votre plus grand bien-être physique et nerveux.

Soyez aux petits soins... pour vous

Les espaces santé, les massages, qu'ils soient classiques, californiens ou orientaux, les spas, ou centres de beauté et de remise en forme, sont à juste titre proposés au sein d'un programme de détente : prendre soin de soi est un ressourcement plus que salutaire et procure le calme, le bien-être et souvent la bonne humeur.

Par son extrême richesse en récepteurs sensoriels, la peau est le messager par excellence de l'influx nerveux. Rêvasser dans un jacuzzi, se faire masser ou somnoler sous un enveloppement d'algues, tout cela permet de faire disparaître les tensions musculaires, une source d'inconfort importante chez les personnes stressées.

CONSEILS ERGONOMIQUES

Prendre soin de soi, c'est également être attentif à son environnement de vie et de travail. Une immobilité prolongée et un espace mal conçu sont sources de tensions, de contractures et autres raideurs.

- Soyez bien calé dans un siège confortable.
- Utilisez la fonction « mains libres » de votre téléphone. Mettez-vous parfois debout et effectuez des étirements en même temps que vous parlez à un interlocuteur indésirable. Tâchez de joindre l'utile au désagréable !
- Placez votre ordinateur à la bonne hauteur, en veillant en particulier à la place de la souris.

- Recourez à un repose-pied pour activer la circulation du sang.
- Bougez, changez de position, levez-vous régulièrement.

RIEN QUE POUR LE PLAISIR

S'il est essentiel de vous ménager des pauses et des plages de détente pour améliorer votre sommeil, réduire le stress et abaisser les tensions psychologiques, il est tout aussi important de choisir des activités que vous ferez non par devoir mais par réel plaisir. Car tout ce qui est agréable – une promenade, un spectacle, un massage, un bain tiède... – augmente les endorphines et la sérotonine*, agissant donc d'une manière favorable sur l'humeur et les états d'angoisse.

Se faire plaisir, c'est aussi soigner ses relations avec son environnement personnel, familial et professionnel, c'est rechercher et cultiver l'amour, qui est sans doute l'un des plus puissants tranquillisants.

Quelles que soient vos contraintes, accordez au plaisir une place de choix et préservez-la à tout prix ; le plaisir vous permet en effet de vous ressourcer et de relativiser les facteurs de stress qui, à tout moment, risquent de vous empoisonner l'existence.

→ En bref

- Une plus grande sérénité passe par une bonne ou par une meilleure hygiène de vie. Cette dernière est d'une importance capitale, car elle prévient, aide ou soulage la plupart des troubles nerveux. Voici donc quelques résolutions pour organiser au mieux votre lutte contre le stress.
- Je surveille mon alimentation ; je prends du magnésium, et je commence même par là ; je mange tranquillement, lentement et assis ; je fais attention à l'équilibre acide-base*.
- Je pratique un sport ou j'intègre l'activité physique dans ma vie quotidienne : je marche, je boude les ascenseurs...
- Je respecte mes rythmes biologiques.
- Je fais des pauses et je me détends régulièrement.
- Je recherche le calme.
- Je pense d'une manière positive.
- Je choisis mes vraies priorités ; je délègue ce qui peut l'être, même si je m'estime indispensable.
- Je trouve du temps pour mes loisirs, même un petit moment dans la journée.
- Je soigne mes relations avec les autres.
- Je me fais plaisir chaque fois que c'est possible.
- J'apporte tous les changements nécessaires d'une manière très progressive afin de les installer durablement.

8

La dépression, la vie en noir

En 1978, Isaac Singer vint à Stockholm chercher son prix Nobel de littérature. À l'issue de la cérémonie, un premier journaliste l'interrogea :
« Vous avez été surpris de recevoir le Nobel ? et heureux ? »
Un second l'interrogea, avec les mêmes questions, et à peu près les mêmes réponses. Puis un troisième, puis un quatrième :
« Surpris ? Heureux ? »
À quoi Isaac Singer répondit :
« Surpris ? Oui. Heureux ? Vous pensez vraiment qu'on peut être heureux plus de quinze minutes de suite ? »

Notre démarche

Après avoir présenté avec précision chacun des symptômes, des troubles et des maladies nerveuses qui sont liés au stress, nous avons classé les traitements selon notre expérience, associant parfois les méthodes et les médicaments entre eux, et privilégiant la démarche des médecines douces dans le cadre d'une automédication intelligente. Cela demande bien sûr à être corrélé à un examen clinique minutieux, et validé par votre médecin traitant.
Par définition, un ouvrage de conseils médicaux reste très général ; en aucun cas, il ne saurait remplacer une consultation.

Depuis les années 1960, les troubles de l'humeur sont classés en deux groupes : les troubles unipolaires, qui sont caractérisés par la seule dépression, et les troubles bipolaires (ou psychose maniaco-dépressive), qui lui associent un épisode maniaque. En apparence très simple, cette classification est pourtant loin de l'être, car le quart voire les deux tiers, selon les auteurs, des dépressions graves seraient en réalité des troubles bipolaires : il faut en moyenne huit ans pour affirmer ce diagnostic difficile, car de nombreux éléments subjectifs interfèrent, parmi lesquels la personnalité du patient, ainsi que la modification éventuelle des symptômes, d'une manière spontanée ou sous l'influence des traitements. Ce diagnostic reste néanmoins indispensable pour décider de la meilleure prise en charge thérapeutique.

Bilan sur une maladie encore taboue

Dans tous les pays, la dépression semble aujourd'hui en augmentation constante : la crise économique, le chômage, la précarité, l'éclatement des familles, le stress ou encore les transports sont quelques-unes des raisons avancées, et bien réelles, pour expliquer la montée en puissance de cette maladie nerveuse. Le Pr Ferreri, neuropsychiatre, chef de service à l'hôpital Saint-Antoine à Paris, explique que l'une des causes de l'augmentation du nombre des dépressions réside dans le fait que nous travaillons de plus en plus avec notre tête et que nous supportons donc de moins en moins les troubles qui la touchent.

La dépression reste une maladie taboue et honteuse dans une société dominée par le paraître : montrer ou reconnaître sa fragilité, surtout quand elle est nerveuse, est assez mal vécu ; d'une manière inconsciente, cela nous ramène à l'image des fous et des asiles d'autrefois. À la différence par exemple des Américains ou des Allemands, les Français répugnent d'ailleurs à consulter un psychiatre ; en outre, ils ont très peur des antidépresseurs, qu'ils jugent dangereux pour leur personnalité et leur être ; le déni de la dépression est tel que seul le tiers des personnes atteintes savent qu'elles en souffrent et qu'un patient sur deux seulement reçoit un traitement approprié. À partir des années 1950, le traitement de la dépression a bel et bien été révolutionné par l'apparition des médicaments psychotropes* ; toutefois, ces derniers ne sont pas toujours, selon les spécialistes, prescrits dans les bons cas et ils se révèlent efficaces dans trois quarts des situations seulement, quelle que soit la molécule choisie. Voilà pourquoi il est essentiel de bien établir le diagnostic de dépression.

DES CHIFFRES ALARMANTS

- D'après les experts, d'ici vingt-cinq ans, dans le monde entier, la dépression devrait occuper le deuxième rang des causes de handicap.
- En France, elle est une maladie si répandue qu'elle est en passe de devenir l'un de nos principaux problèmes de santé publique, presque au même niveau, en termes d'invalidité, que les pathologies cardiovasculaires.
- D'ores et déjà, elle constitue l'affection mentale la plus fréquente : dans l'Hexagone, elle touche cinq millions de personnes par an, dont les deux tiers sont des femmes.
- Entre 1970 et 1996, le nombre de personnes déprimées a été multiplié par 7.
- Elle atteint 4 % environ des jeunes âgés de seize à dix-neuf ans, 10 % des hommes âgés de plus de trente ans, 20 % des femmes, et 15 à 30 % des personnes de plus de soixante-cinq ans.
- Elle sous-tend 20 % des consultations de médecine générale et 50 % des consultations de psychiatrie.
- Aujourd'hui, le risque de faire une dépression se situe aux alentours de 15 % : cela revient à dire qu'une personne sur sept en sera victime.
- Chez les personnes jeunes, la dépression s'installe souvent après le décès d'un parent ; elle atteint plus les personnes divorcées que les

personnes mariées, les veufs plus que les veuves, les RMIstes plus que les cadres supérieurs, les gens du Nord plus que ceux du Sud.

- Davantage touchées par la dépression, les femmes prennent deux fois plus de médicaments psychotropes* que les hommes, et tentent trois fois plus souvent de se suicider.

Les signes évocateurs

La dépression associe quatre grands groupes de symptômes, qui sont très évocateurs, surtout s'ils sont associés entre eux : une souffrance psychique intense, une inhibition psychomotrice, des manifestations somatiques et une dépréciation de soi. Par leur retentissement sur la vie quotidienne, ces symptômes conduisent la plupart des personnes à consulter un médecin.

Il n'est pas toujours facile de distinguer des sentiments dépressifs – un coup de cafard, un coup de blues, une déprime, le spleen... –, qui ne nécessitent aucune intervention médicale, et une dépression proprement dite qui, quant à elle, la justifie pleinement. Il faut donc être très attentif aux problèmes de concentration, aux troubles du comportement – allant de la tristesse à l'hyperactivité et de l'apathie à l'exaltation –, à l'insomnie plus ou moins importante, aux difficultés pour assumer le quotidien et appréhender l'avenir, à une fatigue tenace qui résiste au repos, à une diminution ou à une aversion pour la sexualité. Car il convient d'agir le plus vite possible : la dépression est vraiment une maladie grave.

UNE SOUFFRANCE PSYCHIQUE INTENSE

Une personne déprimée est en proie à une souffrance morale qui est plus difficile à supporter que la douleur physique provoquée par un infarctus du myocarde, témoignent ceux qui sont passés par les deux situations.

L'humeur morose envahit toute la vie mentale et l'ensemble des comportements : la personne est peu ou pas du tout accessible aux conseils de son entourage et au raisonnement ; son expression est figée, son ton monocorde, ses gestes ralentis ; parfois, elle montre une appréhension très forte, voire une agitation anxieuse.

UNE INHIBITION PSYCHOMOTRICE

L'inhibition est caractérisée par une perte de l'élan vital et du tonus. Tout est effort et douleur ; il n'existe plus aucun plaisir, ni intellectuel, ni esthétique, ni alimentaire, ni sexuel – le désir baisse, une frigidité ou une impuissance apparaît ; cela entraîne un véritable épuisement et une anesthésie des sentiments.

On dort mal, on mange peu ou n'importe quoi, on n'a goût à rien, on abandonne ses loisirs, on néglige ses amis, on s'isole de plus en plus.

Une personne déprimée ne peut ni se concentrer ni raisonner, d'autant qu'elle présente souvent des troubles de la mémoire. Elle se sent totalement impuissante, indifférente, ailleurs, sans allant et sans envies, et assez incomprise de son entourage. Sa fatigue est constante, présente dès le réveil, non améliorée par le sommeil, qui peut même l'aggraver ; cette fatigue va d'une simple lassitude à l'incapacité à prendre la moindre initiative.

DES MANIFESTATIONS SOMATIQUES

Souvent placée au premier plan de la dépression, l'anxiété entraîne de nombreuses manifestations somatiques : des douleurs dans la poitrine, une tachycardie – les battements du cœur sont rapides –, des palpitations – les battements du cœur sont irréguliers –, des maux de tête, des vertiges, des nausées, des vomissements, parfois des diarrhées, le dérobement des jambes, une sensation d'oppression thoracique avec étouffement ; parfois, les manifestations simulent une maladie grave telle qu'un infarctus du myocarde – un malaise, des palpitations, des douleurs dans la poitrine –, de l'asthme – une oppression respiratoire –, un ulcère de l'estomac – des douleurs, des nausées –, voire un problème neurologique – des maux de tête, des vertiges, des bourdonnements d'oreille.

La personne a la gorge serrée ou nouée, elle est pâle, couverte de sueur, prostrée ou hébétée, parfois agitée ; elle peut présenter une crise de spasmophilie (voir le chapitre 10) ou de tétanie ; diverses brûlures – ce symptôme est évocateur d'une dépression – sont souvent décrites ; elle peut également se plaindre de troubles du comportement alimentaire – de l'anorexie ou de la boulimie – ou de troubles du sommeil – des difficultés d'endormissement, des éveils nocturnes, des réveils matinaux ou trop de sommeil, quand l'hypersomnie devient un refuge.

La dépression revêt parfois toutes sortes de masques, surtout quand elle survient dans un milieu défavorisé : elle peut alors se cacher derrière des plaintes somatiques difficiles à décoder.

UNE DÉPRÉCIATION DE SOI

Accompagnée de dévalorisation, parfois de honte ou de culpabilité, l'insatisfaction de soi-même est un signe quasi constant de dépression. Une personne peut prétexter qu'elle est déprimée en raison de ses difficultés professionnelles, alors qu'elle rencontre souvent ces difficultés parce qu'elle est déprimée. Allusives ou franchement formulées, les idées suicidaires sont présentes dans huit cas sur dix.

Si la réassurance, les conseils et la bienveillance sont les bienvenus, ils apportent peu d'aide à une personne déprimée, qui les écoute d'une oreille lointaine.

QUAND PARLE-T-ON DE DÉPRESSION ?

Voici neuf critères qui permettent de pencher en faveur d'un épisode dépressif.

1. Votre humeur morose ou dépressive est continuelle.
2. Vous manquez d'intérêt ou de plaisir ; quelle que soit l'activité, vous êtes démotivé.
3. Vous avez des troubles de l'appétit ; votre poids témoigne d'une modification importante.
4. Vous avez des problèmes de sommeil.
5. Vous montrez une agitation ou au contraire un ralentissement psychomoteur ; vous montrez un manque d'entrain moral et physique.
6. Vous êtes en permanence fatigué.
7. Vous ressentez une culpabilité excessive, un sentiment de dévalorisation ou d'impuissance.
8. Vous avez du mal à vous concentrer.
9. Vous avez des idées noires, des pensées suicidaires.

On parle de dépression à partir du moment où les symptômes d'une personne appartiennent à l'un des quatre grands groupes de signes évocateurs, où les deux premiers critères sont présents et où cinq des sept autres critères sont manifestes depuis deux semaines au moins, sans qu'ils ne puissent être expliqués ni par un événement récent grave, par exemple un deuil, ni par une maladie générale ni par une prise de médicaments sédatifs.

L'intensité de la dépression dépend du nombre de symptômes supplémentaires et, bien entendu, de la répercussion des troubles sur l'activité sociale, professionnelle et relationnelle. Elle peut également être précisée par l'échelle de Hamilton (voir le chapitre 3, p. 96).

La moitié des cas reste ignorée

D'après l'Organisation mondiale de la santé (OMS), et c'est bien sûr vrai pour la France, la moitié des dépressions ne serait ni diagnostiquée ni correctement traitée : dans ces cas, il est probable que les symptômes évocateurs sont absents, remplacés ou masqués par des comportements déviants – tels l'alcoolisme ou l'hyperactivité – ou des troubles de la personnalité – telles l'irritabilité ou la cyclothymie –, ou bien qu'ils sont réduits à une seule manifestation – par exemple des problèmes de sommeil. Tout cela peut être à l'origine d'une erreur de diagnostic.

LÉGÈRE, MOYENNE OU GRAVE

S'il est essentiel que le diagnostic soit bien établi, il est crucial que l'intensité de la dépression soit déterminée.

On parle de dépression légère quand une personne témoigne d'une perte d'intérêt ou de plaisir, d'un manque d'émotion, d'un réveil matinal précoce, d'un ralentissement psychomoteur et d'une perte d'appétit, de poids ou de libido.

Deux idées reçues à combattre

La dépression est une maladie grave qu'il ne faut jamais sous-estimer, car elle mène souvent au suicide. Il faut donc combattre activement deux idées reçues :
1. Quand on parle de suicide, on ne le fait pas : faux, car neuf fois sur dix la personne a prévenu.
2. Parler de suicide avec une personne dépressive va lui en donner l'idée : faux, car il arrive même que cela désamorce ses intentions.

La dépression moyenne associe plusieurs de ces signes, ou la totalité, mais ils sont plus intenses.

La dépression grave voit la personne prostrée, en proie à des idées délirantes ou à des hallucinations.

Avant tout dans ses formes moyenne et grave, la dépression nécessite de la part du médecin une grande vigilance : à un moment ou à un autre, toutes les personnes déprimées vont se poser la question du sens de l'existence et évoquer la possibilité du suicide ; une sur sept va passer à l'acte – la dépression est responsable de cent vingt mille tentatives de suicide et de douze mille décès par an. Ces suicides ou ces tentatives de suicide sont très fréquents chez les adolescents et les personnes âgées. La moitié des personnes qui attentent à leur vie sont atteintes de dépression.

Les formes les plus courantes

Doté de caractéristiques bien précises, chaque type de dépression nécessite une approche et un traitement particuliers.

LA DÉPRESSION RÉACTIONNELLE

Ce type de dépression est à la fois le plus fréquent et le moins grave. Due au stress, selon l'acception la plus large du terme, elle n'épargne donc personne.

Si la dépression réactionnelle peut survenir en l'absence de tout antécédent psychique, elle touche plus souvent les individus anxieux, émotifs ou hypersensibles qui, pour rester en équilibre et en bonne santé, témoignent d'un besoin permanent d'affection, d'encouragement et d'estime.

LA DÉPRESSION NÉVROTIQUE

Assez fréquent, ce type de dépression arrive en deuxième position, tout de suite après la dépression réactionnelle. Par définition, elle survient sur un terrain névrotique qu'elle vient aggraver. Elle touche plus volontiers les femmes.

Fragilisée, traumatisée pendant l'enfance, la personne déprimée a souvent connu un conflit ou une rupture avec ses parents : une absence prolongée, un décès, des sévices, une jalousie pour l'un de ses frères et sœurs... Devenue adulte, elle développe un trouble de la personnalité, démasqué à l'occasion d'un événement particulier qui a réactivé une situation enfouie dans l'inconscient : cela peut être un mariage, un divorce, la naissance d'un enfant ou le deuil de l'un de ses parents.

LA DÉPRESSION PSYCHOTIQUE

Ce type de dépression se rencontre au cours de deux états que nous ne développerons pas dans cet ouvrage : la schizophrénie et le trouble bipolaire (ou psychose maniaco-dépressive). Elle provient d'un trouble psychique interne et non pas d'un traumatisme psychologique.

Le traitement relève d'une consultation avec un psychiatre et souvent d'une hospitalisation en milieu spécialisé ; en général, il est long et doit être accompagné d'une surveillance attentive, car le risque suicidaire est très présent.

LA DÉPRESSION SAISONNIÈRE

Ce type de dépression a pour caractéristique de se manifester au moins deux années de suite quand l'ensoleillement diminue, c'est-à-dire entre le mois d'octobre et le mois d'avril ; elle touche quatre fois plus les femmes jeunes, volontiers qualifiées de fragiles ou de vulnérables, que les hommes. Elle représente un cas sur trois environ. Aucune explication à cette dépression n'a pu être donnée, excepté une désynchronisation du fonctionnement de l'horloge biologique, située dans l'hypothalamus. Si elle peut être traitée par les médicaments, elle paraît plus sensible à la lumière : la photothérapie en représente le traitement spécifique, sans qu'on en connaisse avec précision le mécanisme d'action (voir p. 326).

LA DÉPRESSION DES MALADIES ORGANIQUES

Toute dépression peut cacher une maladie sous-jacente, qu'elle vient révéler. Parmi les causes principales figurent :

- les maladies chroniques, en particulier les maladies graves : le cancer, la leucémie, le sida... ;
- les maladies aiguës, qui sont bénignes mais responsables d'une grande fatigue : la mononucléose infectieuse, une hépatite... ;
- les affections neurologiques : la maladie de Parkinson, la maladie d'Alzheimer, une tumeur cérébrale, la sclérose en plaques... ;
- certaines maladies endocriniennes : l'hypothyroïdie, la maladie de Cushing, la maladie d'Addison... ;
- la ménopause ;
- une intervention chirurgicale importante : l'ablation d'un sein, une gastrectomie, une hystérectomie... ;
- une opération de chirurgie esthétique ;
- un traumatisme crânien.

Seul le traitement de la maladie améliore ou guérit ce type de dépression qui, en règle générale, est peu sensible aux médicaments antidépresseurs.

LA DÉPRESSION APRÈS L'ACCOUCHEMENT

Également appelée dépression post-partum, ou « baby blues », la dépression postnatale est un phénomène non exceptionnel qui apparaît chez la jeune maman, probablement en relation avec les bouleversements hormonaux et chimiques qui se produisent après l'accouchement.

Si, comme les autres dépressions, elle est liée à une chute de la sérotonine*, elle est sans doute due en partie à une carence en minéraux et en oligoéléments. En effet, pendant la grossesse, le taux de cuivre dans le sang augmente, tandis que celui du zinc baisse, du fait des besoins du fœtus ; puis l'allaitement épuise encore les réserves en zinc, ce qui déclenche ou aggrave les symptômes. Il semble donc judicieux de prendre du zinc (20 mg/jour environ) et de la vitamine B6 ; cela est souvent suffisant pour sortir plus vite du baby blues, un état que la toute jeune maman et son entourage ont parfois du mal à comprendre et à accepter.

LA DÉPRESSION DES PERSONNES ÂGÉES

Alors qu'elle est souvent ignorée ou sous-estimée par le médecin et l'entourage, cette dépression est beaucoup plus fréquente et beaucoup plus grave qu'on l'imagine. En effet, 40 % environ des patients qui consultent leur médecin après l'âge de soixante-cinq ans présentent des symptômes dépressifs ; une fois sur cinq, leur état requiert un traitement antidépresseur, et le nombre des suicides est supérieur à celui de la population générale. Différentes causes apparaissent : la maladie ou le décès de proches, la retraite ou l'isolement, qui sont très mal vécus, le vieillissement de l'organisme, accompagné d'une plus grande vulnérabilité et de maladies intercurrentes (qui surviennent au cours d'une autre maladie).

La dépression des personnes âgées est insuffisamment traitée parce qu'elle est souvent masquée par différents symptômes et parce que l'on considère, à tort, qu'elle est presque inévitable et plus ou moins « normale » avec le grand âge. Elle réagit bien au traitement, d'autant que les nouveaux médicaments sont parfaitement tolérés.

LA DÉPRESSION DES ENFANTS

Également méconnue, la dépression des enfants se présente en général sous une forme atypique ou trompeuse, se cachant souvent sous des troubles du comportement ; et on imagine mal qu'un jeune puisse être aussi mal dans sa tête.

La dépression des enfants et des adolescents ne doit plus être prise à la légère, car elle est souvent une cause de suicide : après les accidents, le suicide constitue la deuxième cause de mortalité de cette tranche d'âge. Si le traitement est médicamenteux, il est avant tout psychologique.

À l'ère du « tout biologique »

Dans les années 1980, l'arrivée du Prozac® sur le marché français a constitué une véritable révolution et un phénomène de société : les médecins avaient désormais à leur disposition un médicament novateur, parfaitement toléré, qui appartenait à la dernière génération des antidépresseurs – les inhibiteurs de la recapture de la sérotonine* (IRS). Cette découverte coïncidait avec une meilleure connaissance des phénomènes à l'origine de la dépression, qui confirmait sa cause biochimique : la diminution d'un neurotransmetteur*, la sérotonine*. Depuis, l'importance de deux autres substances, la noradrénaline* et la dopamine*, a été établie dans le maintien de l'humeur et dans les comportements. Les nouvelles molécules agissent dessus, ce qui leur procure une plus grande efficacité et plus d'effets indésirables.

Les antidépresseurs et les tranquillisants accroissent la synthèse et la disponibilité des neurotransmetteurs* – en bloquant leur réabsorption –, ou empêchent l'action d'une substance, la monoamine oxydase, qui, en temps normal, augmente leur dégradation. Si la dépression résulte d'une perte de la faculté d'adaptation au stress, elle est, au final, liée à une diminution de la sérotonine* et/ou d'une ou des autres monoamines, ainsi que du cortisol, l'hormone sécrétée par les glandes surrénales.

Les causes de la dépression sont multiples :

- des causes génétiques : un individu qui possède des antécédents familiaux et une personnalité fragile augmente son risque de faire un épisode dépressif ;

- des causes extérieures : par exemple la perte d'un être cher, d'un travail, d'objets... ;
- des causes psychologiques : des conflits familiaux, personnels ou professionnels ;
- des causes sociales : par exemple un isolement trop grand ;
- des causes médicales : une maladie grave, la suite de couches, la ménopause... ;
- des causes médicamenteuses : la prise de cortisone, d'anorexigènes, des modificateurs de l'appétit – qui provoquent tout d'abord une excitation puis une dépression –, d'antihypertenseurs – par exemple les bêtabloquants – ou de neuroleptiques – d'une façon paradoxale ;
- pour certains auteurs, l'augmentation des dépressions serait en partie liée à la modification des habitudes alimentaires, avec une consommation trop importante de graisses et en particulier d'oméga-6 ;
- pour d'autres auteurs, parmi lesquels David Servan-Schreiber, les oméga-3 auraient une action bénéfique sur l'humeur.

Après l'époque du « tout psychologique », nous avons aujourd'hui glissé dans l'ère plus confortable car moins culpabilisante du « tout biologique », où la maladie s'explique et se traite au moyen des neurotransmetteurs*.

Les traitements classiques

La dépression est une maladie qui se traite assez bien et dont on guérit désormais le plus souvent. Sept fois sur dix, le traitement est constitué de médicaments antidépresseurs.

Parmi les autres propositions thérapeutiques les plus utilisées, les plus connues et parfois les plus redoutées figurent la psychothérapie, la photothérapie, la cure de sommeil et les électrochocs. Aucune de ces méthodes n'exclut l'autre.

LES MÉDICAMENTS ANTIDÉPRESSEURS

Le traitement par antidépresseurs a pour objectifs de restaurer l'humeur du patient, de lui faire retrouver un sommeil de qualité, de lui permettre de reprendre une vie sociale et d'envisager à nouveau des projets – sans ignorer la prévention des récidives.

Les modalités thérapeutiques varient en fonction de la cause de la dépression, de son intensité, de la gravité des symptômes nerveux et du terrain psychologique sur lequel elle survient – par exemple une psychose ou une mélancolie. Facilitée par la bonne tolérance de la dernière génération d'antidépresseurs, cette prise en charge est le plus souvent assurée par le médecin traitant. En règle générale, l'avis d'un psychiatre est réservé aux cas graves ou rebelles au traitement, et l'hospitalisation s'adresse aux personnes pour lesquelles plane ou existe un risque suicidaire.

La dépression est parfois difficile à traiter, en particulier quand il existe des facteurs d'entretien des symptômes – des problèmes familiaux, psychiques ou affectifs, le chômage, l'alcoolisme... –, des résistances aux médicaments – dans un tiers des cas –, sans parler d'un mauvais protocole ou d'une observance incertaine du traitement ; en effet, il existe un hiatus entre le nombre d'antidépresseurs prescrits, celui des boîtes délivrées et enfin la quantité de médicaments véritablement pris, puisque près de la moitié des ordonnances se volatilise en route.

Les personnes déprimées ne font pas toujours la différence entre les tranquillisants – les anxiolytiques et les neuroleptiques – et les antidépresseurs ; elles ont du mal à accepter que l'amélioration ne soit pas immédiate – il faut attendre une quinzaine de jours pour percevoir un changement – et que le traitement doive être poursuivi six mois au moins en moyenne, et souvent au-delà de un an.

La prise de médicaments doit être arrêtée d'une manière très progressive sous peine de voir très vite réapparaître les malaises, l'anxiété et autres troubles du sommeil. Ce qui n'empêche pas la plupart des patients de stopper brutalement leur traitement.

Les erreurs à éviter

- Demander à une personne déprimée de se reprendre : NON, car elle fait déjà des efforts incessants.
- Lui demander de prendre une décision importante : NON, car elle en est alors incapable.
- Lui conseiller de partir en vacances : NON, car elle ne sera pas nécessairement mieux.
- La persuader qu'elle va mieux : NON, car ça ne marche pas.
- Tenter de vaincre ses idées délirantes : NON, car des tonnes de patience n'y suffiront pas.

L'entourage d'une personne déprimée doit savoir qu'il lui faudra déployer énormément de bienveillance, d'encouragement et d'écoute pour parvenir à l'aider un peu.

LA PSYCHOTHÉRAPIE

Contrairement à ce qui a longtemps été dit et fait, un traitement par antidépresseurs peut et doit s'accompagner d'un soutien psychologique, surtout si la personnalité du patient, qu'il soit phobique, dépendant, hystérique ou « borderline », est susceptible de déclencher une dépression, de l'entretenir et de favoriser une rechute. Ne servant que de béquille, le traitement par antidépresseurs doit souvent être associé à une psychothérapie ou à une prise en charge psychologique (voir le chapitre 4).

LA PHOTOTHÉRAPIE

Ancienne, réactualisée dans les années 1980, la photothérapie a trouvé sa place dans de nombreux services hospitaliers pour prendre en charge la dépression saisonnière. Cette méthode consiste à exposer un patient déprimé, tous les jours, pendant deux heures, à une lumière diffusée par une lampe brillante qui délivre de 2 500 à 10 000 lux, soit l'équivalent d'une exposition au soleil pendant un matin de printemps ; à titre de comparaison, une pièce éclairée d'une manière normale dépasse rarement 500 lux, et une belle journée d'été fournit 100 000 lux.

L'amélioration clinique au moyen de cette technique, qui mise sur la lumière blanche pour lutter contre les idées noires, se produit en deux à trois semaines ; toutefois, le traitement doit être suivi pendant toute la période redoutée, par cures de sept à quatorze jours. Actuellement, on peut se procurer ce type de lampe pour trois cents euros environ.

LA CURE DE SOMMEIL

Elle se pratique en milieu hospitalier au moyen d'injections d'hypnotiques, d'antidépresseurs ou de neuroleptiques. Elle dure une semaine en moyenne, avant d'être relayée par des médicaments donnés par voie orale. La cure de sommeil est utilisée dans les cas de dépression mélancolique grave, où la souffrance est intolérable.

LES ÉLECTROCHOCS

Tombés en désuétude depuis l'avènement des neuroleptiques et des antidépresseurs, les électrochocs restent cantonnés aux échecs thérapeutiques ou au temps de latence trop long des médicaments, en particulier quand il existe un risque suicidaire majeur.

Cette technique consiste à déclencher, sous anesthésie générale, une crise d'épilepsie : pendant une demi-seconde, un courant électrique est appliqué sur les tempes. En général, plusieurs séances sont pratiquées à 48 h d'intervalle, lavant en quelque sorte le cerveau de ses images et de ses pensées négatives.

Semblant barbares de prime abord, les électrochocs sont pourtant nécessaires dans quelques cas totalement rebelles aux traitements.

ET APRÈS LE TRAITEMENT ?

La dépression est réputée guérir sous traitement en quelques mois ; mais, une fois sur cinq, son évolution reste chronique. Une personne sur deux fait au moins une rechute ou conserve des séquelles psychiques : des troubles du sommeil ou de l'appétit, de la fatigue, de l'anxiété ou de la déprime. D'ailleurs, 30 à 40 % des personnes déprimées souffrent d'une pathologie anxieuse – un trouble panique, une phobie sociale, une anxiété généralisée... –, qui constitue un facteur de résistance au traitement, voire d'échec.

Les symptômes résiduels de la dépression risquent de perturber la vie socioprofessionnelle et familiale, surtout s'ils sont associés à une toxicodépendance – à l'alcool, aux médicaments psychotropes* ou aux antalgiques.

La place des médecines douces

Les médecines douces ont ici toute leur place, en parallèle ou comme substituts des traitements classiques, à la condition qu'elles ne fassent courir aucun risque à la personne déprimée. Elles nécessitent une extrême surveillance et une réelle collaboration avec le patient ; parfois, le praticien des médecines douces doit travailler de concert avec le médecin traitant ou avec le psychiatre afin qu'un ajustement thérapeutique ou qu'une réévaluation puissent, sans tarder, être effectués à chaque changement de la situation clinique. La prise en charge globale des dépressions, dans leurs formes légères ou moyennes, apporte souvent une amélioration voire une guérison.

Un grand choix de méthodes

Les différentes méthodes thérapeutiques développées ici sont les plus fiables et les plus souvent utilisées pour traiter la dépression. Chaque médecin les choisit en fonction de son expérience, ainsi que des besoins et de l'attente du patient. À vous de voir également celles qui vous conviennent le mieux.

- En oligothérapie : le lithium.
- En supplémentation : les vitamines du groupe B, notamment B3, B6, B9, B12.
- En homéopathie : Sepia.
- En phytothérapie : le millepertuis et l'angélique.
- En aromathérapie : les huiles essentielles de basilic et de romarin.
- L'acupuncture.

EN OLIGOTHÉRAPIE : LE LITHIUM

Grâce à sa remarquable action neurosédative, le lithium est un oligoélément essentiel pour soigner les troubles de l'humeur ; il est prescrit d'une façon quasi systématique. Depuis 1949, les psychiatres l'utilisent pour traiter les psychoses maniaco-dépressives (ou troubles bipolaires) à des doses pondérales qui sont cent fois plus importantes que celles employées en oligothérapie.

LE RÔLE DU LITHIUM SUR LE SYSTÈME NERVEUX

Le lithium est un oligoélément qui n'est pas indispensable au fonctionnement de l'organisme. Cependant, ce grand régulateur du système nerveux et de l'humeur est fort utile dans de nombreux troubles neurovégétatifs tels que l'anxiété, la tendance à la déprime, la dépression, les troubles du sommeil, l'hyperexcitabilité neuromusculaire, l'irritabilité, les maux de tête, la migraine et l'hyperémotivité.

Supplémentation en lithium

Le lithium existe sous de nombreuses formes :

- Granions® (ampoules buvables).
- Oligosol® (ampoules perlinguales ; à placer sous la langue).
- Oligostim® (comprimés à sucer).

Posologie : une dose de l'un de ces produits deux à trois fois par jour, pendant plusieurs semaines.

L'ACTION

Le passage des informations d'un neurone à l'autre se fait grâce aux neurotransmetteurs*, la première étape sous le contrôle de la noradrénaline* et la seconde sous celui de l'adrénaline*. Le passage des informations est facilité par une enzyme, l'adénylcyclase, dont l'action est inhibée par le lithium ; ce dernier interfère avec la noradrénaline, qu'il inactive en bloquant son stockage, ce qui diminue l'hyperexcitabilité.

LES SOURCES

En général, les apports en lithium se font par l'alimentation, qui doit être variée et de qualité. S'il existe peu de données sur sa présence dans les aliments, on le trouve en petites quantités dans les céréales, la laitue, les légumes verts, l'œuf, le poisson, la pomme de terre, la viande, les eaux minérales et le sel de table.

LES BESOINS

Ils sont de l'ordre de 2 mg/jour.

LA TOXICITÉ

Un excès a été observé uniquement avec le lithium utilisé en psychiatrie ; la surveillance doit donc être très attentive, et des dosages réguliers de la lithiémie sont à effectuer. En revanche, le lithium en tant qu'oligoélément ne présente aucune toxicité lors de son utilisation clinique.

EN SUPPLÉMENTATION VITAMINIQUE : LES VITAMINES DU GROUPE B

Au nombre de huit, les vitamines du groupe B forment une grande et importante famille : grâce à leur action sur la dégradation des sucres, l'aliment de base de la cellule nerveuse, elles participent à la fourniture et au renouvellement de l'énergie, indispensable au fonctionnement de notre organisme. Leur carence et d'une manière générale leur déficit global ont des répercussions rapides sur la santé.

Quatre d'entre elles, les vitamines B3, B6, B9 et B12, aident à la synthèse des neurotransmetteurs*, diminuant ainsi l'anxiété, l'irritabilité, l'insomnie et la dépression.

Supplémentation en vitamines du groupe B

Vous trouverez en pharmacie :

- B Chabre® (mélange de vitamines B1, B2, B3, B5 et B6 ; boîte de trente comprimés). Posologie : un comprimé par jour, pendant quinze jours. Réservé à l'adulte. Ce médicament est utile pour lutter contre la dépression et les états anxieux.
- Magnésium 300+® (boîte de 80 comprimés contenant chacun 75 mg de magnésium + les différentes vitamines du groupe B de B1 à B12 + 12,5 mcg de sélénium). Posologie : deux à trois comprimés par jour

EN SUPPLÉMENTATION VITAMINIQUE :

LA VITAMINE B3, OU VITAMINE PP, OU NIACINE

C'est par son action essentielle sur la peau que la vitamine B3 a tout d'abord été désignée : on l'appelait la vitamine PP, ou *pellagra preventis* (« préventif de la pellagre »). Aujourd'hui, la vitamine B3 est de plus en plus souvent utilisée pour traiter certains troubles nerveux ; au début du XIXe siècle, son action sur les problèmes psychiatriques fut mise en avant par un médecin landais, qui attribua à sa carence le « mal de teste ». Associée aux vitamines B1 et B2, elle est impliquée d'une façon majeure dans la production d'énergie ; elle protège le cerveau en l'aidant à se débarrasser des radicaux libres qui gênent son fonctionnement. La vitamine B3 ne répond pas à la définition stricte d'une vitamine, car elle peut être fabriquée par l'organisme

Supplémentation en vitamine B3

Vous trouverez en pharmacie Nicobion® (composition : nicotinamide ; flacon de trente comprimés ; un comprimé : 500 mg). Posologie : un comprimé par jour.

à partir du tryptophane – un acide aminé essentiel contenu dans les protéines (voir le chapitre 2) –, et cela en présence des vitamines B2 et B6.

LE RÔLE DE LA VITAMINE B3 SUR LE SYSTÈME NERVEUX

Elle occupe une place cruciale dans la transmission de l'influx nerveux ; favorisant la synthèse de la sérotonine* en épargnant son précurseur le tryptophane, elle possède un effet positif sur l'humeur ; elle est tranquillisante, tonique et antidépresseur ; elle aide également aux phénomènes de mémorisation.

LES SOURCES

La vitamine B3 est présente dans la plupart des aliments, excepté dans les matières grasses. Les aliments les plus riches en vitamine B3 sont la levure alimentaire, le foie (d'agneau, de veau, de génisse) – 60 g de foie fournissent la moitié des apports* quotidiens recommandés –, les céréales du petit déjeuner, la cacahouète et la pâte d'arachide, certains poissons (anchois, thon, espadon, maquereau, saumon, sardine, hareng, pilchard), le gibier (faisan, lapin, chevreuil), la viande (veau), le jambon cru et la volaille (poulet, dinde).

LES BESOINS

L'unité de base est exprimée en E-N (équivalent niacine), ce qui correspond à 1 mg d'acide nicotinique ou à 1 mg de nicotinamide, ses deux composants ; les apports conseillés en vitamine B3 vont de 6 E-N/jour pour un nourrisson à 20 E-N/jour pour une femme enceinte ; ils doivent être réguliers. La consommation de 60 g de protéines apporte 600 mg de tryptophane, son précurseur, soit 10 mg de niacine. Il faut 6,6 mg de vitamine B3 pour 1 000 kilocalories absorbées.

LE STATUT NUTRITIONNEL

Il est assez mal connu, mais il semble satisfaisant.

LA CARENCE

La véritable carence en vitamine B3, celle qui se voit chez les personnes alcooliques et les mangeurs exclusifs de céréales – par exemple de maïs ou de sorgho, dans les pays pauvres –, est responsable de la pellagre, une maladie qui entraîne une peau sèche, rugueuse et parfois ulcérée, une inflammation de l'ensemble du tube digestif, accompagnées ou suivies de troubles neuropsychiques souvent très graves ; bien avant de provoquer des troubles cutanés, la carence en vitamine B3 entraîne des problèmes psychiatriques de gravité progressive : tout d'abord une excitation, ensuite de la confusion, enfin de la démence. Le maïs contient de la niacine, mais sous une forme non assimilable par l'organisme ; en revanche, il ne contient pas de vitamine B6, qui est nécessaire à la transformation du tryptophane en vitamine B3. Les déficiences observées lors d'un traitement antibiotique, antituberculeux ou d'un régime trop riche en sucres raffinés se manifestent par une mauvaise digestion, de la fatigue, une haleine désagréable et des maux de tête.

LA PRÉVENTION

Elle repose avant tout sur une alimentation équilibrée.

LES INDICATIONS

La vitamine B3 montre une action rapide sur les troubles cutanés et digestifs, ainsi que sur les problèmes neuropsychiques récents : des troubles du comportement, des états anxiodépressifs et de la fatigue.

LA TOXICITÉ

Aux doses usuelles, un apport en vitamine B3 n'entraîne aucun incident mais provoque parfois un malaise passager, caractérisé par une grande bouffée de chaleur accompagnée d'une rougeur aux joues, de plaques pruriantes sur le corps et d'une baisse de la tension artérielle ; plus gênant que grave, cet effet secondaire provient de l'action vasodilatatrice de l'acide nicotinique. Le foie doit être surveillé, car, en cas d'administration prolongée et à fortes doses, un risque d'hépatite existe : il ne faut pas dépasser des doses supérieures à 1 g/jour d'acide nicotinique et 3 g/jour de nicotinamide. N'oubliez pas que 125 mg sont suffisants pour protéger votre cerveau.

EN SUPPLÉMENTATION VITAMINIQUE :

LA VITAMINE B6, OU PYRIDOXINE

Intervenant dans de nombreuses étapes du métabolisme des acides* aminés, la vitamine B6 exerce une action très particulière et importante sur la plupart des fonctions cérébrales ; sa concentration dans le cerveau est cent fois plus élevée que dans le sang.

LE RÔLE DE LA VITAMINE B6 SUR LE SYSTÈME NERVEUX

Indispensable à la synthèse des neurotransmetteurs* des états d'angoisse, tels que le GABA et la sérotonine* (voir le chapitre 2), la vitamine B6 intervient notamment pour transformer le tryptophane en vitamine B3, ce qui lui confère une action antistress, antidépresseur, voire légèrement euphorisante – en augmentant la dopamine* – et défatigante ; selon des travaux récents, elle posséderait un potentiel antioxydant. En améliorant la communication entre les neurones et en favorisant l'oxygénation du cerveau, elle participe à l'élaboration de la pensée, des émotions ou encore de la coordination ; elle est également fort utile à la mémoire, sans doute en agissant sur la circulation cérébrale et peut-être en inhibant l'homocystéine, un acide aminé à l'importance croissante (voir le chapitre 5) ; sa concentration élevée dans le cerveau améliore les résultats des tests cognitifs.

Supplémentation en vitamine B6

Vous trouverez en pharmacie :

- Vitamine B6 Richard® (boîte de vingt comprimés ; un comprimé : 250 mg). Posologie : un comprimé par jour pour les adultes, un quart à un demi-comprimé pour les enfants. En raison de son dosage, ce médicament est réservé à une cure très courte sur prescription médicale.
- Le Magné-B6® apporte 5 mg de vitamine B6 par comprimé : cela est peu, mais attention à ne pas prendre six à huit comprimés par jour à longueur d'année, ce que font parfois certaines personnes.

LES SOURCES

Les aliments les plus riches en vitamine B6 sont la levure alimentaire, le germe de blé, les céréales du petit déjeuner, l'ail, certains poissons et fruits de mer (écrevisse, sole, saumon, bigorneau, maquereau, mulet, hareng, carrelet, truite, thon, lieu), le foie (de veau, de génisse, d'agneau, de volaille), les graines de tournesol, la noix, la noisette, les haricots blancs et verts, la farine de sarrasin, le gibier (faisan, lapin), la banane, la farine de soja, la volaille (dinde, oie, poulet), le jambon, la viande (bœuf, veau, porc) ; la moitié des apports* quotidiens recommandés en vitamine B6 peut être apportée par 40 g de jambon ou 250 g de banane. 10 à 50 % des apports sont perdus lors de la cuisson, car la vitamine B6 est soluble dans l'eau.

LES BESOINS

Les apports* quotidiens recommandés en vitamine B6 varient entre 0,6 mg et 2,5 mg selon les tranches d'âge et certaines circonstances telles que la grossesse ou l'allaitement.

LE STATUT NUTRITIONNEL

En France, la moitié voire les trois quarts de la population adulte reçoivent des apports inférieurs aux doses préconisées ; un quart des femmes âgées de dix-huit à trente ans sont en carence, ce qui peut être à l'origine de perturbations dans l'organisme : cela serait pourtant facile à éviter avec une alimentation équilibrée.

LA CARENCE

Le stress, la pilule contraceptive et l'exercice physique intensif par exemple entraînent une sur-utilisation de la vitamine B6. Les personnes âgées, les personnes qui suivent un régime protéiné et celles qui souffrent de malnutrition témoignent le plus souvent de carences. Les symptômes sont frustes et non spécifiques, et, le plus souvent, sont associés aux signes de carence des autres vitamines du groupe B ; on peut toutefois remarquer des problèmes cutanés, avec en particulier une dermite séborrhéique (marquée par une augmentation de la sécrétion des glandes sébacées) et une inflammation autour des lèvres, une vulnérabilité au stress, des troubles nerveux allant de la simple fatigue à la dépression en passant par l'hyperirritabilité, une baisse de l'immunité, et plus rarement des signes d'anémie ; en général, ces symptômes s'observent lors d'administrations fortes et prolongées chez des personnes fragiles – alcooliques, souffrant de problèmes nerveux ou de dénutrition. Le déficit en vitamine B6 ainsi qu'en vitamines B9 et B12 a des répercussions sur la synthèse de deux neurotransmetteurs*, la sérotonine* et le GABA (voir le chapitre 2), dont le rôle est essentiel dans les états anxiodépressifs : cela a pour conséquences de l'anxiété, des troubles de l'humeur à tendance agressive, de l'impatience, de l'impulsivité, une attirance pour le sucre et des dépendances variées, à l'alcool ou au tabac.

LA PRÉVENTION

Une alimentation variée couvre facilement les besoins en vitamine B6. La prise de certains médicaments pendant une longue période, des contraceptifs par exemple, nécessite une supplémentation en vitamine B6.

LES INDICATIONS

La vitamine B6 agit sur le stress, les troubles nerveux, les crampes, les fourmillements et les spasmes.

LA TOXICITÉ

Dans le cadre d'un traitement de quelques semaines seulement et à des doses courantes (50 mg/jour), elle est faible ou nulle ; en revanche, soyez prudent au-delà de 50 mg/jour pris pendant plusieurs mois ; et soyez très prudent pour des doses prolongées et plus importantes encore (au-delà de 500 mg/jour), car il existe un risque d'atteinte du nerf (une polynévrite), comparable à celle qu'on souhaite combattre : les symptômes s'aggravent, la personne malade augmente alors les doses, ce qui ne fait qu'entretenir les symptômes. Attention donc à la « vitaminomania B6 ».

LES BONNES ASSOCIATIONS

Vous pouvez associer la vitamine B6 avec d'autres vitamines du groupe B ainsi qu'avec le magnésium ; toutefois, l'action de la vitamine B6, qui fixe le magnésium, n'est significative qu'au-delà de 1 g/jour, une dose qui entraîne des maladies du système nerveux.

LES INTERACTIONS AVEC LES MÉDICAMENTS

Certains médicaments tels que la pilule contraceptive, la cortisone et les antituberculeux risquent de favoriser la carence en vitamine B6.

EN SUPPLÉMENTATION VITAMINIQUE : LA VITAMINE B9, OU ACIDE FOLIQUE, OU FOLATES

LE RÔLE DE LA VITAMINE B9 SUR LE SYSTÈME NERVEUX

La vitamine B9 intervient dans tout l'organisme, en particulier dans les métabolismes cellulaires cérébraux et nerveux qui sont en construction ou en renouvellement ; associée à la vitamine B12, cette action est déterminante sur le système nerveux, dont elle permet le développement (chez le fœtus) et en partie la réparation (chez les personnes âgées). La vitamine B9 participe à la synthèse de l'ADN, des acides* aminés et des neurotransmetteurs* tels que la dopamine* et la sérotonine* ; elle favorise l'oxygénation du système nerveux ; elle évite l'irritabilité et la fatigue, aide à bien dormir et améliore l'équilibre émotionnel.

LES SOURCES

Les aliments les plus riches en vitamine B9 sont la levure alimentaire, le foie (de volaille, de veau, de génisse, d'agneau ; le foie gras), le germe de blé, les haricots blancs et rouges, les légumineuses (farine de soja, lentilles), les graines de tournesol, les céréales du petit déjeuner, les fromages (brie, saint-marcellin, chabichou, camembert, carré de l'Est, chaource, bleu), le jaune d'œuf, les salades (cresson, pissenlit, mâche, oseille, chicorée, laitue), les légumes (épinard, asperge, chou de Bruxelles, chou-fleur, brocoli), le cerfeuil, le persil, la ciboulette, la châtaigne, le pois chiche, les oléagineux (cacahouète, noix, noisette, graines de sésame, pistache, amande), le melon, le litchi. Pour fournir à l'organisme la moitié des apports* quotidiens recommandés en vitamine B9, il faut consommer 25 g de foie ou 100 g d'épinard. Soluble dans l'eau, la vitamine B9 est détruite par une cuisson prolongée.

LES BESOINS

La dose quotidienne recommandée en vitamine B9 varie entre 300 µg (microgrammes) pour un adulte et 400 µg pour une femme enceinte, car le foetus en utilise beaucoup.

Supplémentation en vitamine B9

Vous trouverez en pharmacie Spéciafoldine® (boîte de vingt comprimés ; un comprimé : 5 mg). Posologie : un comprimé par jour.

LE STATUT NUTRITIONNEL

Les résultats des études sont divergents ; il semblerait qu'une personne sur trois ne reçoive pas les doses recommandées et qu'un adolescent et une personne âgée sur deux soient carencés.

LA CARENCE

Elle provient d'un déséquilibre alimentaire et d'une augmentation des besoins ; si elle survient avant tout chez les adolescents, les personnes malades, âgées ou alcooliques, et les femmes enceintes – 10 à 25 % d'entre elles manquent d'acide folique –, tout un chacun peut en être atteint ; elle est tout d'abord responsable de fatigue, d'un manque d'appétit, d'une perte de poids, de douleurs abdominales avec nausées ou vomissements, de troubles nerveux, psychiques – une irritabilité, une perte de mémoire, de l'insomnie ou un sommeil agité… – ou neurologiques plus ou moins graves – une neuropathie, des vertiges intenses… ; l'anémie apparaît seulement après quelques mois de carence, accompagnée de troubles du comportement, parfois de problèmes mentaux graves voire de démence. Certaines pertes de mémoire, des dépressions et des démences peuvent être liées à un déficit en vitamine B9, qu'il convient de corriger : un taux bas est un indicateur de dépression. Les troubles nerveux mineurs sont améliorés après deux jours de supplémentation seulement. La carence en vitamine B9 inhiberait la production de sérotonine* ; sa prescription en remonterait le taux, améliorant ainsi l'état d'une personne déprimée.

LA PRÉVENTION

Elle repose sur une alimentation variée et équilibrée, qui couvre les besoins. Mais les femmes enceintes et les prématurés sont souvent carencés. Selon une étude britannique, l'association des vitamines B9 et B12 diminuerait le risque de survenue de la maladie d'Alzheimer.

LA TOXICITÉ

Aux doses thérapeutiques, il n'existe aucune toxicité.

LES INDICATIONS

La vitamine B9 participe au traitement des troubles nerveux, de la dépression et des problèmes de mémoire.

LES CONTRE-INDICATIONS

En cas de leucémie et de cancer.

LES BONNES ASSOCIATIONS

Vous pouvez prendre les autres vitamines du groupe B, en particulier les vitamines B6 et B12 ; vous pouvez associer la vitamine B9 à la vitamine C – mais si vous en prenez beaucoup, vous devez vous supplémenter d'autant en vitamine B9 ; vous pouvez également l'associer au zinc.

LES INTERACTIONS AVEC LES MÉDICAMENTS

Attention avec les anticancéreux, les antibiotiques, les diurétiques, les anti-inflammatoires, les antiépileptiques, qui sont des « anti-B9 » par excellence, et la pilule contraceptive. Toutes les personnes qui prennent ces médicaments d'une façon régulière doivent veiller à une supplémentation en vitamine B9.

EN SUPPLÉMENTATION VITAMINIQUE : LA VITAMINE B12, OU COBALAMINE

Voici l'une des substances essentielles à la dynamique et au fonctionnement optimal du cerveau.

LE RÔLE DE LA VITAMINE B12 SUR LE SYSTÈME NERVEUX

Indispensable à sa bonne marche, la vitamine B12 possède une action antistress et antifatigue, et intervient sur l'équilibre nerveux, l'humeur et les facultés mentales.

LES SOURCES

La vitamine B12 est contenue exclusivement dans les produits d'origine animale : le foie (d'agneau, de génisse, de veau, de volaille), les abats (rognons d'agneau, de veau, de bœuf, de porc ; cœur de bœuf ; cervelle d'agneau ; langue de bœuf), certains poissons et fruits de mer (huître, palourde, bulot, bigorneau, hareng, sardine, thon, moule, maquereau, pilchard, raie, crabe, truite, lieu, saumon, bar, homard, seiche, éperlan, roussette, cabillaud, colin, haddock, carrelet), le jaune d'œuf, la viande (lapin, agneau, faisan, bœuf), la charcuterie (cervelas, saucisson sec, pâté). Une portion moyenne de bœuf haché fournit 2 µg environ de vitamine B12, soit la ration journalière recommandée.

> **Le foie**
>
> L'homme est omnivore et doit absolument manger de la viande et des produits animaux. Le foie par exemple, autrefois très prisé, n'est presque plus consommé – moins d'une tranche par an par Français. Il est pourtant très riche en vitamines B2, B3, B5, B6, B8, B9 et B12. Pour fournir à notre organisme la moitié des apports* quotidiens recommandés en vitamine B9, il faut consommer 2 g de foie de veau !

LES BESOINS

Ils sont de 1 µg/jour pour un nourrisson, de 3 µg/jour pour un adulte et de 4 µg/jour pour une femme enceinte.

LE STATUT NUTRITIONNEL

Chez tous ceux qui mangent de la viande et des œufs, les risques de carence en vitamine B12 sont exceptionnels.

LA CARENCE

Elles est à redouter avant tout chez les végétariens. Les signes neuropsychiques peuvent apparaître assez tôt dans l'histoire de la carence, alors qu'on pensait qu'ils étaient consécutifs à l'anémie ; devant des troubles nerveux d'apparition récente, devant des états d'agitation ou de déprime, en particulier chez les personnes âgées, il faut tout d'abord penser à un déficit en vitamines B9 et B12.

Certaines affections inflammatoires ainsi que l'ablation chirurgicale de l'estomac empêchent l'absorption de la vitamine B12 : les conséquences sont une anémie accompagnée de fatigue, un essoufflement et des palpitations, puis, d'une manière secondaire, des troubles nerveux — de l'irritabilité, de l'insomnie, des pertes de mémoire,

Supplémentation en vitamine B12

Vous trouverez en pharmacie Vitamine B12 Gerda® (flacon de vingt-quatre comprimés sublinguaux ; un comprimé : 250 µg). Posologie : un à deux comprimés à laisser fondre sous la langue chez l'adulte ; un demi à un comprimé écrasé puis mélangé à du lait chez le nourrisson ou l'enfant. Une fois n'est pas coutume, la vitamine B12 des suppléments s'absorbe mieux que la vitamine d'origine alimentaire. Et certaines algues, par exemple la spiruline, qui sont vendues en magasin diététique ont une efficacité restreinte du fait de la biodisponibilité très faible de la pseudo-vitamine B12 qu'elles contiennent.

une déprime et une dépression ou le syndrome* des jambes sans repos.

LA PRÉVENTION

Elle repose sur une alimentation équilibrée qui n'exclut pas la viande.

LA TOXICITÉ

Aucune ; toutefois, des allergies sont possibles, surtout à fortes doses.

LES INDICATIONS

La vitamine B12 est utile pour traiter les états de stress et de fatigue, les troubles nerveux, les problèmes de mémoire et d'équilibre des personnes âgées.

Après cinquante ans

Selon certains chercheurs, toutes les personnes âgées de plus de cinquante ans, même et surtout si elles sont en bonne santé, devraient supplémenter leur alimentation en vitamine B12 afin de prévenir la détérioration de leurs fonctions mentales et neurologiques. Les personnes qui présentent un taux très bas en vitamine B12 ont plus de risques de développer la maladie d'Alzheimer. Une carence prolongée provoque des altérations cognitives irréversibles.

LES CONTRE-INDICATIONS

Pour certains chercheurs, la vitamine B12 inhiberait le développement des tumeurs ; en revanche, pour la plupart d'entre eux, elle stimulerait leur croissance et favoriserait les métastases. La prudence est donc requise en cas de cancer ou de leucémie, pour lesquels un avis médical est obligatoire.

LES BONNES ASSOCIATIONS

Vous pouvez associer la vitamine B12 aux autres vitamines du groupe B, avant tout les vitamines B2 et B3 ; de même pour le fer.

LES INTERACTIONS AVEC LES MÉDICAMENTS

Attention avec les antiulcéreux, certains antidiabétiques, les antibiotiques et la pilule contraceptive.

EN HOMÉOPATHIE : SEPIA

Sepia est le principal médicament homéopathique traitant la dépression.

L'ORIGINE

L'encre de seiche.

LES INDICATIONS

Sepia est le grand médicament du « trou noir ». Les traits de caractère spécifiques qui se retrouvent en général sont un pessimisme, une apathie, une indifférence à tout et à tous, une solitude et un manque d'envies ; la personne, qui est souvent une femme, voit tout en noir. Ses symptômes sont aggravés par le froid, un air confiné et des vêtements trop serrés ; ils sont améliorés par la chaleur du lit et le grand air.

LA POSOLOGIE

Quatre granules en 9 CH, à sucer comme des bonbons, en dehors des repas, deux fois par jour.

> **En pharmacie**
>
> Sepia Complexe Lehning® n° 20 contient, entre autres, Sepia 4 DH et Calcarea carbonisa 3 DH (boîte de quatre-vingts comprimés). Posologie : un comprimé à sucer deux fois par jour.

EN PHYTOTHÉRAPIE : LE MILLEPERTUIS

Aujourd'hui, le millepertuis officinal constitue la base du traitement par les médecines douces tant il est efficace à la place ou en relais des antidépresseurs.

Cette jolie plante herbacée des coteaux secs et incultes, et des prairies bien exposées est appelée « herbe de la Saint-Jean » car elle fleurit au solstice d'été ; elle est connue et utilisée depuis l'Antiquité sous un nom évocateur : « chasse diable ». Elle pousse partout, en Europe, en Asie et en Afrique, sous la forme de touffes constituées de tiges droites et ramifiées, portant des feuilles vertes piquetées de rouge et des fleurs jaunes ou dorées éclatantes en plein été.

LA COMPOSITION

La présence de petites glandes riches en huiles essentielles et en hypericine donne l'impression, quand on regarde la plante par transparence, qu'elle est entièrement percée : cela lui a valu son surnom d'« herbe aux mille trous ». Le millepertuis contient une substance sédative, l'hyperforine, ainsi que des flavonoïdes antioxydants. Selon certains auteurs, la présence de mélatonine* dans les extraits de millepertuis expliquerait l'effet de cette plante sur les rythmes biologiques et sur le sommeil ; selon d'autres auteurs, elle activerait seulement la production de mélatonine.

LES PROPRIÉTÉS

Jadis, on conférait à l'odeur d'encens qui se dégage du froissement des feuilles des pouvoirs protecteurs contre les mauvais esprits et les démons. Les chevaliers de l'ordre de Saint-Jean-de-Jérusalem puis nos grands-mères l'utilisaient comme un onguent cicatrisant pour soigner les blessures et calmer les inflammations. Récemment, des études réalisées en Allemagne lui ont attribué des propriétés antidépressives indiscutables, d'une efficacité supérieure à certains médicaments classiques ; cela a beaucoup fait pour sa renommée mondiale. Excepté son action sur l'humeur, le millepertuis est employé pour lutter contre les baisses de tonus, la mauvaise gestion du stress, les troubles de l'adaptation et les problèmes de sommeil ; il est également efficace pour apaiser les

Le millepertuis en gélules

Vous trouverez en pharmacie Elusanes® Millepertuis ou Procalmil®. Posologie : une gélule deux fois par jour, pendant plusieurs semaines.

douleurs et les névralgies, ce qui en fait la plante spécifique de la fibromyalgie.

LE RÔLE DU MILLEPERTUIS SUR LE SYSTÈME NERVEUX

À l'instar des antidépresseurs de la dernière génération, les inhibiteurs de la recapture de la sérotonine* (IRS), le millepertuis agirait sur la sérotonine ; un temps de latence de quelques jours est souvent nécessaire avant d'obtenir une amélioration des symptômes.

EN INFUSION

Par sa réputation à chasser les mauvais esprits – alors qu'elle est simplement sédative –, la tisane de millepertuis a longtemps servi à traiter les fous.

EN TEINTURE MÈRE

Faites préparer par votre pharmacien un flacon de 60 ml d'une teinture mère de millepertuis ; prenez une dose (cinquante gouttes) dans un peu d'eau, matin, midi et soir. La teinture mère a, pour l'heure, l'avantage d'être remboursée par la Sécurité sociale, ce qui est loin d'être négligeable dans la perspective d'un traitement sans doute prolongé.

EN EXTRAIT FLUIDE

Faites préparer par votre pharmacien un flacon de 60 ml d'extrait fluide de millepertuis ; prenez cinquante gouttes dans un peu d'eau, deux fois par jour, pendant plusieurs semaines.

EN GÉLULES (DE POUDRE BRUTE, D'EXTRAIT SEC...)

Faites préparer cent vingt gélules contenant chacune 250 mg d'extrait sec de millepertuis ; prenez une gélule quatre fois par jour, pendant un mois. D'après des études récentes, les formes liquides seraient plus efficaces que les formes sèches.

LA TOXICITÉ

Elle est faible, mais certains effets secondaires existent, en particulier du fait d'interactions avec des médicaments (digoxine, théophylline, antivitamines K, contraceptifs, antiviraux, tricycliques...) ; sont également cités un risque de photosensibilisation, mais à doses suprathérapeutiques, et une baisse de l'immunité.

EN PHYTOTHÉRAPIE : L'ANGÉLIQUE

Plante bisannuelle poussant en Europe du Nord, l'angélique a une grosse tige cannelée et richement ramifiée qui est couverte de feuilles aux formes très découpées ; ses fleurs blanches ou rosées sont en forme de boules. Cultivée dans les jardins et en plein champ, elle dégage une odeur tout à fait particulière, prenante et suave.

LES PROPRIÉTÉS

Longtemps considérée comme une panacée, comme un élixir de longue vie, l'angélique sert aujourd'hui avant tout à la décoration des cakes. Pourtant, elle est active sur la déprime et aide les personnes anxieuses à retrouver le sommeil et un certain calme intérieur.

EN INFUSION (DE SEMENCES)

Prenez une cuiller à café dans une grande tasse d'eau bouillante, deux fois par jour.

EN TEINTURE MÈRE

Faites préparer par votre pharmacien un flacon de 60 ml d'angélique ; prenez cinquante gouttes (une dose) dans un peu d'eau, trois fois par jour.

EN EXTRAIT SEC

Faites préparer par votre pharmacien soixante gélules contenant 200 mg d'extrait sec d'angélique par gélule ; en fonction de vos symptômes, prenez une gélule trois fois par jour.

EN AROMATHÉRAPIE : LES HUILES ESSENTIELLES DE BASILIC ET DE ROMARIN

Elles possèdent des propriétés dynamisantes. Notre pistou de Provence et les feuilles du romarin de nos comptines combattent la fatigue, renforcent la mémoire, activent la circulation et remontent le moral ; le basilic possède des propriétés antispasmodiques digestives et permet de traiter les états neurotoniques et les troubles du sommeil mineurs.

LA POSOLOGIE

Deux gouttes d'huile essentielle de basilic ou de romarin dans un peu de miel, deux fois par jour.

UN EXEMPLE DE PRESCRIPTION

Procurez-vous chez votre pharmacien un flacon de 1 g d'huiles essentielles de romarin et un flacon de 30 ml d'une teinture mère de millepertuis ; ajoutez deux gouttes d'huiles essentielles dans trente gouttes de la teinture mère ; prenez ce mélange additionné d'un peu d'eau deux fois par jour, pendant deux semaines.

L'ACUPUNCTURE

Fondée sur la notion d'energie, cette technique est très utile par son action rééquilibrante ; elle est souvent indispensable en début de traitement, au moment où la dépression s'installe, mais elle peut aussi aider au sevrage d'un traitement antidépresseur.

LES INDICATIONS

Des séances hebdomadaires ou bihebdomadaires combattent avec efficacité les troubles de l'humeur et la fatigabilité, ont une action tranquillisante et permettent de retrouver le sommeil. Un point situé dans la partie interne du pli du coude possède un nom évocateur : « joie de vivre ». Il ne demande qu'à être piqué ou massé d'une façon très régulière.

L'importance de l'alimentation

D'une manière indiscutable, il existe un lien entre l'alimentation et les troubles de l'humeur. En modifiant le contenu de son assiette, il est possible d'améliorer notamment les états dépressifs.

NEUROTRANSMETTEURS ET AUTRES SUBSTANCES

- Pour jouer sur la concentration de sérotonine* (voir le chapitre 2, p. 67) et donc agir sur la dépression, vous pouvez privilégier certains aliments : la noix et les graines figurent parmi les plus riches en sérotonine (deux à trois fois plus que la banane et l'ananas) ; la banane, avant tout la variété plantain (3 mg/100 g), l'ananas (1,7 mg/100 g), le kiwi (0,6 mg/100 g) et la tomate (0,3 mg/100 g) en contiennent beaucoup, de même que certains aliments fermentés : la bière, la choucroute et le fromage ; la sérotonine se trouve en petites quantités dans l'aubergine, l'avocat, le brocoli, le chou-fleur, la datte, l'épinard, la figue, le melon, l'olive noire et le pamplemousse.

• Choisissez des aliments riches en tryptophane, le précurseur de la sérotonine* : l'ananas, la banane, le brocoli, la carotte, le chou-fleur, la dinde, la figue, le lait, la noix et l'œuf.

• Consommez des aliments riches en tyrosine : elle se trouve avant tout dans les fromages fermentés et la viande – sans doute avez-vous déjà constaté que, consommés le soir, ces aliments tendent à gêner le sommeil ; d'autres aliments contiennent également de la tyrosine, mais en moindres quantités : ce sont l'amande, l'asperge, l'avocat, la carotte, l'épinard, la pomme, la salade verte (laitue, romaine) et les protéines de soja.

Supplémentation en tyrosine

Vous trouverez en pharmacie des gélules dosées à 500 mg de tyrosine ou pourrez recourir à Dynabiane® (boîte de 60 gélules dont chacune contient 250 mg de L-tyrosine + ginseng, guarana, vitamine B6).
Posologie : deux à quatre gélules dans la matinée

Un repas antidéprime

• En entrée : un pamplemousse ou un demi-avocat, ou des crudités – betterave, carotte, chou-fleur, endive ou tomate – assaisonnées d'un mélange d'huile d'olive et de colza, et saupoudrées d'une cuiller à soupe de levure de bière.

• En plat : une viande ou un poisson gras, accompagnés de brocolis, de cresson ou d'épinards.

• En dessert : de l'ananas, une banane ou un kiwi.

• Un carré de chocolat.

• Certains auteurs préconisent le SAME, ou S-adénosyl-méthionine. Découverte en 1952 par un chimiste italien, cette substance que notre organisme est capable de fabriquer à partir d'un acide aminé, la méthionine, semble douée de propriétés stimulantes sur l'humeur en élevant les taux de dopamine* et surtout de sérotonine* ; pour certains chercheurs, elle aurait une activité équivalente voire supérieure à celle du millepertuis. En permettant la synthèse du glutathion (voir le chapitre 6, p. 244), elle est également dotée d'une action antioxydante non négligeable.

Aux États-Unis, la dose préconisée est de 400 mg/jour environ, pendant plusieurs semaines ou plusieurs mois. Attention : elle est responsable de troubles digestifs et parfois d'agitation ; elle coûte assez cher.

- La diminution d'un acide gras, le DHA*, intervient également pour déclencher ou entretenir la dépression (voir le chapitre 5, p. 213).

LE CHOCOLAT

Plébiscité par les personnes déprimées qui lui vouent une passion dévorante, le chocolat possède de nombreuses vertus. Médicament, drogue, jadis monnaie d'échange ou encore boisson des dieux, il confère, dit la légende populaire, force, énergie et mémoire, tout en étant synonyme de sensualité et de volupté.

LA FABRICATION

Issu des graines du cacaoyer, le cacao pur est amer et immangeable. Pour devenir l'aliment plaisir que nous connaissons, il doit être additionné de sucre et de beurre de cacao, une matière grasse jaune pâle. Cette pâte homogène, obtenue par le mélange, l'agitation, le chauffage et le refroidissement de ces trois principaux ingrédients, fournit les différentes variétés : à croquer, amer, fondant, noir... La poudre de cacao est obtenue en pressant la pâte afin d'en extraire le beurre de cacao.

LA PRÉPARATION

Le chocolat des Mayas était préparé à partir des fèves séchées puis broyées, diluées d'eau, additionnées de farine de maïs et d'épices, et sucrées avec du miel. Le chocolat noir contient de la pâte de cacao, du beurre de cacao, du sucre et parfois des émulsifiants. Le chocolat au lait renferme de la poudre de lait, du sucre et des aromates (de la vanille) mélangés au beurre de cacao. Le chocolat blanc est obtenu à partir de beurre de cacao, auquel est ajouté du lait concentré ou en poudre, du sucre et de l'essence de vanille. S'il contient moins de sucre, le chocolat soi-disant allégé est plus riche en cacao et en beurre de cacao ; il n'offre donc aucun intérêt particulier.

LA CONSOMMATION

Le succès du chocolat est phénoménal. Aujourd'hui, un Français en consomme 5 kg/an – dix-sept millions de nos compatriotes en mangent au moins un morceau par jour –, tandis qu'un Suisse en consomme près du double.

Dix idées reçues à combattre

1. Le chocolat fait grossir : FAUX, s'il est pris à des doses raisonnables.
2. Le chocolat augmente le cholestérol : FAUX, s'il est pris à des doses raisonnables.
3. Le chocolat est contre-indiqué en cas de diabète : FAUX.
4. Le chocolat se digère mal : FAUX.
5. Le chocolat donne des crises de foie : FAUX.
6. Le chocolat constipe : FAUX.
7. Le chocolat donne la migraine : FAUX, même si la présence de phényléthylamine, de théobromine et de tyramine est un risque pour les personnes sensibles.
8. Le chocolat excite nerveusement : FAUX, car 100 g de chocolat contiennent beaucoup moins de caféine qu'une petite tasse de café ou de thé.
9. Le chocolat est aphrodisiaque : FAUX, cette vertu que les Aztèques lui prêtaient était sans doute due au poivre et au piment qui épiçaient alors la boisson. Cette réputation a survécu et continue d'interpeller les scientifiques.
10. Le chocolat entraîne une véritable toxicomanie : FAUX, tout au plus peut-on parler de « chocolatomanie » si la consommation est, d'une manière régulière, égale ou supérieure à 100 g/jour.

L'APPORT CALORIQUE ET MACRONUTRITIONNEL

Une tablette de 100 g de chocolat apporte entre 400 et 500 kilocalories. Le chocolat à croquer contient 64 % de glucides et 24 % de lipides ; le chocolat fondant contient 52 % de glucides et 38 % de lipides ; le chocolat noir contient 31 % de glucides et 41 % de lipides. Le chocolat ne peut être considéré comme un aliment équilibré : il est trop riche en glucides et en lipides, et trop pauvre en protéines (5 g/100 g environ). Ses qualités sont ailleurs : il fait du bien car il est délicieux.

LA COMPOSITION

Le chocolat est constitué de huit cents substances environ, dont une trentaine seulement ont été isolées et sont actives sur le plan pharmacologique. Parmi les substances stimulantes ou d'éveil figurent la caféine (70 mg/100 g de chocolat noir environ), la théobromine (entre 250 à 500 mg/100 g ; également contenue dans le thé), la phényléthylamine qui, en se liant aux récepteurs à amphétamines, est véritablement excitante (1 mg/100 g, ce qui est peu), la sérotonine* (27 mg/kg), la tyramine ou encore des traces de théophylline.

- Tandis que les glucides contenus dans le chocolat augmentent la concentration de sérotonine, les lipides stimulent des molécules chimiques du bien-être, les endorphines. Le chocolat contient du magnésium, du potassium et du phosphore – mais peu de calcium –, ainsi que des vitamines A, B et E. Il renferme également des substances bénéfiques pour la santé, en particulier les polyphénols : avec le thé et le vin rouge (voir le chapitre 6), le chocolat est l'un des aliments qui en contient le plus ; une tablette de 100 g apporte 500 mg environ de polyphénols, soit l'équivalent de deux verres de vin rouge.

LE RÔLE DU CHOCOLAT SUR LE SYSTÈME NERVEUX

Tout d'abord utilisé pour ses prétendues vertus aphrodisiaques et ses non moins prétendues propriétés curatives – pour les maladies vénériennes, en particulier la syphilis –, le chocolat est avant tout l'aliment le plus psychotrope. En effet, il permet de lutter contre la plupart des troubles nerveux, étant à la fois un substitut émotionnel, un régulateur nerveux et l'aliment de l'optimisation des performances : tandis qu'une personne anxieuse y trouve beaucoup de sucre, une personne spasmophile y trouve une quantité notable de magnésium, une personne déprimée un anti-dépresseur naturel, la phényléthylamine, et une personne fatiguée de la caféine. Selon certains, il est antidéprime avant tout parce qu'il procure du plaisir, qu'il est très bon au goût, donc très efficace sur l'humeur.

LA LEVURE DE BIÈRE

Formé de cellules arrondies isolées ou en chapelets, ce champignon microscopique a la propriété de provoquer la fermentation alcoolique de certains sucres, parmi lesquels le saccharose ; cette substance vivante sert de ferment à la fabrication de la bière. Aujourd'hui, elle est également préparée dans un but de supplémentation. Elle est différente de la levure de boulanger, qui n'est pas utilisée à des fins médicinales.

LA COMPOSITION

La levure de bière est un complément alimentaire extraordinaire. Peu gras, peu salé, peu sucré et peu calorique, elle regorge de protéines et d'acides* aminés (acide glutamique, arginine, cystine…), dont certains essentiels (histidine, lysine, tryptophane), de lécithine, d'oligoéléments (chrome, phosphore, potassium, sélénium…) et de vitamines du groupe B.

LES INDICATIONS

Stimulante et tonique tout en étant légèrement sédative, la levure de bière aide à lutter contre la déprime, diminue l'irritabilité, calme la sensation de faim et les envies de sucre ; après un traitement antibiotique, elle rétablit la flore intestinale.

LA POSOLOGIE

La levure de bière est disponible en grandes surfaces, dans les magasins diététiques, en pharmacie ou en parapharmacie sous la forme de comprimés, de capsules ou de paillettes – attention, elle est très amère ; prenez-en une dose trois fois par jour.

→ En bref

- La dépression est une maladie de plus en plus fréquente, qui n'épargne presque personne dans nos sociétés occidentales, même si certains sont plus exposés que d'autres. Son diagnostic est donc essentiel afin de ne pas retarder un traitement qui, s'il n'est pas toujours efficace à 100 %, l'est quand même dans la majorité des cas.
- Dans ses aspects cliniques, la dépression est une maladie trompeuse, de sorte qu'elle est à la fois trop et mal traitée : les médicaments antidépresseurs sont trop vite et très largement prescrits, et pas toujours aux bonnes personnes.
- Quand cela est possible, quand cela est sans risques pour le patient, quand la dépression est légère ou moyenne, les médecines douces peuvent être proposées en premier lieu. Efficaces, peu agressives, elles ne provoquent aucun phénomène d'accoutumance.

- Le lithium d'oligothérapie, les vitamines B3, B6, B9 et B12, un médicament homéopathique, l'angélique, le millepertuis, le safran, les huiles essentielles de basilic et de romarin, la tyrosine ainsi que l'acupuncture constituent des alternatives ou des compléments thérapeutiques qui, faciles à mettre en œuvre, devraient être proposés plus souvent, et en première intention.
- L'importance de l'alimentation n'est plus à rappeler.

9

Les états anxieux, de l'inquiétude à la détresse

« L'angoisse n'est pas supportable sans l'humour. »
Alfred Hitchcock.

L'anxiété constitue l'une des plaintes les plus fréquentes en médecine générale : elle touche un Français sur cinq et représente plus de la moitié des consultations ; elle est le diagnostic psychiatrique le plus souvent porté. Elle se présente soit sous la forme d'une inquiétude banale, une réaction parfaitement normale face au stress et aux soucis engendrés par la vie quotidienne, soit sous la forme d'un malaise pathologique, car dépourvu de cause évidente. Entre anxiété et angoisse, entre le normal et le pathologique, essayons de nous y retrouver.

Entre anxiété et angoisse

Les différences entre l'anxiété et l'angoisse sont très subtiles ; les Allemands et les Anglo-Saxons n'ont d'ailleurs qu'un seul mot – *Angst* pour les premiers et *anxiety* pour les seconds – pour désigner ce que nous, Français, nommons par deux termes au moins.

Pour rester simple, disons que :

- l'inquiétude est le premier stade ; elle ne comporte aucun signe physique ;
- l'anxiété voit apparaître divers signes physiques tels que des palpitations, une constriction au niveau du thorax et une respiration haletante ;
- l'angoisse témoigne des mêmes symptômes, mais plus intenses et plus fréquents.

Histoire des mots

L'anxiété et l'angoisse ont une histoire et un sens assez proches.

- Le mot « anxiété » est, au XIIe siècle, emprunté au latin *anxietas, anxius*. Avant tout psychologique, son acception s'étend également au domaine physiologique : l'anxiété évoque une oppression, une suffocation. Employé couramment en médecine, le terme est passé dans le langage courant.
- Le mot « angoisse » est, au XIIe siècle, issu du latin *angustia, angustus*, qui veut dire « étroit », « serré ». Il signifie peu à peu « embarras », « gêne » ; il désigne à la fois une oppression, une douleur et un état moral pénible. Au XXe siècle, le mot prend également une valeur philosophique – on parle d'« angoisse métaphysique » ou d'« angoisse existentielle » – et entre dans le vocabulaire de la psychanalyse – qui évoque la « névrose d'angoisse ».

Source : *Dictionnaire historique de la langue française*, sous la direction d'Alain Rey, Éditions Le Robert, 1992.

L'ANXIÉTÉ : DE L'ÉNERGIE VITALE AU HANDICAP

L'anxiété est une émotion normale et fréquente, une énergie nécessaire à la vie ; elle est utile et bénéfique et, dans certaines limites et certaines circonstances, indispensable, car elle pousse à s'adapter à des situations nouvelles, inhabituelles ou désagréables : nous apprenons plus vite ou nous trouvons plus facilement des idées et des stratégies innovantes quand nous sommes contraints de le faire ou pris par un délai fixe.

Souvent située à mi-chemin entre l'expression sociale et individuelle, elle fait parfois tellement partie de l'existence d'une personne qu'elle risque de passer inaperçue : on la considère comme naturelle, on n'en a aucune conscience, sauf quelquefois *a posteriori* ; on se plaint simplement de quelques manifestations somatiques ; on adopte certains comportements déviants tels que l'alcoolisme ou l'évitement des situations anxiogènes et, d'une manière inconsciente, on peut même aller jusqu'au sabordage professionnel et à la maladie.

Il est difficile de délimiter avec précision la frontière entre une anxiété normale et une anxiété anormale, entre une simple peur et une vraie phobie, entre une appréhension et une crise de panique, entre la précaution et l'état maniaque, entre la timidité et l'attitude d'évitement, d'autant qu'il existe une multitude de tempéraments anxieux et d'états intermédiaires. Elle devient pathologique quand son intensité est extrême et quand une personne ne parvient plus à la contrôler, ni par la distraction ni par la volonté ni par la relaxation, qu'elle s'accompagne de prise d'excitants – de la caféine, des amphétamines, diverses drogues –, et qu'elle a des répercussions sur sa vie affective et socioprofessionnelle, constituant parfois un véritable handicap.

Quelquefois, l'anxiété est liée à un sevrage – d'alcool ou de certains médicaments –, est en rapport avec un trouble psychiatrique – une dépression, une hypocondrie, un trouble obsessionnel compulsif ou une anorexie mentale – ou peut apparaître au cours d'une maladie organique – touchant la thyroïde, le cœur ou le cerveau (lors du début d'une démence). L'anxiété est responsable de très nombreux symptômes et de divers troubles plus ou moins gênants : on se tripote une mèche de cheveux, on met son pouce dans sa bouche, on a les mains moites, on croise ses mains derrière le dos, les doigts s'ouvrent et se ferment, les jambes se tortillent, les genoux flageolants se cognent, le plexus noué empêche ou gêne la respiration, la bouche est sèche, on a des difficultés pour avaler, on a une boule dans la gorge, des rougeurs au visage, des sueurs diffuses sur le front ou sur la lèvre supérieure, une sensation de vertige, la transpiration sous les aisselles déborde sur les habits, le cœur bat la chamade, on a des envies fréquentes d'uriner… Toutes ces manifestations peuvent s'estomper en quelques secondes – par exemple dès le début d'un examen ou d'une audition.

L'ANGOISSE : SANS OBJET ET SANS ISSUE

Tout le monde souffre plus ou moins de l'angoisse, qu'on la reconnaisse, qu'on la vomisse, qu'on la dissimule, qu'on la banalise ou qu'on la canalise. Chacun a ses stratagèmes pour en minimiser les effets. Elle fait partie de la nature humaine, elle est en nous, prenant plus ou moins de place ; quand elle est intense, elle peut envahir tout notre espace mental. L'angoisse est duelle, à la fois normale et pathologique, parfois stimulante, donc utile, parfois paralysante, donc gênante. En général, elle est plus forte que l'anxiété.

Si l'anxiété est un sentiment d'inquiétude éprouvé devant un danger qui peut être défini d'une manière plus ou moins approximative, l'angoisse, quant à elle, ne reconnaît aucune raison précise ; elle est générale, sans objet, accompagnée du sentiment d'un danger imminent ; elle est sans issue – aucune action extérieure ne peut l'empêcher –, envahissante et parfois extrêmement intense ; elle survient n'importe quand ; elle est responsable de symptômes désagréables, qui sont plutôt d'ordre physique – une boule à la gorge ou au ventre, une impression d'étouffement, des tremblements, des palpitations, des vertiges ou des sueurs –, mais pas toujours. Nous avons tous expérimenté ces sensations : qui n'a pas été un jour victime d'une bouffée d'angoisse ?

L'angoisse naît de la confrontation entre ce qu'une personne a enfoui dans sa conscience et la situation nouvelle pour laquelle elle n'a pas encore trouvé de réponse appropriée ; elle réveille un danger psychique, remémore une détresse antérieure qui n'avait pas trouvé de solution satisfaisante. L'angoisse est donc l'attente d'une répétition, le signal d'alarme d'un déplaisir intérieur qui s'est transformé en danger issu du monde extérieur. La phobie pour certains animaux, les compulsions à se laver les mains ou la panique à l'idée de sortir non accompagné sont autant de symptômes visant à éliminer l'angoisse.

L'angoisse prend des masques variés : elle va de la simple gêne au souci chronique, avec tous les intermédiaires psychologiques et physiques possibles. Par son intensité et son omnipotence, elle peut devenir une souffrance intérieure, une inhibition totale des actes, voire une véritable maladie, redoutée et redoutable.

LA NÉVROSE D'ANGOISSE, NÉE DE CONFLITS INTERNES

Au début du XXe siècle, Freud révolutionna la pensée médicale en expliquant que, si les troubles anxieux étaient bien liés à des éléments extérieurs, ils étaient avant tout associés à des conflits internes, situés entre le désir inconscient et la réalité consciente. Dans ses premiers ouvrages, il expliqua que l'anxiété trouvait son origine dans la frustration et l'abstinence sexuelle ; la pulsion n'avait alors d'autre issue que l'anxiété ainsi produite. Par la suite, il évoqua l'importance d'une situation extérieure, qui ravivait des conflits inconscients – par exemple quand un nourrisson était séparé de sa mère – et activait l'angoisse.

Dans les années 1980, la névrose d'angoisse a été divisée en trois entités : le trouble anxieux généralisé, le trouble anxieux phobique et le trouble panique. Ces trois entités sont sous-tendues par la représentation que se fait une personne de son aptitude à s'adapter à une situation donnée. Largement influencées par les progrès de la pharmacologie, les classifications successives des troubles mentaux ont intégré leurs composantes physiques, comportementales, psychiques et biologiques.

Dans la vie quotidienne

- Faire du saut à l'élastique ou pratiquer un sport de combat génèrent une peur intense ainsi que de l'anxiété.
- Un passager qui éprouve un petit pincement au cœur avant de monter dans un avion est anxieux voire phobique.
- Un enfant qui demande à ce que la lumière reste allumée ou à ce que la porte reste entrouverte est angoissé, car il s'agit d'une peur sans objet.
- Un étudiant qui se rend à un examen est angoissé.
- La peur de l'avenir s'inscrit plutôt dans l'angoisse.

L'HYSTÉRIE : PARLER AVEC SON CORPS

Dans cette pathologie, les conflits psychiques inconscients de l'enfance se manifestent par des symptômes, d'ordre physique et psychique, dont la nature, la durée, la fréquence et l'intensité varient.

Une personne hystérique exprime par son corps ce qu'elle ne peut exprimer par la parole – à l'opposé de la névrose phobique, où l'angoisse est déplacée sur un objet, un lieu ou une situation.

Au Moyen Âge, les symptômes de l'hystérie furent expliqués par une possession diabolique. Dans la seconde moitié du XIXe siècle, sous l'influence du Pr Charcot qui mène ses recherches à l'hôpital de la Salpêtrière, l'hystérie est définie comme un ensemble de symptômes avant tout neurologiques qui prennent l'apparence de maladies organiques ; à la fin du siècle, Freud s'intéresse à l'origine de ces troubles, donc à la personnalité hystérique, souvent excessive et théâtrale, qui a comme point de départ, avance-t-il, une frustration sexuelle.

L'expression clinique suit les mouvements et les idéaux sociaux : l'hystérique du XXIe siècle est fondamentalement différent de celui du XIXe. Trois fois sur quatre, il s'agit d'une femme ; d'allure juvénile, souvent séductrice, bien mise, volontiers voyante, elle est toujours en forme. Si elle peut être mythomane afin d'attirer l'attention, elle n'est pas nymphomane mais plutôt inhibée sur le plan sexuel ; elle refuse sa féminité, ce qu'elle traduit par une frigidité ou par la quête de partenaires idéalisés et inaccessibles. Elle change d'avis selon l'auditoire, elle évite de s'engager par peur de dévoiler son inconstance, elle fait facilement des crises et des caprices accompagnés de cris, de pleurs et autres colères. Elle ne s'intéresse aux autres qu'en tant que faire-valoir.

Des troubles distincts

Les états anxieux revêtent des formes diverses :

- le trouble anxieux généralisé (TAG) ;
- les manifestations phobiques, accompagnées d'anxiété ou de paniques ;
- les troubles obsessionnels compulsifs (TOC) ;
- la réaction exagérée au stress, ou le stress post-traumatique.

D'une manière schématique, nous pouvons dire que la forme chronique de l'anxiété est le trouble anxieux généralisé, tandis que sa forme aiguë est le trouble panique.

Quant aux hommes hystériques, ils sont le plus souvent de grands séducteurs, d'allure extrêmement virile, volontiers fanfarons et vantards, plongeant aisément dans l'alcool et les excitants. Ces personnalités ne simulent pas mais souffrent d'immaturité et d'inhibition : elles ne supportent ni les abandons ni les frustrations, et doivent être surprotégées par leur environnement familial ou amical ; elles se font choyer par leurs parents, leur conjoint ou une cour, qui les protègent et sont aux petits soins avec elles ; elles se voient parfois rejetées par leur entourage proche, par leurs relations professionnelles et parfois par les médecins, car elles sont extrêmement difficiles à gérer. Elles en ressentent alors un sentiment d'échec et de frustration, accompagné d'une grande angoisse qui aggrave les signes de somatisation.

Le plus souvent, le traitement est difficile et les résultats aléatoires : les personnes hystériques consultent beaucoup, voient souvent les praticiens des médecines douces, mais aussi les autres. Un travail de thérapie est utile, même s'il est loin d'être efficace à 100 % ; les soustraire à un milieu qu'elles manipulent constitue parfois une solution transitoire efficace.

Des symptômes imbriqués

Le plus souvent, les trois groupes de symptômes d'anxiété sont imbriqués les uns avec les autres.

- **Les troubles psychiques** se manifestent par des tensions nerveuses : de l'irritabilité, de l'agressivité ou une peur panique accompagnée d'une impression de mort imminente. Ces troubles peuvent être déclenchés ou aggravés par le stress ou par la personnalité d'un individu : quelqu'un de rigide, d'obsessionnel et de sûr de lui sera moins stressé par la nécessité de prendre une décision qu'un autre rongé par le doute.

- **Les troubles somatiques** touchent plusieurs systèmes organiques : le système cardiovasculaire – ce sont des palpitations, de la tachycardie –, le système respiratoire – avec une gêne, une oppression, une polypnée (une respiration rapide et superficielle) –, le système digestif – la bouche est sèche ou au contraire la salivation est excessive, il y a des spasmes, des nausées, des douleurs dans le ventre –, le système neurologique – ce sont des maux de tête, des fourmillements, des crampes, des tremblements, des tics, des troubles du sommeil, de l'insomnie –, le système urinaire – avec une pollakiurie (des envies fréquentes d'uriner) – et le système neurovégétatif – ce sont des malaises divers, des sueurs, des vertiges, une sensation de brève perte de connaissance, des rougeurs au visage.

• **Les troubles cognitifs** concernent l'attention, la concentration, la mémoire, le contrôle – on a peur de ne plus avoir la maîtrise des choses, de perdre connaissance, de mourir subitement ; on est victime d'obsessions.

Associés à ces groupes de symptômes, cinq types de comportements apparaissent :

1. l'évitement, au sens large du terme : la personne évite de prendre l'ascenseur ou l'avion, évite certaines situations et, s'il s'agit d'un homme, évite les femmes ;

2. l'inhibition : qu'elle soit d'ordre physique, psychique ou social ;

3. le rituel : il se retrouve souvent chez les sportifs, avec leurs petites manies avant le match ;

4. l'hyperactivité : elle est très différente d'un plan d'action efficace, surtout quand elle est stérile, fatigante et illusoire, car elle ne débouche sur aucune solution ;

5. l'attitude à risques : la personne prend par exemple de l'alcool ou commet des actes délictueux.

Chez les deux tiers des personnes anxieuses, ces troubles sont associés les uns aux autres, à des degrés divers et d'une façon concomitante ou successive.

Inné ou acquis ?

Cette question s'est posée à partir du moment où l'on a constaté chez les enfants des personnes anxieuses une fréquence plus élevée de troubles et une plus grande fragilité psychologique. À sa naissance, chacun est génétiquement programmé pour être plus ou moins anxieux ; en réalité, c'est la vulnérabilité à l'anxiété qui se transmet et non pas l'anxiété elle-même.

ÉTUDES CHEZ LES SINGES ET LES SOURIS

Lors d'études effectuées sur des singes, le Dr Coplan de l'université de New York a remarqué que, si les femelles gravides étaient rendues anxieuses par une alimentation irrégulière, leurs petits naissaient anxieux. Des travaux d'imagerie médicale récents ont montré que, lors de situations stressantes, les sujets anxieux présentaient une réponse émotionnelle exagérée, avec une activation anormalement intense de l'amygdale cérébrale et des noyaux gris centraux. Selon d'autres recherches, il y aurait un dysfonctionnement noradrénergique (concernant la noradrénaline*) ainsi que des anomalies touchant à la sécrétion de certains neurotransmetteurs* tels que le GABA et la sérotonine* (voir le chapitre 2).

D'autres travaux encore vont dans le même sens : le Pr Hen de la Columbia University de New York a sélectionné des lignées de souris chez lesquelles la densité des récepteurs à sérotonine* est plus ou moins grande. Tandis que les animaux les plus richement dotés présentent un comportement hardi, ceux qui sont moins bien pourvus en récepteurs se montrent timorés et dépourvus d'initiative ; si ces attitudes sont, un temps, réversibles, tout se fige dans les semaines qui suivent la naissance : certaines souris restent définitivement curieuses et aventureuses, les autres beaucoup plus inhibées – comme chez les humains.

LES PREMIÈRES EXPÉRIENCES D'UN ENFANT

Nos comportements dépendent à la fois de l'inné et de l'acquis. D'une manière indiscutable, certaines personnes ont un caractère anxieux : elles l'ont intégré, il fait partie d'elles, il constitue un élément de leur équilibre précaire ; l'âge, l'expérience et un éventuel travail de thérapie peuvent en moduler l'expression, en atténuant ou en rendant les symptômes plus supportables.

Comment expliquer l'anxiété ?

À cette question, chaque discipline apporte une réponse spécifique :

- pour les psychanalystes, il s'agit d'un conflit intrapsychique ;
- pour les thérapeutes comportementalistes, il s'agit du stress ou d'un traumatisme ;
- pour les cognitivistes, il s'agit d'une interprétation erronée ;
- pour les biologistes, il s'agit d'une libération anormale de certains neurotransmetteurs*.

Chacun détient sa part de vérité.

Si le comportement anxieux est génétiquement déterminé, les premières expériences du jeune enfant, de même que son milieu familial, installent chez lui une fragilité plus ou moins grande. Les personnalités incapables de contrôler leur environnement ont plus de risques de présenter des signes d'anxiété : cela est particulièrement vrai pour les individus schizophrènes, déprimés ou déments. À noter : les parents ne lèguent pas les phobies dont ils souffrent ; certaines d'entre elles pourraient être transmises d'une manière génétique afin de préserver notamment certaines espèces animales des dangers de l'environnement.

Le trouble anxieux généralisé

Ce trouble est défini par la présence, pendant six mois au moins, d'une inquiétude immense, persistante, envahissante, paralysante et insupportable, une véritable source de détresse pour la personne qui ne le maîtrise plus. Il associe un sentiment d'insécurité, une tension permanente, une peur irrationnelle du lendemain et une crainte excessive pour des événements à venir, concernant sa famille, son budget, son travail ou la maladie.

L'anxiété généralisée est difficile à contrôler, d'autant qu'elle persiste en général pendant plusieurs années ; elle précède souvent le trouble panique et mène souvent également à la dépression. Elle est responsable d'une dégradation de la qualité de vie voire d'une souffrance extrême. Son évolution est variable, plutôt chronique, entrecoupée de rechutes – surtout à l'arrêt des benzodiazépines ; le risque d'addiction pour l'alcool ou les médicaments est grand, accompagné de complications psychiatriques.

5 % DES FRANÇAIS

- Le risque d'être victime d'un trouble anxieux généralisé est de 3,5 % sur une période de six mois et de 12 % sur la vie entière.
- L'anxiété généralisée concerne au total près de 5 % des Français.
- Cet état d'angoisse pathologique touche deux fois plus les femmes que les hommes – la spasmophilie les touche vingt fois plus –, quand elles sont jeunes – l'âge moyen de survenue de l'anxiété est vingt-cinq ans et celui du trouble panique est trente ans –, hyperactives,

stressées et menant de front une vie professionnelle et une vie familiale.

- Le trouble anxieux généralisé naît d'inquiétudes et de soucis excessifs et répétés : il peut apparaître au cours d'un divorce, est favorisé par un faible niveau socioéconomique, peut être provoqué par un stress psychologique majeur ou par des événements de vie négatifs. Tandis que l'anxiété de l'enfant renvoie à la séparation et à l'abandon, celle de l'adulte renvoie à la mort.
- En général, le diagnostic est porté après six mois d'évolution, car le début du trouble est souvent insidieux et rattaché au contexte difficile ou agité.
- Le tiers ou la moitié des cas évolue vers la dépression.

IL PERTURBE L'ESPRIT ET LE CORPS

Les principaux symptômes du trouble anxieux généralisé sont variés :

- une tension extrême ; cette hypernervosité n'est pas constante mais subit des variations au cours de la journée ;
- une appréhension, accompagnée d'une très grande vigilance ou d'une attente craintive : on a peur de tout, le moindre tracas est dramatisé, on se tient en permanence sur le qui-vive ;
- une fatigue ;
- une irritabilité, une nervosité avec de l'agitation et de la surexcitation ;
- des difficultés à se concentrer ;
- une bouche sèche ;
- une gêne au plexus ;

- une boule à la gorge ;
- des difficultés pour avaler ;
- des problèmes de sommeil ;
- des troubles vasomoteurs (liés à la modification du calibre des vaisseaux) ;
- des symptômes somatiques divers : un cœur rapide, un essoufflement, des maux de tête, des tensions musculaires, des tremblements, des douleurs au thorax ou à l'abdomen, des problèmes digestifs...

QUAND LE DIAGNOSTIC EST POSÉ

Pendant six mois au moins, parfois dans un contexte difficile qui explique les symptômes et retarde le diagnostic, une personne peut souffrir d'une anxiété grave ou excessive, incontrôlable et chronique, qui est accompagnée d'une sensation de tension permanente et de certains des symptômes déjà mentionnés. Le diagnostic de trouble anxieux généralisé est affirmé en présence de trois desdits symptômes au moins, après avoir éliminé une phobie ou des attaques de panique.

Une attention toute particulière doit être portée aux clignotants qui annoncent parfois la décompensation des symptômes : des tensions, une insomnie, une irritabilité extrême, responsable de problèmes avec l'entourage, un évitement de lieux et de situations, une inhibition, des pensées pénibles qui se font de plus en plus fréquentes, la multiplication des rituels de vérification, un rangement et un nettoyage excessifs, et l'apparition de symptômes somatiques, touchant le ventre et le dos.

QUAND TOUT S'AGGRAVE

Si le trouble anxieux généralisé n'est pas traité, les symptômes risquent fort de s'aggraver. Il est alors assez fréquent d'observer l'évolution suivante :

- isolées et peu intenses, quelques crises de panique apparaissent ;
- des attaques de panique plus importantes suivent ;
- une inquiétude et une somatisation s'installent ;
- des phobies font leur apparition ;
- la personne met en place des postures d'évitement ;
- dans un grand nombre de cas, une dépression survient.

Il est donc primordial de traiter ce trouble d'une manière précoce et efficace afin d'éviter cette cascade évolutive, d'autant que l'anxiété joue également un rôle dans le déclenchement de plusieurs maladies dites psychosomatiques, tels l'asthme, les problèmes cardiovasculaires et divers troubles fonctionnels*.

ANXIÉTÉ ET DÉPRIME : CE QUI LES DISTINGUE

- Tandis que le sommeil d'une personne anxieuse est plutôt perturbé en milieu de nuit – c'est le réveil nocturne –, le sommeil d'une personne déprimée est perturbé en début de nuit – elle a des difficultés pour aller au lit ou pour s'endormir.

- Tandis que les plaintes somatiques d'une personne anxieuse concernent le système cardiovasculaire, celles d'une personne déprimée touchent plutôt le système digestif.

- Tandis qu'une personne anxieuse se sent davantage en forme le matin, une personne déprimée est plus à l'aise le soir.

- Tandis que le comportement est, d'une manière globale, plutôt agité chez une personne anxieuse, il est assez ralenti chez une personne déprimée.
- Et là où une personne stressée dit : « Il faut que j'y arrive », une personne anxieuse répond : « J'ai peur de ne pas y arriver » et une personne déprimée ajoute : « Je n'y arriverai jamais. »

TROUBLE ANXIEUX GÉNÉRALISÉ, SPASMOPHILIE ET STRESS : CE QUI LES DISTINGUE

Dans le trouble anxieux généralisé, l'angoisse est constante, tenace et excessive ; elle constitue un véritable bruit de fond dans lequel la personne se trouve engluée.

Dans la spasmophilie, l'angoisse est un accident dans la vie de la personne ; dès que cette dernière est suffisamment rassurée, l'angoisse peut être calmée.

La peur est une attitude émotionnelle normale, qui apparaît face à un danger réel ou imaginaire, mais identifié : elle déclenche une réaction physiologique caractéristique, très proche de l'anxiété, avec des sueurs, des palpitations, des tremblements et des tensions musculaires.

L'anxiété est une composante du stress : elle est une émotion pure, alors que ce dernier est une adaptation, une action sous forme de riposte. Il y a stress quand une personne se sent dépassée par un vécu émotionnel désagréable ou quand elle considère que la situation excède ses propres ressources et met en danger son bien-être : c'est la modification de l'émotion qui permet de rendre la confrontation non stressante.

À l'instar de toute émotion négative, l'anxiété peut être à l'origine de l'expérience stressante, mais tout dépend de son intensité : on peut être anxieux sans être stressé – c'est le cas dans l'anticipation ; lors d'un stress social, par exemple si quelqu'un brûle un feu rouge alors que vous êtes à moto, vous pouvez être très en colère, c'est-à-dire stressé, mais pas du tout anxieux.

Le stress est dû à la perception de l'émotion négative, qui excède les capacités d'une personne à la supporter : voir venir une catastrophe rend anxieux, ne pas pouvoir agir rend malade.

Les traitements classiques

Une fois les troubles anxieux individualisés, une fois les symptômes précisés puis évalués en fonction de la personnalité d'un patient, une fois le handicap dans la vie quotidienne apprécié, il convient ensuite d'en rechercher la ou les causes, puis de choisir le traitement le plus adapté. Ce dernier vise à soulager les symptômes et bien sûr à empêcher leur réapparition.

Par séquences ou d'une façon successive, les traitements classiques font appel à :

- des médicaments ;
- une prise en charge psychologique ;
- des conseils d'hygiène de vie et de diététique, qui sont toujours beaucoup plus importants qu'on le pense (voir le chapitre 7).

La place des médecines douces

Avec les états anxieux, les médecines douces trouvent l'une de leurs meilleures indications. Nous déplorons qu'elles ne soient en général proposées qu'en seconde intention, loin derrière les tranquillisants et autres médicaments psychotropes*. Car, dans la plupart des cas, elles sont amplement suffisantes.

Un grand choix de méthodes

Les différentes méthodes thérapeutiques développées ici sont les plus fiables et les plus souvent utilisées pour traiter les états anxieux, en particulier le trouble anxieux généralisé. Chaque médecin les choisit en fonction de son expérience, ainsi que des besoins et de l'attente du patient. À vous de voir également celles qui vous conviennent le mieux.

- En oligothérapie : le lithium (voir le chapitre 8), le magnésium et le sélénium.
- En supplémentation vitaminique : les vitamines du groupe B, notamment les vitamines B3, B6, B9 et B12 (voir le chapitre 8).
- En homéopathie : Aconitum napellus et Ignatia amara sont les médicaments les plus utilisés pour lutter contre les états anxieux ; vous devez également associer le médicament de fond, souvent Actaea racemosa, Argentum nitricum ou Arsenicum album, choisi après consultation de votre médecin homéopathe.
- En phytothérapie : parmi les plantes les plus importantes figurent l'aubépine, la passiflore et la valériane. Dans près de la moitié des cas, les plantes médicinales sont dévolues au traitement des états d'anxiété et de stress ; une vingtaine d'entre elles possèdent une action sédative.
- En aromathérapie : les huiles essentielles de lavande officinale, de marjolaine à coquilles, de petit grain bigarade et de néroli.
- L'acupuncture.
- Les méthodes de relaxation (voir le chapitre 4).
- Les méthodes psychocorporelles (voir le chapitre 7).

EN OLIGOTHÉRAPIE : LE MAGNÉSIUM

Le magnésium est le minéral indispensable dans la plupart des troubles nerveux ; il devrait être prescrit d'une manière systématique. Quatrième minéral le plus abondant dans notre corps après le calcium, le phosphore et le potassium, le magnésium est en effet affecté à plusieurs centaines de réactions chimiques ; il est alors facile de comprendre qu'un déficit, même faible, soit rapidement lourd de conséquences.

LE RÔLE DU MAGNÉSIUM SUR LE SYSTÈME NERVEUX

Indispensable à la production d'énergie, en particulier pour les neurones, le magnésium concourt à l'équilibre des neurotransmetteurs*. On trouve son équivalent dans le monde végétal : la chlorophylle est construite sur le même modèle que l'hémoglobine, et elle réclame du magnésium pour sa synthèse. Le magnésium est avant tout connu pour son action sur la plupart des fonctions du cerveau : il est sédatif, calmant, légèrement hypnotique, antifatigue et antidéprime. Il régularise l'hyperexcitabilité et atténue

Le magnésium contre le stress

Les relations entre le stress et le magnésium se situent à plusieurs niveaux.

- Les catécholamines*, les « hormones du stress » (voir le chapitre 2), interviennent dans le métabolisme du magnésium et, chez l'animal, entraînent sa fuite urinaire ; chez l'homme, le stress et l'exercice physique augmentent également cette fuite.
- À l'inverse, un apport en magnésium diminue les quantités d'adrénaline* qui sont sécrétées par la glande surrénale lors d'un stress aigu ainsi que celles du cortisol.
- Pour le Pr Alain Berthelot, chef du laboratoire de physiologie de la faculté de médecine de Besançon, une carence en magnésium rend plus vulnérable au stress : exposé à un stress sonore de quatre-vingts décibels, un rat résiste d'autant moins que son taux sanguin de magnésium est bas.

les signes somatiques – les nerfs sont d'autant plus réactifs qu'ils manquent de magnésium, ce qui les rend extrêmement sensibles au stress ; il joue un rôle dans la transmission de l'influx nerveux et intervient sur la croissance. Par ailleurs, le magnésium est essentiel à la stabilisation des cellules et à la contraction musculaire – il détend les muscles, réduit les crampes et les contractures ; il participe également à la régulation du rythme cardiaque – les Américains le considèrent même comme un médicament de cardiologie.

LES SOURCES

Le magnésium est présent dans de nombreux aliments, qui sont souvent très caloriques. Il se trouve avant tout dans le cacao en poudre, les graines de tournesol et de sésame, certains fruits de mer (bigorneau, bulot, moule, crevette, calamar), le germe de blé, la farine de soja, le sel, les céréales (céréales du petit déjeuner, flocons d'avoine, musli, sarrasin, blé tendre entier, pain complet), la levure alimentaire, le lait en poudre, les oléagineux (noix du Brésil, noix de cajou, amande, cacahouète, noisette, noix, pistache), les haricots blancs, les lentilles, le chocolat, les salades et légumes (pourpier, oseille, épinard, blette), la noix de coco, les fruits séchés (abricot, figue). Une portion moyenne d'amandes apporte 80 mg de magnésium, une portion de noix ou de lentilles 40 mg et une portion de pain complet

Les aliments les plus riches en magnésium

1. Le cacao en poudre : 410-500 mg/100 g.
2. Les céréales : 350 mg/100 g.
3. La farine de soja : 300 mg/100 g.
4. La cacahouète : 275 mg/100 g.
5. La noix de cajou : 270 mg/100 g.
6. L'amande : 250 mg/100 g.
7. Le haricot blanc : 170 mg/100 g.
8. Les flocons d'avoine et la noisette : 60-150 mg/100 g.
9. La noix : 140 mg/100 g.
10. Le pain complet : 130 mg/100 g.

35 mg. L'alimentation traditionnelle est beaucoup plus riche en magnésium que la restauration rapide de type « snack ». D'après les enquêtes réalisées, la principale source de magnésium en France est constituée par les céréales.

LES BESOINS

Chacun devrait consommer 6 mg de magnésium par kilo et par jour environ, ce qui est loin d'être le cas pour 20 % des Français. Les besoins d'un nourrisson sont de 70 mg/jour, ceux d'un enfant de 250 mg/jour et ceux d'un adulte compris entre 300 et 500 mg/jour ; les besoins peuvent aller jusqu'à 700 mg/jour, en fonction de l'âge et de différents facteurs tels que la grossesse, le sport, le stress, l'alcoolisme, les régimes carencés et la prise de certains médicaments – des diurétiques, la pilule contraceptive et le traitement hormonal.

LA CARENCE

Bien qu'elle n'ait jamais été démontrée, la carence en magnésium est fréquente. On estime aujourd'hui que deux tiers à trois quarts de la population française manquerait de magnésium : cela est lié au fait que nous consommons moins de céréales, de pain complet, de légumineuses et de fruits oléagineux, et davantage de sucres raffinés, d'alcool et de café qu'autrefois ; les apports en magnésium baissent également du fait du mode de préparation, des interventions chimiques de l'industrie agroalimentaire – qui diminuent la concentration en magnésium des aliments. Dans de nombreuses circonstances telles que le stress ou le sport intensif, la supplémentation est dès lors vite indispensable.

Quand on manque de magnésium

Voici les principaux symptômes d'une carence :
- des signes nerveux d'hyperexcitabilité motrice : des crampes musculaires, des contractures, des spasmes, des secousses musculaires, des fasciculations (secousses et spasmes dans les jambes), des clignements des paupières ;
- des signes nerveux d'hyperexcitabilité sensitive : des fourmillements dans les extrémités et autour de la bouche.
- des troubles neurovégétatifs : de l'anxiété, de la déprime ou une dépression, de l'insomnie, de la fatigue physique et intellectuelle, des vertiges, des problèmes de concentration, des sensations d'oppression, une boule à la gorge ;
- des troubles gastro-intestinaux : des spasmes, des coliques, une alternance de constipation et de diarrhée ;
- des troubles cardiovasculaires : des palpitations, une arythmie (irrégularité du rythme cardiaque), des douleurs pseudo-angineuses, des spasmes vasculaires ; le déficit en magnésium provoque un spasme des artères coronaires et augmente la tension artérielle ;
- des troubles gynécologiques : avant tout au moment des règles ou juste avant (lors du syndrome* prémenstruel) ;
- des troubles trophiques (qui concernent la nutrition des tissus), accompagnés d'une fragilité des ongles et d'une tendance aux caries ;
- une migraine.

LES INDICATIONS

Le magnésium permet de lutter contre des troubles neurovégétatifs tels que la déprime, l'insomnie et la spasmophilie. Des apports augmentés en magnésium diminuent la vulnérabilité au stress et ses effets sur les systèmes cardiovasculaire et nerveux, ou encore le tube digestif : une baisse de tonus, des difficultés de concentration ou de mémorisation, une nervosité ou des troubles cutanés sont bien souvent un signal d'appel de l'organisme pour réclamer une supplémentation en magnésium et autres minéraux.

LA TOXICITÉ

Si l'apport quotidien en magnésium est supérieur à 1 g/jour, la toxicité est avant tout rénale, avec le risque de précipitation de sels phosphomagnésiens dans les urines. Le surdosage est responsable de troubles du transit ; ils sont réversibles à l'arrêt du traitement.

LES EXCÈS

Rares, ils sont avant tout liés à des erreurs thérapeutiques ; une surconsommation de magnésium, surtout si elle est accompagnée d'un déficit en calcium, peut démasquer des signes de tétanie et provoquer les troubles qu'il est censé combattre, par exemple une fatigue nerveuse ou musculaire, ou une hyperexcitabilité.

L'ABSORPTION

Elle est facilitée par l'acidité gastrique ; c'est la raison pour laquelle certains conseillent de prendre le magnésium entre les repas. Un organisme carencé ou stressé assimile trois quarts du magnésium, contre un quart seulement s'il est peu carencé ou stressé. Parce que les sels organiques (le pidolate, l'aspartate et l'orotate) sont mieux absorbés que les sels minéraux, ils augmentent les propriétés du magnésium ; en revanche, le sulfate semble plus laxatif. La vitamine D à fortes doses, les protéines végétales, les acides gras saturés, les glucides, les fibres alimentaires, le café, l'alcool, l'acide phytique, les diurétiques, les hormones

Des cures répétées

Plus de vingt millions d'unités, qu'il s'agisse d'ampoules ou de comprimés de magnésium (qui apportent entre 50 et 100 mg par dose), sont vendues chaque année en France.
Des cures répétées de magnésium sont l'un des meilleurs moyens pour lutter contre le stress. Le tandem que ce minéral forme avec le calcium constitue un régulateur nerveux très efficace.

thyroïdiennes, les acidifiants et un excès de phosphore – attention aux sodas et autres boissons industrielles – ou de calcium s'opposent à l'absorption du magnésium et augmentent son excrétion urinaire. À l'opposé, la vitamine B6 favorise sa fixation, d'où l'intérêt d'une association du type Magné-B6® ; la taurine, un acide aminé soufré, fixe également le magnésium au niveau des neurones ; les protéines animales et les acides gras insaturés possèdent ce même effet bénéfique ; le magnésium protège notamment le cerveau des attaques du calcium contre les neurones.

Supplémentation en magnésium

Vous trouverez en pharmacie de nombreuses formes :

- Granions® (ampoules buvables).
- Oligosol® (ampoules perlinguales).
- Oligostim® (comprimés à sucer).

Posologie : une dose de l'un de ces produits, une à deux fois par jour.

Le magnésium est davantage dosé dans :

- Mag2®.
- Magnogène®.
- Mégamag®.
- Spasmag®.

Posologie : une à trois gélules (ou doses) par jour (400 mg environ pour une personne de 70 kg), à prendre de préférence en dehors des repas.

- Magalite® (boîte de quarante capsules) contient des vitamines B6 et E, du calcium, du magnésium et de l'huile de foie de morue. Posologie : une capsule deux fois par jour, pendant quinze jours.

Les sels de magnésium

Le « magnésium médicament » se présente sous la forme de nombreux sels, qui ont des propriétés et une tolérance légèrement différentes :

- Aspartate : Mégamag®.
- Carbonate : Mag2®.
- Chlorure : Granions® et Magnogène®.
- Chlorure et bromure : Delbiase®.
- Citrate et lactate : Oromag®.
- Gluconate : Oligosol® et Oligostim®.
- Lactate : Magné-B6®, Magnésium Glycocolle Lafarge® et Magnéspasmyl®.
- Pidolate : Mag2®.
- Sulfate : Spasmag®.
- Magnésium homéopathique : Biomag®.

Si l'un des médicaments ne vous donne pas satisfaction ou s'il n'est pas parfaitement toléré, choisissez un autre sel, en ajustant la posologie. De faibles doses d'un sel bien choisi et bien réparti dans la journée sont plus efficaces et mieux supportées – il existe un risque de troubles digestifs – qu'une prise unique à doses massives. Depuis 2010, les produits à base de magnésium ne sont plus remboursés par la Sécurité sociale.

EN OLIGOTHÉRAPIE : LE SÉLÉNIUM

Longtemps considéré comme un élément toxique, le sélénium est, depuis une quinzaine d'années, adulé par la plupart des scientifiques du fait de ses importantes propriétés antioxydantes (voir le chapitre 6). Le sélénium doit son nom à Séléné, la déesse grecque de la Lune.

LE RÔLE DU SÉLÉNIUM SUR LE SYSTÈME NERVEUX

Aujourd'hui, l'intérêt du sélénium pour la santé de l'homme ne fait plus aucun doute ; il s'ajoute à la liste des nombreux minéraux, oligoéléments

> **Les études le montrent**
>
> Dès 1991, en Grande-Bretagne, l'influence du sélénium sur l'humeur a été déterminée à la suite d'observations faites sur des patients qui, d'une manière régulière, prenaient une supplémentation en sélénium et en vitamines A, C et E proche des apports* quotidiens recommandés. Une influence marquée sur la dépression, l'anxiété et la fatigue a été démontrée.
> Menées notamment aux États-Unis, d'autres études ont confirmé l'effet positif du sélénium sur l'humeur et la dépression. Un déficit ou une véritable carence en sélénium sont associés à une augmentation des épisodes dépressifs et de l'anxiété ; ces derniers sont plus graves chez les personnes dont le taux sanguin de sélénium était plus faible au début de l'étude.

et vitamines qui agissent sur le fonctionnement cérébral : non seulement le sélénium favorise le renouvellement de certains neurotransmetteurs* mais, en éliminant des radicaux libres, il s'oppose également à l'oxydation des tissus cérébraux. Depuis quelques années, plusieurs études ont révélé l'implication du sélénium dans le bon fonctionnement du cerveau et notamment son action sur les fonctions cognitives et sur l'humeur : très riche en lipides, le cerveau est extrêmement sensible au stress oxydatif* ; il a donc besoin des séléno-enzymes pour éliminer les dérivés oxygénés agressifs.

LES SOURCES

Le sélénium est avant tout concentré dans les aliments d'origine animale : les abats (rognons, foie, cervelle), certains poissons et fruits de mer (thon, calamar, limande, moule, maquereau, hareng, lotte, huître, colin, merlu, cabillaud, saumon, truite), la viande (dinde, porc, lapin, cheval, poulet, veau, bœuf, mouton, agneau), le jambon, l'œuf entier, les fromages (livarot, chèvre, saint-paulin, gouda, édam, beaufort, emmental, roquefort, maroilles, saint-nectaire, comté, feta, fromage des Pyrénées, camembert, cantal, pont-l'évêque, munster, reblochon).

Il se trouve également dans certains végétaux, mais sa concentration varie alors beaucoup en fonction des sols de culture : les céréales (riz blanc, seigle, froment), quelques légumes et légumineuses (poivron rouge, haricot blanc, ail frais, lentilles, champignons). Les raisins secs et les amandes en contiennent également un peu.

LES BESOINS

Ils sont de 60 µg (microgrammes)/jour pour les femmes, de 80 µg/jour pour les hommes, alors que la dose quotidienne apportée par l'alimentation se situe aux alentours de 45 µg/jour en France, ce qui est insuffisant ; en effet, les doses antioxydantes devraient atteindre 150 à 200 µg/jour, ce qui est par exemple le cas en Grèce (175 µg/jour).

LA CARENCE

Un déficit en sélénium est dû à de mauvaises habitudes alimentaires et, en raison de l'utilisation massive des engrais, à une pauvreté de plus en plus grande des sols. En France, la carence est, d'une manière exceptionnelle, responsable de problèmes cardiovasculaires – une hypertension artérielle, des accidents vasculaires cérébraux, une insuffisance cardiaque. Difficile à révéler mais néanmoins plus fréquente qu'on le pense, la subcarence en sélénium serait responsable de troubles de l'humeur et du caractère, ainsi que d'une baisse des défenses immunitaires.

Supplémentation en sélénium

Vous trouverez en pharmacie : Néoselen® (composition : 75 µg de sélénium par comprimé, avec des vitamines A, C et E, et des acides gras oméga-3 et 6 ; boîte de trente gélules). Posologie : une gélule par jour.

EN HOMÉOPATHIE : ACONITUM NAPELLUS

L'ORIGINE

Une plante des régions montagneuses, l'aconit napel.

LE PRINCIPE ACTIF

Cette plante contient un alcaloïde très toxique, l'aconitine.

LES INDICATIONS

Il s'agit du médicament homéopathique des états anxieux accompagnés d'une impression de mort imminente ; il est également indiqué pour les attaques de panique. Le principal signe caractéristique de la personne est une agitation extrême.

LA POSOLOGIE

Prenez quatre granules en 7 CH, à sucer comme des bonbons, en répétition toutes les quinze minutes, trois à quatre fois de suite, jusqu'à l'amélioration des symptômes.

EN HOMÉOPATHIE : IGNATIA AMARA

L'ORIGINE

Un arbuste grimpant des Philippines, la fève de Saint-Ignace, symbole de l'amour impossible.

LES INDICATIONS

Il s'agit du médicament homéopathique de l'hypersensibilité nerveuse, de l'écorché vif. Les symptômes sont contradictoires, changeants, voire hystériques. Attention : considéré comme le tranquillisant homéopathique par excellence, il est trop souvent utilisé. Sa prescription nécessite que soient retrouvés les signes caractéristiques mentionnés ci-dessus.

LA POSOLOGIE

Prenez quatre granules en 7 CH, à sucer comme des bonbons, en répétition toutes les quinze minutes, trois à quatre fois de suite, jusqu'à l'amélioration des symptômes.

EN ASSOCIATION

Vous pouvez vous aider de Lehning® L72, qui contient entre autres Ignatia 4 DH, Staphysagria 4 DH et Valeriana 3 DH (flacon de 30 ml de solution buvable) ; prenez quinze gouttes dans un peu d'eau, à distance des repas, quatre fois par jour (pour un adulte) ; cinq gouttes dans un peu d'eau, trois fois par jour (pour un enfant de plus de deux ans).

EN HOMÉOPATHIE : ACTAEA RACEMOSA

L'ORIGINE

Le cimicifuga. Les Amérindiens, qui connaissaient bien cette plante, le *black cohosh*, l'avaient surnommée « racine de squaw », car ils l'utilisaient pour calmer les troubles menstruels et les douleurs de l'accouchement. En effet, la racine est riche en substances chimiques proches des œstrogènes ; le cimicifuga peut donc être classé parmi les plantes modulantes, intéressantes pour lutter contre les troubles de la ménopause tels que les bouffées de chaleur, la déprime ou la dépression.

LES INDICATIONS

Ce médicament homéopathique est indiqué notamment pour les femmes qui présentent les caractéristiques suivantes : craintives, nerveuses, facilement déprimées, hypocondriaques, fatigables, très angoissées par tout et pour tout, ayant peur du temps qui passe, elles ont besoin de beaucoup de sécurité, mais qui les sécurise à peine.

Les trois signes spécifiques sont une hypersensibilité nerveuse, une loquacité et une tendance à la dépression ; ces symptômes s'aggravent au moment des règles.

LA POSOLOGIE

Prenez quatre granules en 7 ou en 9 CH, à sucer comme des bonbons, une fois par jour, en dehors des repas, pendant plusieurs semaines.

EN HOMÉOPATHIE : ARGENTUM NITRICUM

L'ORIGINE

Le nitrate d'argent.

LES INDICATIONS

Ce médicament s'adresse aux personnes anxieuses, toujours affairées, qui font tout très vite, et qui ont un trac d'anticipation qui les empêche de dormir. Les symptômes surviennent après un travail intellectuel ; ils sont aggravés par la chaleur et sont améliorés par le froid.

LA POSOLOGIE

Prenez quatre granules en 7 ou en 9 CH, à sucer comme des bonbons, une fois par jour, en dehors des repas, pendant plusieurs semaines. À prendre dans la soirée en cas de troubles du sommeil (voir le chapitre 11).

EN HOMÉOPATHIE : ARSENICUM ALBUM

L'ORIGINE

L'anhydride arsénieux (la mort-aux-rats). Le produit d'où est tiré le médicament homéopathique est très toxique : il s'agit d'un poison mortel, l'arsenic.

LES INDICATIONS

Ce médicament s'adresse aux personnes qui présentent les caractéristiques suivantes : méticuleuses, soigneuses jusqu'à la maniaquerie, tirées à quatre épingles, elles sont d'humeur variable, oscillant entre l'excitation et la déprime profonde. Il est avant tout indiqué pour les troubles obsessionnels compulsifs.

LA POSOLOGIE

Quatre granules en 7 ou en 9 CH, à sucer comme des bonbons, une fois par jour, en dehors des repas, pendant plusieurs semaines.

Selon les circonstances

Certains homéopathes attachent une importance particulière aux circonstances de survenue des différents symptômes :

- Ignatia et Natrum muriaticum : après un chagrin.
- Colocynthis : après une colère.
- Staphysagria : après une grosse frustration.
- Aconit et Opium : après une grande frayeur.
- Arsenicum album : en cas de deuil.
- Arnica : après un traumatisme.

Posologie : cinq granules de l'un de ces médicaments en hautes dilutions (15 ou 30 CH ou 10 000 UK), une à deux fois par semaine.

EN PHYTOTHÉRAPIE : L'AUBÉPINE

L'aubépine se présente sous la forme d'un arbuste commun, présent dans toute l'Europe, de trois à quatre mètres de hauteur et disposé en haies vives à la lisière des champs et des bois. Parce qu'elle est buissonnante et épineuse, elle est également appelée « épine blanche » ou « épine de mai » ; elle est parée de feuilles blanches ou rosées odorantes, et de baies rouge vif. Ses branches fleuries sont coupées au printemps, ses baies sont recueillies à la fin de l'été, la culture se faisant par bouturage. La plupart de ses principes actifs sont concentrés dans les sommités fleuries.

L'aubépine en comprimés

Vous trouverez de nombreuses spécialités qui associent l'aubépine à d'autres plantes et à des minéraux :

- Sympavagol® (avec de la passiflore).
- Vagostabyl® (avec de la mélisse, du calcium et du magnésium).
- Spasmine® (avec de la valériane).

Posologie : deux comprimés deux à trois fois par jour, pendant plusieurs jours.

LES PROPRIÉTÉS

Depuis l'Antiquité, l'aubépine est utilisée pour des usages très variés. Au XIXe siècle, ses propriétés cardiosédatives sont découvertes : l'aubépine régularise et ralentit le rythme cardiaque, supprime les palpitations et abaisse la tension artérielle ; elle diminue la nervosité et les manifestations d'anxiété, sans entraîner de somnolence ni de pertes de mémoire : elle agit comme un bêtabloquant, tout d'abord en ralentissant le cœur.

EN INFUSION

Prenez soit une tisane vendue en pharmacie (du type Médiflor® no 14), soit une cuiller à dessert de baies et de fleurs d'aubépine pour une tasse d'eau bouillante ; laissez infuser pendant dix minutes ; buvez trois tasses par jour.

EN TEINTURE MÈRE

Commandez chez votre pharmacien un flacon de 60 ml de teinture mère d'aubépine ; prenez cinquante gouttes dans un peu d'eau, trois fois par jour.

EN EXTRAIT FLUIDE

Commandez chez votre pharmacien un flacon de 30 ml d'un extrait d'aubépine ; prenez vingt-cinq gouttes dans un peu d'eau, trois fois par jour.

EN SUSPENSION INTÉGRALE DE PLANTE FRAÎCHE (SIPF)

Faites préparer par votre pharmacien un flacon de 60 ml d'une suspension intégrale de plante fraîche d'aubépine ; prenez une mesure-dose ou une cuiller à café par jour dans un grand verre d'eau.

EN EXTRAIT SEC

Faites préparer par votre pharmacien trente gélules contenant 200 mg d'extrait sec d'aubépine par gélule ; prenez une gélule trois à quatre fois par jour, selon les symptômes.

EN PHYTOTHÉRAPIE : LA PASSIFLORE

Originaire du Brésil et du Mexique, cette liane doit son nom aux jésuites espagnols qui virent dans sa fleur à cinq pétales fixée par des tiges en vrille une allusion à la Crucifixion. En Europe, la passiflore est cultivée dans les pays à fort ensoleillement ; son fruit ressemble à une petite pomme aplatie. Il existe plusieurs centaines d'espèces, dont beaucoup sont ornementales ; la variété *Incarnata* est utilisée en médecine.

LES PROPRIÉTÉS

La passiflore possède des vertus tranquillisantes et sédatives ; elle améliore l'endormissement et la qualité du sommeil, combat même l'insomnie et se montre très intéressante dans les dystonies neurovégétatives avec palpitations.

EN INFUSION

Prenez une cuiller à dessert de feuilles ou de fleurs de passiflore pour une tasse d'eau bouillante ; laissez infuser pendant dix minutes ; filtrez ; buvez deux à trois tasses par jour.

EN TEINTURE MÈRE

Commandez chez votre pharmacien un flacon de 60 ml de teinture mère de passiflore ; prenez cinquante gouttes dans un peu d'eau, trois fois par jour.

EN EXTRAIT FLUIDE (sans doute la forme la plus active de cette plante)

Commandez chez votre pharmacien un flacon de 60 ml ; prenez cinquante gouttes dans un peu d'eau, trois fois par jour.

EN EXTRAIT SEC

Faites préparer par votre pharmacien trente gélules contenant chacune 200 mg d'extrait sec de passiflore ; prenez une gélule trois à quatre fois par jour, selon les symptômes.

LA TOXICITÉ

Aucune.

La passiflore en comprimés

Vous trouverez en pharmacie de nombreuses spécialités qui contiennent de la passiflore :
- Euphytose®.
- Passiflorine®.
- Sympavagol®.
- Passinévryl® (passiflore, aubépine et valériane). La passiflore est très efficace quand elle est associée à d'autres plantes.

Posologie : deux comprimés deux à trois fois par jour, pendant plusieurs jours.

EN PHYTOTHÉRAPIE : LA VALÉRIANE

D'allure élégante, cette plante herbacée vivace a une tige dressée et cannelée, qui atteint parfois deux mètres de hauteur, et des fleurs blanches, roses ou rouges. Quand elle est sèche, l'odeur pénétrante de la valériane est appréciée uniquement des chats, qui aiment s'y frotter pour se purger ; d'ailleurs, elle est également appelée « herbe à chats ». Les parties utilisées en médecine sont les parties souterraines (rhizome et racine).

LES PROPRIÉTÉS

Depuis l'Antiquité, la valériane est utilisée pour ses remarquables propriétés relaxantes et hypnotiques ; elle fut très appréciée au Moyen Âge. De nos jours, elle contribue à traiter la plupart des troubles liés au stress : elle est plus calmante que vraiment sédative ; elle apaise les tensions ; elle calme les crampes et les spasmes ; elle détend les muscles ; elle favorise, améliore ou procure un sommeil réparateur, réduisant le temps d'endormissement et offrant une meilleure qualité de repos (voir le chapitre 11). Son action varie d'une personne à l'autre : elle est plus ou moins sédative, et parfois sans aucune action ; dans ces cas-là, n'insistez pas et changez de plante. Et si elle est excitante, c'est seulement pour les chats !

LA PRÉPARATION

Les racines de valériane sont lavées rapidement, séchées à basse température, puis stabilisées par le froid car elles se conservent mal ; elles peuvent être utilisées de plusieurs façons : sous forme de poudre en gélules, d'extrait aqueux ou hydroalcoolique, en suspension ou en solution buvable.

EN DÉCOCTION

Faites macérer 50 g de racines de valériane dans un litre d'eau tiède pendant douze heures ; filtrez ; buvez deux à trois tasses par jour.

EN TEINTURE MÈRE

Commandez chez votre pharmacien un flacon de 60 ml d'une teinture mère de valériane ; prenez cinquante gouttes dans un verre d'eau, deux à trois fois par jour – en cas de troubles du sommeil, prenez-les dans la soirée et au coucher.

- En extrait aqueux ou hydroalcoolique titré à moins de 30° d'alcool, en suspension ou en solution buvable : prenez quinze gouttes deux à trois fois par jour.

EN SUSPENSION INTÉGRALE DE PLANTE FRAÎCHE (SIPF)

Faites préparer par votre pharmacien un flacon de 60 ml d'une SIPF de valériane ; prenez une mesure-dose ou une cuiller à café dans un demi-verre d'eau deux fois par jour – en cas de troubles du sommeil, prenez-la dans la soirée et au coucher.

EN POUDRE

Faites préparer par votre pharmacien trente gélules contenant chacune 500 mg de poudre de valériane ; prenez deux à trois gélules par jour – en cas de troubles du sommeil, prenez deux gélules, au coucher, avec une tasse d'infusion sédative.

EN EXTRAIT SEC (sans doute la forme la plus active pour cette plante)

Commandez chez votre pharmacien trente gélules dosées à 100 mg chacune ; prenez-en deux trois par jour.

EN ASSOCIATION AVEC D'AUTRES PLANTES

Faites préparer ensemble 15 g de fruits séchés d'anis, 10 g de feuilles séchées de mélisse, 10 g de feuilles séchées de menthe poivrée, 20 g de fleurs séchées d'oranger et 25 g de racines séchées de valériane ; prenez une cuiller à café dans une tasse d'eau bouillante trois fois par jour.

LA TOXICITÉ

Aucune.

Des spécialités qui associent plusieurs plantes

- Antinerveux Lesourdv : lotier et mélilot (vingt-cinq gouttes deux à trois fois par jour).
- Biocarde® : agripaume, avoine, aubépine, mélisse, passiflore et valériane (quinze gouttes deux à trois fois par jour).
- Cardiocalm® : aubépine (un à deux comprimés par jour).
- Dystolise® : mélange d'angélique, marjolaine, papaver (deux à trois comprimés par jour).
- Euphytose® : aubépine, ballote, passiflore et valériane (deux à quatre comprimés par jour).
- Panxeol® : escholtzia et passiflore (deux à trois comprimés par jour).
- Passinévryl® : aubépine, passiflore et valériane (deux à quatre comprimés par jour).
- Plenesia® : mélange d'escholtzia et passiflore (deux à trois comprimés par jour).
- Somnusia® : mélange d'escholtzia, houblon, passiflore, valériane (deux à trois comprimés par jour).
- Spasmine® : aubépine et valériane (deux à quatre comprimés par jour).
- Sympathyl® : aubépine, escholtzia et magnésium (deux à quatre comprimés par jour).
- Sympavagol® : aubépine et passiflore (deux à quatre comprimés par jour).
- Tranquital® : aubépine et valériane (deux à quatre comprimés par jour).
- Vagostabyl® : aubépine, mélisse, calcium et magnésium (deux à quatre comprimés par jour).
- Valactine® : mélange de houblon, passiflore et magnésium (deux à trois comprimés par jour).

Si toutes ces spécialités sont faciles d'utilisation, elles sont assez sous-dosées par rapport aux préparations (en extrait, en SIPF...), ce qui demande une multiplication des prises.

EN AROMATHÉRAPIE :

L'HUILE ESSENTIELLE DE LAVANDE OFFICINALE

D'une hauteur de trente à soixante centimètres, cet arbrisseau pousse en petites touffes espacées dans les collines et les basses montagnes du Bassin méditerranéen ; ses rameaux sont dressés, ramifiés et touffus, ses feuilles étroites sont vert cendré, ses fleurs bleu violet sont groupées en épi et son fruit est un akène (un fruit sec, qui ne s'ouvre pas à maturité et qui contient une seule graine, comme par exemple la noisette). Mises à sécher, les fleurs sont ensuite distillées pour fabriquer l'huile essentielle ou sont réduites en poudre pour les gélules ou l'infusion.

LES PROPRIÉTÉS

La lavande n'est pas uniquement la plante aromatique qui parfume nos armoires et lutte contre les insectes, elle possède également une action sédative et légèrement antidéprime, tout en étant un tonique psychique et intellectuel pour certains ; elle est utilisée pour lutter contre la nervosité et les troubles légers du sommeil (voir le chapitre 11).

LA POSOLOGIE

Appliquez sur le plexus solaire deux gouttes d'huile essentielle de lavande, deux fois par jour ; ou prenez-la dans une tisane sédative – par exemple de marjolaine à coquilles ou de tilleul. Vous pouvez également verser cinq gouttes d'huile essentielle de lavande dans votre bain, le soir, pour vous détendre ; autrefois la lavande était avant tout utilisée pour l'hygiène et la beauté de la peau – son nom provient de l'italien *lavanda*, « qui sert à laver ».

LA DIFFUSION ÉLECTRIQUE DE LAVANDIN

Elle procure bien-être et relaxation, qui sont propices à l'endormissement. Le lavandin est un hybride naturel des différentes lavandes, plus résistant et plus riche en essence. Pour passer une bonne nuit, branchez votre appareil pendant les dix minutes qui précèdent le coucher.

EN AROMATHÉRAPIE : L'HUILE ESSENTIELLE DE MARJOLAINE À COQUILLES

Appelée également « à coquilles » pour la forme de ses feuilles, la marjolaine des jardins est voisine de l'origan, mais ses propriétés sédatives, hypnotiques et antispasmodiques sont plus grandes ; les Grecs anciens la tressaient en couronnes pour les jeunes mariés et la plantaient près des tombes de leurs proches afin de leur procurer, dans l'au-delà, le calme de l'esprit.

LA POSOLOGIE

Appliquez sur le plexus solaire deux gouttes d'huile essentielle de marjolaine à coquilles, deux fois par jour ; ou prenez-les dans une tisane sédative – par exemple de marjolaine à coquilles ou de tilleul. Prenez la variété de marjolaine à coquilles et non la marjolaine d'Espagne.

EN AROMATHÉRAPIE : L'HUILE ESSENTIELLE DE PETIT GRAIN BIGARADE

Le bigaradier, ou oranger amer, est cultivé dans toute la région méditerranéenne. Le tronc de ce petit arbre est ramifié, ses feuilles sont ovales et ses fleurs blanches très odorantes.

LES PARTIES UTILISÉES

Le fruit du bigaradier, ou orange amère, est utilisé comme plante médicinale, avant tout pour stimuler les défenses immunitaires ; l'écorce, ou le zeste, permet l'extraction de l'essence d'orange amère, qui est très prisée comme liqueur. Le petit grain bigarade est le constituant le plus actif des feuilles et des jeunes pousses ; on en extrait l'huile essentielle de petit grain. Une fois séchées, les fleurs sont utilisées à la fois pour fabriquer de l'huile essentielle de néroli et de l'eau de fleur d'oranger, employée en pâtisserie.

LA POSOLOGIE

Mettez trois gouttes d'huile essentielle de petit grain bigarade dans un peu de tisane ou dans une teinture mère de plante sédative.

EN AROMATHÉRAPIE : L'HUILE ESSENTIELLE DE NÉROLI

Il faut une tonne de fleurs d'oranger pour fabriquer un litre d'huile essentielle de néroli, ce qui explique son coût élevé. Pour des raisons de rentabilité, elle est donc également issue de l'orange douce, du citron et de la mandarine.

LES PROPRIÉTÉS

Sédative, antistress et antidépresseur, l'huile essentielle de néroli permet de lutter contre la nervosité et les troubles du sommeil passagers (voir les chapitres 10 et 11).

LA POSOLOGIE

Appliquez sur le plexus solaire deux gouttes d'huile essentielle de néroli, deux fois par jour ; ou prenez-les dans une tisane sédative – par exemple de marjolaine à coquilles ou de tilleul.

L'ACUPUNCTURE

Grâce à son action neurosédative et rééquilibrante, l'acupuncture est non seulement utile mais souvent indispensable. Un traitement d'attaque, qui comporte des séances hebdomadaires ou bihebdomadaires, est à envisager dans les périodes de grand stress ; il peut être suivi d'un traitement d'entretien, qui comprend une séance par mois pendant plusieurs mois.

LES MÉTHODES DE RELAXATION

Elles sont essentielles pour apprendre à maîtriser ses émotions, contrôler ses tensions musculaires, diminuer, canaliser, voire supprimer les conséquences du stress (voir le chapitre 4).

LES MÉTHODES PSYCHOCORPORELLES

Des techniques telles que le yoga, le *reiki*, les *shiatsus* et les *chakras* sont de plus en plus utilisées pour traiter les états anxieux : elles sont efficaces et laissent une part d'initiative individuelle, qui est la bienvenue dans la prise en charge thérapeutique (voir le chapitre 7).

Attention au café

Deux tasses et demie de café par jour apportent 250 mg de caféine : c'est suffisant pour déclencher de l'anxiété chez une personne indemne et des crises de panique chez un sujet vulnérable – ayant présenté des épisodes antérieurs. À noter : 750 mg de caféine, soit l'équivalent de sept à huit tasses par jour, peuvent provoquer des crises de panique chez une personne ne souffrant d'aucun problème nerveux. Si vous souffrez de troubles anxieux et si vous vous trouvez dans un contexte de stress chronique, méfiez-vous du café. Mais les chiffres sont là, têtus : 80 % des Français boivent ce breuvage exotique !

L'importance de l'alimentation

Si vous êtes stressé, anxieux ou déprimé, voici quelques conseils :

- faites de préférence quatre repas par jour ;
- attention au sucre : s'il vous calme, il risque de vous faire grossir ;
- pour diminuer votre besoin de sucre, choisissez des aliments riches en tryptophane et en zinc (voir les chapitres 8 et 10) ;
- plusieurs aliments ont des propriétés sédatives : l'amande, l'ananas, l'avocat, les flocons d'avoine, la banane, la bière, la carotte, les céréales complètes, les champignons, le chou-fleur, la dinde, l'épinard, la figue, la laitue, le maïs, le jaune d'œuf, la pastèque, la pomme de terre, le riz brun, les graines de sésame et la tomate ;
- indiscutablement, la laitue est sédative, à tel point qu'elle était autrefois dénommée la « plante des eunuques » ; mais il faut en consommer au moins deux cœurs pour observer l'effet calmant ;
- un complément alimentaire, la levure de bière, est à privilégier (voir le chapitre 8, p. 354) ;

Dès que vous vous sentez tendu

- Surveillez votre alimentation, en quantité et en qualité.
- Diminuez le café, l'alcool et le tabac.
- Pratiquez un exercice physique doux, par exemple de la marche, du jogging, de la natation ou du vélo, surtout si, d'ordinaire, cela vous déstresse.
- Choisissez des activités de dérivation.
- Aménagez-vous des plages de repos et de récupération.
- Essayez la relaxation.
- Et protégez votre principal allié, le sommeil.

- consommez des oméga-3 d'origine végétale, telle l'huile de colza, ou d'origine animale, telle l'huile des poissons des mers froides (voir le chapitre 5) ;
- recourez aux vitamines B3, B6, B9 et B12 ;
- n'oubliez pas les vitamines C et E, et l'acide lipoïque (voir le chapitre 6, p. 268) ;
- n'oubliez pas les quatre minéraux et oligoéléments qui sont essentiels pour traiter les états anxieux, ainsi que la spasmophilie : le magnésium, le calcium, le sélénium et le zinc.

L'attaque de panique et le trouble panique

L'attaque de panique est une crise d'angoisse aiguë, spontanée, brève, violente et imprévisible, qui se déclenche en dehors de tout danger. Au moment où elle surgit, elle constitue toujours pour la victime une situation d'urgence. La peur de la survenue d'une nouvelle crise génère des comportements phobiques d'évitement ; l'agoraphobie lui est souvent associée. La prévention de l'attaque de panique devient alors une priorité médicale absolue.

Le trouble panique correspond à des attaques récurrentes, qui surgissent pendant de longs mois ; il est considéré comme moyen si la personne présente quatre attaques en un mois, et grave si elle en subit quatre par semaine.

Il ne doit pas être confondu avec une affection organique – du cœur, du cerveau ou de la thyroïde –, un abus de médicaments ou de substances excitantes – allant des amphétamines au café – ainsi qu'avec la spasmophilie qui, pour certains auteurs, correspondrait à un trouble panique – car les crises de spasmophilie peuvent être également très violentes (voir le chapitre 10).

UNE IMPRESSION DE MORT IMMINENTE

L'attaque de panique déclenche une angoisse spécifique et terrible, qui est accompagnée d'une impression de mort imminente. La personne est très agitée ou au contraire totalement anéantie ; tous les comportements intermédiaires peuvent être observés. La panique proprement dite dure de quelques minutes à quelques heures, qui paraissent des siècles ; le plus souvent, lors de la première crise, on appelle les services d'urgence.

Il existe quatre groupes de symptômes :

- le début soudain et brutal de l'attaque est dominé par une peur extrême, avec un malaise intense et une sensation d'effondrement : la personne pense que, cette fois-ci, elle va mourir, et l'explique à ses proches ;
- des signes physiques variés témoignent d'une angoisse très aiguë : une tachycardie, des palpitations, un essoufflement, des difficultés à respirer, des tremblements, des vertiges, une sensation de froid ou de chaleur, de la transpiration, des douleurs au thorax, des nausées, des diarrhées, des douleurs abdominales ;
- des manifestations psychosensorielles apparaissent parfois, accompagnées du sentiment déstabilisant et particulier d'une perte des limites corporelles ;

État des lieux

- L'attaque de panique apparaît avant tout chez les personnes âgées de vingt à trente ans.
- Selon les auteurs et la terminologie employée, elle touche entre 4 et 12 % des Français.
- Quant au trouble panique, il touche 2 à 3 % de la population.
- Il est très fréquent chez les personnes qui vivent seules et qui appartiennent à un milieu social défavorisé.
- L'évolution du trouble et son pronostic sont, d'une manière générale, défavorables : la rémission totale à cinq ans n'est que de 10 à 20 %.
- L'association du trouble panique à d'autres troubles anxieux (trouble anxieux généralisé, phobie), à la dépression (pour 80 % des personnes) et à des comportements addictifs est, en raison du risque de suicide, un facteur de mauvais pronostic.

- des modifications du comportement sont faciles à repérer : la personne s'agite ou reste plutôt prostrée, cherche de l'air si elle se trouve dans une pièce close, quitte une réunion…

Entre les crises, la personne peut aller bien mais, le plus souvent, elle vit dans l'appréhension d'une nouvelle attaque, ce qui la rend très nerveuse.

UN PROBLÈME DE SÉROTONINE ?

Si la cause de l'attaque de panique reste totalement ignorée, certains facteurs déclenchants, peu spécifiques, sont souvent cités : par exemple l'effort physique, le stress et une consommation excessive de café ou de divers excitants.

L'imagerie médicale a étudié, chez les personnes atteintes d'attaques de panique, trois régions du cerveau qui sont impliquées dans l'anxiété ; toutes présentent une baisse d'un tiers des récepteurs 5-HT1A pour la sérotonine* : il s'agit du cortex cingulaire antérieur et du cortex cingulaire postérieur, qui régulent tous deux l'anxiété, et du raphé, la région la plus riche en sérotonine. Ainsi, sur un plan biologique, nous comprenons mieux le chevauchement qui existe entre l'anxiété et la dépression, qui ont longtemps été séparées.

LES TRAITEMENTS CLASSIQUES

Ils demandent à être énergiques tant le trouble panique est mal vécu, surtout s'il vient à se prolonger.

Au moment de l'attaque de panique, la personne doit respirer d'une manière calme et lente, d'autant plus qu'elle est spontanément en hyperventilation, ce qui aggrave la crise. Il faut également dédramatiser la situation et rassurer la personne, tout en s'assurant qu'aucune pathologie organique n'est en cause.

- Lors de la crise : un médicament de type benzodiazépine, à placer sous la langue, agit très vite ; en revanche, il faut éviter une injection intramusculaire, qui accentue le caractère spectaculaire de l'incident.

- En prévention : seuls les inhibiteurs de la recapture de la sérotonine* (IRS) [voir le chapitre 4, p. 112] et les dérivés imipraminiques (issus de l'imipramine, une molécule antidépressive) sont efficaces pour éviter de nouvelles crises ; les méthodes comportementales, qui s'appuient sur la relaxation ou sur une exposition simulée, en imagination, aux situations anxiogènes, peuvent être proposées.

Prescriptions

Dans le cas du trouble panique, les médecines douces sont le plus souvent en échec ; vous pouvez toutefois essayer les traitements des états anxieux.
Plus spécifique, un médicament homéopathique peut être essayé : Aconitum napellus (voir p. 388).
Posologie : quatre granules de ce médicament en 9 CH, à sucer comme des bonbons, en répétition toutes les quinze minutes, trois à quatre fois de suite, jusqu'à l'amélioration des symptômes.

La phobie

Prenant la forme d'une peur intense, paralysante et irraisonnée, ou bien d'un malaise, la phobie est déclenchée, d'une manière incontrôlée et exagérée, par une situation, un être vivant ou un objet particulier, sans qu'il y ait de réel danger.

Les trois groupes de phobies les plus courants sont :

- les phobies spécifiques : la peur d'un animal, de la vue du sang, de la hauteur ou du vide, des endroits clos, de la voiture, de l'ascenseur, de l'avion, d'un tunnel, des piqûres de certains insectes ;
- l'agoraphobie : la crainte et l'évitement de la foule, des endroits publics, des centres commerciaux, des magasins ; la personne restreint ses déplacements et ressent le besoin d'être accompagnée ;
- les phobies sociales : la peur du regard d'autrui, la timidité pathologique.

En chiffres

- La phobie est une maladie très fréquente : elle touche 10 % des Français environ.
- 1,5 % à 3 % seulement des personnes qui en sont atteintes sont vraiment gênées et viennent consulter un médecin.
- Parmi les personnes phobiques, une sur trois hésite à lever la main en public, une sur deux a peur de prendre la parole et une sur quatre marque une hésitation, même devant un groupe d'amis.
- 75 % des agoraphobes ont présenté des attaques de panique.

EN DANGER PERMANENT

Tandis que certaines manifestations phobiques relèvent simplement de l'anxiété, tels la gêne gastro-intestinale, les palpitations, les sueurs, les tensions musculaires, les tremblements, les nausées et les vomissements, d'autres constituent une phobie sociale, qui paralyse l'action et aggrave donc l'angoisse : la personne se sent mal évaluée, elle a peur du jugement d'autrui et a peur d'avoir peur ; elle se sent en danger permanent, elle ne cesse de faire son autocritique et tend à précipiter son échec. Si sa perception de l'environnement est correcte, son interprétation est erronée ; elle en est parfaitement consciente, trouve son comportement absurde, en souffre et en éprouve de la honte : la phobie est un trouble du jugement. Placée dans la situation redoutée, la personne est agitée, rigide, toute rouge ou très pâle ; elle a une sensation de vertige ; elle cache ses mains, tremble, bégaie, transpire, évite les contacts visuels, comme si elle voulait fuir ; elle est oppressée ; sa voix est claire ou fausse. Si les manifestations phobiques sont variées, la plupart des personnes s'en accommodent, se contentant d'une attitude d'évitement.

DES PULSIONS RÉPRIMÉES

La phobie est expliquée par l'existence de traumatismes psychiques remontant à l'enfance et par une résolution incomplète du complexe d'Œdipe. La personne subit des pulsions, qui lui ont été interdites dans le passé et par son éducation, et dont elle a peur : une jeune fille chaste, élevée sévèrement, risque d'avoir des pulsions sexuelles très fortes… qu'elle ne peut que réprimer ; elle va déplacer ces pulsions vers un lieu, une situation, un objet ou un animal liés à son histoire personnelle ; elle manifeste son angoisse dans tous les endroits publics où elle risque de rencontrer d'éventuels partenaires et d'éprouver ainsi de la gêne ; un espace, une rue, un magasin ou un restaurant peuvent devenir des lieux angoissants, où se déclenche un malaise général.

Nombreuses sont les jeunes femmes, très protégées par leur milieu familial, en général timides et introverties, qui développent une agoraphobie, équivalant à un comportement d'évitement. L'agoraphobie est souvent la conséquence du trouble panique ; les peurs sont en rapport avec le vécu de la crise, et non avec ses circonstances elles-mêmes, et tendent parfois à remplacer les attaques de panique quand ces dernières ont disparu.

LES TRAITEMENTS CLASSIQUES

Le traitement le plus efficace est avant tout psychocomportemental : la thérapie peut être individuelle ou en groupe. Des médicaments peuvent calmer ou masquer certains symptômes gênants ou paralysants.

Dans le domaine de la phobie, la place des médecines douces est extrêmement réduite voire inexistante.

Les troubles obsessionnels compulsifs

Maladie à part entière, les troubles obsessionnels compulsifs (TOC) constituent la plus invalidante de toutes les pathologies liées à l'angoisse. Les personnes qui en sont atteintes sont le plus souvent rigides, perfectionnistes, obstinées et indécises.

L'obsession, c'est l'irruption dans le psychisme d'un sentiment ou d'une idée déplaisante. Elle peut revêtir plusieurs formes : des pensées, des comportements ou des peurs. L'enchaînement des événements est le suivant : l'obsession apparaît tout d'abord, suivie de la compulsion ; l'anxiété, qui traduit une résistance, s'installe ensuite ; puis vient la dépression.

La personne fait des efforts incessants pour écarter les pensées de sa tête ou de ses actes, mais son être entier est envahi par ce trouble de la personnalité. Ces pensées aboutissent à l'émergence de mots, de chiffres ou d'idées, qui entraînent de longs monologues et autres calculs ininterrompus : la personne énumère tout ce qu'elle a fait et tout ce qu'il lui reste à faire ; elle aligne en elle des colonnes de chiffres, se remémore en permanence les objets ou les tableaux qu'elle possède, égrène un chapelet, ne peut se défaire d'une image ou d'un souvenir, qui reviennent en boucle.

Les compulsions, qui transcrivent les obsessions en actes, sont le plus souvent absurdes car se répétant sans fin. Même la musculation ferait partie des troubles obsessionnels compulsifs : le culturiste peut passer des heures devant sa glace, les haltères à la main, plongé dans l'idée obsédante qu'il lui reste toujours un défaut morphologique à corriger.

DES COMPORTEMENTS RITUALISÉS

Dans les troubles obsessionnels compulsifs, certains comportements ritualisés à outrance deviennent pathologiques. La peur du sale, le doute et le contrôle sont les obsessions qui dominent la personne.

LA PEUR DE LA SALETÉ

Elle se traduit tout d'abord par un comportement d'élimination : on lave un vêtement porté une seule fois, *a fortiori* s'il

En chiffres

- Les troubles obsessionnels compulsifs concernent 3 % des Français.
- Dans les trois quarts des cas, la peur de la saleté touche les femmes.
- Dans les trois quarts des cas, le doute touche les hommes.

est tombé par terre ou simplement parce qu'il a été mis à l'extérieur ; on se brosse les mains dès qu'on a touché une poignée de porte ; on fait les poussières en permanence ; puis, dans un comportement d'inhibition, la personne se met à éviter les choses et les endroits qui peuvent être sales, comme les poubelles ou les toilettes publiques. Ces attitudes se rapprochent beaucoup des phobies ; seule la logique les en différencie.

LE DOUTE

Il contraint à une vérification permanente : la personne compte, recompte et cherche la moindre erreur dans sa vie en général ou dans sa comptabilité ; elle fait la vérification de la vérification du gaz, de l'eau ou de l'électricité.

Prescription

Dans le domaine des troubles obsessionnels compulsifs, la place des médecines douces est très réduite. Un médicament homéopathique seulement est spécifique des états obsessionnels : Arsenicum album (voir p. 390). Posologie : quatre granules en 15 CH, à sucer comme des bonbons, une à deux fois par jour, en dehors des repas.

LE CONTRÔLE

Les obsessions se mêlent aux compulsions. La personne a peur de commettre un acte répréhensible, immoral ou obscène, comme toucher le Christ en entrant dans une église ou, dans la rue, poser le pied sur un préservatif. Cela entraîne un hypercontrôle de tout. Au bout de ce comportement pointe hélas la dépression.

LES TRAITEMENTS CLASSIQUES

Longtemps classés parmi les névroses, les troubles obsessionnels compulsifs constituent une forme particulière d'angoisse ; ils sont traités avant tout par les médicaments antidépresseurs, associés à un travail de psychothérapie.

Le stress post-traumatique

L'attentat commis le 11 septembre 2001 contre les Twin Towers, à New York, a été à l'origine de nombreuses études sur le syndrome* du stress post-traumatique (SPT), qui étaient jusqu'alors avant tout consacrées aux séquelles psychologiques observées chez les vétérans américains des guerres de Corée et du Viêtnam.

Les neuf mille travailleurs et secouristes qui étaient présents ce jour-là au World Trade Center ont été vus, en entretien individualisé, par des cellules d'urgence, composées de psychiatres et de spécialistes de l'accompagnement psychologique ; les conclusions sont qu'un tel événement est non seulement traumatisant pour les personnes qui l'ont vécu mais également pour toutes celles qui y ont assisté à la télévision.

Sans doute les résultats seraient-ils les mêmes pour une catastrophe naturelle telle que le tsunami qui, à la fin de l'année 2004, a ravagé l'Asie. Dans le cas du 11 septembre, l'effet le plus immédiat a été, dans les mois qui ont suivi, une surconsommation de médicaments psychotropes* non seulement par les victimes directes mais aussi par les spectateurs et l'ensemble des Américains ; depuis cette date, la prise de médicaments et les demandes d'aide persistent à des niveaux supérieurs à la normale.

Il est toujours difficile de prévoir les conséquences réelles d'un événement, quel qu'il soit, même s'il est survenu très loin et même longtemps après. D'une manière consciente ou inconsciente, certaines personnes utilisent le fait pour rationaliser leur mal de vivre, pour chercher sa cause à l'extérieur d'elles-mêmes plutôt que de s'interroger sur leur propre mode de fonctionnement.

LA VICTIME REVIT SANS CESSE L'ÉVÉNEMENT

Un événement exceptionnellement stressant comme l'attentat du 11 septembre, de même qu'un accident d'avion ou de la route, qu'une attaque à main armée ou un meurtre, peuvent installer un état d'anxiété intense et permanent : c'est la seule situation où un état anxieux est défini par sa cause. La victime est obnubilée par l'accident ou bien revit l'événement, d'une façon intrusive, répétitive et envahissante, par des pensées, des images, des cauchemars, des émotions et des sensations physiques ; elle tente d'échapper à ces idées en boucle en évitant les situations qui pourraient lui rappeler ce qu'elle a vécu, ce qui constitue vite un véritable handicap social.

Extrait de consultation

« Depuis quand êtes-vous stressée ?
– Depuis le crash contre les tours du World Trade Center.
– Vous aviez de la famille sur place ? Vous êtes originaire de New York ?
– Non, mais ça m'a traumatisée quand même. »

La prise en charge du stress post-traumatique doit être effectuée dans les meilleurs délais, car la dépression réactionnelle n'est jamais loin. C'est la raison pour laquelle des structures d'urgence ont été mises en place, qui permettent aux victimes d'attentats, d'accidents graves ou de traumatismes physiques de bénéficier d'une écoute professionnelle, destinée à prévenir et à limiter les séquelles psychologiques de ce qu'elles viennent de vivre ou de subir.

La multiplicité et la gravité des symptômes, la fréquence des rechutes et la chronicité des troubles caractérisent ce type de stress. Chacun vit un événement à sa manière et possède sa propre stratégie pour tenter de diminuer ou d'empêcher ses conséquences. Seul compte le point de vue de la victime , il faut faire confiance à son vécu, sans jamais juger ni se projeter.

Statistiques

- Le stress post-traumatique est plus fréquent chez les personnes fragiles ou malades : selon les cas, les risques sont multipliés par deux, voire par quatre.
- Les causes du stress post-traumatique sont variées : attentats, accidents, catastrophes naturelles... ; faits intervenant dans le domaine familial : violences conjugales, viols, maltraitance des enfants, pression psychologique ; les adolescents et les adultes jeunes sont plutôt victimes d'accidents et de violences au travail.
- Chez 50 % des personnes, les symptômes de stress post-traumatique disparaissent en quelques mois.
- Chez 40 % d'entre elles, ils persistent d'une manière fluctuante, provoquant un handicap psychologique et social variable.
- Chez 10 % d'entre elles, ils s'aggravent avec le temps.

FUIR, COMBATTRE, RÉSISTER, SE RÉSIGNER

Une mère de famille vient d'apprendre que sa fille s'est tuée dans un accident de la route. Sur le plan biologique, elle est programmée pour quatre types de réactions :

- la fuite : la personne change de vie, part très loin pour aider des malheureux ou pour tenter d'oublier ;
- le combat : la personne veut aller casser la figure au chauffard, l'attaque en justice, s'engage dans une association d'aide aux victimes, perpétue la mémoire de la disparue ;
- la résistance : la personne continue de vivre coûte que coûte, sans oublier mais sans se laisser aspirer par la spirale du désespoir ;
- la résignation : la personne se réfugie dans le culte du passé, prie, démissionne moralement, se laisse mourir de chagrin.

Il n'existe pas de réaction unique au stress : pour s'en sortir, chacun réagit à sa façon, en s'appuyant sur les systèmes biologiques en place et avec ses propres comportements d'adaptation. Possède-t-on alors son libre arbitre ou notre cerveau est-il totalement placé sous l'influence des neurotransmetteurs* ? La question est plus philosophique que médicale.

QUI PRÉSENTE LE PLUS DE RISQUES ?

Les conclusions de l'étude américaine réalisée après le 11 septembre 2001 sont très instructives, car elles peuvent être extrapolées à d'autres drames.

Six facteurs de risques de stress post-traumatique ont été déterminés : être une femme ; être d'origine hispanique ou afro-américaine ; être déjà atteint d'un trouble obsessionnel compulsif ; être déjà atteint d'un trouble bipolaire (ou psychose maniaco-dépressive) ; témoigner d'un état psychotique ; faire une dépression.

En temps de guerre

Pour la première fois, des psychiatres de l'armée américaine ont effectué une étude portant sur six mille soldats. Leur but était d'évaluer l'incidence des troubles psychologiques avant et après la guerre :

- avant de partir, 9,3 % des soldats souffraient de troubles importants ;
- au retour d'Afghanistan, ils étaient plus de 11 % ;
- au retour d'Irak, ils étaient près de 17 % ;
- il existe un lien indéniable entre l'apparition d'un stress post-traumatique, le temps passé à la guerre et la gravité de certains faits : essuyer des tirs dirigés, apprendre qu'un camarade ou un proche est mort, tuer quelqu'un, enlever un cadavre...

À l'inverse, plusieurs éléments ont permis de bien mieux résister : être blanc, même si on est de sexe féminin ; être bien intégré sur le plan social et professionnel ; témoigner d'une bonne santé physique et psychique. Cette bonne résilience est accompagnée d'une moindre consommation de médicaments.

UNE ORIGINE CÉRÉBRALE ?

Le stress post-traumatique est lié, dans le cerveau, à une diminution de la taille de l'hippocampe ; une plus grande vulnérabilité au stress aurait été constatée chez les personnes présentant un petit hippocampe.

À l'heure actuelle, nous ignorons si c'est le stress qui réduit l'hippocampe ou, au contraire, si c'est un petit hippocampe qui prédispose au stress ; nombre de scientifiques penchent pour cette seconde hypothèse. La petite taille de cette structure anatomique cérébrale rendrait plus sensible aux émotions et, au cours d'un traumatisme, entraînerait des réponses plus intenses et plus durables – lors d'expériences pratiquées, des rongeurs présentant une lésion de l'hippocampe sont beaucoup plus peureux que les autres.

Cette vulnérabilité au stress est-elle innée ou acquise ? Nous ne le savons pas, mais une dépression grave ou un abus d'alcool par exemple peuvent réduire le volume de l'hippocampe.

LES TRAITEMENTS CLASSIQUES

Ils doivent être mis en place dès que possible. Dans tous les cas, quel qu'il soit, le choc a toujours des effets, même si la personne, ou sa famille, peut ne pas paraître particulièrement touchée ou affectée ; d'autre part, les symptômes mettent parfois un certain temps à se déclarer.

LES MÉDICAMENTS

Des antidépresseurs plutôt que des tranquillisants peuvent bien sûr servir de béquille et être prescrits d'une manière brève et ponctuelle, mais c'est avant tout la parole qui permet d'entamer la procédure de deuil ou de désensibilisation de la situation traumatisante – qui peut durer de trois à six mois.

DES TECHNIQUES DE THÉRAPIE, DE PROGRAMMATION NEUROLINGUISTIQUE (PNL) OU DE COACHING

Elles peuvent aider en cas de stress post-traumatique ; leur choix dépend de la personnalité de la victime, de la nature de l'accident et surtout du vécu individuel de la situation.

En règle générale, les spécialistes proposent un travail psychologique en trois étapes.

LE TRAITEMENT PRÉCOCE

Appelé « traitement de déchocage », il vise à contrôler et à maîtriser les réactions psychologiques, physiologiques et biologiques du traumatisme, avant tout les sensations et les émotions ; il permet à la personne, pendant la journée, la nuit et les vingt-quatre heures à venir, et pendant la semaine après l'accident, de faire face aux différentes situations, aux rencontres, dialogues, interrogatoires et autres interactions liés à l'événement ; il aide à accepter l'expérience vécue.

Ce traitement de déchocage s'appuie sur plusieurs techniques : l'harmonisation de l'état psychique perturbé par des traitements de médecines douces et parfois par des médicaments ; la thérapie de désensibilisation par les mouvements oculaires et reprogrammation (EMDR) ; un changement de contexte et d'univers est souhaitable pendant plusieurs jours afin de désactiver les stimuli, de rompre avec certaines habitudes et de se donner l'opportunité de dénouer les tensions qui créent le stress ; on peut également proposer des techniques de relaxation et de « lâcher prise » – un terme utilisé par les relaxologues pour désigner le « décrochage mental » qui s'effectue au son de la voix monocorde du thérapeute.

Qu'est-ce que l'EMDR ?

L'EMDR (Eye Movement Desensitization and Reprocessing), ou « désensibilisation par les mouvements oculaires et reprogrammation », est une méthode née, dans les années 1980, au sein de l'école de psychothérapie de Palo Alto, en Californie. Encore controversée, elle a été proposée par certains thérapeutes, notamment par le regretté David Servan-Schreiber, pour traiter les cas de stress post-traumatique. Le thérapeute mobilise un doigt ou sa main dans le champ visuel du patient afin d'induire des mouvements oculaires saccadés, comparables à ceux que déclenchent les rêves ; en même temps, il lui demande de visualiser la situation traumatisante ainsi que les pensées et les émotions qui lui sont associées. Comme le fait la digestion sur les aliments, cette thérapie brève agit sur l'information, absorbe les traumatismes et les désactive dans le système nerveux.

L'ACCOMPAGNEMENT PSYCHOTHÉRAPEUTIQUE

Il permet de prendre en charge d'une manière spécifique les éventuels troubles associés au traumatisme, au moment où ils se présentent, qu'il s'agisse par exemple d'un trouble dépressif ou d'un trouble phobique ; il fait intégrer l'expérience traumatique dans l'existence de la personne, en tenant compte des secteurs vulnérables de son psychisme, même si tout semble apparemment rentré dans l'ordre ; il permet de traiter d'une manière spécifique les sentiments de culpabilité – on est encore en vie alors qu'un être cher a disparu –, de honte – qui peut dicter un comportement face à l'entourage – ou encore de colère – à l'égard des responsables, réels ou supposés, de l'accident ; il engage la personne à rétablir des relations sociales sécurisantes et à retrouver confiance en elle.

LE SUIVI D'APPOINT ET DE PRÉVENTION DES RECHUTES

Liées à des problèmes familiaux ou professionnels, à des difficultés financières ou à des deuils, les périodes de stress peuvent faire réapparaître des symptômes enfouis au plus profond de soi. Dans ces cas-là, le suivi d'appoint s'avère indispensable : il permet à la personne de conserver et d'amplifier les aptitudes acquises au cours de l'accompagnement psychothérapeutique et, dans la mesure du possible, d'éviter les rechutes. Les stratégies citées ci-dessus sont intégrées à tous les domaines de la vie, personnel, professionnel ou social, pour réduire au minimum le stress chronique, dont on sait l'importance dans la genèse des troubles nerveux et des maladies psychosomatiques.

Urgence

L'intervention des cellules psychologiques d'urgence marque un progrès immense dans la prise en charge du stress post-traumatique. Elle est devenue une nécessité, mais qui reste hélas trop souvent réservée aux situations exceptionnelles, catastrophes et attentats. Espérons que cette démarche soit intégrée d'une façon plus systématique aux suites de tous les accidents, qu'ils soient ou non médiatisés.

LA PLACE DES MÉDECINES DOUCES

Dans le cas du stress post-traumatique, les médecines douces constituent un traitement d'appoint, qui n'entre pas en concurrence avec les méthodes de soutien psychologique.

Un grand choix de méthodes

Les différentes méthodes thérapeutiques développées ici sont les plus fiables et les plus souvent utilisées pour traiter le stress post-traumatique.
Chaque médecin les choisit en fonction de son expérience, ainsi que des besoins et de l'attente du patient. À vous de voir également celles qui vous conviennent le mieux.

- En oligothérapie : le lithium et le magnésium, associés au cuivre, à l'or et à l'argent ; cette triple association est indiquée dans la phase de sidération du stress. Posologie : deux doses par jour, pendant plusieurs semaines.
- En homéopathie : Arnica montana. Si de nombreux médicaments peuvent être proposés, seul Arnica montana est spécifique du stress post-traumatique.
- En phytothérapie : le ginseng panax, l'éleuthérocoque, la rhodolia, le schizandra et le « rescue ». Si les plantes sédatives, qui traitent la dépression, peuvent être prescrites ici, des plantes adaptogènes sont spécifiques au stress post-traumatique, car elles améliorent l'ensemble des réactions de défense de l'organisme.

Si les méthodes douces non médicamenteuses peuvent être conseillées, elles ne possèdent ici aucune particularité.

EN HOMÉOPATHIE : ARNICA MONTANA

Son origine est l'arnica, ou herbe-aux-chutes, une plante vivace des montagnes, à longue tige et aux belles fleurs jaunes.

- L'action : l'arnica n'est pas seulement le médicament des coups, des blessures et des contusions, mais également celui des chocs affectifs.
- La posologie : quatre granules en 30 CH, à sucer comme des bonbons, deux à trois fois par jour.

EN PHYTOTHÉRAPIE : LE GINSENG PANAX

Connu et vénéré en Chine depuis quatre mille ans, longtemps réservé à l'empereur et aux grands seigneurs, le ginseng fait partie intégrante du patrimoine chinois comme de sa médecine traditionnelle ; la révolution culturelle a assuré sa diffusion internationale.

LA CULTURE ET LA CONSOMMATION

Haute de soixante à quatre-vingts centimètres, cette plante herbacée croît dans des régions montagneuses et boisées, sur des terrains riches et humides. Sa consommation intensive a presque fait disparaître sa forme sauvage et a rendu son prix inabordable. La quasi-totalité du ginseng consommé comme aliment ou utilisé par les laboratoires pharmaceutiques est donc cultivé avant tout en Chine et en Corée, mais également en Russie, en Bulgarie et, aux États-Unis, dans les plaines du Wisconsin.

LES PROPRIÉTÉS

Elles sont dues à ses racines. Le ginseng est réputé être un fortifiant et un revitalisant, un stimulant physique, dynamisant les réactions naturelles de défense. Il est remarquable pour améliorer la résistance de personnes soumises à des conditions particulières de stress. Il est très efficace pour lutter contre la fatigue physique et intellectuelle, pour permettre une meilleure adaptation à l'effort et diminuer les temps de récupération.

Le ginseng en solution buvable

Vous pouvez vous aider de Gerimax® tonique, un extrait standardisé de la variété panax (flacon de 250 ml de solution buvable). Posologie : une cuiller à dessert dans un demi-verre d'eau, le matin et à midi, pendant plusieurs jours.

LE RÔLE DU GINSENG SUR LE SYSTÈME NERVEUX

Le ginseng et, à un degré moindre, l'éleuthérocoque, régulent la libération des catécholamines* sécrétées par les glandes surrénales (voir le chapitre 2), modifient la captation de l'oxygène par les tissus ainsi que l'utilisation des sucres et des graisses ; leur effet est normalisant ou stabilisant.

LA PRÉSENTATION

Seul le ginseng coréen Panax Meyer est autorisé en France. Ses racines sont achetées par les industriels pour fabriquer des médicaments vendus sous de nombreuses formes : en poudre, en comprimés, en gélules, en solution buvable...

EN TEINTURE MÈRE

Commandez à votre pharmacien un flacon de 30 ml ; prenez cinquante gouttes (une dose) dans un peu d'eau, le matin et à midi.

EN POUDRE DE RACINES BROYÉES

Prenez deux gélules (contenant chacune 250 mg de poudre) le matin et à midi, pendant plusieurs jours, selon les indications.

EN EXTRAIT SEC

Prenez deux gélules (dosées à 50 mg) le matin et à midi, pendant plusieurs jours.

LES INDICATIONS

Sédatif, relaxant et antidépresseur, le ginseng est indiqué pour les personnes victimes de stress.

LES EXCÈS

S'il est d'ordinaire bien toléré, il peut, à fortes doses (au-delà de 2 g/jour de poudre), entraîner des signes d'agitation, de nervosité et d'insomnie ; il peut également être responsable d'hypertension artérielle, accompagnée de vertiges et de maux de tête, et parfois déclencher des réactions allergiques cutanées. Il est donc contre-indiqué en cas d'hypertension artérielle et non indiqué en cas de grande nervosité.

EN PHYTOTHÉRAPIE : L'ÉLEUTHÉROCOQUE, OU GINSENG DE SIBÉRIE

Originaire de Chine et de Corée, cet arbuste épineux résistant, voisin du lierre, de deux à trois mètres de hauteur, est également appelé « buisson du diable ». Il pousse en abondance dans les plaines de Sibérie. Ses tiges sont couvertes d'une écorce grise, ses feuilles sont dentelées et ses fleurs sont globuleuses, jaunes (pour les femelles), violettes (pour les mâles) ou jaunâtres (pour les hermaphrodites).

LES PROPRIÉTÉS

Elles proviennent de sa racine séchée puis pilée. Par son action immunostimulante, la racine d'éleuthérocoque augmente les capacités de résistance de l'organisme ; elle l'aide à s'adapter aux effets du stress physique, psychique ou climatique – provoqué par le froid ou un choc thermique.

LE RÔLE DE L'ÉLEUTHÉROCOQUE SUR LE SYSTÈME NERVEUX

Cette plante diminue l'anxiété et améliore le sommeil.

EN TEINTURE MÈRE

Commandez chez votre pharmacien un flacon de 30 ml d'éleuthérocoque ; prenez cinquante gouttes (une dose) dans un peu d'eau, le matin et à midi.

EN POUDRE DE RACINE

Faites préparer des gélules contenant chacune 400 mg de poudre ; prenez-en une le matin et une à midi. Vous pouvez également recourir à Arkotitrat® Éleuthérocoque ; prenez une gélule deux fois par jour, pendant une dizaine de jours.

EN EXTRAIT SEC

Faites préparer en pharmacie ou en parapharmacie des gélules contenant chacune 100 mg d'extrait standardisé ; prenez-en deux par jour, pendant plusieurs jours.

LES INDICATIONS

L'éleuthérocoque est indiqué pour les personnes fatiguées ou stressées.

LES CONTRE-INDICATIONS

L'éleuthérocoque est déconseillé aux femmes enceintes, aux enfants et aux personnes souffrant d'une hypertension artérielle grave ou de troubles du rythme cardiaque (palpitations) ; cette plante est particulièrement contre-indiquée en cas de nervosité.

EN PHYTOTHÉRAPIE : LA RHODOLIA, LE SCHIZANDRA ET LE « RESCUE »

Nombreuses sont les plantes qui possèdent une action tonique adaptogène et composent souvent diverses spécialités.

- La rhodolia, qui vient des régions arctiques de Sibérie, et le schizandra chinois, également appelé « graine aux cinq saveurs », stimulent les systèmes nerveux et immunitaire, traitent la dépression, éliminent la fatigue musculaire, augmentent la détermination et la résistance au stress, et favorisent le sommeil.

• Le remède d'urgence aux cinq fleurs, ou « rescue », est le seul composé floral établi par le Dr Edward Bach. Il associe les élixirs de *Cherry Plum*, de *Clematis*, d'*Impatiens*, de *Rock Rose* et de *Star of Bethleem*. Son efficacité est très rapide. Posologie : quatre gouttes dans un peu d'eau, à renouveler si besoin, dans la journée, ou une pulvérisation de spray de poche.

→ En bref

- Les médicaments du type benzodiazépines ne doivent plus aujourd'hui constituer le traitement de première intention des troubles anxieux, excepté lors de leurs manifestations aiguës, où ils restent irremplaçables.

- Les états anxieux représentent l'une des principales indications des médecines douces, et sans doute l'une des meilleures : des minéraux et des oligoéléments, des vitamines, des médicaments homéopathiques, des plantes et des huiles essentielles, l'acupuncture, les méthodes de relaxation et les techniques psychocorporelles sont très utiles dans la plupart des cas : ils évitent l'engrenage des tranquillisants qui, s'ils sont efficaces, sont souvent difficiles à arrêter par la suite. Sans oublier les conseils pour une bonne alimentation.

10

La spasmophilie, une affection singulière

« Ce qui est véritablement à l'origine des manifestations du stress, ce n'est pas la situation dans laquelle vous vous trouvez mais les pensées négatives qui vous assaillent. »
Anonyme

Les Allemands parlent de dystonie, les Anglais de névrose et les Américains d'angoisse pour désigner la spasmophilie, cette affection qui toucherait une personne sur sept. Construit sur la racine « spasme », le mot évoque une hyperexcitabilité neuromusculaire, qui est responsable de la plupart de ses nombreux symptômes, dont aucun n'est véritablement spécifique ; cette maladie est aggravée par des troubles métaboliques et des carences en minéraux et en oligoéléments – en calcium, en magnésium, en manganèse et en zinc.

La spasmophilie constitue une entité réelle, aux troubles avérés et authentiques, qui ne relèvent pas de l'imagination et qui ont des retentissements fréquents et gênants sur la vie personnelle, familiale, sociale et professionnelle – ainsi qu'un coût non négligeable pour la Sécurité sociale.

Une personne sur sept

- La spasmophilie touche six à dix millions de personnes, soit une personne sur sept environ.
- Quatre fois sur cinq, ce sont des femmes ; elles sont le plus souvent âgées de trente à quarante ans ; trois fois sur quatre, elles vivent en milieu urbain.
- La spasmophilie possède sans doute une cause héréditaire : chez 20 % des Français environ, on décèle un gène HLA-B35, sans doute responsable d'une moins bonne fixation du magnésium et d'une plus grande vulnérabilité au stress.

Elle évolue en quatre phases :

- une période de sensibilisation, par exemple une enfance difficile ;
- une période de latence, pendant laquelle la spasmophilie ne se déclenche pas si la personne ne subit aucun stress ;
- une période de décompensation, pendant laquelle apparaissent les symptômes ;
- une période d'épuisement, qui mène souvent, mais pas toujours, vers la dépression.

Fatigue, fourmillements, crampes...

Empruntant ses symptômes à d'autres maladies, la spasmophilie correspond davantage à un syndrome* qu'à une maladie autonome, si bien qu'elle provoque un certain scepticisme chez nombre de médecins et, par voie de conséquence, un grand désarroi chez les personnes qui les consultent.

Plus ou moins importants et inquiétants, le plus souvent divers et variés, les symptômes nerveux de la spasmophilie sont les suivants :

- le clignement involontaire des paupières est un symptôme très précoce, qui doit amener quelqu'un à consulter son médecin ; cela lui signale qu'il a épuisé ses faibles réserves en magnésium ;
- des douleurs diffuses, avant tout cervicales et dorsales, ou abdominales ;
- une fatigue musculaire, intellectuelle ou sexuelle ;
- des problèmes de sommeil ;

- une angoisse, avec une boule à la gorge ;
- une oppression thoracique, qui donne une impression d'étouffement ;
- des troubles du caractère, par exemple une sensibilité extrême, une susceptibilité et une irritabilité ;
- des maux de tête, ou plus exactement des céphalées de tension ;
- des fourmillements, avant tout des membres et de la bouche ;
- des crampes ;
- des palpitations ainsi que des douleurs dans la région du cœur (des précordialgies) ;
- des vertiges ;
- des troubles vasomoteurs, liés à une instabilité thermique ;
- une diminution des capacités de compréhension ;
- des accidents vasculaires cérébraux transitoires ;
- une surdité brutale ;
- le stress peut également provoquer des bourdonnements d'oreille ; lorsque de très nombreuses stimulations nerveuses arrivent, les circuits auditifs produisent souvent ces symptômes désagréables qui, en général, ne trouvent aucune explication médicale.

De nombreuses personnes pourraient, sans le savoir, être spasmophiles : bien qu'elles soient bien portantes, elles se sentent vulnérables dans certaines circonstances, par exemple à la chaleur, au froid, au stress, à l'exercice physique intense, au bruit ou à l'altitude.

L'INCOMPRÉHENSION DE L'ENTOURAGE

S'ils ne sont pas graves en eux-mêmes, les différents symptômes de la spasmophilie n'en sont pas moins gênants et souvent très invalidants par leur répétition et leur intensité, et peuvent être responsables d'une déprime ou d'une dépression. Car cette affection est particulièrement déstabilisante pour la personne qui la subit, ainsi que pour son entourage qui a du mal à comprendre ce qui se passe : un malaise survenant la veille du départ en vacances ou d'une sortie programmée de longue date ne peut que provoquer des soucis familiaux ou sociaux.

Dans la vie quotidienne

- Se trouver dans une salle de cinéma déclenche souvent une crise, car la personne spasmophile, souvent claustrophobe, se sent prisonnière, dans l'impossibilité de s'échapper en cas de problème : en général, elle s'assoit près de la sortie et jamais en milieu de rang, entourée par d'autres spectateurs.
- Être sur une autoroute peut provoquer les mêmes impressions d'enfermement.
- Une panne d'ascenseur est susceptible d'engendrer une crise de spasmophilie intense voire de panique.

Des problèmes de couple apparaissent si un changement d'attitude, lié à une décompensation de la maladie, est trop brutal : le conjoint peut se trouver désorienté ou blessé par la virulence de certaines scènes de ménage, plus fréquentes et plus explosives que d'ordinaire.

Quand la spasmophilie touche un enfant, ce dernier devient dissipé à la maison ou en classe, ne parvient plus à fixer son attention ni à bien retenir les choses : tous ces comportements doivent alerter.

Une « réactivité biologique au stress »

Rien sur le plan théorique ne permet aujourd'hui d'expliquer la spasmophilie ; nous pouvons seulement affirmer que des facteurs psychologiques héréditaires, métaboliques ou encore acquis s'associent pour déclencher les symptômes fonctionnels* de cette affection singulière.

La spasmophilie est aggravée par de nombreux facteurs : un effort physique intense, une brusque variation de température, l'altitude, la période de l'année – octobre-novembre et février –, le rythme de vie, une tension psychologique, une contrariété, une émotion, un traumatisme, une intervention chirurgicale, la consommation d'excitants, un trouble métabolique tel qu'une carence ou une subcarence en calcium, en magnésium, en potassium ou en zinc.

Nous pouvons avancer que les symptômes de la spasmophilie sont liés à une hyperexcitabilité neuromusculaire, qui est entretenue ou réactivée par une anxiété sous-jacente, elle-même aggravée par le stress. D'ailleurs, dans certains pays, elle est nommée d'une façon explicite « réactivité biologique au stress ».

JUSQU'À LA CRISE DE TÉTANIE

L'hyperexcitabilité, cet élément clé de la spasmophilie, traduit le déséquilibre entre un système nerveux, qui envoie des messages trop nombreux et trop intenses vers les organes placés sous son contrôle – par exemple le côlon ou le dos –, et la réaction de ces derniers, qui est bruyante ou trop forte.

L'aboutissement ultime de cette hypersollicitation est la crise de tétanie, une contracture spectaculaire de l'ensemble du corps, que la seule action de la volonté ne peut éviter. Mais, fort heureusement, dans la plupart des cas, la spasmophilie entraîne seulement quelques-uns des symptômes déjà cités.

ATTENTION À LA RESPIRATION AMPLE

Causes ou conséquences de l'angoisse, les mouvements respiratoires amples éliminent davantage d'acide carbonique. Le sang se met ainsi en alcalose, un trouble de l'équilibre entre les acides et les bases*, avec une prédominance de ces derniers (voir le chapitre 7, p. 282). Cela favorise l'hyperexcitabilité, elle-même à l'origine du déclenchement ou de l'aggravation de la crise.

Les personnes spasmophiles le savent bien, elles qui doivent respirer dans un sac quand elles sentent venir ou quand elles font une crise de tétanie.

Comment savoir qu'une personne est spasmophile ?

De même que pour l'ensemble des affections psychosomatiques, le diagnostic de spasmophilie est avant tout clinique ; il est plus suspecté que véritablement affirmé. Il est fondé sur l'entretien avec le patient et sur l'examen.
Les examens biologiques et paracliniques sont peu concluants :

- le calcium sanquin est normal – ce qui n'est pas le cas pour la tétanie ;
- le magnésium est diminué ou normal ;
- l'électromyogramme (EMG), qui enregistre l'activité électrique des voies nerveuses innervant les muscles, fut longtemps considéré, à tort, comme spécifique ; en fait, il n'a aucun intérêt ici ;
- seul le signe de Chvostek, s'il est positif, est intéressant : si l'on frappe légèrement la pommette avec un marteau à réflexes, cela provoque une contraction unilatérale de la lèvre.

UN MANQUE DE MAGNÉSIUM

La spasmophilie serait due, au moins en grande partie, à un trouble de la fixation du magnésium, aboutissant à un manque de ce minéral à l'intérieur des fibres nerveuses : cela expliquerait l'hyperexcitabilité qui est responsable des spasmes de certains organes ou de certaines fonctions.

Le magnésium est indispensable à la production d'énergie effectuée à partir des sucres et des graisses. Son déficit entraîne une vulnérabilité et une extrême réactivité au stress, accompagnées d'un épuisement des glandes surrénales et de la diminution de la production de catécholamines*, les « hormones du stress » (voir le chapitre 2, p. 58) qui, à leur tour, retentissent sur le fonctionnement de la thyroïde.

En revanche, une supplémentation en magnésium améliore l'adaptation cardiovasculaire à l'effort – même chez une personne ne souffrant d'aucune déficience –, combat l'hyperexcitabilité et réduit la sécrétion d'adrénaline*, de cortisol et d'aldostérone, ce qui permet donc à l'organisme de lutter davantage contre les effets du stress. Enfin, le magnésium freine le passage ou la transmission d'un excès d'influx nerveux vers le système limbique, le centre de nos émotions.

LES TRAITEMENTS CLASSIQUES

Les traitements de la spasmophilie reposent avant tout sur :

- la prescription de magnésium et de calcium ;
- des conseils d'hygiène de vie et de diététique ;
- un soutien psychologique ;
- parfois des médicaments neurosédatifs ;

- parfois des médicaments bêtabloquants, pour arrêter les décharges d'adrénaline*.

La place des médecines douces

Maladie fonctionnelle* par excellence, la spasmophilie doit être appréhendée et traitée d'une manière globale : c'est ce que font très bien les médecines douces, seules ou en association avec des traitements plus classiques tels que les médicaments et la thérapie. Leur place est ici essentielle.

Un grand choix de méthodes

Les différentes méthodes thérapeutiques développées ici sont les plus fiables et les plus souvent utilisées pour traiter la spasmophilie. Chaque médecin les choisit en fonction de son expérience, ainsi que des besoins et de l'attente du patient. À vous de voir également celles qui vous conviennent le mieux.

- En oligothérapie : le magnésium, le calcium, le zinc, le manganèse et le phosphore.
- En supplémentation vitaminique : les vitamines B3, B6 et B12, et la vitamine D.
- En homéopathie : Ambra grisea et Nux moschata sont les médicaments les plus spécifiques ; puis vient Gelsemium sempervirens. Vous devez également associer le médicament de fond, souvent Actaea racemosa ou Ignatia amara, ou Lachesis mutus, choisi après consultation de votre médecin homéopathe.
- En phytothérapie : la ballote noire, la mélisse, la verveine, la passiflore et l'aubépine, l'aspérule et l'aubier de tilleul.
- En aromathérapie : les huiles essentielles de lavande officinale et de marjolaine à coquilles, d'orange douce, de basilic et de mandarine.
- L'acupuncture.
- Les méthodes de relaxation.
- Les bains relaxants.

EN OLIGOTHÉRAPIE : LE CALCIUM

Minéral le plus abondant dans l'organisme, le calcium est essentiel non seulement pour les os mais également pour les muscles, le système nerveux, la coagulation sanguine et le cœur ; il est d'une importance vitale : sans lui, il n'y a pas de contraction cardiaque.

LE RÔLE DU CALCIUM SUR LE SYSTÈME NERVEUX

S'il est l'un des éléments constitutifs du squelette dont il assure la croissance, la solidité et le renouvellement, le calcium joue aussi un rôle majeur dans la conduction nerveuse, l'excitabilité neuromusculaire et la libération des neurotransmetteurs*, en particulier la sérotonine* ; il participe au fonctionnement électrique du cerveau et à sa bonne communication avec les nerfs.

LES SOURCES

L'essentiel des besoins peuvent être largement couverts par les fromages, les produits laitiers et les eaux minérales (Talians® : 596 mg/l, Hépar® : 555 mg/l, Contrexéville® : 486 mg/l, Salvétat® : 253 mg/l, Vittel® : 202 mg/l). Les aliments les plus riches en calcium sont les produits laitiers (fromages, lait, yaourt, fromage frais, petit-suisse, crème fraîche), certains poissons et fruits de mer (sardine, pilchard, anchois, bigorneau, coquille Saint-Jacques, bar, sole, moule, langoustine, crabe, limande, bulot, huître, crevette, carrelet, perche, hareng, truite, langouste), les oléagineux (amande, noisette, noix du Brésil, sésame, pistache, graines de tournesol, noix, cacahouète), le jaune d'œuf, certains légumes et salades (cerfeuil, persil, cresson, pissenlit, radis noir, épinard, blette, brocoli), le sel de mer, les légumineuses (tofu, farine de soja, haricot blanc et rouge), les fruits séchés (figue, datte), la levure alimentaire, l'olive noire, le musli, les céréales du petit déjeuner au son, les fruits (cassis, raisin, figue).

L'absorption du calcium étant variable d'un aliment à l'autre, les concentrations données par les tableaux de composition des aliments ne sont donc qu'indicatives.

Le calcium de quelques aliments

- 100 g de sardine apportent 330 mg de calcium.
- 100 g d'amande apportent 230 mg.
- 100 g de cresson apportent 180 mg.
- 100 g de figue apportent 125 mg.
- 100 g de brocoli apportent 100 mg.
- 100 g de noix apportent 100 mg.
- Une portion moyenne de légumes verts apporte 95 mg.
- Une portion moyenne de légumineuses apporte 50 mg.
- Une barre de chocolat au lait apporte 45 mg.

LES BESOINS

Ils se situent aux alentours de 500 mg/jour pour un nourrisson, 800 mg/jour pour un adulte, 1,2 g/jour pour un adolescent ou une femme ménopausée et 1,5 g/jour pour une personne âgée. Le calcium est loin d'être présent en quantité suffisante dans notre alimentation habituelle, qui en fournit entre 50 et 600 mg/jour. Il est possible de couvrir les besoins sans privilégier les laitages, ce qui est rassurant pour tous ceux qui ne peuvent pas ou ne veulent pas y recourir. Il semble préférable de consommer du calcium au dîner.

Équivalences

Pour apporter l'équivalent en calcium de 40 g d'emmental (soit 475 mg), il faut environ :

- 80 g de roquefort,
- 120 g de camembert,
- deux yaourts nature,
- un demi-litre de lait,
- deux kilos de baguette,
- deux kilos et demi de poisson...

LA CARENCE

Fréquente, elle touche quatre hommes sur dix et près de deux tiers des femmes. Plus d'une personne sexagénaire sur deux ne consomme pas la quantité minimale de 600 mg/jour de calcium, nécessaire pour se protéger de l'ostéoporose ou pour ne pas l'aggraver. Une carence avérée en calcium entraîne une hyperexcitabilité neuromusculaire (des fourmillements) ; quand elle est modérée, elle provoque des contractures musculaires.

LES INDICATIONS

Le calcium est utile pour lutter contre les problèmes neurovégétatifs tels que la spasmophilie, les troubles de la contraction musculaire et la tétanie.

LES CONTRE-INDICATIONS

Une hypercalcémie et une insuffisance rénale grave.

Supplémentation en calcium

Vous trouverez en pharmacie :

- Sels calcaires Weleda® (médicament homéopathique ; étui de deux boîtes de 50 g de poudre orale). Posologie : un quart de cuiller à café le matin et le soir.

Voici quelques spécialités plus dosées en calcium :

- Ossopan® 600 (un comprimé contient 129 mg de calcium).
- Calciforte® (une ampoule : 500 mg de calcium).
- Orocal® (un comprimé contient 500 mg de calcium).

Selon certains chercheurs, l'absorption du calcium d'un comprimé est très inférieure à celle du fromage.

L'EXCÈS

Lors d'apports supérieurs à 2 g/jour, il existe des risques de précipitation rénale, avec un danger de colique néphrétique.

LES BONNES ASSOCIATIONS

Vous pouvez associer le calcium au zinc et aux vitamines C et D, qui aident à le fixer – la supplémentation du lait avec de la vitamine D est une innovation judicieuse. En revanche, le pain complet, riche en phytates, les aliments riches en oxalates (cacao, épinard, figue, oseille, rhubarbe), les fibres, l'alcool, le thé et le café inhibent l'absorption du calcium ; excepté à des doses massives, ce n'est pas le cas du magnésium, comme cela a toutefois été longtemps affirmé.

EN OLIGOTHÉRAPIE : LE ZINC

Longtemps méconnu bien qu'il fût l'un des premiers oligoéléments considérés comme indispensables, le zinc est aujourd'hui le sujet le plus étudié par les chercheurs du monde entier.

LE RÔLE DU ZINC SUR LE SYSTÈME NERVEUX

Il est essentiel à son bon fonctionnement. Le zinc protège l'organisme d'une manière importante grâce à son intervention dans quelque deux cents réactions chimiques, en particulier celles qui sont nécessaires à la synthèse des protéines et au métabolisme des acides nucléiques (l'expression des gènes). Il influe notamment sur l'enzyme qui régule le pH sanguin, ce qui le rend très efficace contre l'hyperexcitabilité neuromusculaire et les manifestations d'angoisse. En outre, il intervient sur le métabolisme du magnésium, ce qui renforce ses effets sédatifs ; il a une action antioxydante et améliore l'action antispasmes du magnésium. Enfin, il est indispensable à la perception du goût et au mécanisme de la vision.

LES SOURCES

S'il est répandu dans de très nombreux aliments, il est avant tout concentré dans l'huître (80 mg/100 g), puis dans les fromages (10 mg/100 g et moins), le lait et les yaourts, les abats (le foie de porc, qui en apporte 8 mg/100 g ; rognons, cervelle), la charcuterie (saucisse, boudin noir), le jambon, la viande (bœuf, veau, dinde, porc, cheval, poulet, agneau), les oléagineux (amande, noisette, noix de coco), les légumineuses (petit pois, flageolet), les céréales du petit déjeuner, le pain de seigle, l'œuf, les poissons et fruits de mer (calmar, maquereau, hareng, thon, lotte, saumon, merlu, colin, limande, raie, truite, cabillaud), les légumes (persil, avocat, champignon, épinard), les fruits séchés (abricot, figue, banane), les fruits (raisin).

LES BESOINS

Ils sont de 10 mg/jour chez l'enfant âgé de un à dix ans, de 15 mg/jour chez l'adulte et de 20 mg/jour chez la femme enceinte. Sans doute ne sont-ils pas strictement couverts par une alimentation même variée – l'absorption du zinc est de 10 % environ des quantités ingérées.

LA CARENCE

En l'absence de zinc, les tissus en croissance cessent de se multiplier. Une carence entraîne des troubles digestifs, une peau sèche ou ulcérée, la chute des cheveux, des ongles cassants, tachés ou dédoublés, une sensibilité accrue aux infections, des troubles de la vue et, dans certains cas, chez l'enfant, un retard de croissance ou un nanisme. Les femmes enceintes doivent veiller tout particulièrement à ne pas être carencées, car la présence du zinc assure le développement psychomoteur du fœtus et réduit la fréquence des complications lors de l'accouchement.

Supplémentation en zinc

Vous trouverez en pharmacie de nombreuses formes :

- Effizinc® (boîte de 30 à 60 gélules dont chacune contient 15 mg de zinc). Posologie : une gélule par jour.
- Granions® (ampoules buvables).
- Oligosol® (ampoules perlinguales).
- Oligostim® (comprimés à sucer).

Posologie : une dose de l'un de ces produits, une à deux fois par jour.

La plupart des associations de vitamines, de minéraux et d'oligoéléments contiennent du zinc.

LES INDICATIONS

Parce qu'il protège l'organisme, le zinc est indispensable aux personnes à risques, par exemple celles qui prennent de l'alcool ou du tabac, ou qui ont de nombreux plombages dans la bouche ; il lutte contre le vieillissement ; il participe à la prévention du cancer ; il possède un rôle anti-infectieux et stimule les défenses immunitaires ; il aide à combattre la fatigue générale et sexuelle.

LA TOXICITÉ

S'il n'existe pas de réelle toxicité, il ne faut pas dépasser des doses de 150 mg/jour, car l'effet bénéfique risque alors de s'inverser.

L'EXCÈS

Il n'y a aucun signe si le zinc est pris dans des conditions normales, excepté parfois quelques nausées.

LES MAUVAISES ASSOCIATIONS

Attention aux associations illogiques, dans un même produit, de fer et de zinc, ainsi qu'aux prises régulières de fer qui risquent de créer ou de démasquer une carence en zinc.

LES INTERACTIONS

Les aliments riches en phytates (blé complet, haricot, maïs, soja, son...) diminuent l'absorption du zinc, de même que l'alcool, les tanins, certains antibiotiques, l'aspirine et la pilule contraceptive. Le pain au levain est ici préférable au pain au son. Le zinc entre en compétition avec le calcium, le cuivre et le fer ; un régime trop riche en cuivre entraîne une diminution du zinc.

EN OLIGOTHÉRAPIE : LE MANGANÈSE

Après plusieurs expériences menées sur des végétaux, le manganèse fut, au début du XXe siècle, le premier oligoélément reconnu comme essentiel à la vie. Son influence bénéfique sur le système nerveux est sans doute importante, même si elle reste difficile à préciser, mais sa toxicité est très fortement suspectée voire avérée.

L'ACTION

Le manganèse intervient sur la plupart des sécrétions hormonales et les régule. Il est nécessaire à la synthèse des protéines, de l'hémoglobine, des acides nucléiques et du cholestérol : il joue un rôle sur la croissance, l'intellect, la fatigue, la mémoire, la fertilité et la coagulation du sang. Le manganèse possède également une activité antiradicalaire importante : il est indispensable à l'action de la principale enzyme de défense, la SOD (voir le chapitre 6, p. 244), ce qui lui ouvre des perspectives thérapeutiques larges, en particulier dans la prévention des maladies graves.

LE RÔLE DU MANGANÈSE SUR LE SYSTÈME NERVEUX

Cet oligoélément favorise la synthèse de neurotransmetteurs* tels que la dopamine* et l'acétylcholine*, d'où son implication dans de nombreux troubles nerveux qu'il stabilise, telles l'irritabilité et la déprime ; en revanche, il n'est pas actif contre l'angoisse ; tout au plus combat-il l'euphorie excessive du soir.

LES SOURCES

Le manganèse se trouve avant tout dans les végétaux : les céréales complètes, les graines, le chocolat, les oléagineux (amande, noix, noisette), le germe de blé, certains condiments (clou de girofle, gingembre, thym), l'alfalfa (des graines de luzerne germées), les légumes et les légumineuses (carotte, betterave, haricot, petit pois, soja ; le lait de soja en contient beaucoup), la châtaigne, les fruits tropicaux, le café, le thé. Très présent dans les céréales complètes, il est hélas presque totalement supprimé par le raffinage. Il est peu abondant voire absent des aliments d'origine animale ainsi que des fruits.

Supplémentation en manganèse

Vous trouverez en pharmacie de nombreuses formes :

- Granions® (ampoules buvables).
- Oligosol® (ampoules perlinguales).
- Oligostim® (comprimés à sucer).

Posologie : une dose de l'un de ces produits, une à deux fois par jour.

LES BESOINS

Compris entre 4 et 8 mg/jour, ils sont largement couverts par l'alimentation. Selon les études scientifiques les plus récentes, une supplémentation en manganèse, à doses nutritionnelles et sur de longues périodes, ne semble plus du tout s'imposer, d'autant que son pourcentage d'absorption est très faible.

LA CARENCE

Elle est exceptionnelle.

LES INDICATIONS

Le manganèse aide à lutter contre les troubles nerveux tels que la déprime, la dépression et l'irritabilité.

LA TOXICITÉ

Des risques existent, avant tout dans l'industrie et en particulier chez les mineurs et autrefois chez les chapeliers, qui respiraient d'une manière régulière des vapeurs de manganèse. Il existe alors des répercussions sur le système nerveux, les poumons, le cœur, les reins, la fonction sexuelle ; on a longtemps parlé de la « folie du manganèse ».

LES BONNES ASSOCIATIONS :

L'association manganèse-cuivre est très utile chez une personne spasmophile qui n'est plus angoissée mais qui reste fatiguée et qui a besoin de beaucoup de temps pour récupérer. Traditionnelle en oligothérapie catalytique, cette association fait disparaître l'épuisement et revitalise sans énerver.

EN OLIGOTHÉRAPIE : LE PHOSPHORE

Ce minéral intervient dans de nombreuses réactions de l'organisme.

LE RÔLE DU PHOSPHORE SUR LE SYSTÈME NERVEUX

Longtemps, on a pensé que le phosphore était indispensable à la mémoire ; tous les aliments qui en contenaient étaient préconisés pour dynamiser le cerveau et soutenir nos neurones – ne dit-on pas « phosphorer » pour travailler intellectuellement ? Il est indispensable au stockage et à l'utilisation de l'énergie sous la forme d'une substance fondamentale au fonctionnement de l'organisme, tout particulièrement du cerveau, et nécessaire à tout échange cellulaire : l'ATP ; en effet, le métabolisme du cerveau est dominé par une étape de phosphorylation – du phosphore est ajouté à une molécule d'ADP afin de la transformer en adénosine triphosphate, ou ATP. Par ailleurs, le phosphore est impliqué dans les échanges avec le magnésium et agit en équilibre avec le calcium et la vitamine B6. Il contribue au maintien de l'équilibre acide-base* (voir le chapitre 7).

LES SOURCES

Le phosphore est avant tout présent dans la levure alimentaire (1700 mg/100 g), les fromages et le lait, le germe de blé, les céréales du petit déjeuner, le cacao en poudre, les graines de sésame et de tournesol, les abats (ris de veau, cervelle, foie d'agneau et de génisse), les oléagineux (noix du Brésil, pistache, amande, noix de cajou, cacahouète, noix), la farine de soja, le jaune d'œuf, certains poissons (sardine, baudroie, bar, carpe, lieu noir, crabe), les céréales (flocons d'avoine, blé tendre entier). La préférence doit aller aux produits d'origine animale, car le phosphore qu'ils contiennent est de meilleure qualité que celui des aliments d'origine végétale.

Quelques aliments riches en phosphore

- Le germe de blé : 900 mg/100 g.
- Le parmesan, le beaufort, le comté, l'emmental : 700 mg/100 g.
- Le cacao en poudre : 700 mg/100 g.
- Le jaune d'œuf : 500 mg/100 g.
- La sardine : 450 mg/100 g.
- L'amande : 450 mg/100 g.
- Le saint-nectaire, le reblochon, le camembert, le bleu, la tomme : 350 mg/100 g.
- La noix : 350 mg/100 g.

LES BESOINS

Ils sont aux alentours de 500 mg/jour chez l'enfant, de 800 mg/jour chez l'adulte et de 1 g/jour chez l'adolescent, la femme enceinte et qui allaite, et la personne âgée. Il est apporté à l'organisme en quantités suffisantes voire en excès : durant ces dernières années, les sources alimentaires ont doublé, passant de 1,5 g à 3 g/jour.

LA CARENCE

Elle est observée dans des circonstances graves – par exemple quand une personne opérée est nourrie par voie intraveineuse ou par sonde –, lors d'une dénutrition générale, d'une intoxication alcoolique, d'une prise de médicaments prolongée et de pansements gastriques s'il existe une maladie digestive. La carence entraîne une fatigue physique et nerveuse, une faiblesse musculaire, des fourmillements dans les extrémités et autour de la bouche, des troubles de la vigilance et une vulnérabilité accrue aux infections.

LES INDICATIONS

Le phosphore aide à lutter contre les effets du stress, contre la spasmophilie responsable de contractures musculaires douloureuses ; il est également indiqué pour les états de fatigue cérébrale accompagnés d'un surmenage intellectuel.

> **Supplémentation en phosphore**
>
> Vous trouverez en pharmacie de nombreuses formes :
>
> - Granions® (ampoules buvables).
> - Oligosol® (ampoules perlinguales).
> - Oligostim® (comprimés à sucer).
>
> Posologie : une dose de l'un de ces produits, une à deux fois par jour.

L'EXCÈS ET LA TOXICITÉ

Plus que la carence en phosphore, c'est l'excès de phosphates qu'il faut craindre aujourd'hui, car ils sont largement utilisés par l'industrie agroalimentaire dans les boissons gazeuses, les charcuteries – pour retenir l'eau –, les fromages fondus, les crèmes desserts, les glaces. L'une des conséquences indirectes mais non des moindres est la déplétion en magnésium, qui est notamment caractérisée par des troubles du comportement, en particulier de l'agitation chez l'enfant.

LES INTERACTIONS

La prise de calcium et de vitamine D augmente l'absorption du phosphore ; les pansements gastriques la diminuent. Pour que les neurones fonctionnent bien, le rapport entre le calcium et le phosphore doit se situer aux alentours de 1 : cela est parfaitement obtenu avec les fromages secs.

EN SUPPLÉMENTATION VITAMINIQUE : LA VITAMINE D, OU CALCIFÉROL

Cette vitamine possède deux sources : elle est fabriquée par la peau et elle provient de la nourriture. L'importance respective de ces deux origines dépend des conditions climatiques et des habitudes alimentaires. Quand des médecins évoquèrent le rôle préventif du soleil, certains sceptiques avancèrent que le rachitisme était pourtant présent sur des continents chauds et ensoleillés tels que l'Afrique et l'Inde ; les scientifiques comprirent plus tard que la pigmentation de la peau intervenait également, et d'une manière importante, pour diminuer la synthèse de la vitamine D. Cette dernière est indispensable à l'assimilation du calcium : elle favorise son dépôt dans la cellule osseuse et régule son élimination par les reins. Elle est également indispensable à l'assimilation du phosphore.

LE RÔLE DE LA VITAMINE D SUR LE SYSTÈME NERVEUX

Ce rôle est lié seulement à l'action de la vitamine sur le calcium, dont l'effet sur les phénomènes neuromusculaires de la spasmophilie est amplement reconnu.

LES SOURCES

Soluble dans les graisses, la vitamine D se trouve avant tout dans l'huile de foie de morue, les poissons gras (hareng, saumon, anchois, pilchard, sardine, truite, maquereau, anguille, thon), le caviar, l'huître, les œufs de lompe, les champignons, la margarine et le beurre, l'œuf, le veau, le foie (d'agneau et de génisse), le jambon, le germe de blé.

Des aliments riches en vitamine D

- L'huile de foie de morue : plus de 200 µg /100 g.
- Le hareng et le saumon : 15-20 µg /100 g.
- L'anchois, le pilchard, la sardine, la truite : 10-15 µg /100 g.
- Le maquereau, le caviar, l'anguille, l'huître, le thon, la margarine, le jaune d'œuf : 5-10 µg /100 g.
- Les œufs de lompe, la chanterelle (un champignon) : 2,5-5 µg /100 g.
- Le veau, le foie, le beurre : 1-2,5 µg /100 g.

LES BESOINS

Ils sont évalués à 400 UI (unités internationales), soit 10 µg/jour, pour un enfant ou un adulte – proportionnellement, un nourrisson nécessite un apport vingt fois supérieur à celui d'un adulte –, et à 600 UI, soit 15 µg/jour, pour une femme enceinte.

LE STATUT NUTRITIONNEL

Les apports alimentaires étant largement inférieurs aux recommandations, un tiers des adultes témoigne d'un déficit en vitamine D.

LA CARENCE

Selon que la carence en vitamine D touche un enfant en période de croissance ou bien un adulte, les répercussions avant tout osseuses sont bien sûr différentes. Tandis qu'elle entraîne chez un enfant un rachitisme, avec des déformations du thorax et des membres, des troubles de la marche et une faiblesse musculaire, elle est avant tout responsable chez l'adulte de douleurs musculaires et osseuses, parfois de fourmillements voire de tétanie.

LA PRÉVENTION

Elle doit essentiellement être mise en place pour les personnes à risques, c'est-à-dire les enfants en période de croissance, les personnes âgées et les personnes présentant une maladie du tube digestif ou souffrant d'une insuffisance rénale.

LES INDICATIONS

La vitamine D est utile dans les états d'hyperexcitabilité neuromusculaire tels que la spasmophilie et la tétanie.

LES CONTRE-INDICATIONS

L'hypercalcémie et les calculs rénaux.

L'EXCÈS

Un apport alimentaire supérieur à 2000 UI, soit 50 µg/jour, entraîne une fatigue, une perte d'appétit, des maux de tête, une soif intense, des besoins fréquents d'uriner, des troubles digestifs – des nausées, des vomissements, une diarrhée ou une constipation –, une faiblesse musculaire, des crampes, des risques de précipitation calcique dans le cœur, les reins, les vaisseaux et les articulations, une déminéralisation osseuse. S'il n'existe pas de surdosage lié à l'alimentation ou à une exposition solaire trop

Supplémentation en vitamine D

Vous trouverez en pharmacie :

- Dédrogyl® (flacon de 10 ml de solution buvable) : largement utilisé, ce métabolite de la vitamine D apporte 200 UI par goutte. Posologie (en prévention) : deux gouttes par jour chez le nourrisson, quatre à dix gouttes chez l'enfant, quinze à vingt gouttes pour les états tétaniques de l'adulte.
- Huile de foie de morue Solgar® (flacon de cent capsules, dont chacune contient 460 mg d'huile). Posologie : une capsule par jour, pendant plusieurs jours.
- Magalite® : il contient des vitamines A, B6, D et E, du calcium (105 mg), du magnésium marin (52 mg) et de l'huile de foie de morue (220 mg) [boîte de quarante capsules]. Posologie : une capsule deux fois par jour, pendant plusieurs jours ou plusieurs semaines.

importante, il faut en revanche arrêter les apports médicamenteux de vitamine D en période estivale.

LES BONNES ASSOCIATIONS

Vous pouvez associer la vitamine D aux vitamines B6 et C, au calcium, au magnésium, au silicium et au zinc.

EN HOMÉOPATHIE : AMBRA GRISEA

L'ORIGINE

L'ambre grise des concrétions intestinales du cachalot.

LES INDICATIONS

Ce médicament homéopathique s'adresse aux personnes hypersensibles, très vite bouleversées et extrêmement timides ; leurs symptômes sont aggravés par le moindre tracas et le matin.

LA POSOLOGIE

Quatre granules en 7 CH, à sucer comme des bonbons, en dehors des repas, deux fois par jour, pendant plusieurs semaines.

EN HOMÉOPATHIE : NUX MOSCHATA

L'ORIGINE

La noix de muscade.

LES INDICATIONS

Ce médicament homéopathique s'adresse aux personnes hypersensibles, qui témoignent de grandes sautes d'humeur et qui présentent une tendance aux évanouissements ou aux syncopes.

LA POSOLOGIE

Quatre granules en 7 CH, à sucer comme des bonbons, en dehors des repas, deux fois par jour, pendant plusieurs semaines.

EN HOMÉOPATHIE : GELSEMIUM SEMPERVIRENS

L'ORIGINE

Le jasmin, un arbuste sarmenteux à grandes fleurs odorantes jaunes ou blanches.

L'HISTORIQUE

Introduit en Europe au XVIIe siècle, le jasmin de Caroline, issu d'Amérique du Nord, est tout d'abord utilisé comme plante ornementale ; grâce à ses propriétés fébrifuges, antispasmodiques et antinévralgiques, il intègre, à la fin du XIXe siècle, l'armoire à pharmacie.

LES INDICATIONS

Ce médicament homéopathique s'adresse aux personnes témoignant d'une lassitude et d'une faiblesse, avec des membres pesants et des tremblements ; tandis que leurs symptômes sont aggravés par la chaleur et par une émotion, ils sont améliorés par le mouvement.

Des associations

Vous pouvez vous aider de Homéogène® 46 (boîte de soixante comprimés), qui contient, entre autres, Nux moschata 4 CH, Ballota 3 DH et Passiflora 3 DH. Posologie : deux à six comprimés par jour, à sucer comme des bonbons.

EN HOMÉOPATHIE : LACHESIS MUTUS

L'ORIGINE

Le venin du serpent du même nom.

LES INDICATIONS

Ce médicament homéopathique s'adresse aux personnes plutôt maigres, nerveuses, colériques et très loquaces, le plus souvent des femmes ; tandis que leurs symptômes sont aggravés par le grand froid, la forte chaleur et un serrement autour de la taille ou du cou – par une ceinture, une écharpe ou un collier –, ils sont améliorés par l'air frais.

LA POSOLOGIE

Quatre granules en 7 CH, à sucer comme des bonbons, en dehors des repas, une fois par jour.

EN PHYTOTHÉRAPIE : LA BALLOTE NOIRE

Autrefois utilisée pour ses propriétés désinfectantes, la ballote noire est une plante très efficace pour lutter contre le stress et les troubles du sommeil. Mais, en raison d'une certaine toxicité qui aurait été constatée récemment, elle est dans le collimateur des pouvoirs publics et risque d'être supprimée prochainement.

LA CULTURE

Cette plante vivace très commune, haute de trente à quatre-vingts centimètres, à tiges velues, à feuilles crénelées et ovales, et à fleurs roses ou pourpres, croît dans l'Europe tempérée, sur des terrains incultes ou au bord des chaussées. Son odeur de cave moisie est évoquée par son appellation latine, qui signifie « ballote fétide ».

Seules les sommités fleuries sont utilisées en thérapeutique.

LES PROPRIÉTÉS

La ballote noire est intéressante pour traiter l'ensemble des états neurotoniques tels que l'anxiété, l'irritabilité, la déprime et l'insomnie : en augmentant sa qualité et sa durée, elle facilite le sommeil ; sédative, elle diminue l'attention et l'éveil ; elle est légèrement antidéprime et protège du stress ; elle possède une activité antispasmes très utile dans la spasmophilie.

LES INTERACTIONS

La ballote noire est souvent associée à d'autres plantes sédatives. Un mélange avec de la mélisse possède une triple action sédative, anxiolytique et antidépresseur.

EN INFUSION

Si la ballote noire peut être utilisée en infusion ou en décoction, son odeur est loin de constituer un atout !

EN PHYTOTHÉRAPIE : LA MÉLISSE, OU CITRONNELLE

Issue d'un mot grec qui signifie « feuille à abeilles », la mélisse est surnommée le « piment des ruches ».

LA CULTURE

Cette plante herbacée est originaire tout d'abord d'Asie puis du Bassin méditerranéen, où elle pousse au pied des talus, autour des ruines d'habitations et sur le bord des chemins. Sa longue tige dressée, ramifiée et velue porte de grandes feuilles ovales, crénelées et aux nervures saillantes, qui dégagent une odeur de citron – d'où son autre appellation : la citronnelle. Dans le nord de l'Europe, elle est utilisée pour parfumer les potages, les salades et les harengs. Ses fleurs blanches, jaunâtres ou roses servent à la préparation de médicaments.

LE RÔLE DE LA MÉLISSE SUR LE SYSTÈME NERVEUX

Depuis l'Antiquité, la mélisse est utilisée comme un « passeport de longévité » du fait de son action stimulante tant sur le plan physique qu'intellectuel. Elle est efficace contre l'anxiété, les troubles de l'humeur, les palpitations et les problèmes mineurs de sommeil – elle induit et améliore le sommeil. En outre, elle possède une action antispasmodique sur le tube digestif, ce qui la rend intéressante dans tous les épisodes gastriques ou coliques douloureux, que présentent souvent les spasmophiles. Attention : sur le long terme, elle tend à freiner l'activité des glandes sexuelles. Pour augmenter ses effets, elle est souvent associée à d'autres plantes sédatives ou spasmolytiques (antispasmes).

EN INFUSION

Faites infuser pendant dix minutes une pincée de fleurs séchées de mélisse dans une tasse d'eau bouillante ; vous pouvez également prendre un sachet-dose d'une tisane sédative Santane® S 12, deux fois par jour.

EN TEINTURE MÈRE

Commandez chez votre pharmacien un flacon de 60 ml d'une teinture mère de mélisse ; prenez cinquante gouttes dans un verre d'eau, trois fois par jour.

EN SUSPENSION INTÉGRALE DE PLANTE FRAÎCHE (SIPF)

Faites préparer par votre pharmacien un flacon de 60 ml d'une suspension intégrale de plante fraîche de mélisse ; prenez une mesure-dose ou une cuiller à café dans un demi-verre d'eau, le matin et le soir.

L'EAU DES CARMES

Elle est composée de mélisse et de cannelle, de citron, de coriandre, de girofle et de noix de muscade macérés dans de l'alcool de fruit ; prenez-en vingt gouttes trois fois par jour.

EN PHYTOTHÉRAPIE : LA VERVEINE

Longtemps parée de vertus quasi magiques, l'« herbe de tous les maux » était, pour les Anciens, l'« herbe sacrée », symbole de paix et de fidélité ; l'arrêt de la guerre était marqué par l'envoi d'un messager porteur d'un bouquet de verveine. Aucun philtre d'amour ne se concevait sans elle.

LE RÔLE DE LA VERVEINE SUR LE SYSTÈME NERVEUX

Si elle calme avant tout l'intestin et facilite la digestion, elle apaise également les tensions, combat l'anxiété et la fatigue nerveuse ; elle serait légèrement antidépresseur et antinévralgique.

EN INFUSION

Faites infuser pendant dix minutes une cuiller à dessert de sommités fleuries de verveine pour une tasse d'eau bouillante ; vous pouvez également prendre un sachet-dose d'une tisane, une à deux fois par jour.

EN TEINTURE MÈRE

Faites préparer par votre pharmacien un flacon de 60 ml d'une teinture mère de verveine ; prenez cinquante gouttes dans un demi-verre d'eau, trois fois par jour.

EN PHYTOTHÉRAPIE : L'ASPÉRULE ET L'AUBIER DE TILLEUL

Cinq plantes antispasmes

La valériane, la mélisse, la verveine, l'aubépine et la passiflore peuvent être préparées et conditionnées par votre pharmacien, seules ou en associations, sous forme de teinture mère, d'extraits fluides, de gélules de poudre ou d'extraits secs. Exemple de posologie : commandez un flacon de 60 ml d'une teinture mère de l'une de ces plantes ; prenez cinquante gouttes dans un peu d'eau, trois fois par jour.

- Également appelée « muguet des bois » ou « reine des bois », l'aspérule odorante est une plante vivace aux feuilles blanches. Elle est ajoutée au fourrage pour parfumer le lait des vaches ; elle sert également à assainir l'atmosphère des maisons, à éloigner les insectes et à donner son odeur fruitée à un célèbre tabac pour pipe. En outre, elle possède des propriétés médicinales, en particulier sédatives, ce qui permet de l'utiliser dans les états neurotoniques tels que la nervosité, l'insomnie et l'émotivité, ainsi que les troubles du sommeil (voir le chapitre 11) ; certains la considèrent comme le tranquillisant naturel de référence. En règle générale, elle est prescrite sous la forme d'infusion : 10 g pour un litre d'eau bouillante, à laisser infuser pendant dix minutes. Elle ne possède aucune toxicité.

- L'aubier de tilleul est l'écorce de l'arbre qui a été débarrassée de sa couche externe. Il posséderait des propriétés décontracturantes musculaires et antispasmes intéressantes ; il est avant tout employé sous forme de poudre ou d'extrait sec.

- En infusion : la tisane sédative Boribel® contient de l'aspérule, de l'oranger, de la passiflore, du tilleul et de la valériane ; prenez une tasse, trois fois par jour. Vous pouvez également faire préparer le mélange suivant : 30 g de feuille de mélisse, 20 g de racines d'angélique, 10 g de feuille de romarin, 10 g de fleur de lavande, 20 g de cônes de houblon et 10 g d'herbe de millefeuille ; comptez une cuiller à dessert de ce mélange pour une tasse d'eau bouillante ; laissez infuser pendant dix minutes ; buvez deux à trois tasses par jour.

L'AROMATHÉRAPIE

Dans un peu de miel, prenez deux gouttes de l'une des huiles essentielles suivantes : la lavande officinale ou la marjolaine à coquilles ou l'orange douce ; faites-le deux fois par jour ; ou bien utilisez l'une d'entre elles en application locale sur le plexus. Ne vous en privez pas, d'autant que toutes ces huiles essentielles sentent bon !

- L'orange douce a été introduite en Afrique du Nord et en Espagne au XVe siècle.
- Pour lever vos angoisses, utilisez l'huile essentielle de néroli en massages sur le plexus solaire.
- Vous pouvez également vous aider de l'huile essentielle de basilic : mettez une goutte sur un sucre pour favoriser l'endormissement.
- À l'aide de l'huile essentielle de mandarine, bénéficiez d'une ambiance agréable, relaxante et sédative ; dans la pièce où vous souhaitez vous détendre, laissez-la diffuser électriquement ou dans un brûle-parfum.

L'ACUPUNCTURE

L'action neurosédative et rééquilibrante de l'acupuncture rend cette technique le plus souvent indispensable pour traiter la spasmophilie, cette affection à forte composante nerveuse.

Comportant des séances hebdomadaires ou bihebdomadaires, un traitement d'attaque peut être mené dans les périodes aiguës ou de grand stress ; reposant sur une séance par mois, un traitement d'entretien peut être poursuivi pendant plusieurs mois.

LES MÉTHODES DE RELAXATION

Essentielles pour apprendre à maîtriser ses émotions et à contrôler ses tensions musculaires, les méthodes de relaxation peuvent aider à diminuer, à canaliser, voire à supprimer les effets de la spasmophilie et de l'hyperréactivité au stress. En outre, elles agissent sur les troubles du sommeil. Pour cette indication, la relaxation progressive de Jacobson est intéressante (voir le chapitre 4, p. 137).

LES BAINS RELAXANTS

Pour vous délasser, prenez un bain pas trop chaud, dans lequel vous pouvez ajouter une infusion contenant 30 g de sommités fleuries de lavande et 50 g de feuilles d'eucalyptus.

L'importance de l'alimentation

D'une manière indiscutable, il existe un lien entre l'alimentation et les troubles de l'humeur. En modifiant le contenu de son assiette, il est possible d'améliorer notamment la spasmophilie.

Deux compléments alimentaires sont ici importants : le germe de blé et la levure de bière.

LE GERME DE BLÉ

Aliment très complet, le grain de blé constitue l'équivalent végétal de l'œuf : il contient tous les nutriments* nécessaires à la croissance de la plante.

- La composition : le germe de blé est l'une des meilleures sources de protéines du règne végétal ; il est d'ailleurs très apprécié des personnes végétariennes. C'est dans le germe et le son du blé que sont concentrés les nutriments* : magnésium, phosphore, vitamines B1, B3 et B5, et vitamine E.
- Le rôle du germe de blé sur le système nerveux : il calme les troubles nerveux ; il est efficace pour lutter contre la fatigue et le surmenage.
- Le germe de blé se consomme sous la forme de poudre ; très bon au goût, il s'intègre à tous les plats, aux yaourts et aux desserts. Il est vendu en grande surface et dans les magasins diététiques ; prenez-en une à deux cuillers à café par jour.

LES ALIMENTS À PRIVILÉGIER

Parce qu'ils participent à la synthèse de certains neurotransmetteurs* tels que le GABA (voir le chapitre 2, p. 70), plusieurs aliments impliqués dans le stress sont intéressants :

- les protéines, bien sûr, qui apportent les acides* aminés essentiels ;
- les céréales complètes et le son, riches en vitamines du groupe B ;
- les fruits de mer, concentrés en oméga-3, en vitamine B12, en fer, en magnésium et en zinc ;
- les oléagineux tels que l'amande, la noisette et la noix, riches en arginine (un acide aminé), en calcium, en magnésium, en phosphore et en vitamine E ; à consommer avec modération du fait de leur teneur en graisses.

Recommandations pour la spasmophilie

- Prenez des céréales complètes au moins au petit déjeuner, sous la forme d'un musli.
- Évitez de consommer uniquement des farines blanches, du type baguette.
- Ajoutez du pain complet au levain à l'un de vos trois repas.
- Mangez du riz complet une fois par semaine.
- Pensez à la semoule de temps à autre.
- Pensez au maïs plus souvent.
- Et offrez-vous un plateau de fruits de mer à l'occasion.

→ En bref

- Sous-estimée, mal traitée ou niée par la médecine classique, la spasmophilie trouve dans les médecines douces un appui essentiel.
- Les personnes spasmophiles constatent que certaines circonstances extérieures aggravent leurs symptômes, tandis que d'autres, tels le sommeil et la relaxation, les améliorent. Une vie calme et une alimentation saine sont donc à privilégier.
- Des minéraux et des oligoéléments tels que le magnésium, le zinc, le manganèse et le phosphore, des vitamines du groupe B et la vitamine D, divers médicaments homéopathiques, des plantes et des huiles essentielles sont utiles pour soigner la spasmophilie. À cela s'ajoutent l'acupuncture, les méthodes de relaxation et les bains relaxants. Tous ces traitements peuvent améliorer l'état de nombreuses personnes, et souvent les tirer d'affaire.
- Une attention doit être portée à l'alimentation.

11

Les troubles du sommeil

« Un bon traitement de l'insomnie est de beaucoup dormir. »
W.C. Fields.

Largement sous-estimés, parfois mal diagnostiqués, les troubles du sommeil constituent aujourd'hui un véritable problème de santé publique du fait de leur fréquence et de leurs répercussions sur les plans personnel, social et professionnel. L'insomnie est rarement un motif de consultation tant elle fait partie intégrante de la vie : elle le devient quand les nuits sans sommeil se succèdent et quand, sur une longue période, elles finissent par être insupportables. Manquer de sommeil ou mal dormir perturbe le fonctionnement du cerveau et l'équilibre d'une personne, et constitue un risque de maladie. Il est impossible de passer deux nuits blanches consécutives sans voir apparaître immédiatement des troubles psychiques plus ou moins graves : dormir est indispensable à l'équilibre physique et mental, bien dormir est aussi essentiel que bien s'alimenter, avoir plaisir à dormir est nécessaire.

Quand une personne se plaint de mal dormir, cela peut traduire plusieurs choses : une difficulté d'endormissement, un trouble du maintien du sommeil, un réveil précoce ou, malgré une durée normale, une impression de sommeil non réparateur. En général, cette plainte est associée à des conséquences dans la journée, plus ou moins graves et plus ou

Un milliard de comprimés

- La France est la championne du monde en consommation de somnifères (ou hypnotiques) : chaque année, six millions d'entre nous, avant tout des femmes et des personnes âgées, prennent plus d'un milliard de comprimés pour dormir.
- Depuis dix ans, ce chiffre a augmenté de 30 %, avant tout à cause du stress professionnel.

moins gênantes : une somnolence, des problèmes de concentration et de mémoire, une baisse de la vigilance, une nervosité, une tension ou une irritabilité inhabituelle.

Deux phases, quatre stades et une horloge interne

Le sommeil est un phénomène physiologique de régénération physique et psychique, indispensable à l'économie et à la dynamique de la vie. S'il permet à la fois de récupérer, de restaurer l'énergie cérébrale et de faire le vide, il a également pour fonctions d'acquérir et de consolider les expériences vécues, d'influer sur la mémorisation, la concentration et la vigilance diurne, et de permettre la sécrétion d'hormones, en particulier les hormones de croissance : tout cela lui confère une place considérable dans l'équilibre d'une personne.

Le sommeil est donc bien autre chose qu'une simple pause : il contribue à la construction de notre identité et de notre rapport au monde. Très fragile, le moindre événement a pour effet quasi immédiat de l'altérer, en qualité comme en quantité.

DES CHANGEMENTS D'ONDES

À l'état de veille, le cerveau émet des signaux électriques rapides – trente à cinquante par seconde – et de faible amplitude : ce sont les ondes bêta.

En période de relaxation, quand les yeux sont fermés, comme pour se détendre, le rythme baisse et descend aux alentours de huit à douze ondes alpha par seconde ; cela advient également au moment où l'on sombre dans le sommeil. Ce dernier se déroule ensuite selon deux phases, le sommeil lent et le sommeil paradoxal, et en quatre stades, qui sont marqués par des changements de rythme d'ondes.

LE SOMMEIL LENT

La première phase est appelée « sommeil lent ». Durant une heure environ, elle est caractérisée par l'apparition d'ondes de plus en plus lentes.

- **Au stade 1 :** le rythme ralentit ; le cerveau émet des ondes thêta, très lentes – quatre à sept par seconde –, qui interviennent lors de l'endormissement.
- **Au stade 2 :** pendant une vingtaine de minutes, le rythme devient encore plus lent.
- **Au stade 3 :** le rythme ralentit encore, passant à une ou deux pulsations par seconde et de très grande amplitude : ce sont les ondes delta.
- **Au stade 4 :** il correspond au premier sommeil, très profond, qui dure une heure environ, avant que le cerveau revienne à un niveau plus léger, fait d'ondes sigma.

LE SOMMEIL PARADOXAL

La phase appelée « sommeil paradoxal » dure une heure environ. Tandis que le corps est profondément endormi, le cerveau se met à rêver, une activité étonnante et indispensable à l'équilibre personnel : des phénomènes électriques, neurochimiques et endocriniens se produisent, qui permettent la régénération musculaire, osseuse et nerveuse de l'organisme.

Si le cerveau a retrouvé son rythme alpha, le sommeil est profond, beaucoup plus qu'au tout début de la première phase. Liés à l'activité onirique, les mouvements du corps, des yeux et des extrémités sont entièrement physiologiques ; ils permettent d'évacuer les traumatismes et les désirs : c'est indispensable, et c'est cela que suppriment hélas les médicaments hypnotiques. Si ces derniers sont efficaces sur l'endormissement et sur la durée du sommeil, ils modifient donc l'architecture générale du sommeil, ce qui n'est pas sans inconvénients.

LES BESOINS ET LES RYTHMES

Tandis que certaines personnes ont besoin de très peu de sommeil, pas plus de cinq heures, d'autres ont besoin de beaucoup plus, autour de neuf heures ; tandis que certaines personnes peuvent diminuer leurs besoins en sommeil, d'autres non. La qualité du sommeil dépend donc d'un rythme propre à chacun, et le réveil obéit à un instrument de pointe : l'horloge interne.

Chacun gagne à connaître et à respecter ses cycles de sommeil. Les navigateurs solitaires connaissent parfaitement leur rythme de sommeil, qui est étudié en laboratoire avant leur départ ; ils peuvent ainsi récupérer en dormant par toutes petites tranches, mais selon des horaires choisis avec la plus grande précision, correspondant à des phases extrêmement récupératrices. Il existe des rythmes pour l'ensemble du sommeil nocturne, et même pour la sieste – qui est de bonne qualité avant tout entre 13 h et 15 h. Pendant la phase de sommeil paradoxal, un réveil impromptu, causé par les ronflements du partenaire, la sonnerie du téléphone, les pleurs d'un enfant ou un bruit dans la rue, a des effets néfastes sur toute la nuit et sur l'activité de la journée suivante – on se sent mal, on est fatigué. Au contraire, un réveil qui se produit à la fin du sommeil paradoxal, à la fin de cette phase indispensable à la récupération, permet d'aborder la journée frais et dispos.

AVEC L'ÂGE

Si la durée totale du sommeil change peu avec l'âge, la durée du sommeil lent profond diminue et celle du sommeil lent léger augmente ; quant au sommeil paradoxal, il est assez peu modifié. En revanche, les éveils nocturnes deviennent plus nombreux, ce qui donne à une personne le sentiment de mal dormir. Par ailleurs, en servant les repas en fin d'après-midi et non dans la soirée, incitant ainsi ses pensionnaires à aller au lit plus tôt, une institution telle qu'une maison de retraite est à l'origine de troubles du sommeil.

Nuits perturbées et nuits blanches

Les troubles du sommeil constituent une notion individuelle et relative. Certains peuvent se réveiller la nuit, par exemple pour aller uriner, sans que cela les dérange outre mesure car ils parviennent à se rendormir tout de suite après. Pour d'autres, se réveiller à 6 h du matin après sept heures de sommeil est considéré comme très insuffisant voire intolérable. D'autres encore se plaignent de ne pas fermer l'œil de la nuit : si, à l'évidence, cela est faux, cela témoigne en revanche de leur réalité d'un sommeil de mauvaise qualité.

Définir ce qu'est un « insomniaque type » ou une personne qui consulte pour des troubles du sommeil est donc très difficile, car chacun vit et ressent ses symptômes à sa façon. Par ailleurs, les problèmes sont souvent plus gênants que graves, ce qui explique qu'ils amènent finalement peu de personnes à voir leur médecin. L'altération du sommeil est un symptôme à prendre en compte au même titre que la douleur ou la fatigue, car il traduit ou induit un déséquilibre physiologique ou neurologique. Il ne faut jamais sous-estimer l'importance de la plainte et du trouble : c'est la personne qui sait ; si elle dit qu'elle dort mal, il faut la croire et l'aider.

Attention : dans certains cas, les troubles du sommeil sont la porte d'entrée vers la consommation de médicaments hypnotiques, que les gens prennent souvent à contrecœur, avec culpabilité et la plus grande inquiétude, en particulier pour leur mémoire.

NE PAS FERMER L'ŒIL

Véritable souffrance morale, l'insomnie est très vite responsable d'une fatigue, d'une baisse des performances physiques et intellectuelles ; elle porte atteinte à la qualité de vie, à l'intégrité sociale et parfois existentielle ; sans doute est-elle également à l'origine de l'augmentation de certaines maladies, en particulier des maladies cardiovasculaires. Les spécialistes parlent d'insomnie transitoire qui, liée à un contexte difficile, dure quelques nuits consécutives seulement, et d'insomnie chronique, qui peut durer des mois ou davantage.

L'INSOMNIE TRANSITOIRE

L'insomnie transitoire, qui se manifeste par des difficultés d'endormissement, des réveils précoces ou un sommeil de mauvaise qualité, est le plus souvent due à des raisons personnelles, familiales ou professionnelles :

- un événement ponctuel : un choc affectif, un deuil, un changement radical de vie... ;
- un gros stress : un travail posté ou nocturne, l'absence de lumière naturelle, le bruit, un conflit, la violence, un excès d'alcool, un repas trop tardif et trop riche, une surcharge de travail, une modification des horaires jugée inacceptable, une rupture professionnelle... Pour certains, l'insomnie est un signe d'inadaptation au travail.

Diversité des troubles

Parmi les troubles du sommeil figurent notamment :

- la difficulté à s'endormir le soir ;
- les éveils nocturnes (en tenant compte de leur nombre et de leur durée) ;
- la difficulté à retrouver le sommeil après un éveil nocturne ;
- la qualité du sommeil, considéré comme non réparateur ;
- l'insomnie, transitoire ou chronique ;
- le somnambulisme ;
- l'heure du réveil matinal, jugé précoce.

L'INSOMNIE CHRONIQUE

Cinq critères définissent l'insomnie chronique :

- des difficultés d'endormissement ou un sommeil insuffisant, insatisfaisant ou non récupérateur depuis un mois au moins ;
- une altération du fonctionnement social ou professionnel ;
- l'absence d'apnées ;
- l'absence d'un autre trouble nerveux, par exemple une anxiété généralisée, une dépression ou un accès maniaque ;
- l'absence de prise de substances toxiques ou de médicaments.

Un Français sur trois

- Un Français sur trois souffre réellement de troubles du sommeil, ce qui est considérable.
- Un Français sur cinq n'est pas satisfait de la qualité de son sommeil.
- L'insomnie chronique touche 10 % des Français.
- Seuls un tiers des « insomniaques graves » et un quart des « insomniaques légers » consultent leur médecin traitant. La plupart des personnes subissent leurs symptômes et recourent à une « automédication bricolée ».
- Chez les personnes insomniaques, les accidents du travail sont huit fois plus fréquents, et le nombre des dépressions est multiplié par deux.

L'insomnie chronique est parfois très ancienne, remontant à l'enfance ; elle est alors associée à une appréhension de la nuit, à une crainte de mal dormir et à des rendormissements difficiles. Sans doute a-t-elle été autrefois encouragée par les parents qui, dès que l'enfant pleurait, le prenaient dans leurs bras ou dans leur lit. D'autre part, si les parents ne sont pas d'accord sur l'éducation à donner, et en particulier sur le rituel du coucher, l'enfant risque d'être pris dans un « conflit de loyauté » très perturbant : en refusant d'aller se coucher, il évite à ses parents un tête-à-tête qu'il ressent conflictuel ; en se réveillant plusieurs fois pendant la nuit, il rassure sa mère, lui montrant qu'il est bien vivant. Assez difficile à traiter, l'insomnie chronique réagit notamment mal aux hypnotiques ; la relaxation et la sophrologie se montrent souvent efficaces.

POURQUOI ON NE DORT PAS

Parmi les principales causes des troubles du sommeil figurent :

- une agression de l'environnement : le bruit de la rue ou du voisinage ;
- un événement de la vie : le départ des enfants de la maison familiale, un examen, une incertitude professionnelle, le chômage, un mariage, un deuil, un divorce, un départ à la retraite ;
- un problème de santé : une douleur aiguë ou chronique, par exemple de l'arthrose ou un rhumatisme inflammatoire qui réveille à 5 h du matin ; un problème de prostate, avec une pollakiurie nocturne qui fait se lever deux à trois fois par nuit pour uriner ; des difficultés psychologiques ou psychiatriques, comme une dépression, un état précédant la démence ou un épisode délirant ; un reflux gastro-œsophagien, une insuffisance respiratoire, une première grossesse ou l'arrivée de la ménopause ;
- la prise de certains médicaments, par exemple des amphétamines, des antidépresseurs ou de la vitamine C ; une quarantaine de médicaments environ risquent d'entraîner une insomnie, et le sevrage de médicaments tels que les hypnotiques ou les tranquillisants provoque le même effet ;
- les apnées du sommeil sont une cause fréquente de mauvais sommeil : elles doivent absolument être traitées, car elles entraînent souvent des complications d'ordre cardiovasculaire ;
- le somnambulisme fait partie des troubles du sommeil ; il touche 10 % des enfants et disparaît en général à la puberté ;

- bien connus, de nombreux facteurs presque physiologiques interviennent sur la qualité et la quantité de notre sommeil : par exemple nous dormons mieux à la campagne et moins bien en ville ;
- les personnes âgées ont moins besoin de sommeil, ce qui peut leur poser des problèmes familiaux ou sociaux : que faire à 5 h du matin quand on n'a plus envie de dormir et quand on ne va plus travailler ?

Les troubles du sommeil constituent rarement un symptôme isolé. Leur prise en charge nécessite souvent une enquête pour déterminer leur cause. Et c'est précisément la suppression ou le traitement de cette cause qui représente l'élément thérapeutique décisif.

QUAND LE STRESS EMPÊCHE LE SOMMEIL

Pendant la nuit, sous l'effet du système parasympathique (voir le chapitre 2, p. 59), un grand nombre de mécanismes physiologiques et psychiques s'activent et sont bénéfiques à l'équilibre général de notre organisme. Quant au stress, converti en angoisse nocturne, il provoque un état de surexcitation nerveuse qui gêne le sommeil et la récupération ; ainsi, la phase de sommeil paradoxal est raccourcie chez les individus qui sont de gros fumeurs, alcooliques, drogués ou stressés.

Les tranquillisants et les hypnotiques réduisent également la phase de sommeil paradoxal ; voilà pourquoi ils représentent une arme à double tranchant : s'ils font certes dormir, ils empêchent toutefois de bénéficier d'un sommeil entièrement naturel et récupérateur. Et un bon sommeil sans stress et sans médicaments reste indispensable à la santé.

UN TEST EN SIX QUESTIONS

En ce qui concerne les troubles du sommeil, un entretien minutieux reste la base de toute consultation médicale (voir le chapitre 3). La plupart du temps, des questions précises permettent d'affirmer le diagnostic :

- Y a-t-il une diminution ou une perte du sommeil ?
- Est-elle transitoire ou chronique ?
- Y a-t-il au contraire un excès de sommeil non récupérateur ?
- D'autres signes surviennent-ils pendant le sommeil : un ronflement, des pauses, une agitation, des impatiences des membres inférieurs, des mouvements involontaires des pieds ?

Ces questions peuvent être complétées par un test. Vous pouvez également le faire seul :

1. Avez-vous des difficultés pour vous endormir ?
2. Vous réveillez-vous tôt le matin ?
3. Si vous vous réveillez pendant la nuit, éprouvez-vous des difficultés à vous rendormir ?
4. Êtes-vous fatigué le matin, au réveil ?
5. Votre sommeil a-t-il des répercussions mentales sur la journée suivante ?
6. Votre sommeil a-t-il des conséquences sur votre travail dans la journée suivante ?

Si vous répondez « oui » à deux questions au moins, ou si vous répondez « oui » à la question n° 3, consultez votre médecin.

Douze règles à suivre

1. Évitez de faire la sieste, même si vous vous êtes couché tard la veille.

2. Ne prenez ni thé ni café après 17 h.

3. Faites du sport dans la journée, car cela augmente la quantité et la qualité du sommeil. Mais n'en faites pas dans la soirée, car l'élévation de la température corporelle est à l'origine d'insomnies.

4. Méfiez-vous de l'altitude (à partir de 1 800 m) si vous êtes déjà un piètre dormeur au niveau de la mer.

5. Dînez d'une manière frugale, assez tôt dans la soirée, sans consommer d'alcool ni absorber de protéines : par leur action excitante, elles gênent le sommeil. Préférez des sucres lents, par exemple des pâtes ou du riz.

6. Ne vous couchez pas pendant la période de digestion.

7. Faites attention à la température de votre chambre : elle ne doit être ni trop froide ni surchauffée. La température idéale doit être comprise entre 18 et 20 °C.

8. Ne prenez pas de bain trop chaud ni de douche glacée avant de vous coucher.

9. Utilisez votre lit uniquement pour dormir : ni pour regarder la télévision ni pour travailler ni encore pour manger : la télévision ou une activité intellectuelle excitent et stimulent l'éveil.

10. Couchez-vous à l'heure où vous commencez à avoir sommeil, ni avant ni après ; n'ayez pas peur de ritualiser votre comportement en vous mettant au lit, tous les soirs, à la même heure, afin de synchroniser vos rythmes.

11. Aidez-vous de quelques exercices de relaxation.

12. Levez-vous quand vous êtes réveillé, sans traîner ; ne tentez pas de vous rendormir à tout prix.

La simple application de ces mesures est suffisante pour régler la plupart des troubles mineurs du sommeil, et pour au moins améliorer les plus sérieux.

Les traitements classiques

Bien plus que dans d'autres problèmes de santé, les troubles du sommeil sont, en France, à l'origine d'une grande médicalisation et d'une consommation excessive d'hypnotiques. Il convient toujours de s'interroger sur le bien-fondé de la première prescription d'hypnotiques faite à une personne et sur la durée du traitement. Car les effets indésirables et le risque d'accoutumance existent bel et bien, ainsi que le syndrome* de sevrage qui survient à l'arrêt des médicaments – les troubles reviennent, une hypersensibilité et une irritabilité apparaissent.

LES MÉDICAMENTS

Nous disposons de nombreux médicaments pour prendre en charge les troubles du sommeil :

- les benzodiazépines ;
- les non-benzodiazépines, mais apparentés ;
- certains antihistaminiques, appréciés notamment des seniors ;
- d'autres produits tels que les antidépresseurs et les neuroleptiques, qui sont parfois utilisés ici.

La prescription varie selon la nature de l'insomnie :

- si elle est transitoire, elle relève avant tout de conseils d'hygiène de vie et peut-être d'un médicament d'action courte ;
- si elle est d'origine psychiatrique, un traitement étiologique, qui s'attaque aux causes de la maladie, est indispensable ;

- si elle est chronique, elle justifie une démarche plus globale, associée à un traitement médicamenteux, notamment des benzodiazépines et des hypnotiques du type Imovane® ou Stilnox®. Ces derniers ne sont ni à éviter ni à utiliser d'une manière systématique ; ce sont des médicaments bien connus, actifs et, quand ils sont correctement prescrits, c'est-à-dire d'une façon limitée dans le temps, sans risques. Toutefois, il faut se méfier de leurs effets secondaires, surtout chez les personnes seules ou âgées, notamment une somnolence parfois responsable de chutes. En raison des problèmes d'accoutumance, les insomnies chroniques ne constituent pas, *a priori*, de bonnes indications des hypnotiques, mais il est parfois difficile de s'en passer.

Trois faits sont importants : l'insomnie cache souvent des raisons qu'il convient de décrypter, en particulier l'anxiété, la dépression ou la déprime, qui sont donc à traiter ; prescrire un hypnotique sans rechercher la cause est inadapté, mais pourtant hélas effectué ; comme dans le cas d'une douleur, le traitement doit être limité dans le temps et combiner la prise de médicaments et l'application de règles d'hygiène de vie.

LES CENTRES DU SOMMEIL

Apparus au milieu des années 1980 dans la plupart des pays européens, les centres du sommeil sont dirigés par une équipe pluridisciplinaire composée de neurologues, de cardiologues, de pneumologues, de psychiatres, de médecins généralistes et de médecins du travail. Ces centres visent à mieux identifier les troubles, en particulier avec l'aide de l'informatique.

Les patients ne sont pas hospitalisés mais viennent seulement en consultation : ils passent des tests ou bien sont équipés d'un système d'enregistrement, une montre-bracelet, qui permet de comprendre et de suivre l'architecture de leur sommeil afin d'affiner le diagnostic.

La place des médecines douces

Étant donné la fréquence des troubles du sommeil et de l'insomnie, étant donné également les risques de dépendance liés aux hypnotiques classiques, les médecines douces constituent ici une remarquable alternative thérapeutique, simple, efficace et non agressive.

UN NEUROTRANSMETTEUR : LA MÉLATONINE

Connue depuis les années 1950, la mélatonine* a beaucoup fait parler d'elle depuis la publication, en 1992, d'une étude réalisée par le célèbre institut américain de recherche, le Massachusets Institute of Technology, qui confirma ses effets bénéfiques sur le sommeil.

L'ORIGINE

Cette hormone est sécrétée, à partir de la sérotonine*, dans l'épiphyse (ou glande pinéale), qui est située au centre du cerveau. Elle fut considérée jusqu'en 1960 comme une structure anatomique dépourvue d'activité spécifique, un reliquat de l'évolution des espèces.

LA PRODUCTION

La mélatonine* est sécrétée pendant la nuit, en réponse à l'obscurité ; sa synthèse est inhibée par la lumière. Cette production est maximale au milieu de la nuit, puis elle décroît jusqu'au matin. La mélatonine est également fabriquée, mais en quantités moindres, par de nombreuses cellules de l'organisme, en particulier des cellules digestives. Sa production décroît avec l'âge, car la glande se calcifie ; le taux de mélatonine est abondant chez l'enfant, diminue dès la puberté et baisse ensuite de plus de 90 % jusqu'à l'âge de soixante-dix ans.

Un grand choix de méthodes

Les différentes méthodes thérapeutiques développées ici sont les plus fiables et les plus souvent utilisées pour traiter les troubles du sommeil. Chaque médecin les choisit en fonction de son expérience, ainsi que des besoins et de l'attente du patient. À vous de voir également celles qui vous conviennent le mieux.

- Un neurotransmetteur* : la mélatonine*.
- En oligothérapie : le lithium et le magnésium.
- En supplémentation vitaminique : la vitamine B6.
- En homéopathie : si plusieurs médicaments peuvent être prescrits, nous avons sélectionné ceux dont l'action nous semble la plus sûre ; les médicaments spécifiques demandent à être associés au traitement de fond qui, choisi après consultation de votre médecin homéopathe, assurera une stabilisation à long terme de votre sommeil. Trois médicaments sont relativement spécifiques : Argentum nitricum Coffea cruda et Hyoscyamus niger.
- En phytothérapie : nombreuses sont les plantes qui possèdent une action intéressante pour lutter contre les troubles du sommeil. Plusieurs sont très connues, tels la verveine et le tilleul ; d'autres commencent à être de plus en plus prescrites, tels l'aspérule, le lotier corniculé, l'eschollzia et le coquelicot. D'autres enfin sont tranquillisantes, ce qui les rend ici indispensables, telles l'aubépine, la passiflore et la valériane. Ces plantes peuvent être conditionnées par votre pharmacien soit seules soit en association, sous forme de teinture mère, de gélules de poudre ou d'extraits secs.
- En aromathérapie : les huiles essentielles de lavande officinale, de marjolaine à coquilles, de petit grain bigarade et de néroli.
- L'acupuncture.
- Les méthodes de relaxation.

L'ACTION

La mélatonine* est d'une importance extrême, car c'est elle qui, tel un chef d'orchestre, contrôle l'ensemble des glandes endocrines. Elle assure la libération des hormones ; en luttant contre les infections bactériennes et virales, elle participe aux défenses immunitaires ; elle stimule les mécanismes de la reproduction et la libido ; elle veille aux processus du vieillissement. Elle possède également une action antioxydante, qui en fait un protecteur contre les maladies cardiovasculaires et peut-être contre le cancer. Son action préventive concerne de nombreuses autres maladies, allant de l'ostéoporose aux problèmes infectieux graves ou à répétition (marqués par une baisse des défenses immunitaires), mais cela reste encore controversé au sein de la communauté scientifique.

L'ACTION SUR LE SOMMEIL

La mélatonine* constitue le plus sûr des inducteurs du sommeil et se révèle efficace chez la plupart des gens : en influant sur notre horloge interne, dont le déterminant majeur est l'alternance entre la lumière et l'obscurité, elle synchronise le rythme circadien, agit comme un régulateur des rythmes biologiques, améliore la rapidité de l'endormissement, ainsi que la durée et la qualité du sommeil, lutte contre les désordres affectifs saisonniers et les troubles liés au décalage horaire, le tout sans créer ni habitude ni dépendance. Elle constitue la méthode la plus naturelle et la moins coûteuse.

LE RÔLE DE LA MÉLATONINE* SUR LE SYSTÈME NERVEUX

Elle protégerait le système nerveux contre les maladies d'Alzheimer et de Parkinson. Grâce à sa formule chimique voisine de la sérotonine*, la mélatonine neutralise les effets du stress et pourrait avoir une petite influence sur les troubles de l'humeur, en particulier la déprime.

LES BESOINS

Si les besoins varient selon les individus, 3 mg/jour suffisent en général.

LA TOXICITÉ

La mélatonine* est d'une grande sûreté d'emploi et ne possède pas d'effets secondaires. Jusqu'à des doses de 1 g/jour, elle est dénuée de toute toxicité – la prise moyenne est de 5 mg/jour. Dans le cadre d'une étude récente, cinq mille Hollandaises ont pris pendant cinq ans 75 mg/jour de mélatonine sans effet adverse notable ; toutefois, certains chercheurs estiment qu'elle pourrait, lors d'une utilisation prolongée, influer sur la production des hormones sexuelles.

LES CONTRE-INDICATIONS

La mélatonine* est contre-indiquée chez les femmes enceintes ou qui allaitent, et chez les enfants ; elle peut aggraver certains troubles mentaux.

LES CONDITIONS DE DÉLIVRANCE

La mélatonine est très bon marché et en vente libre aux États-Unis depuis 1991. Elle vient d'être à nouveau autorisée en France et vous pouvez à présent vous la procurer facilement en pharmacie sous le nom de Cirdadin®, dosée à 2 mg, dont vous prenez un à deux comprimés

Supplémentation

- Vous pouvez vous aider de Normalite Nerveux® (boîte de trente capsules), qui contient de l'huile de poisson (EPA*-DHA* : 300 mg), de la lécithine de soja, du calcium, du magnésium (31,5 mg) et du zinc, des vitamines B6 et E, et de la fleur d'oranger. Posologie : une capsule à prendre dans la soirée.
- Vous pouvez vous aider de Magné-B6®, qui comprend du magnésium et de la vitamine B6 (boîte de trente ampoules de solution buvable, ou en comprimés). Posologie : une ampoule au coucher.

au coucher et en parapharmacie dosée à 1 mg, vendue comme un complément alimentaire.

L'OLIGOTHÉRAPIE

En règle générale, l'apport en minéraux et en oligoéléments se fait par l'alimentation, qui doit être variée et de qualité. Quand une carence existe, ce qui est assez fréquent, notamment pour le magnésium (voir le chapitre 9), on peut recourir à une supplémentation.

EN HOMÉOPATHIE : COFFEA CRUDA

L'ORIGINE

Les semences non torréfiées du café arabica.

LES INDICATIONS

Ce médicament homéopathique traite l'insomnie accompagnée d'une hyperactivité sensorielle et d'une agitation, comme après un abus de café.

LA POSOLOGIE

Prenez quatre granules en 5 CH, à sucer comme des bonbons, au coucher.

Un composé

Vous pouvez vous aider de Passiflora composé, qui contient entre autres Coffea 5 CH, Ignatia 4 CH et Passiflora 3 DH (tube de quatre-vingts granules). Posologie : quatre granules, à sucer comme des bonbons, trente minutes avant le coucher.

EN HOMÉOPATHIE : HYOSCYAMUS NIGER

L'ORIGINE

La jusquiame noire.

LES INDICATIONS

Ce médicament homéopathique est conseillé si le sommeil est agité, peuplé de cauchemars ou parfois de manifestations délirantes.

LA POSOLOGIE

Prenez quatre granules en 9 CH, à sucer comme des bonbons, au coucher. À renouveler éventuellement en cas de réveil nocturne.

EN PHYTOTHÉRAPIE : LE TILLEUL

Avant tout connues pour leur senteur agréable et caractéristique, les fleurs jaunes pâles du tilleul sont antispasmodiques, légèrement laxatives et sédatives : séchées en couches minces, utilisées en infusions, elles combattent le stress et l'angoisse, calment les palpitations, favorisent et apaisent le sommeil, évitant l'agitation et les cauchemars.

EN PHYTOTHÉRAPIE : LE LOTIER CORNICULÉ

Haut de trente à quarante centimètres, le lotier corniculé est une plante vivace herbacée aux tiges légèrement couchées et aux petites fleurs jaunes en couronnes, dont raffolent les abeilles d'altitude. La tige fleurie ou la fleur seule sont, après séchage, utilisées en thérapeutique – en infusion, en teinture mère, en extrait sec.

LES PROPRIÉTÉS

Le lotier corniculé est doté de propriétés sédatives, ce qui le rend utile pour lutter contre les troubles du sommeil et l'émotivité ; il est également employé dans les états anxiodépressifs mineurs. Son efficacité est assez proche de celle de la passiflore.

> **Pour les adeptes des infusions**
>
> - Vous pouvez utiliser des plantes achetées en magasin spécialisé ou en pharmacie.
> - Comptez une cuiller à dessert de plante pour une tasse d'eau bouillante.
> - Laissez infuser pendant dix minutes.
> - Vous pouvez également recourir à une tisane Médiflor® 14, à prendre au coucher.

EN INFUSION

Au coucher, faites infuser une cuiller à café de lotier corniculé pour une tasse d'eau bouillante.

EN EXTRAIT SEC

Prenez une gélule dosée à 200 mg de lotier corniculé, en début de soirée, puis une autre au coucher.

EN TEINTURE MÈRE

Prenez vingt-cinq gouttes de lotier corniculé en début de soirée, puis cinquante gouttes, au coucher, dans une tisane sédative.

EN PHYTOTHÉRAPIE :

L'ESCHOLTZIA, OU PAVOT DE CALIFORNIE

Haute de quarante à cinquante centimètres, cette plante vivace qui poussait avant tout sur le littoral californien est à présent cultivée en Europe.

LES PROPRIÉTÉS

L'escholtzia est antispasmodique, antalgique et plus inducteur du sommeil que véritablement sédatif. S'il est surtout efficace en extraits secs ou fluides, il est le plus souvent prescrit en teinture mère.

EN PHYTOTHÉRAPIE : LE COQUELICOT, OU PAVOT ROUGE

Cette plante velue haute de vingt à quatre-vingts centimètres pousse au bord des champs.

LES PROPRIÉTÉS

Le coquelicot est légèrement sédatif et possède notamment une action sur les troubles du sommeil. Séchés avec soin, ses pétales sont utilisés en infusion, en gélules ou en sirop.

EN INFUSION

Prenez deux cuillers à café de fleurs de coquelicot pour une tasse d'eau bouillante.

EN PHYTOTHÉRAPIE : LES BOURGEONS

Les bourgeons de certaines plantes, par exemple du cassis, du tilleul et du figuier, semblent dotés d'une efficacité supérieure à celle de la plante adulte.

LA PRÉPARATION

Les macérats de bourgeons frais sont obtenus à partir de tissus végétaux frais en phase de croissance – des

Feuilles et fleurs d'oranger

- Au coucher, buvez une infusion de 2 g de feuilles d'oranger amer pour une tasse d'eau bouillante.
- Au coucher, buvez une infusion de 20 g de fleurs séchées d'oranger amer dans 15 cl d'eau bouillante.

Voir le chapitre 9 (p. 400) pour les huiles essentielles obtenues à partir de l'oranger amer.

radicelles, de jeunes pousses, l'écorce interne d'une racine. L'extraction des principes actifs spécifiques est assurée par un mélange d'eau, d'alcool et de glycérine ; leur délivrance est effectuée en première dilution.

LA POSOLOGIE

Prenez vingt-cinq gouttes deux à trois fois par jour ; ou demandez à votre pharmacien de vous préparer un flacon de 60 ml de bourgeons de tilleul en macérats glycérinés 1re DH : prenez cinquante gouttes dans de la tisane en début de soirée et au coucher.

L'ACUPUNCTURE

L'action neurosédative et rééquilibrante de l'acupuncture mérite qu'elle soit essayée pour les troubles du sommeil. Le premier mois, une séance par semaine peut être proposée en traitement d'attaque ; puis, pendant quelques mois, une séance par mois peut constituer le traitement d'entretien.

LES MÉTHODES DE RELAXATION

Essentielles pour apprendre à maîtriser ses émotions et à contrôler ses tensions musculaires, les méthodes de relaxation peuvent aider à trouver le sommeil. Elles demandent un temps d'apprentissage de quelques semaines afin de favoriser l'endormissement ou le rendormissement. La relaxation concentrative, ou training autogène de Schultz, est particulièrement intéressante ici (voir le chapitre 4, p. 132).

L'alimentation du sommeil

- Ne dînez pas d'une façon trop copieuse.
- Le soir, évitez les sucres rapides, les protéines, le thé, le café et certains sodas.
- Choisissez de préférence des céréales, par exemple des pâtes ou du riz, des fruits séchés, des graines, de la laitue, des légumes-racines et des légumes à feuilles, des œufs, des oléagineux, du poisson ou de la viande maigre.
- Privilégiez également les aliments riches en tryptophane, car ils augmentent la synthèse de la mélatonine* et de la sérotonine* : l'alfalfa, la betterave, le brocoli, la carotte, le chou-fleur, le céleri, le cresson, l'endive, l'épinard ou le tofu.
- Au coucher, un verre de lait écrémé tiède ou une tisane avec un peu de miel sont de grands classiques pour passer une bonne nuit.

En bref

- La molécule idéale pour lutter contre les troubles du sommeil n'existe pas encore. En attendant sa découverte, tâchez de ne pas mettre le doigt ou la main entière dans l'engrenage des médicaments pour dormir qui, s'ils sont efficaces, sont ensuite difficiles à arrêter.
- Faites confiance aux médecines douces : pour régler les troubles mineurs du sommeil, et pour au moins améliorer les troubles plus sérieux, elles sont amplement suffisantes.
- Nombreuses sont les règles de vie à connaître qui doivent être respectées pour jouir d'un bon sommeil. Certaines sont de simple bon sens.
- Un oligoélément tel que le lithium, un minéral tel que le magnésium, la vitamine B6, des médicaments homéopathiques, de nombreuses plantes parmi lesquelles la verveine, le tilleul, l'aspérule, le lotier corniculé, l'escholtzia, le coquelicot, l'aubépine, la passiflore et la valériane, des huiles essentielles, l'acupuncture et les techniques de relaxation sont les méthodes thérapeutiques les plus fiables pour lutter contre la plupart des troubles du sommeil. Vous avez l'embarras du choix.
- Sans oublier quelques conseils pour une bonne alimentation.

POSTFACE

« J'ai un point, là sur la poitrine, ça fait très mal.
– C'est rien, c'est nerveux.
– C'est pas parce que c'est nerveux que c'est rien ! »
Dialogue du film *Les Apprentis* de Pierre Salvadori, 1995.

À travers notre expérience et les études scientifiques les plus récentes, nous vous avons transmis le plus possible d'informations prouvant la filiation qui existe entre le stress, les troubles nerveux et les maladies psychosomatiques. Nous vous avons également précisé l'ensemble des mesures de prévention qui sont à votre disposition, ainsi que les différents traitements, qu'ils soient classiques ou alternatifs. Le stress fait partie de la vie, il n'a pas à être entièrement évité – cela n'est d'ailleurs ni possible ni souhaitable – mais juste canalisé. Car il peut constituer une source d'épanouissement ou, au moins, un moteur qui vous stimule au lieu de vous paralyser dans vos choix et vos prises de décision.

Parce qu'elle est globale, notre démarche thérapeutique permet une meilleure connaissance de soi et des autres, ce qui est un élément supplémentaire pour désamorcer les effets négatifs du stress agissant sur la santé et les rapports avec le monde environnant.

Vous pouvez, vous devez même, jouer un rôle actif dans le maintien de votre bien-être en intervenant sur le bon fonctionnement de votre cerveau et de vos neurones. Votre action commence par une solide organisation à mettre en place ou à préserver ; elle se poursuit par l'alimentation, dont il est désormais inutile de souligner l'importance extrême ; elle n'oublie pas le recours aux activités de plaisir, à intercaler dans votre programme de la semaine, surtout s'il est chargé ; elle passe par la pratique d'exercices physiques, porteuse d'une bonne dose d'apaisement et de sérénité ; elle recourt enfin aux médecines douces, remplaçant les médicaments psychotropes*, trop facilement prescrits par de nombreux médecins.

« En général, on ne demande des conseils que pour ne pas les suivre ou, si on les a suivis, pour reprocher à quelqu'un de les avoir donnés », disait Alexandre Dumas : nous espérons vous avoir convaincu du contraire, et c'est avec la plus grande confiance que nous vous prodiguons les tout derniers !

Voici nos ultimes recommandations pour vous protéger du stress et éviter ainsi ou soigner la plupart des troubles nerveux :

- Considérez le stress comme un élément de votre vie. Intégrez-le sans essayer de l'éliminer. Restez serein. Apprenez à relativiser et à dédramatiser les enjeux d'une situation.
- Jouez un rôle actif dans votre vie. Agissez. Ne vous contentez pas seulement de réagir.
- Soyez toujours plus créatif. Utilisez toutes vos potentialités pour vous épanouir.
- Conservez ou développez une vie sociale.
- Dressez la liste de vos mauvaises habitudes. Si besoin, tâchez d'en modifier une au moins tous les mois.
- Exploitez vos talents au lieu de vous lamenter sur vos points faibles.
- Essayez d'être en bonne forme afin de réduire les effets du stress.
- N'hésitez jamais à prendre soin de vous.
- Faites un peu d'exercice physique. Ne restez surtout pas

sédentaire. Bougez. Allez vous promener trente minutes à la lumière du jour ou, mieux, au soleil.

- Tous les jours, dégagez-vous un moment privilégié, un moment rien qu'à vous, mais que vous pouvez bien sûr partager, un moment destiné à vous faire plaisir. Profitez de toutes les opportunités.

- Respectez vos rythmes biologiques et veillez à rester organisé.

- Choisissez une alimentation légère, variée et équilibrée, riche en nutriments* précurseurs des neurotransmetteurs*.

- Protégez votre sommeil, qui est l'un de vos meilleurs alliés. Le stress qui vous enveloppe et vous imbibe glissera alors sur vous, sans vous atteindre d'une manière forte ou durable.

ANNEXES

GLOSSAIRE

Acétylcholine : neurotransmetteur* de la famille des amines, qui intervient notamment sur l'humeur. Elle joue un rôle essentiel dans le stockage et le rappel des informations mémorisées. À une baisse de l'acétylcholine est associée une diminution des performances cognitives, qui se traduit par des problèmes de mémoire, de concentration et d'attention, ainsi que des difficultés pour élaborer des stratégies.

Acides aminés : molécules simples qui, par un enchaînement complexe, constituent les protéines. Parmi la vingtaine d'acides aminés requis par l'organisme, neuf sont considérés comme « essentiels », car ils doivent absolument être apportés par l'alimentation : la lysine, la leucine, l'isoleucine, la thréonine, le tryptophane, la valine, l'histidine, la phénylalanine et la méthionine. Également importants, d'autres sont appelés « semi-essentiels », car notre organisme est capable de les synthétiser.

Adrénaline : neurotransmetteur* de la famille des amines, qui améliore notamment l'humeur. L'adrénaline est l'« hormone du stress » la plus connue ; elle est responsable d'un ensemble de symptômes physiologiques et parfois pathologiques tels que la fatigue, l'insomnie et l'anxiété.

Apports quotidiens recommandés (AQR) : notre alimentation nous apporte, à des doses variables, des vitamines, des minéraux, des oligoéléments, des acides* aminés et des acides gras. Chaque pays a déterminé les quantités nécessaires, ou apports quotidiens recommandés, qui sont censées couvrir les besoins de la plus grande partie de la population, qu'il s'agisse des enfants, des adolescents, des femmes, des hommes ou des personnes âgées. De nombreuses études scientifiques ont confirmé que les apports alimentaires des Français étaient très inférieurs à ces apports quotidiens recommandés qui, pourtant, avaient déjà été fixés trop bas.

Base, ou alcalin : substance capable de neutraliser un acide en formant un sel. Le bicarbonate de soude est l'alcalin le plus connu. Les bases ont un pH supérieur à 7 : plus ce chiffre est élevé, plus l'alcalinité est grande. Une alimentation légèrement alcaline est intéressante dans le cadre de la prévention de très nombreuses maladies.

***Burn-out* :** syndrome* d'épuisement professionnel, dont les conséquences peuvent être graves. Voir aussi *Karoshi*.

Catécholamines : « hormones du stress » sécrétées par les glandes surrénales lors de la phase d'alarme du stress. Parmi elles figurent l'adrénaline*, la noradrénaline* et la dopamine*. Elles servent aux réactions d'affrontement et d'évitement mises en place par l'organisme.

DHA, ou acide docosahexanoïque, ou acide cervonique : acide gras polyinsaturé à chaîne longue, appartenant à la famille des oméga-3, que l'organisme sait fabriquer à partir de l'acide alphalinolénique ou qui est apporté par les poissons gras. Il joue un rôle important dans la structure des membranes cellulaires, dans le développement et le fonctionnement du cerveau.

Dopamine : neurotransmetteur* de la famille des amines, qui est responsable notamment du bien-être, du plaisir, de la bonne humeur, de la motivation, de l'émotion, du désir sexuel et de la vigilance. À une diminution de la dopamine correspond une baisse de l'appétit, de la mémoire, de la concentration et de la libido. La frustration apparaît alors, le stress augmente et la déprime s'installe.

EPA, ou acide eicosapentaénoïque : acide gras polyinsaturé à chaîne longue, de la famille des oméga-3, que l'organisme sait fabriquer à partir de l'acide alphalinolénique ou qui est apporté par les poissons gras. En atténuant la réponse inflammatoire, en augmentant le temps de saignement et en réduisant les triglycérides du sang, il joue un rôle important dans l'organisme, notamment pour les personnes cardiaques.

Fonctionnel : un trouble est fonctionnel, ou inorganique, quand il révèle un mauvais fonctionnement, sans cause organique décelable.

***Karoshi* :** mot japonais qui désigne une « mort par excès de travail ». À la suite d'une charge de travail trop importante ou d'un trop grand stress, des employés de bureau ou des cadres sont en effet victimes d'une mort par arrêt cardiaque. Au Japon, le *karoshi* est reconnu comme maladie professionnelle. Il peut être rapproché du *burn-out** des Anglo-Saxons.

Mélatonine : hormone sécrétée, pendant la nuit, dans l'épiphyse, située au centre du cerveau. Son action sur le sommeil est déterminante : elle influe sur notre horloge interne, régule nos rythmes biologiques, améliore la durée et la qualité de notre sommeil et lutte contre les désordres affectifs saisonniers. Grâce à sa formule chimique voisine de la sérotonine*, la mélatonine neutralise les effets du stress ; elle pourrait avoir une légère influence sur les troubles de l'humeur, en particulier sur la déprime.

Métabolisme : ensemble des réactions chimiques qui assurent en permanence le fonctionnement de l'organisme.

Neurotransmetteur, ou neuromédiateur : molécule qui sert de signal de communication entre un neurone et une cellule spécialisée. Aujourd'hui, plus d'une centaine de ces substances sont bien individualisées. Les plus étudiées sont l'acétylcholine*, l'adrénaline*, la noradrénaline*, la dopamine* et la sérotonine*, qui sont responsables de l'appétit, de l'émotion, de l'éveil, de l'humeur ou encore de la prise de décision. C'est donc de l'activité de ces substances que dépend notre équilibre psychique et affectif.

Noradrénaline : neurotransmetteur* de la famille des amines, qui est notamment responsable de l'éveil, du désir sexuel et de l'apprentissage. Sa diminution entraîne une baisse des facultés intellectuelles, une lassitude ou une grosse fatigue, une démotivation, un repli sur soi accompagné d'un problème de sociabilité, ainsi qu'une baisse de la libido.

Nutriment : terme ultime de la digestion des aliments, qui peuvent alors être assimilés par l'organisme. Tandis que les acides* aminés, les acides gras, les minéraux, les oligoéléments et les vitamines sont des micronutriments, les glucides, les lipides et les protéines sont des macronutriments.

Psychotropes : médicaments qui, par leur action sédative ou stimulante, agissent sur le psychisme, en particulier sur l'humeur. Les médicaments psychotropes regroupent les hypnotiques (ou somnifères), les anxiolytiques (ou tranquillisants mineurs), les neuroleptiques (ou tranquillisants majeurs), les régulateurs de l'humeur (ou thymorégulateurs) et les antidépresseurs (ou thymoleptiques).

Sérotonine : neurotransmetteur* de la famille des amines, impliqué dans d'innombrables fonctions de l'organisme, depuis l'appétit, le sommeil et la mémoire jusqu'à la sexualité et la régulation endocrinienne. La sérotonine intervient sur la détente, la sérénité, la sécurité, la confiance ou encore la concentration. Sa diminution est associée notamment à l'anxiété, la déprime et la dépression, l'insomnie, l'impatience, l'irritabilité, les compulsions et les troubles du comportement alimentaire. Avec le stress et le temps, les circuits à sérotonine s'affaiblissent peu à peu, ce qui favorise la dépression chez les personnes âgées, et surtout chez les femmes.

Stress oxydatif, ou oxydant : en peroxydant les membranes cellulaires graisseuses, le stress oxydatif est avant tout à l'origine de lésions artérielles, mais il peut également s'attaquer aux cellules et aux terminaisons nerveuses. Synapse : zone de contact et d'échanges entre les neurones. C'est là que se trouvent de tout petits réservoirs qui, selon les besoins, libèrent des neurotransmetteurs*.

Syndrome : ensemble déterminé de symptômes, qui peut être observé dans des états pathologiques différents et qui ne permet donc pas d'affirmer une maladie précise. On parle par exemple du syndrome général d'adaptation, du syndrome d'épuisement professionnel, du syndrome de sevrage, du « syndrome du cerveau irritable », du « syndrome du restaurant chinois », du syndrome prémenstruel ou du syndrome du stress post-traumatique.

BIBLIOGRAPHIE

- Dr ANDRE, Christophe, Dr LEGERON, Patrick et Dr LELORD, François, *Le Stress*, Toulouse, Privat, 1998.
- BOUCHER, Francine et BINETTE, André, *Bien vivre le stress*, Ruffec, Mortagne, coll. « Mortagne Poche », 1990.
- Dr BOURRE, Jean-Marie, *Diététique du cerveau, La nouvelle donne*, Paris, Odile Jacob, 2003.
- CARPER, Jean, *Les Aliments miracles pour votre cerveau*, Montréal, Éditions de l'Homme, 2001.
- Dr CHNEIWEISS, Laurent et Dr ALBERT, Éric, *L'Anxiété*, Paris, Odile Jacob, 2003.
- Collectif, *La Santé par les plantes, Deux cents plantes pour se soigner*, Paris, Sélection du Reader's Digest, 2003.
- COTTRAUX, Jean, *La Répétition des scénarios de vie, Demain est une autre histoire*, Paris, Odile Jacob, coll. « Points Odile Jacob », 2003.
- Dr COUDRON, Lionel, *Stress, Comment l'apprivoiser ?*, Paris, J'ai lu, coll. « Bien-être », 2003.
- DUFOUR, Anne et Dr ROBIN, Jean-Marc, *Un cerveau en pleine forme*, Paris, Marabout, 2003.
- Dr FREXINOS, Jacques, *Le Petit Dictionnaire de l'humour médical*, Paris, Le Cherche Midi, 2001.
- GRAZIANI, Pierluigi et SWENDSEN, Joël, *Le Stress, Émotions et stratégies d'adaptation*, Nathan université, coll. « 128 », 2004.
- KRASKE, Eva-Maria, *L'Équilibre acido-basique*, Paris, Vigot, 2001.
- MORELLE, Jean, *L'Oxydation des aliments et la santé*, Paris, François-Xavier de Guibert, 2003.
- PARIS, Michel, ARNAL-SCHNEBELEN, Bérengère, SCHNEBELEN, Jean-Charles et BAREAU, Patricia, *Ce qui marche, ce qui ne marche pas en phytothérapie*, Paris, Josette Lyon, 2003.
- SERVAN-SCHREIBER, David, *Guérir le stress, l'anxiété et la dépression sans médicaments ni psychanalyse*, Paris, Robert Laffont, coll. « Réponses », 2003, rééd. en poche, Pocket, coll. « Évolution », 2005.
- SERVAN-SCHREIBER, Florence, *3 kifs par jour*, Marabout, 2011.

Table des matières

Le cerveau: ressentir, réagir, s'adapter 44

La consultation avec votre médecin: un moment décisif 80

Achevé d'imprimer en juin 2012 sur les presses de C&C, Chine.
41-1000-3/01
Dépôt légal : septembre 2012
ISBN : 978-2-501-7940-2